教育部哲学社会科学研究后期资助项目
"马克思正义理论研究"（19JHQ019）结项成果

Study on
Marx's Theory
of Justice
————

陈飞 著

马克思
正义理论
研究

社会科学文献出版社
SOCIAL SCIENCES ACADEMIC PRESS (CHINA)

目录
CONTENTS

导　论 ……………………………………………………………… 001

第一章　马克思正义理论的审视对象和问题意识 …………………… 033

第一节　审视的理论对象：自由主义的正义 ………………… 034

第二节　面临的现实问题：无产阶级遭到了剥削 …………… 055

第三节　思考的主旨：每一个人的自我实现 ………………… 060

第二章　通向历史唯物主义正义观的进程 …………………………… 067

第一节　马克思对自由主义正义理论的有限接受 …………… 068

第二节　马克思对自由主义正义理论的出离 ………………… 080

第三节　历史唯物主义与马克思正义理论的奠基 …………… 097

第四节　政治经济学批判与马克思正义理论的进一步深化 … 105

第三章　马克思正义理论的重要特质 ………………………………… 119

第一节　生产正义是正义的根本性质 ………………………… 120

第二节　马克思正义理论的辩证结构 ………………………… 142

第三节　社会形态的变迁与正义的历史性 …………………… 150

第四章　马克思对资本主义非正义的多维批判 …………………… 164

第一节　从经济维度批判资本主义的非正义 ………………… 164

第二节　从权利维度批判资本主义的非正义 ………………… 172

第三节　从道德维度批判资本主义的非正义 ………………… 194

第四节　从精神维度批判资本主义的非正义 ………………… 202

第五章　立足于"人类社会"的超越性正义 ············ 210

　　第一节　马克思超越性正义实现了个人与社会的统一 ······ 211

　　第二节　按劳分配：共产主义初级阶段的正义原则 ········ 228

　　第三节　按需分配：共产主义高级阶段的正义原则 ········ 238

第六章　马克思与正义：从西方学者的观点看 ········· 249

　　第一节　马克思与正义：从罗尔斯的观点看 ··········· 249

　　第二节　马克思与剥削：从分析马克思主义的观点看 ····· 263

附　录　马克思主义政治哲学学术体系的当代建构 ········ 275

参考文献 ··· 292

后　记 ··· 305

导　论

改革开放 40 多年来，以市场为导向的改革逐步向纵深推进，中国的经济发展在短时间内取得了辉煌的成就，物质财富得到了极大增长，人民生活水平逐渐提升。但与此同时，一些社会分配不公现象也越来越成为社会关注的焦点问题，并引发了学术界的广泛关注。马克思正义理论正是在这一时代背景下逐渐成为学术界的理论焦点的，这虽然与以罗尔斯为代表的当代自由主义正义理论学术语境的强劲烘托不无关系，但更重要的是现实尖锐的社会正义问题在理论上激起了强烈回响。尽管马克思没有像休谟、罗尔斯那样建构系统的正义论，但在他不同时期的著作中散见着丰富的正义思想。立足于工人的处境，马克思通过政治经济学批判对资本主义分配进行的批判，是他对他所处的那个时代分配不公问题最强烈的回应，对当化中国构建社会主义和谐社会具有重要的现实启示。

一　时代背景与选题意义

改革开放之前，由于实行高度集中的计划经济和平均主义的分配模式，收入差距很小，不可能出现市场经济所导致的分配不公等社会正义问题。在历史上，苏联、东欧都曾实行过高度集中的计划经济体制，其把社会主义看作与市场经济水火不容。这种高度集中的计划经济通过政府权力有计划、按比例地配置资源进行生产，而不是通过市场由价值规律来配置资源。高度集中的计划经济体制是为克服资本主义社会的弊病而提出的制度设想，在生产领域，它通过政府权力消除私人资本竞争的盲目性，使生产因理性的设计而变得井然有序；在分配领域，它通过实行按劳分配，消灭剥削，消除两极分化，实现人与人之间的平等。应该说这种体制有其优势，但也存在弊端。早在新中国成立初期，毛泽东对平均主义的分配模式有着充分的警醒："我们赞助农民平分土地的要求，是为了便于发动广大的农民群众迅速地消灭封建地主阶级的土地所有制度，并非提倡绝对的平均主义。谁要是提倡绝对的平均主义，那就是错误的。现在农村中流行的一种破坏工商业、在分配土地问题上主张绝对平均主义的思想，它的性质是反动的、落后的、倒退的。"①

　　平均主义分配模式下，人与人之间处于抽象平等关系中，挫伤了劳动者的积极性，导致生产效率低下，这样的社会与马克思所设想的每一个人的"自由个性"都得到充分实现的共产主义社会在发展方向上并不一致。绝对平均只会导致普遍贫穷，而在贫穷的境况下共产主义不可能实现，只能导致马克思所说的争取生活必需品的斗争。伊格尔顿在继承马克思理论的基础上指出："在社会总财富本就不多的时候，根本没办法重新分配社会财富，以使所有人都受益。在物质匮乏的情况下不可能消除社会阶级的划分，因为物质结余太少而无法满足所有人的需要，对财富的争夺终将造成社会阶级分化的复苏。"② 因而，物质资料的生产是实现社会主义正义的必要前提，否则只能导致阶级冲突和对立，在物质匮乏的基础上设想如何实现社会主义的理想是不切实际的。邓小平也曾提出"贫穷不是社会主义"③的著名论断，社会主义的本质是解放生产力，发展生产力，消灭剥削，消灭两极分化，最终达到共同富裕，这是社会主义的最大优越性。可见，通过平均所实现的以普遍贫穷为基础的"正义"与马克思建立在物质财富极大丰富基础上以每一个人的自我实现为宗旨的实质正义相去甚远。

　　中国的改革开放走过了40多年的历程，在建设中国特色社会主义的伟大实践中，通过实行社会主义市场经济，经济社会发展取得了举世瞩目的成就。一是社会主义市场经济为解放个体、丰富每一个人的个性提供了现实环境，个体的权利和自由得到充分彰显，因此，实行社会主义市场经济在发展方向上与马克思的"自由个性"的理想是一致的；二是社会主义市场经济改变了原来十分落后的经济状况，实现了物质财富的巨大增长和人民生活水平的整体提升。中国在教育、居住环境、消费能力、社会保障等方面正在逐渐缩小与资本主义发达国家的差距，社会主义各项事业正在蓬

---

① 《毛泽东选集》第 4 卷，人民出版社，1991，第 1314 页。
② 〔英〕特里·伊格尔顿：《马克思为什么是对的》，李杨等译，新星出版社，2011，第 20 页。
③ 《邓小平文选》第 3 卷，人民出版社，1993，第 225 页。

勃发展。这些伟大成就的取得以毋庸置疑的事实表明，社会主义市场经济的建立和发展是一项具有世界历史意义的伟大实践，它在总体战略上是非常成功的。社会主义与市场经济的创造性结合为我们解决资本主义市场经济自身无法克服的诸多弊端提供了可能性，中国正在走出一条有别于西方自由主义市场经济的中国特色社会主义道路。尽管在这一道路上，社会主义市场体系还需要不断完善，诸多问题还需要不断解决，但是任何扭转或终结这一道路的企图，都只能是开历史的倒车。当前，我们国家已经深度融入全球经济体系，并且在一些领域充当领头羊的角色，社会主义市场经济必将继续发挥自己独特的优势，促进人民生活水平的提升。

　　社会发展自有其辩证本性，问题与成就总是相伴而生。中国市场取向的改革在解决问题的同时，又产生了一些新问题，其中最重要的是社会正义问题。比如，收入差距过大问题，教育、住房、医疗等资源分布不均问题，弱势群体利益保护问题，公民基本权利保护问题等。也就是说，市场经济的实行虽然在很大程度上解决了效率问题，但是却并未解决社会正义问题。两极分化是市场经济所带来的负面效应，正如恩格斯所说："财产分配日益不均，贫富对立日益扩大，财产日益集中于少数人手中，这是一切以商品生产和商品交换为基础的社会的严酷无情的规律；虽然这一规律在近代资本主义生产中得到了充分的发展，但绝非一定要在资本主义生产中才起作用。"① 市场经济自身包含其无法克服的内在困境，因此需要通过发挥社会主义国家的优势来解决这些问题。事实上，我们国家对社会正义问题有着充分的政治自觉，在党的十八大报告中，"平等"与"公正"被写入社会主义核心价值观，表明党和国家已经充分认识到这些问题。此外，党的十八大报告还提出："初次分配和再分配都要兼顾效率和公平，再分配更加注重公平。"② 与党的十三大以来的"效率优先，兼顾公平"的发展原则相比，其更加突出公平在社会发展中的地位。

　　在这样的时代背景下，国内许多学者试图从马克思那里找到解决现实社会正义问题的思想资源。然而，马克思并没有专门的正义著作，也并未建构系统的正义理论，其丰富的正义思想散见于各个时期的不同著作中，

---

① 《马克思恩格斯全集》第 25 卷，人民出版社，2001，第 259 页。
② 《十八大以来重要文献选编》（上），中央文献出版社，2014，第 28 页。

并与其他问题相互交织，因此并没有一个现成的"马克思正义观"。尽管经过了多年的讨论，但界定出一个清晰的马克思正义观迄今为止仍然是一个悬而未决的理论问题。"马克思与正义"问题引发了激烈的学术争鸣，学界并没有达成一致结论，甚至出现了"马克思反对马克思"的混乱局面，且争论各方都以马克思本人的著作为依据，这在迄今为止的"马克思研究"中实属罕见。根据李佃来教授的研究成果可知，自 20 世纪 70 年代以来，在关于"马克思与正义"的旷日持久的争论中，无论是"马克思反对正义"的一方，还是"马克思支持正义"的一方，都是以自由主义正义理论的范式和先定概念来解读马克思的，因而都造成了不同程度的误解。① 这种通过自由主义范式解读马克思的做法在国内学术界也产生了重要影响，用西方自由主义正义理论的标准来判断和裁剪马克思正义观，不仅遮蔽和误解了马克思正义观，而且会妨碍对马克思正义理论及其当代意义的发掘。因为马克思是在与自由主义对峙的理论路径上阐发正义问题的，无论是以洛克为代表的古典自由主义的正义观，还是以罗尔斯为代表的当代自由主义的正义观，其根本目的都是维护或修缮资本主义的自由市场体系以及确立具有"普遍意义"的行为规范和政治规则，都是在资本主义私有制基础上的小修小补，不可能触及资本的根本利益。

尽管马克思也像自由主义那样关注自由、平等、权利等政治价值，但他是从与自由主义完全不同的路径上展开论证的，在这些基本价值的内涵、实现路径等方面与自由主义的正义观存在根本差异。因为自由主义的立足点是马克思所尖锐批判的"市民社会"，而马克思政治哲学的立足点是处于更高位阶的"人类社会"。然而，为什么自由主义对马克思政治哲学的研究产生了如此深远的影响？其原因在于，政治哲学在传统马克思主义哲学研究中并不占一席之地，可以说对马克思主义政治哲学的研究是在缺乏学术铺垫和准备的情况下展开的，因而自然而然地难免会借鉴西方政治哲学的研究范式、学术概念和研究方法等。自由主义在西方政治哲学中影响巨大，如果不对自由主义的研究范式有充分的警醒，就很难走出独立的学术研究道路。马克思有自己阐发正义问题的独特方式，我们要走进马克思自己的

① 参见李佃来《马克思主义正义理论研究的三个前提性问题》，《光明日报》2014 年 12 月 17 日。

问题域，解读其关于正义理论的基本观点，为促进社会的公平正义提供学理支撑。因此，本书的目的就是在国内外研究成果的基础上，在文本和社会现实的双重互动语境中，力图跳出自由主义正义理论的范式，对马克思正义理论进行尝试性的解读，以推动相关问题的研究。

深入挖掘马克思的正义理论，对解决诸多社会正义问题、构建和谐有序的社会主义市场经济具有重要的现实意义。比如，物质资料的生产是人类社会存在和发展的基础，为正义社会的实现提供了必要条件，因此我们必须始终不渝地坚持发展生产力。马克思分析了资本逻辑与社会正义的深层悖论，使我们认识到资本在本性上是反正义的，因而在发展市场经济的过程中必须限制资本，进而驯服资本。马克思正义理论对弱势群体①给予了充分关注，对处在社会底层的人们的生活境况有充分的体验和认知。马克思一生都在为他们的利益呕心沥血、奔走呼号，表现出了强烈的人道主义情怀。马克思对弱势群体的产生原因和解决弱势群体问题路径的思考，为我们今天加强对弱势群体权益的保护提供了重要启示。马克思主义认为，生产资料私有制是造成资本主义社会非正义的根本原因，正义的根本问题是"如何生产"的问题，而不是西方思想史上自古希腊以来的"给每个人以应得"的"如何分配"的问题，因为生产决定分配，分配只是生产的附属现象。这给我们的启示是，解决社会正义问题的根本路径是生产以及生产资料所有制的变革，而不是像马克思所批判过的"国民经济学家"以及一些"空想社会主义者"那样妄图在分配或交换领域实现自由平等，因此我们要加强以公有制为主体的基本经济制度。马克思正义理论给我们的当代启示还有很多，在这里不再赘言，笔者将在后续章节中具体分析。

面对一系列社会正义问题，按照段忠桥教授的观点，众多学者却出现了失语的情况，对这一问题进行深入探讨的大多是从事西方哲学或西方经济学研究的学者，他们的思想资源也几乎都来自西方，尤其以罗尔斯、诺齐克、德沃金、哈耶克等为代表的当代自由主义正义理论为要。由于市场经济的产生及其发展与自由主义的亲缘性，以个人自由和个人权利为宗旨的自由主义作为一种思想资源被广泛引进，以切入和回应我国在实施和推

---

① 马克思并未明确提出"弱势群体"这个概念，弱势群体在马克思的著作中表现为"无产阶级""无产者""社会的最底层""贫困者""被剥削阶级"等。

进社会主义市场经济过程中所出现的诸种社会问题，自由主义的基本理念在社会生活的诸多领域都产生了深远影响。但是，这种影响却呈现复杂的局面，发挥相互矛盾的作用：一方面，自由主义对个人权利和个人自由的系统论证迎合了中国市场经济体制改革对个人权利的诉求，为社会转型以及市场文化的培育和形成提供了重要推动力；另一方面，自由主义所伸张的个人权利和个人自由还只是形式正义，它们与市场经济的联姻将不可避免地带来收入差距过大等社会问题，这显然与社会主义的平等理念相冲突。因此，如何理性地对待自由主义正义理论的双面影响，在今后相当长的时期内将是一个比较突出的理论和实践课题。笔者认为，构建中国特色社会主义正义理论，一方面要以马克思正义理论为指导，在与现实社会问题的互动中丰富和发展马克思正义理论；另一方面要与自由主义正义理论展开平等对话，吸收其合理的成分，实现形式正义，保障个体自由竞争和选择权利，但要保持充分的理论警醒和反思批判的态度。在这样的时代背景下，重温马克思对古典自由主义正义理论历史进步价值的肯定和对其历史局限性的批判，无疑会开启马克思政治哲学的当代视域，因而具有重大的时代意义。

二　国外研究现状述评

20 世纪 70 年代以来，英美马克思主义者围绕"马克思与正义"问题展开了一场旷日持久的学术争论。这场争论肇始于 1969 年塔克在《马克思的革命理念》一书中提出的这样一个富有冲击性的观点：马克思认为资本主义生产方式是正义的。但真正把这一正义之争推向纵深并扩大其影响的是伍德 1972 年在《哲学与公共事务》杂志上发表的《马克思对正义的批判》一文。伍德继承了塔克的部分观点，明确提出资本主义生产方式在马克思看来是正义的这一观点。因这篇文章而声名鹊起的伍德可谓一石激起千层浪，1978 年胡萨米也在《哲学与公共事务》杂志上发表了一篇针锋相对的文章《马克思论分配正义》，对伍德进行了全方位的尖锐批判。1979 年，伍德又在该杂志上发表了回应胡萨米批判的文章《马克思论权利和正义：对胡萨米的回复》。至此，关于"马克思与正义"的争论正式拉开序幕，至今仍在争论不休，卷入这场争论的学者大致可划分为两个派别：认为马克思反对正义的"反对派"和认为马克思赞同正义的"赞同派"，反对派以伍德、德雷克·艾伦、艾伦·布坎南、布伦克特、理查德·米勒、卢克斯等为代表，赞同派以胡萨米、柯亨、埃尔斯特、汉考克、罗默、杰拉斯、尼尔森等为代表。围绕马克思正义理论，双方都以马克思的文本为依据发表了大量文献，甚至得出了截然相反的结论。这些争论传至国内，对国内学术界产生了重要影响，国内学术界提出了一些不同于当代英美马克思主义的新见解，但也造成了一定的思想混乱。本书立足马克思的经典文本，试图澄清当代英美马克思主义争论的焦点及其实质。

一是马克思如何理解正义自身？

反对派伍德认为，根据马克思的观点，"一个制度的正义，取决于这个特定的制度以及它所构成的那个特定的生产方式。因此，正义的一切法权形式和原则，如果没有被应用于特定的生产方式，便是毫无意义的；只有当它们的内容及其所应用的特定行为是自然地出自这种生产方式，并与这种生产方式具体地相适应，它们才能保持其合理有效性"①。可见，正义在马克思那里是一个法权概念，是与政治或权利相联系的概念。作为法权的正义属于上层建筑的范畴，它由生产方式决定并随着生产方式的改变而改变，是后者的"异化性投射"和附属性的概念，所以马克思反对把正义看作所有社会行为的最高标准的西方政治哲学传统。每一种生产方式都有与之相适应的正义观念，正义的历史使命就是巩固和维护占统治地位的生产方式，并不存在一个永恒的可以普遍适用于所有社会形态的正义原则，正义具有历史性，它只有在特定的生产方式范围内才能得到合理解释。同一个制度、原则或行为在不同的生产方式中，有可能是正义的，也有可能不是正义的。伍德举例道，在古典古代生产方式中，买卖奴隶是正义的，因为奴隶制度适应当时占统治地位的生产方式，而高利贷是不正义的，因为与当时生产方式不适应；而在资本主义生产方式中，却发生了颠倒，买卖奴隶变成不正义的行为，而放贷取息却是完全正义的。所以判断一个社会制度正义与否，取决于它与生产方式的具体关系。由于正义内在于特定的生产方式中，因而比较不同社会形态之间谁更正义是没有意义的。反对派布伦克特与布坎南也曾经指出，马克思坚决反对正义等道德观念，他诉诸

---

① 〔美〕艾伦·伍德：《马克思对正义的批判》，载李惠斌等编译《马克思与正义理论》，中国人民大学出版社，2010，第15~16页。

的是革命，强调生产方式的变革，如果从正义等道德观念出发，恰恰会陷入马克思尖锐批判过的小资产阶级改良主义立场。

反对派的另一位代表理查德·米勒认为，马克思不仅拒斥正义，而且拒斥一切道德观念，因为这些由生产方式决定的上层建筑的范畴，处于下位。理查德·米勒的主要依据是马克思在《哥达纲领批判》中的下述论断："另一方面谈到'平等的权利'和'公平的分配'，是为了指出这些人犯了多么大的罪，他们一方面企图把那些在某个时期曾经有一些意义，而现在已变成陈词滥调的见解作为教条重新强加于我们党，另一方面又用民主主义者和法国社会主义者所惯用的、凭空想象的关于权利等等的废话，来歪曲那些花费了很大力量才灌输给党而现在已在党内扎了根的现实主义观点。"[①] 在理查德·米勒看来，道德作为解决政治问题的基础（从狭义上看）不同于个人利益、阶级利益或国家利益，它表现为以下三个特征：第一，平等，即人们被赋予平等地位，或者同等地受到尊重；第二，普遍准则，即要想正确地解决主要政治问题，必须把有效的普遍准则应用到当前具体事件中去，这些准则在所有社会中都是有效的；第三，普遍性，即任何具有正常理性的人通过对相关事实或观点的反思都能够接受这些准则。[②] 马克思正是通过对以上三条抽象道德原则的反驳来拒绝包括正义在内的一切道德观念的，因为这些原则根本不适合用来决定追求何种社会制度，马克思哲学在根本上是与道德无涉的，它主张通过生产方式的变革来实现人的自由解放，是一种"反道德论"。

赞同派胡萨米认为，包括正义在内的作为上层建筑的一切道德观念或法律观念都由生产方式和阶级利益这两个要素决定，而不是像反对派所认为的那样仅仅由生产方式这一要素决定。从生产方式这一决定要素看，正义观念的性质和正义观念的变革都由特定社会形态的生产方式决定，特定的生产方式必然要求特定的正义观念为之进行论证；从阶级利益这一决定要素看，在同一生产方式范围内，正义的性质和具体形态总是由阶级利益决定的，不同的阶级有不同的正义观念。根据马克思历史唯物主义的基本

① 《马克思恩格斯选集》第 3 卷，人民出版社，2012，第 365 页。
② 〔美〕R. W. 米勒：《分析马克思——道德、权力和历史》，张伟译，高等教育出版社，2009，第 14~15 页。

观点，在经济上占据支配地位的统治阶级在意识形态领域也占据支配地位，他们宣称维护其利益的分配方式是自然正义或绝对正义的，并且优于其他任何分配方式。但是，当被统治阶级从一个自在阶级逐渐成长为自为阶级的时候，当他们能够自觉地对自己的生活处境和阶级利益表达不满的时候，被统治阶级及其知识分子代言人就能够表达出自己的道德意识和批判意识。例如，在资本生产方式这一特定范围内，资产阶级必然形成自己的一套正义规范以维护其阶级统治和阶级利益，并宣称其优于无产阶级的正义规范，且更利于调节各种利益分配关系；同样，无产阶级也必然形成自己的一套正义规范以维护本阶级的阶级利益，善品的分配方案完全可以由一个无产阶级的正义规范来衡量，否则无产阶级只能被动地适应资本主义的经济秩序，安于被奴役和支配的现状。因此，胡萨米指出："在马克思的表述中，无产阶级及其代言人运用无产阶级的正义标准批判资本主义的分配活动，这是有效的。"① 在赞同派看来，以塔克和伍德为代表的反对派未能注意到正义具有两个决定因素，只看到了决定正义的生产方式因素而忽略了阶级决定因素，所以他们误解了马克思的道德社会学，得出了错误结论，认为对马克思来说，与生产方式相一致的规则是正义的，与生产方式不一致的规则是不正义的，陷入了道德相对主义的误区。

根据赞同派的观点，马克思虽然拒绝了资产阶级的抽象正义原则，但并没有走向相对主义立场，而是发展了代表未来走向的无产阶级正义原则：贡献原则和需要原则。贡献原则或需要原则不仅仅是与建立在资本主义私有制基础上的按资分配不同的另一种分配原则，而且是处在更高位阶的正义原则。这意味着马克思从外部发展出了一种相对于资本这一特定生产方式的正义原则，根据这一原则我们能够判断出什么样的分配方式更符合人们对平等和公平的道德诉求。关于马克思的道德立场，美国学者麦卡锡也认为："马克思的政治经济学批判、其分析的伦理预设、他的需求理论以及最后他的民主理论，为这一社会正义理论奠定了基础。"② 在对资本主义进行政治经济学批判的过程中，贯穿始终的内在线索是马克思的伦理学和社

---

① 〔美〕胡萨米：《马克思论分配正义》，载李惠斌等编译《马克思与正义理论》，中国人民大学出版社，2010，第47页。

② 〔美〕麦卡锡：《马克思与古人——古典伦理学、社会正义和19世纪政治经济学》，王文扬译，华东师范大学出版社，2011，第326页。

会正义理论体系，尽管马克思并未发展出一套清晰的伦理学和社会正义理论体系。在对资本主义社会的内在批判、规范批判和拜物教批判中，实质的道德批判居于这三种批判的核心。马克思建构了一种吸取古希腊经验的社会正义理论，在此社会中，道德价值通过公共商议和共识而实现，这种正义理论完全不同于伴随现代性产生的、基于市场经济和抽象的个体主义的哲学正义论。马克思对资本主义正义理论的尖锐批判并不意味着他取消了正义的内在基础，他对资本主义社会的道德指控，内在地隐含着一种作为普遍道德标准的社会正义理论。马克思不仅赞成社会正义理论，而且拥有自己的一套独特的正义理论。

我们认为，马克思反对抽象地谈论正义，关于正义的任何思辨都应被看作意识形态的胡说。历史唯物主义世界观的确立，为我们思考正义问题提供了重要启示：不能抽象地理解正义，不能脱离社会历史过程谈论正义问题，正义必然随着生产的变革而不断变革，或者说要根除社会上的不正义现象必须从变革生产方式和生产关系出发才有可能，否则只能得出抽象的结论。马克思实现了正义理论的范式转换：从思辨或抽象正义到社会现实正义的转换。在《德意志意识形态》中，从观念领域的变革出发解决正义及其他现实问题的做法遭到了尖锐批判，对青年黑格尔派"词句斗争"的批判就是其中一个典型例子。的确，马克思对古典自由主义的正义观、古典政治经济学的正义观、小资产阶级的正义观、空想社会主义的正义观等都进行了批判，但很少正面阐述自己的正义理论，他并没有建构起像休谟和罗尔斯那样的系统的正义观。总体来看，马克思虽然批判了资产阶级的正义理论，但这并不等于说他拒斥一般意义上的正义理念。

二是马克思认为资本主义剥削是正义的吗？

反对派认为，尽管马克思批判了资本主义，但他并不认为资本主义剥削是不正义的。其理由如下。第一，工人和资本家的交换是正义的交换。反对派认为，工人和资本家之间的交换建立在自愿平等的基础上，是自由讨价还价的结果，双方并没有强买强卖。"根据马克思的政治经济学假设，资本家在市场上购买这种商品属于一种平等的交换。"① 劳动力在一定时间

---

① 〔美〕艾伦·伍德、李义天：《马克思反对从正义出发批判资本主义——对段忠桥教授的回应》，《中国社会科学》2018 年第 6 期。

范围内理应被视为资本家的财产，因为资本家以契约工资的形式支付了劳动力商品的全部价值，所以，使用这一商品所得的全部收益理应归资本家所有。这在马克思的《资本论》及其手稿中经常被提到，例如，"货币占有者支付了劳动力的日价值，因此，劳动力一天的使用即一天的劳动就归他所有。劳动力维持一天只费半个工作日，而劳动力却能发挥作用或劳动一整天，因此，劳动力使用一天所创造的价值比劳动力自身一天的价值大一倍。这种情况对买者是一种特别的幸运，对卖者也决不是不公平"①。第二，剥削是资本主义生产方式的内在要求，否则资本主义生产方式无法存在。资本主义存在的前提就是劳动力在生产过程中能够创造剩余价值，如果工人没有遭受剥削，那么就不可能产生资本主义这一生产方式。在资本主义生产方式下，资本家剥削工人被视为正义的，反对剥削或者使剩余价值从资本中抽离出来的任何改革都被视为不正义的，因为任何类似的改革都侵犯了资本主义的生产方式，都试图把一种完全异质的分配规范强加给它。第三，尽管马克思经常用"掠夺""抢劫""盗窃"等词语指责资本对工人的剥削，但不能由此得出马克思把剥削看作不正义的。为了说明这一问题，伍德作一类比，指出用于指责资本剥削的"掠夺"不同于偷汽车、当街抢劫这些偶然的行为。在资本主义社会中，资本家（掠夺者）与无产者（被掠夺者）之间形成了一种常规的生产关系，而不是经济上偶然发生的情况，因而双方之间的交往合乎占统治地位的生产方式，这种交往便是正义的，而那些偶然行为则是不正义的。

按照反对派的看法，马克思不仅没有得出资本主义生产方式是不正义的这一结论，反而承认了劳动与资本的交换符合"交易正义"原则。假如我们承认伍德所解读的马克思正义观就是交易正义观的话，那么我们就不会因为他得出"资本主义剥削是正义的"这一结论而感到困惑。在伍德看来，正义在马克思那里只是一个事实性判断，与道德、价值无涉，它从属于占主导地位的生产方式，是一种意识形态的偏见，本身并没有独立的历史。一个制度或行为正义与否的根据在于是否与占主导地位的生产方式相适应。在此意义上，如果说资本主义剥削是正义的，我们完全可以接受，因为这只不过是在说资本主义剥削是资本主义生产方式的内在要求，它与

① 〔德〕马克思：《资本论》第 1 卷，人民出版社，2004，第 226 页。

这种生产方式是相适应的。甚至伍德根据他对马克思正义观的理解进一步推断：把剩余价值从资本中抽离出来的任何提议都是不正义的。对此，我们也不必奇怪，应该奇怪的是，既然在伍德看来，马克思认为资本主义剥削是正义的，那么他理应没有必要谴责资本主义，但伍德却告诉我们马克思确实强烈谴责了资本主义，并且谴责的最重要理由就在于资本主义的剥削制度。这似乎陷入了一个悖论：马克思强烈谴责了资本主义，但认为它是正义的。伍德并未成功地解决这一悖论，其原因就在于他坚持一种极端立场，把正义仅仅看作一个由生产方式决定的事实判断，看作对生产方式的适应，忽略了正义的价值诉求和道德评判功能。

同样依据马克思的文本，赞同派却得出了不同结论：对马克思来说，资本主义剥削是非正义的。其理由与反对派针锋相对。第一，资本家与工人的交换从表面上看是正义的，但从实质上看却是非正义的。根据马克思的观点，即便工人得到了劳动力的全部价值，资本家与工人之间的关系也是不正义的，因为工人创造的价值远远大于自己所得的价值。况且，工人在经济上处于劣势地位，为了获得基本的生活资料，他们往往被迫以低于自身劳动力的价值进行交换，而这涉及更深刻的不正义。赞同派认为，伍德等人把市场上的交换正义误作马克思评价资本主义的标准，而这个标准在马克思看来却是庸俗国民经济学评价资本主义正义与否的标准。"这个简单流通领域或商品交换领域，——庸俗的自由贸易论者用来判断资本和雇佣劳动的社会的那些观点、概念和标准就是从这个领域得出的"[1]。资本家和工人之间的平等交换只是纯粹的形式和骗人的表面现象，具有意识形态上的欺骗性，其实质内容是资本家以不等价的形式占有他人劳动的一部分，因而是不正义的。第二，资本的原始积累是通过掠夺进行的，也就是通过暴力形式掠夺农民生存所必需的外部资料（土地），进而使农民成为无产阶级，资本具有原罪，因而建立在原初资本之上的剥削是非正义的。但在柯亨看来，"马克思主义者夸大了剥削对于世界财产的原初不平等权利的依赖程度"。他又列举了导致剥削的另一种情况：假如对所有生产资料都进行平等分配，但才能的差异以及甘冒危险的程度不同等，同样会导致财富占有量的差别，当这种差别达到一定程度的时候，只要资本主义制度存在，就

---

① 〔德〕马克思：《资本论》第 1 卷，人民出版社，2004，第 205 页。

会产生富人对穷人的雇佣关系，因而也一定会产生剥削。"马克思主义所重视的是，资本主义制度下的穷人是无产阶级，他们之所以穷并不纯粹是因为他们运气不好，而是因为他们没有受到公正的对待"①，不正义的是资本主义制度本身，而不是资本家的偶然行为。穷人遭受不公正，原因在于这一制度的存在使他们没有从外部世界得到应有的份额。柯亨结合 20 世纪资本主义的现实，论证资本主义是不正义的剥削制度。第三，马克思用"掠夺""抢劫""盗窃"等词语描述资本对工人的剥削，意味着他把剥削看作不正义的。埃尔斯特指出：马克思经常把工人和资本家之间的交易看作"抢劫""掠夺""盗窃"等。这构成了马克思认为资本主义是一种非正义制度的最主要的证据，尽管他在有些段落中并没有使用这些术语。② 在胡萨米看来，掠夺意味着资本家拿走了本不属于他的东西，这些东西属于作为创造者的工人。伍德一方面说资本家掠夺了工人，另一方面又说工人受到了正义的对待，这显然是一个悖论。

与伍德等反对派仅仅把正义看作事实判断相反，以胡萨米为代表的赞同派却把正义仅仅看作一种价值判断。赞同派认为，尽管马克思经常批判打着正义旗号的小资产阶级社会主义者，尽管在马克思那里，正义确实是一个附属性的概念，但是，在马克思对资本主义的批判中，确实存在一个超越资本主义生产方式的正义视角，马克思的政治哲学内蕴一种正义理念。赞同派尼尔森认为，只有在把正义理解为反映并服务于现状的"法权正义"时，资本主义剥削才不被谴责为不正义的，但是正义观念作为调节利益冲突的平衡机制，并不都是法权正义，伍德也并未在马克思的文本中找到充分依据证明马克思所表达的正义都是法权正义。③ 国外"马克思与正义"的争论传至国内后，国内大多数学者都接受了赞同派的观点，因为主张剥削是一种不正义，更符合大多数人的直觉和道德期许。赞同派承认马克思持有正义理念，资本剥削是非正义的，但是对于正义的内涵和特质究竟是什么，他们并未解释清楚，往往把正义与自我实现、自由、平等、共同体等范畴混同起来。

---

① 〔英〕G. A. 柯亨：《自我所有、自由和平等》，李朝晖译，东方出版社，2008，第 139～140 页。

② Jon Elster. *Making sense of Marx* (Boulder, Cambridge: Cambridge University Press, 1985), p. 222.

③ Kai Nielsen. *Marxism and the Moral Point of View: Morality, Ideology and Historical Materialism.* (Boulder, Cobo: Westview Press, 1989), p. 167.

三是马克思批判资本主义的根据究竟是什么？

反对派和赞同派都对资本主义进行了尖锐批判，但批判的依据不同，即便在派别内部，批判资本主义的依据也不完全一致。我们先来看反对派，伍德认为，马克思反对根据正义批判资本主义，"对马克思来说，正义不是那种可以用于批判社会的恰当标准。如果有人觉得如此，只能说明他们陷入了意识形态的混乱"①。其根据不是简单的、单一的，而是关于资本主义社会的综合理论。伍德分析，根据这种综合理论，资本主义作为一种具体的历史的生产方式，一方面具有巨大的文明作用，在发展生产力、创造自由时间、培养个性等方面正在完成一项具有伟大历史意义的任务；另一方面，人类在这种发展过程中却付出了沉重代价，它损害了工人的身体健康，使人的道德生活和精神生活变得贫瘠，它造成了社会关系的动荡和不安，资本主义本身正在走向终结。这一综合理论在伍德看来根本不是道德理论，也不包含任何特定的道德原则，它只是关于资本主义生产方式具体现状和未来趋势的事实分析，所以伍德坚决反对认为马克思批判资本主义的根据是正义的观点。在伍德看来，马克思显然是一位非道德主义者或反价值主义者。伍德在《马克思论权利和正义：对胡萨米的回复》一文和《卡尔·马克思》这本著作中，对关于马克思批判资本主义不包含任何价值立场的观点进行了略微修正。"在马克思攻击资本主义的过程中，他可能接受了某种价值，但他极少反思这些价值是什么或是考虑怎样才能从哲学上论证它们。"② 谴责资本主义的价值根据是自由、共同体、自我实现、安全和舒适等，马克思谴责资本主义是因为它没有实现这些"非道德的善"。伍德把正义看作隶属于生产方式的法权或意识形态偏见的立场这一点并没有变化，他也反对把外部的正义原则强加给资本主义社会，尖锐地批判了重构马克思正义理论的学者们只是把马克思对资本主义批判的革命立场倒退到改良主义上来，只是把马克思降低到他一贯反对的拉萨尔、蒲鲁东等小资产阶级社会主义者的水平上。遗憾的是，伍德并没有对区分"道德的善"和"非道德的善"的根据进行有说服力的说明，其实，伍德所说的"非道德的

---

① 〔美〕艾伦·伍德、李义天：《马克思反对从正义出发批判资本主义——对段忠桥教授的回应》，《中国社会科学》2018年第6期。

② 〔美〕艾伦·伍德：《马克思论权利和正义：对胡萨米的回复》，载李惠斌等编译《马克思与正义理论》，中国人民大学出版社，2010，第78页。

善"，例如自由、自我实现等本身就像正义一样具有一定的道德价值。

反对派卢克斯认为，在马克思的思想中存在"法权的道德"和"解放的道德"的严格区分。前者诉诸正义和权利原则，马克思拒斥法权的道德，把它看作意识形态的和相对的。后者是马克思致力于实现的道德形式，它包含人性的充分实现和人的能力的充分发展，新的和谐的社会关系的建立，以及异化的消除，即支配人的力量重新由人驾驭。① 马克思根据解放的道德批判资本主义社会使人陷入奴役和异化状态。与伍德把自由看作非道德的善不同，反对派布伦克特认为，自由是一种根本的"道德的善"，马克思持有一种道德的自由观，他批判资本主义是因为资本主义造成了奴役和不自由，而不是像伍德所认为的那样，资本主义受到谴责是因为它把自由、共同体、自我实现、安全和舒适等极为重要的人类善都破坏了。自由具有绝对的价值，超越特定的生产方式，而正义隶属于特定的生产方式，只具有相对的价值。布伦克特认为，马克思根据自由而不是正义批判资本主义，所以，马克思把具有本体论意义的自由作为批判资本主义的道德基础。但布伦克特这一论点的问题在于，在马克思那里，自由到底是不是唯一的根本善？关于这一问题的肯定答案甚至遭到了同属反对派的伍德的坚决反驳。

赞同派认为，对资本主义进行批判的根据不是内在于资本主义生产方式的道德标准，而是要以一个外在的道德标准审视资本主义社会的正义。具体来看，这个外在的道德标准就是资本主义之后未来社会（包括共产主义的初级阶段和高级阶段）的无产阶级的道德标准，根据这个标准（按劳分配与按需分配），包括资本主义在内的一切社会形态都能够得到评判。胡萨米认同伍德关于正义由生产方式决定的观点，他指出不仅资本主义生产方式能够产生特定的正义标准，后资本主义生产方式也能够产生特定的正义标准，并且可以用这一正义标准评价资本主义生产方式是有效的和切实可行的，否则无产阶级只能面临被迫接受对自己不利的经济状况的局面，这显然不符合马克思的革命立场。"认识到产品是劳动能力自己的产品，并断定劳动同自己的实现条件的分离是不公平的、强制的，这是了不起的觉悟，这种觉悟是以资本为基础的生产方式的产物，而且也正是为这种生产

① 〔英〕史蒂文·卢克斯：《马克思主义与道德》，袁聚录译，田世锭校，高等教育出版社，2009，第 11~12 页。

方式送葬的丧钟。"① 无产阶级认识到由财产私有制度造成的资本主义社会的生产资料和产品的分配安排是不公平的,这一"了不起的觉悟"有助于促使资本主义生产方式走向灭亡。随着阶级意识的发展,无产阶级完全可以用自己的正义标准审视资本主义。

赞同派胡萨米、杰拉斯、汉考克、埃尔斯特等都曾在相关论著中指出,马克思有效地运用了两个处在不同位阶的共产主义正义原则来批判资本主义的分配方式。相对于共产主义初级阶段按劳分配的单倍不正义而言,资本剥削是双倍的不正义:一是违背了共产主义初级阶段按劳分配(贡献原则)这一低阶正义原则,劳动者即便得到了自身劳动力的全部价值,他创造的价值仍然比自身的价值大很多;二是违背了共产主义高级阶段按需分配(需要原则)这一高阶正义原则,因为资本主义生产并不是以满足人的需要而是以追求剩余价值为目的的,它不能满足人性自我实现的需要。赞同派把正义理解为一种评价既有社会形态的价值尺度,这一尺度立足于未来社会,因而是外在的标准。赞同派立足未来社会的正义标准批判资本主义陷入了非正义,也遭到了一些学者的反对。例如塞耶斯指出:"现存的秩序本身就是一个矛盾的统一体,否定的方面和批判的倾向就是在其内部产生出来的。正是由于这个原因,没有必要为批判和否定的思想寻求一个'超验'的基础,也没有必要在现存秩序之外寻求绝对的道德标准。"② 塞耶斯的批判可谓一语中的,关于以一个外在的超历史的道德标准批判资本主义社会的根据,赞同派并未给出有说服力的说明。赞同派忽略了马克思的历史方法,因为根据历史唯物主义的基本观点,马克思反对把任何道德看作永恒的、终极的,因为一切道德都是现存社会关系的产物。

其实,反对派主张的批判资本主义的自由、自我实现等标准并不必然与赞同派所主张的正义标准相对立。自由、自我实现和正义在马克思那里并不是相互隔绝的概念,而是彼此内在地联系在一起的,对自由和自我实现的强调同时就意味着对分配正义的关心。根据马克思的异化观点,资本主义制度导致了每一个人在实质上都是不自由的,每一个人都受到资本逻

---

① 《马克思恩格斯全集》第30卷,人民出版社,1995,第455页。
② 〔英〕肖恩·塞耶斯:《马克思主义与人性》,冯颜利译,任平校,东方出版社,2008,第150页。

辑的宰制。但是不自由的程度并不是一样的，控制着生产条件的阶级通过否定另一个阶级活动的客观条件来剥夺他们的自由。这种不自由体现在两处：一是体现在生产过程中资本对劳动的控制和指挥；二是体现在资本家对工人生产的剩余产品的占有，不自由就意味着生产条件或产品分配的严重不正义。正义是每一个人自由全面发展的条件，正如美国学者古尔德所说，正义本身既是积极自由充分发展的一个基本条件，也是所有个人自我实现的条件，正义就是在自由本身的价值中获得价值。① 共产主义高级阶段的分配正义原则即需要原则，其目的就是保障每一个人都能够平等地获得自我实现所需要的条件，每个人的自由和其他人的自由和谐共处，互为条件。

四是马克思认为共产主义是一个正义的社会吗？

反对派认为，根据马克思的观点，共产主义不是一个正义的社会。理由一是，共产主义消灭了产生正义的环境：资源稀缺和人性自私；理由二是，正义作为一种法权原则，它要求整个国家机器负责其组织和实施，而共产主义社会已经消灭了国家，所以正义不可能在共产主义社会中发挥作用。理由二是从理由一衍生出来的，共产主义社会既然消灭了正义的环境，那么同样也消灭了国家存在的环境。共产主义社会实现了物质财富的极大丰富，超越了经济上的匮乏，而正义在他们看来就是关于社会稀缺资源的分配规范。此外，共产主义社会实现了人性的自我完善，不再具有现代市民社会的利己品格，消灭了引起社会冲突的私利动机，从这个角度来看，也不再需要正义的调节。共产主义社会无论是就物质财富的极大丰富这一客观条件而言，还是就人的思想道德品格极大提高这一主观条件而言，都不再需要正义原则的调节。因此，布坎南指出："（1）马克思拒绝指认共产主义社会为正义社会；（2）马克思认为共产主义社会必将消除分配正义的环境（其言外之意是共产主义不需要正义原则）；（3）马克思把关于正义和权利的谈论批为'过时的语言垃圾'和'意识形态的胡说'。"② 可见，共产主义社会之所以被看作人类社会的理想形态，不在于成功实施了某项正义原则，而在于消灭了正义存在的环境，关于正义的所有争论在共产主义

① Carol C. Could, *Marx's Social Ontology*(Cambridge: The MIT Press, 1978), pp. 170–171.
② 〔美〕艾伦·布坎南：《马克思与正义》，林进平译，人民出版社，2013，第75页。

社会将成为多余。

如果仅仅把正义适用的环境限定在人性自私和资源稀缺上，那么共产主义社会确实不再需要正义原则和规范进行补救与调节，但是马克思在《哥达纲领批判》中却明确地提出了共产主义社会的分配正义原则：按需分配。反对派布坎南对此的解释是，马克思提出按需分配这一口号并不是想把它作为共产主义的分配正义原则，而是说这种情形将在共产主义社会成为事实。[①] 也就是说，按需分配在共产主义社会是一个事实，而不是一个价值规范和理念。按需分配是描述共产主义社会物质财富充分涌流和人性充分完善这一事实的原则，而不是为了解决由资源稀缺所引发的冲突而不得已采取的一个规范原则。其实，反对派对正义的理解过于狭隘，他们仅仅把马克思的正义理解为休谟和罗尔斯意义上的补救性正义，这种正义是对资本主义市场经济内在缺陷和分配机制的小修小补，它既不主张取消资本主义财产私有制，也不主张改变现存的社会秩序，而主张在现行的社会制度框架内通过正义规则的实施以及政府的保驾护航，建立起一个公平正义的社会。补救性正义在古今自由主义中一直是占据主流地位的正义形态，无论是罗尔斯基于平等的正义，还是诺齐克基于自由的正义，都各自从不同路径强调对社会进行补救的必要性，这一点和休谟的观点是相吻合的。而在马克思主义看来，补救性的正义体系越完善，基于每一个人自我实现的正义理想实现的可能性就越小，因为这个理想依赖的不是对现行社会秩序的改良和补救，而是革命和制度替代。反对派实质上是在用自由主义政治哲学的框架理解马克思的正义理论，因为二者分属两个根本异质的理论范式，所以不免会发生错位和误解。

与反对派相反，赞同派认为，共产主义社会作为人类社会的理想形态，是一个超越资本主义形式正义的实质正义社会。这一理想社会形态的正义原则是以每一个人的自我实现为基准的需要原则，资本主义生产方式及其私有财产制度由于违背了需要原则而显得不正义。按需分配原则针对的不是所得物的分配，而是人的自我实现，因为在共产主义高级阶段，生产力得到了极大发展，物质财富已经十分丰富，超越了资本主义社会和共产主义初级阶段的稀缺状态。马克思的需要原则比以往任何分配正义原则都更

---

① 〔美〕艾伦·布坎南：《马克思与正义》，林进平译，人民出版社，2013，第76页。

加具体化，它克服了以往正义原则的形式化，以每个人的特殊个性为立足点，使每个人的个性都得到了充分重视。根据胡萨米、埃尔斯特、汉考克等赞同派的观点，需要原则基于每一个人的自我实现，反对以同一标准对待不同个性的人，它确保的是人与人之间能够平等地获得自我实现，或者说每个人都实际上享有平等地获得自我实现条件的权利。汉考克指出："马克思偏爱按需分配的真正原因，在我看来，似乎是一种隐含的道德自我实现理论，这一理论虽然为马克思所持有却从未得到系统的阐述。一个正义的社会是力图使每个成员实现其潜能的社会。"① 每一个人的个性在自我实现上都具有无限延展性，因此，每一个人的需要都具有无限差异性。个人之间的需要存在差异性，如果把收入平均地分配给每一个人，那么这样的分配方式就不是正义的。需要原则绝不是平均主义，它的目的是保证每一个人都能够获得自我实现的条件，因此需要原则是一个满足所有个人自我实现的实质正义原则。马克思反对导致特权的不平等，却支持自由个性发展的不平等。共产主义社会克服了以往一切社会形态的弊端，成为一个实质正义的社会。

赞同派阿兰·桑德洛认为，共产主义社会像以往任何社会形态一样，需要正义原则。尽管消灭了私有制和不平等的支配关系，但是关于资源分配的潜在分歧不可能完全消除，因而仍然需要正义原则来调节和引导。"关于资源分配的潜在的分歧绝对不可能被取消。如果这是事实，那么即使是在共产主义社会，为了解决可能发生的争执，正义原则也将是必需的。这种论点并不意味着，真正共产主义社会中的社会关系会立刻变得更加和谐，也不意味着与资本主义社会相比，共产主义社会求助于正义原则的可能性更小。"② 但是，分配问题在共产主义社会中确实变得不再那么重要，因为共产主义社会不仅改变了以私有制为基础的生产方式，实现了生产正义，而且实现了物质财富的极大丰富和人性的完善。

下面我们对当代英美马克思主义者关于"马克思与正义"的激烈争论作一简要评论。反对派与赞同派的争论凸显了马克思主义理论中正义问题

---

① 〔美〕罗杰·汉考克：《马克思的正义理论》，载李惠斌等编译《马克思与正义理论》，中国人民大学出版社，2010，第325页。

② 〔加〕阿兰·桑德洛、王贵贤：《马克思主义的正义理论?》，《马克思主义与现实》2009年第6期。

的重要性，围绕这一争论产生了丰硕的研究成果。他们运用分析的方法试图澄清马克思与正义的关系，这在某些方面确实加深了对马克思政治哲学的研究，但是双方各执一词，各自只抓住马克思思想中的某一方面，甚至是把马克思的某些原话从整体中孤立出来进行"断章取义"式的解读，严重误解了马克思。这一误解传至国内，对一些学者产生了不良影响。马克思正义理论本身具有复杂性——不仅批判了资本主义种种非正义现象，而且揭露了生产资料的私有制这一深层根源；不仅展望了共产主义社会的正义原则，而且论证了实现这些原则的社会历史条件；不仅在批判性和建构性的双重话语中展开了自己的正义问题，而且这种展开是在一个与占支配地位的自由主义正义观完全异质的范式下进行的。基于这种复杂性，我们应采取整体性原则对马克思正义理论进行立体式解读，否则就有可能使马克思正义理论支离破碎，扭曲马克思正义理论的整体性。

以伍德等为代表的反对派把正义——作为法权和意识形态——看作生产方式和社会交往的产物，正确地看到了正义产生的社会历史根源，但这并不足以作为马克思全盘否定正义这一道德价值的理由，更不能作为论据来支撑马克思反对对资本主义进行道德审判的结论。正如胡萨米等赞同派所认为的那样，如果可以从资本主义生产方式得出资产阶级的正义，那么同样也可以从后资本主义的生产方式得出无产阶级的正义，并且能够依据这些正义从道德上批判资本主义。否定马克思正义理论的反对派彰显的是马克思思想中的事实性或科学性，而其价值层面则被严严实实地遮蔽了。反对派认为，马克思对资本主义的批判依据的是事实分析，建立在对资本主义生产方式内在矛盾的深刻揭露上，而不是建立在道德价值这一意识形态层面上。反对派实质上是把马克思的思想看作对人类历史规律的科学实证分析，在给定事实的基础上以客观知识的形式预测历史的演进，这其实完全是波普尔式的实证解读。马克思一生的目标是"在批判旧世界中发现新世界"①，所以他要解决的问题包含两层：一是旧世界为什么改变的问题，二是新世界新在哪里以及如何超越旧世界的问题。因此，马克思思想中包含事实性与价值性、现实性与理想性、理解性与超越性两个层面，在这两个层面之间必须保持合理的张力，否则就会误解马克思。伯尔基深刻地抓

① 《马克思恩格斯全集》第 1 卷，人民出版社，1956，第 416 页。

住了植根于西方文化传统的这两个层面："马克思主义有一种理想因素，即暗含着价值设定和终极目标；在具体情况中，这可以被定义成自由、幸福、美好社会、共产主义。并且，马克思主义里面还有一种认知因素，这指的是关于世界的知识或理解；具体说来，这牵涉到马克思关于历史、政治经济学、社会阶级、国家、意识形态和革命的诸多理论。"①

以胡萨米为代表的赞同派认为，马克思具有正义理论，马克思是依据道德正义批判资本主义的，这是一种对马克思主义的价值化解读，与反对派的事实性解读一样，在马克思主义发展史中屡见不鲜。赞同派的合理性在于看到了马克思理论的理想性和超越性因素，意识到了共产主义社会是一个超越资本主义形式正义的实质正义社会。但是，如果马克思理论仅仅包含这些超越性假设，那么马克思理论在知识建构方面将是极其薄弱的，马克思也不可能成为千年最伟大的思想家。马克思批判资本主义的科学依据不是道德上的正义，而是唯物史观和剩余价值学说这两个关于社会发展的科学理论。马克思通过毕生精力证明了资本主义是一个严重不正义的制度，但如果把这种批判的依据仅仅归结为道德上的"应该"，那么就丧失了马克思主义的科学性维度。道德判断应该与事实判断保持必要的张力，不可偏废其一。道德判断应该以事实判断为根基，唯此，马克思主义才可能具有理论的彻底性和说服力。

马克思对资本主义社会的批判建立在对人类社会发展规律的深刻把握上，建立在对资本主义基本矛盾和财产私有制内在弊端的科学分析上，在此基础上，马克思得出了资本主义必然走向自我否定，被共产主义社会取代的科学结论。反对派的合理性就在于指出了马克思批判资本主义的科学性向度，反对根据正义等抽象的人道主义价值批判资本主义，这似乎是坚持了历史唯物主义的基本立场，但是把历史唯物主义与正义对立起来，得出了马克思是一位反道德主义者这一误导性结论。赞同派过高地估计了正义等道德价值的作用，没有充分意识到正义植根于社会历史土壤中这一观点的重要性，同样没有准确地理解历史唯物主义与正义的关系。"事实—价值"的二分难题自休谟提出以来，就一直伴随着社会历史的研究者们，马克思正义理论研究的"道德论"与"反道德论"之争的实质是这一难题的

① 〔英〕伯尔基：《马克思主义的起源》，伍庆等译，华东师范大学出版社，2007，第13页。

延续。双方都只抓住了马克思思想的一个方面,忽略了另外一个方面,甚至得出了马克思反对马克思的结论,因而都造成了一定的误解。这给我们的启示是,要立足于整体性原则,对马克思的正义理论进行科学化和价值化的双重解读。

三 国内研究现状述评

马克思正义理论在近年来成为国内马克思主义学术界的热点问题,学界出版和发表了许多有分量的学术专著和论文,从不同维度对马克思正义理论进行了全方位的解读。《中国社会科学》在 2014 年第 3 期发表了主题为"马克思思想资源中的社会正义"的三篇系列文章,更是把对这一问题的讨论推向了高潮。与国外学者在"马克思与正义"这个主题上形成实力大致均等的两个派别不同,国内学者呈现一边倒的趋势,大多数学者都属于赞同马克思持有正义观念的"赞同派"。总体来看,国内学者主要围绕以下几个方面展开了比较深入的讨论。

一是马克思正义的内涵界定。国内学者普遍认为,虽然马克思有丰富的正义思想,但是并未给正义下一个确切的定义,因此对马克思正义内涵的界定并未达成一致共识。有的学者根据西方思想传统中关于正义的通常理解,用"给每个人以其应得"来界定马克思的正义,这一界定实质上是把马克思的正义看作分配正义,也就是劳动产品如何分配的问题。[1] 把马克思的正义界定为"给每个人以其应得",一方面具有推测性质,认为马克思沿袭了西方政治思想传统和当时流行的看法;另一方面,对于"每个人应得什么"只是从反面论证了剥削是不应得的,只说明因偶然的天赋和家庭负担的不同所导致的实际所得的不平等是不应当的,但是并未对应得的标准或者说根据什么衡量每一个人的应得权利作出明确的界定。有的学者并不赞同把马克思的正义界定为分配正义,认为生产正义才是马克思正义理论的实质,马克思的正义最终关注的是产品如何生产而不是如何分配的问题,因为任何分配问题都隶属于生产,而不是相反,分配问题在任何社会都是附属性的现象。马克思批判国民经济学家以及小资产阶级的社会主义者把分配奉若神明,认为在分配领域就可以实现正义的理想国。只有通过

---

[1] 参见段忠桥《马克思正义观的三个根本性问题》,《马克思主义与现实》2013 年第 5 期。

生产方式和生产关系的革命，而不是分配领域的改良或修正，才能消灭雇佣劳动关系和资本剥削，实现正义。[①] 笔者赞同把马克思的正义看作生产正义，生产确实处于根本地位，但分配问题自有其独立意义，尤其是在资本生产方式还有巨大发展空间的时候，分配领域的平等及对分配问题的改革，属于马克思的低阶正义理论，也可以说是在社会条件尚不成熟时不得已而采取的方案。还有学者指出，如果把应得正义看作正义的一般内涵，那么马克思以人的自我实现为标准的正义就是超越正义的正义。"在马克思那里，正义的最高原则不是依据从亚里士多德到柯亨的应得权利意义上的平等原则，而是基于人为人的需求满足的差异原则。这里的差异原则不是罗尔斯的差异原则，而是按需分配基础上的差异原则。"[②] 把人作为需要主体和目的，而不是交换手段，这一超越性的正义向度是马克思未来社会的吸引力所在，构成了马克思新人道主义的基本内涵。

二是马克思正义理论的基本特征。有学者在与自由主义正义观的对比中，详细分析了马克思正义观的几个重要特质：与自由主义者不同，马克思的正义不是补救性正义，补救性正义的实质是自由主义者在看到现代市民社会由人的利己心和资源匮乏导致的利益冲突时所采取的社会改良的伦理方案；马克思的正义不是基于所有权，而是基于每一个人的自我实现，因为有关所有权的论证恰恰契合了补救性正义的理念；正义在马克思那里不是超历史的，以每一个人的自我实现为宗旨的正义尽管具有浓厚的形而上学倾向，但是却深深植根于历史土壤中。"正义的实现不能依靠纯粹概念的演绎与传播，而要依靠人们具体的、现实的改造生活世界的历史行动和实践活动；正义不是在分离现实与理想、实然与应然、事实与价值的基础上提出的规范，而是在将它们融为一体的基础上厘定的价值。"[③] 此篇文章的重要意义在于指出了马克思正义观区别于自由主义的几个重要特质，强调在进行马克思政治哲学研究时要有一种清醒的划界意识，否则容易导致学术视线的混乱。还有学者指出，马克思的正义概念具有反伦理化的特征。从唯物史观的基本观点来看，一切道德都是由经济基础决定的，对马克思

---

① 参见白刚《作为"正义论"的〈资本论〉》，《文史哲》2014 年第 6 期。
② 汪行福：《超越正义的正义论：反思"马克思与正义"关系之争》，《江海学刊》2011 年第 3 期。
③ 李佃来：《论马克思正义观的特质》，《中国人民大学学报》2013 年第 1 期。

正义理论的伦理化解读将使马克思陷入无法解决的矛盾。"马克思哲学是以全部人类历史为研究对象、以人类解放为目标的。正是由于从历史大尺度思考问题，马克思哲学在一定意义上避免了根据伦理道德来决定一种社会制度能否存在的做法。"① 还有学者从方法论视角，在历史唯物主义视域中对马克思公正观的特点进行深入解读："马克思思想资源中的公正观具有三个特点：一是强调公正问题的生产关系基础，二是强调不公正问题的社会历史过程性，三是强调资本主义条件下不公正问题具有的独特性，譬如资本主义的不公正必然会越来越严重，要认识到这种不公正也是件不容易的事情等。"② 国内对这一问题的研究比较深入，为本课题研究的进一步推进打下了坚实的基础。

三是马克思正义理论的具体内容及其复合结构。国内学术界对马克思正义理论的具体内容及其复合结构有较为深入的研究，提出了许多富有见地的学术观点。其中代表性的观点如下。其一，李佃来教授指出，马克思正义理论存在一个层层递进的自下而上的立体结构："个人所有权""分配正义""人的自我实现"。这三个层次既相互区分，又逻辑相连。只有准确地把握这三层意蕴，才能够避免马克思正义理论研究中的诸种误解，从而解开西方学者关于"马克思与正义"之争的死结。在马克思对资本原则展开全面批判的过程中，"个人所有权"原则得以完全确立，工人的个人所有权在资本主义社会被大大侵犯。根据这一原则，马克思提出在未来自由人联合体社会要重建个人所有制。"分配正义"指涉的是在批判资本主义生产方式的过程中所发展出来的贡献原则，这个原则具有双重性：相对于资本家的不劳而获，贡献原则更能体现社会正义性；但相对于需要原则，贡献原则又具有一定的弊端。基于人的自我实现的需要原则是位于最高位阶的正义原则，其虽然超越了以应得方式理解正义的个人所有权原则与贡献原则，但是并未完全消解后者，反而以其为前提。③ 对于马克思正义理论，李佃来教授提出了不同于西方学者的解释，并作出了相当有说服力的论证，这是一件了不起的工作，但是也存在一定的独断嫌疑，且对马克思正义理

① 张文喜：《马克思对"伦理的正义"概念的批判》，《中国社会科学》2014年第3期。
② 唐正东：《马克思公正观的历史唯物主义方法论基础》，《武汉大学学报》（人文科学版）2013年第6期。
③ 参见李佃来《马克思正义思想的三重意蕴》，《中国社会科学》2014年第3期。

论的三个层次之间的具体关系及其逻辑相关性缺乏深入分析。其二，王新生教授在与自由主义正义理论展开对话的过程中指出，马克思正义理论存在处于不同位阶的正义原则序列：权利原则、贡献原则和需要原则。"马克思确立了一种以物质利益和客观关系等客观性的东西说明正义原则的方法。这种方法使他能够在强调正义之历史性的同时避免陷入相对主义的陷阱。依据这种方法，正义原则的客观基础在于生产制度等客观性的东西，因此，只要使得特定正义原则发挥作用的那些客观条件仍然存在，即使以较低级次的正义原则调节社会生活，仍不失为保障社会公平正义的次优替代方案。"① 与伍德类似，王新生也把正义原则与社会的客观条件关联起来，但是却得出了与之相反的结论。

四是马克思正义理论与西方近现代正义理论的比较。国内学术界对这一问题的研究还比较薄弱，需要进一步加深。从已有的研究成果来看，主要体现在如下几个方面。其一，马克思与罗尔斯正义理论的比较研究。姚大志指出，马克思和罗尔斯思考正义问题有一个共同的出发点，即现实的社会环境：一是自然资源存在匮乏，二是人们之间存在利益冲突。当然，对于导致利益冲突的根本原因，马克思和罗尔斯存在根本差异。对于解决社会冲突的方案，马克思认为必须通过革命的方法推翻资本主义私有制，而罗尔斯则认为在现存的制度框架内，基于正义原则进行社会调节和改良就可以建立一个公平正义的社会。既然社会上存在诸多不公，那么是谁受到了不公平对待？马克思从阶级冲突的角度出发，认为无产阶级受到了不公平对待，这种不公平表现在两个方面：异化和剥削。异化和剥削实质上分别是自由问题和平等问题，异化意味着不自由，剥削意味着不平等。罗尔斯思考正义理论的社会背景是市场经济和自由民主制度，在这样的背景下，从事竞争与合作，不可能所有人都处在有利地位，那些处在不利地位上的人就是受到了不公平对待的人。尽管二者在致思路径和解决方案上有根本差异，但无论是无产阶级还是最不利者，都指向了社会的最底层。② 其二，马克思与哈耶克正义理论的比较研究。哈耶克把自由市场制度看作最优的社会制度，反对"极权社会主义"，他的理论出发点也是为自由市场进

---

① 王新生：《马克思是怎样讨论正义问题的？》，《中国人民大学学报》2010 年第 5 期。
② 参见姚大志《正义的张力：马克思和罗尔斯之比较》，《文史哲》2009 年第 4 期。

行辩护。哈耶克关注的是过程正义而不是结果正义，他只关注行为规则正义与否的问题，而不关注这种行为对不同群体造成的影响问题，也就是说，只要过程或行为规则是正义的，由此造成的任何结果都是正义的。另外，哈耶克认为，自发的社会秩序比一种有组织的社会秩序更优，所以他反对"社会正义"或"分配正义"，因为自由市场秩序作为一个自发的社会秩序，使每一个人都能够获得公平竞争的机会，每个人都能够获得平等的个人自由。而"社会正义"或"分配正义"在自由市场秩序中的实施会损害人的个人权利，它们往往体现为某些特定利益集团以"社会正义"的名义向全社会发布道德或制度命令，而在哈耶克看来这只是一种破坏性力量，它与个人权利和自由是冲突的，根本没有所谓的社会正义。哈耶克为市场经济进行辩护，坚持以交换正义为核心的过程正义，其观点具有深远的现实意义。我国实行社会主义市场经济，从根本上讲，也要坚持和维护以个人权利为核心的过程正义和交换正义。但是，从马克思的观点看，哈耶克的正义理论具有两个根本缺陷：一是哈耶克错误地把市场交换看作人类事务的全部；二是哈耶克忽略了自由市场秩序的破坏性，市场的自发运行必会导致事实上的不平等和不正义，从而引起社会冲突，这反过来也会破坏自由市场秩序。马克思深刻地看到以资本逻辑为核心的市场经济在本质上是反正义的，因而只有真正地超越资本和市场才能实现社会的实质正义。与哈耶克不同，马克思并不反对分配正义。马克思主张在共产主义初级阶段实行以劳动为尺度的分配原则，这还只是不完全的正义原则；在共产主义高级阶段，实行以需要为尺度的分配原则，这是完全的正义原则。① 总结一下马克思与西方正义理论的比较研究，我们会发现其中的一些问题：这种比较的范围比较狭窄，对马克思与休谟、麦金太尔、斯密、李嘉图、诺齐克、罗默等正义理论的比较研究还相当薄弱，有的还几乎无人研究；另外，从已有的研究成果来看，这种比较主要是个别人物的某方面观点的比较，以点对点的零星联系为主，缺乏在思想史发展脉络上的宏观比较，因此难以形成系统的思想对话。

五是马克思正义理论的当代意义。立足现实问题，国内学术界普遍认为马克思正义理论具有重要的现实意义，其代表性的观点包括以下几点。

---

① 参见龙静云等《从马克思主义视角看哈耶克的正义理论》，《哲学研究》2010 年第 12 期。

其一，马克思正义理论是一个立体式的多层结构，自由主义的权利原则是马克思思考正义的基始性原则，马克思反对的只是权利在资本逻辑限度内的言说方式和实现方式，他并不反对权利的积极意义，他一生都在为工人的劳动权、生存权、发展权等基本权利进行理论上和实践上的努力。如果以权利为参照系审视马克思的正义理论，我们能够发现，其与当下中国的现实是相通的，因而具有重要的现实意义，它契合了社会主义市场经济条件下对个人权利的诉求和维护。其二，马克思的正义理论一方面继承了自由主义对个体的尊重，另一方面又继承了古希腊德性正义理论对共同体和社会利益的基本守护，马克思这种理解正义的方式有助于从社会性和超越物权的德性角度思考当下中国的正义问题。① 其三，要始终坚持以经济建设为中心，为实现社会的公平正义打下坚实的物质基础。其四，"坚持和完善我国的所有制结构，大力推进经济体制改革，为实现社会公平正义提供经济制度保障。如前所述，马克思的分配正义观认为，社会分配关系是由生产资料所有制关系决定的。消费资料的分配实际上是生产方式本身的表现，要实现社会分配正义，就必须改革生产方式，完善生产资料所有制结构。"② 还有学者指出，要坚持按劳分配，鼓励每一个人通过劳动获得应得收入，但是要引导公民把劳动和市场需要结合起来；同时为了激励社会各阶层成员的积极性，还要允许各种生产要素，如技术、知识、资金、土地、管理等参与分配，因为这些生产要素在发展生产力方面的贡献越来越大，但是要清醒地意识到这些生产要素具有先天的剥削性，如果让生产要素成为分配的主导，势必会削弱广大劳动者的积极性，同时会拉大收入差距和造成社会阶层的分化，从而会影响社会主义公平正义的实现。

　　总体上看，国内学术界对马克思正义理论的研究方兴未艾，产生了一批有分量的研究成果，形成了广泛的影响，对马克思哲学尤其是政治哲学的研究起到了巨大的推动作用，但也存在一些不足之处。首先，对马克思与休谟、麦金太尔、诺齐克、哈贝马斯等正义理论以及古典政治经济学、古典自由主义等有关正义的理论的比较研究还很薄弱，有些方面国内学术

---

① 参见李佃来《考论马克思正义思想的当代意义》，《吉林大学社会科学学报》2014年第4期。

② 熊建生等：《马克思的分配正义观及其现实启示》，《马克思主义研究》2014年第5期。

界还尚未涉及。其次，对马克思正义理论内容的研究多于对理论前提的反思。再次，对马克思正义理论的当代意义需要进一步深度挖掘，理论与现实还存在脱节。最后，在当代中国学术界占据主流话语的是自由主义的正义理论，这显然无法切中中国现实。构建中国特色社会主义正义理论任重道远，这需要学术界跳出自由主义的思考框架，以中国现实为切入点，从马克思的思想资源中获得新的启示，并作出持续不断的努力。

尽管国内马克思正义理论的研究形式多样，但大致呈现两种基本路向。第一，以经典文本为依据，直接探讨马克思正义理论的内容、结构、特征等；第二，从马克思正义理论的基本立场和观点出发，直接探讨当代社会的正义问题。第一种路向认为马克思没有现成的正义观，且正义与其他问题相互缠绕在一起，因此致力于解读马克思的正义理论，我们把这一路向称为"解释"路向；第二种路向以当代社会正义问题为出发点，试图从马克思那里找到解决这些问题的思想资源和启示，我们把这一路向称为"激活"路向。国内学术界大多数都属于第一种路向，少数学者开始致力于马克思正义理论当代意义的开发，并取得了不俗的成绩，但是两种路向并没有形成良性平衡，解释过多，激活不足，因此第二种路向更值得进一步深入研究。考虑到目前马克思正义理论研究的现状，本书同时采用了"解释"与"激活"两种研究路向，力图在从"解释"走向"激活"方面作出自己的一些思考，从马克思正义理论的基本观点出发研究当代社会正义问题。

四　基本思路与主要观点

本书采取思想史与文本相结合、理论与现实相结合的思路和方法，对马克思正义理论进行研究，最终突出正义与个人、正义与社会这两大主题及其当代意义。这里所说的思想史与文本相结合，一是突出马克思正义与古典自由主义、古典政治经济学的理论传承关系，在与二者的比较中彰显马克思正义理论的革命性与超越性，确定马克思正义理论在政治哲学史中的位置；二是从马克思自身的思想发展史出发，揭示马克思正义理论的思想境遇。这里所说的理论与现实相结合，一是通过对马克思正义理论的文本解读，突出真正的正义是生产正义而不是分配正义，只有彻底变革资本主义的生产方式，才可能实现未来共产主义社会的实质正义；二是从现实关怀的角度，探讨马克思正义理论对构建中国特色社会主义正义理论的重要启示。

本书正文按照逻辑结构可划分为导论和六章。

第一章阐明马克思正义理论的审视对象、问题意识和思考主旨。自由主义的正义是近代市民社会占据主导地位的正义形态，因而它构成马克思思考正义问题的思想史前提和理论渊源。自由主义的正义是马克思正义理论所审视的对象。马克思是在与古典自由主义对峙的基础上来阐发自己的正义问题的，他接过了自由主义正义理论的话题后，又很快与后者分道扬镳。古典自由主义的正义理论提出了自由、平等、财产权等基本价值并对之进行了深入系统的论证和辩护。但古典自由主义随即陷入实践的困境，它不仅无法兑现其所承诺的这些人道主义的基本价值，反而使这些价值成为掩盖资本主义事实的不正义并为之辩护的意识形态。在这种情况下，马克思不仅对古典自由主义的制度形式即资本主义私有制进行了政治经济学批判，揭露了资本主义生产方式及其动力学机制的非正义性，而且还进行了意识形态批判，揭露了在资本主义条件下古典自由主义正义理论所伸张的自由、平等、财产权等人道主义价值观念的形式性、虚假性和非人道性。马克思正义理论面临一个突出的现实问题：无产阶级在资本主义社会中受到了不公正对待，遭受严重的剥削，日益贫困，而资产阶级则垄断了发展的客观条件。在资本主义社会，作为少数利益集团的资产阶级凭借生产资料的所有权，在价格机制、竞争机制、供求机制等市场手段的掩饰下，日益垄断经济、政治和意识形态方面的权力，引发社会的结构性断裂和结构性不平等。在数量上占据绝大多数的无产阶级在经济上和政治上处于无权地位，从而不得不处于社会底层，无法共享人类文明的成果。面对无产阶级在资本主义社会受到不公正对待的尖锐社会现实，超越资本主义社会的形式正义、虚假正义，实现每一个人的实质正义，构成了马克思正义理论的价值向度。马克思为了拨开古典自由主义和古典政治经济学对资本主义永恒性进行辩护的意识形态迷雾，通过对商品、货币、资本的透彻分析，对资本主义社会进行了病理学诊断，发现了资本主义基于自身内在矛盾必然走向自我扬弃的历史性真理，从而为实现每一个人的实质正义提供了可能性路径。

第二章阐述了马克思对自由主义正义理论从接受、出离到批判的过程。马克思的正义理论经历了一个不断发展变化的过程，这个过程就体现在与自由主义不断变化的关系中。在《博士论文》和《莱茵报》时期，马克思接受了自由主义的正义理论，推崇自我意识、个人自由与个人权利，强调国家与法的正义性，并以此为据对普鲁士非正义的专制制度进行尖锐批判。总体而言，在这一阶段，由于没有对黑格尔法哲学和政治经济学进行深入研究，马克思并没有发现自由主义的缺陷所在，也没有找到超越自由主义的路径。从《黑格尔法哲学批判》到《1844年经济学哲学手稿》是马克思反思、出离和批判古典自由主义正义理论的关键阶段。在《黑格尔法哲学批判》和《德法年鉴》时期，马克思开始彻底颠覆自己以往所肯定的自由主义立场，开始对自由、平等、权利、正义等古典自由主义的基本原则进行彻底的批判。他不再从自由主义的权利平等、理性原则出发批判不正义的社会现实，而是认识到尽管每一个人在权利上是平等的，但现实生活中却是不平等的。在《1844年经济学哲学手稿》时期，马克思详细深入地批判了资本主义社会各种非正义现象，并指出这种现象的根源就在于资本主义私有财产制度，但这种批判以抽象的人性预设为前提，还残存费尔巴哈抽象的人道主义痕迹。《1844年经济学哲学手稿》详细解释了异化劳动和私有财产及其关系，逐渐接近了马克思在《德意志意识形态》中从社会生产出发理解正义的路径。《德意志意识形态》已经开启了研究正义问题的一个正确路径，即从生产出发理解正义问题。可以说，马克思后来的著作对正义问题的研究都是在这一方法论的指引下进行的，这也是马克思超越古典自由主义正义和古典经济学正义的根本之点。在《德意志意识形态》中，马克思的侧重点在于对历史过程的一般研究，由于政治经济学研究尚处在起步阶段，他并未对资本主义生产关系的内在运行机制作出深层解释。这一点在《资本论》及其手稿中得到了突破。在《资本论》及其手稿中，马克思通过政治经济学批判和对资本主义社会的病理学诊断，揭露了资本主义社会不公正现象的根源：资本生产方式。只要不改变资本生产方式，资本主义社会的不公正现象就会永远存在下去。

第三章阐明马克思正义理论的重要特质。自由主义立足于自然法思考正义，只是代表了一种思考正义的特定路向。但由于马克思确立了历史唯物主义和政治经济学批判的方法论，从而他确立了一种思考正义的新路径：回到现实的经济关系和现实生活，在社会生产的变革和流动中思考正义之源。在这一新路径的指引下，马克思正义理论呈现以下几个基本特质。第一，正义的根本问题是生产问题，而不是分配问题。第二，马克思的正义具有双重结构：补救性正义与超越性正义。第三，正义具有历史性。马克思在批判资本主义社会剥削的非正义性和共产主义初级阶段按劳分配的内在缺陷时，明显地诉诸一个理想的正义标准：基于每一个人自我实现的需要原则。一切社会形态及其生产方式的正义性都能够按照它们接近这一标准的程度而得到评判。按照这一理想的正义标准，在人类历史的第一阶段，人与人之间的关系不仅从形式上来看是非正义的，而且从实质上来看也是非正义的；在人类历史的第二阶段，人与人之间的关系虽然从形式上来看是正义的，但从实质上来看却是非正义的；在人类历史的第三阶段，人与人之间的关系尽管从形式上来看是非正义的，但从实质上来看却是正义的。第四，正义是与特定阶级密切联系在一起的。

第四章阐明马克思对资本主义非正义的多维批判。资本主义社会的不正义表现在多个维度。第一，从经济维度看，工人受到了严重的不公正对待，工人自己创造的产品不归自己支配，反而归与自己对立的他者支配。这就是资本主义的剥削现象，体现了人与人之间的严重不平等。通过对剩余价值产生机理的研究，马克思揭露了剥削产生的过程和秘密。资本主义社会经济上的不正义根源于生产资料的私有制，这是最根本的不正义，其他层面上的不正义根源于经济上的不正义。第二，从权利维度看，资本主义社会是一个正义的社会，这主要体现在权利本身是社会冲突的产物，资本主义社会将人从不平等的等级制度中解放出来，在人格平等的意义上赋予每个人以平等的权利，以此调节现实生活中实际的不平等。马克思一方面肯定了资本主义权利的历史进步性，另一方面又批判了它的历史局限性，并在此基础上提出了更高位阶的权利理论。第三，从道德维度看，根据无产阶级的道德观念，资产阶级的生产方式和分配方式具有明显的非正义性，从资本积累的残酷性和野蛮性、资本增殖的压榨性和非人道性、资本逻辑导致的两极分化来看，资本的本性是反道德的、反正义的。第四，从精神维度看，资本主义的非正义表现在，资本的效用原则和增殖原则，造就了精神生活的物化和虚无化。在马克思对资本主义非正义的四个维度的批判中，经济维度的批判是基础与核心，它决定从权利、道德、精神维度对资本主义非正义的批判。

第五章阐发立足于"人类社会"的超越性正义。马克思理想的正义只有在未来人类社会中才能彻底实现，我们把这种正义称为超越性正义。这种正义超越了古典正义理论的社会原则与近代自由主义的个人原则。马克思的超越性正义理论既重视个体价值，又有明确的社会指向，是二者的统一。个人只有在新型社会，即超越一切虚假共同体的真实的社会共同体中，才有可能获得真正的自我实现。共产主义初级阶段实行按劳分配的正义原则，共产主义高级阶段实行按需分配的正义原则。在马克思看来，资本主义社会和共产主义初级阶段分配非正义的一个重要原因就在于遮蔽了人的个性和独立性。

第六章从西方学者的视角讨论马克思正义理论的内涵，突出马克思正义理论的根本特质。罗尔斯在建构自己的正义理论体系过程中，多次谈到马克思的思想，从中获得了重要的思想资源，并给予很高评价。正义问题是罗尔斯解读马克思的核心问题。罗尔斯对马克思正义理论的解读包括三个方面：一是通过劳动价值论批判了资本主义制度的非正义性；二是通过回应国际学术界关于马克思与正义问题的争论，提出了马克思预设的正义观；三是分析了共产主义社会作为超越正义的社会是否值得期许。罗尔斯对马克思正义理论的解读蕴含双重维度：政治经济学批判与政治哲学。因而他抓住了马克思正义理论的实质，但他对共产主义与正义的关系也存在根本性的误读。分析马克思主义的代表人物亨利、埃尔斯特也认为资本主义剥削是非正义的，并就此进行了深入的分析。

第一章　马克思正义理论的审视对象和问题意识

　　国内学者关于马克思与古典自由主义正义理论渊源关系已经达成一个基本共识：马克思是在与古典自由主义对峙的基础上来阐发自己的正义问题的，他在接过自由主义正义理论的话题后，又很快与后者分道扬镳。但这种对峙具体表现在哪些方面，则缺乏系统深入的研究。笔者认为，自由主义的正义是马克思正义理论所审视的对象，自由主义的正义理论是马克思思考正义问题的思想史前提和理论渊源。"在现实层面，马克思主义者和自由主义者都有很好的理由把另一方看成痛恨的敌手。但这仍然不能改变历史和观念的真理，即马克思主义确实发源于自由主义，它采纳并改编了自由主义的价值和总体看法，而且，如果没有自由主义这一广阔背景，马克思主义将是不可思议也不会存在的。"① 马克思既肯定了自由主义正义理论的历史进步价值，同时又批判了它的历史局限性。一方面，作为自由主义正义理论基础的权利平等原则，相对于前现代社会的等级与特权制度，以及政治权力对私人生活的过度渗透和干预来说，是人类历史的伟大进步；另一方面，自由主义的权利平等原则只是形式或法律上的正义，还不是实质上或事实上的正义，且其作为重要论据加剧了资本主义社会实质上的非正义。今天，以个人权利为核心的自由主义正义理论作为一种思想资源，对当下中国市场取向的经济体制改革产生了深刻影响，因此，如何正确分析和评价这种影响的利弊得失，直接关系到对当代中国特色社会主义正义理论的理解和建构。马克思对待自由主义正义理论的辩证扬弃态度，为我们在发展市场经济过程中科学看待自由主义的历史进步性、历史局限性和

---

　　① 〔英〕伯尔基：《马克思主义的起源》，伍庆等译，华东师范大学出版社，2007，第50～51页。

内在矛盾性提供了重要启示。

在引领启蒙运动的过程中，古典自由主义的正义理论提出了自由、平等、财产权等基本价值，并对之进行了深入系统地论证和辩护。但古典自由主义随即陷入实践的困境，它不仅无法兑现其所承诺的这些人道主义的基本价值，反而使这些价值成为掩盖资本主义事实的不正义并为之辩护的意识形态。在这种情况下，马克思不仅对古典自由主义的制度形式——资本主义私有制进行了政治经济学批判，揭露了资本主义生产方式及其动力学机制的非正义性，而且还进行了意识形态批判，揭露了在资本主义条件下古典自由主义正义理论所伸张的自由、平等、财产权等人道主义价值观念的形式性、虚假性和非人道性。下面我们对以权利原则为核心的自由主义正义的核心价值及其与马克思的理论传承关系作一总体勾勒。

第一节　审视的理论对象：自由主义的正义

马克思认为，在现代市民社会以前的任何社会形态中，人与人之间的社会关系无论是形式上还是实质上都是不自由和不平等的，表现为以血缘、地缘、性别为基础的自然关系。每一个人都被固定在一套稳固的社会关系中，不能自由地脱离共同体加之于己的角色和身份。"他们只是作为具有某种规定性的个人而互相发生关系，如作为封建主和臣仆、地主和农奴等等，或作为种姓成员等等，或属于某个等级等等。"① 个人在共同体内的层级和地位决定了其身份和角色，根本没有自由和平等可言。即便是古希腊城邦社会的"自由公民"，其决定战争与和平、参与审判、讨论城邦事务的权利也不是基于每一个人的自由意志，而是基于特定的公民身份。公民身份并不是自由选择的，而是由城邦共同体决定的。古希腊的少数自由公民在中世纪被囊括进封建等级制度的社会结构中，其在世俗生活中极其有限的自由被转化为每一个人在天国生活中向上帝的归依。社会结构在中世纪采取了"我们称为封建制度的等级形式。在这个彻底应用权力原则的过程中，每个人在理论上都有他的主人。农奴听命于地主，地主听命于大庄园主，大庄园主听命于国王，国王听命于皇帝，皇帝由教皇加冕，教皇听命于圣

---

① 《马克思恩格斯全集》第30卷，人民出版社，1995，第113页。

彼得。从宇宙的统治者到最卑微的农奴，门第的链子算是完成了"①。因此，每个人都属于等级链条的一个环节，根本没有现代意义上的自由权利的存在空间。针对中世纪等级制度的自由主义，最初是出于批判而不是建构目的出现的。自由主义批判了人与人之间非交互性的奴役和支配关系，立志使每一个人获得自由权利，因而具有显著的政治解放意义。

17~18 世纪兴起的自由主义思潮是与当时蓬勃发展的资本主义工商业和市场制度相匹配的意识形态。它以个人主义为前提，由霍布斯和洛克奠定理论基础。自由主义在政治上主张对个人自由、个人权利的平等保护，国家不是权利的缔造者，而是个人权利的捍卫者；在经济上主张自由放任主义，认为国家只是作为"守夜人"保证每一个人公平的自由竞争。自由主义正是在市民社会的历史背景下介入正义问题的，建构符合市民社会需要的正义理论是自由主义的题中之义。自由主义的基础和核心是个人权利平等原则，因此，与古代社会以公共利益为核心的德性正义存在霄壤之别。自由主义所主张的权利平等原则只是形式正义，还不是实质正义，但相对于中世纪的等级制度，已经是人类历史的伟大进步，人们凭借这种形式正义获得了诸多平等的自由权利。每一个人的权利和其他人的权利都是平等的，每个人的权利都是神圣不可侵犯的，社会正义的目的就在于平等地保障个人权利的充分实现。在现代市民社会中存在无数规则条文，这些规则条文从形式上来看都是正义的，但这种形式正义作为占据统治地位的意识形态却遮蔽了甚至是支撑着社会生活中的严重不公，不可能实现真正的自由平等。1843 年春，马克思在《德法年鉴》上发表了《论犹太人问题》一文，系统地阐述了人的解放从政治解放到人类解放的历史过程，并把对自由主义的分析和评价放在政治解放的视域内，高度肯定了自由主义的历史进步价值。"政治解放当然是一大进步；尽管它不是一般人的解放的最后形式，但在迄今为止的世界制度内，它是人的解放的最后形式。"② 权利原则是自由主义建构正义理论的基本原则，权利可以说是自由主义正义理论的"拱顶石"。下面我们对自由主义正义理论所指涉的三种最基本的权利及其与马克思的关系作一较为系统的说明。

---

① 〔英〕霍布豪斯：《自由主义》，朱曾汶译，商务印书馆，1996，第 5 页。
② 《马克思恩格斯全集》第 3 卷，人民出版社，2002，第 174 页。

一 自由

自由主义正义理论以个人自由为首要目标，其基础是作为普遍性原则的自然法，即每一个人自在地享有普遍权利这一天赋观念。政治社会的建立以这种自然法为根基，依赖于每一个自由人的同意，任何人都不得替他人作出决定。个人自由是自由主义思考的出发点和归宿。在自由主义者看来，无论是从发生学还是从本体论角度来看，个人都具有优先性，每个人都是自足的实体，社会只是个人的集合体，因此社会自由或者国家自由是第二位的，它都以个人自由为前提，并且最终通过个人自由表现出来，否则就是不切实际的。出于理性的考虑，人们会放弃一部分自由权利，并通过契约的方式把这些自由权利委托给国家和政府，选择他们认为合适的政府形式和统治者，其目的是防止彼此伤害，实现更大的自由权利。个人自由权利成为自由主义正义理论的首要原则和现代社会生活不可或缺的组成要素，成为反抗中世纪等级特权的一把利剑。因此，从不同角度对个人自由和权利进行合法性辩护便顺理成章地成为自霍布斯、洛克以来自由主义者的中心任务。可以说，是否有助于保护或促进个人自由权利成为自由主义判断一个制度或规则正义与否的尺度。在自由主义看来，如果一种制度或规则能够促进个人自由权利，就是正义的，反之，则是非正义的。古典自由主义理解正义的这种思路在当代自由主义那里得到了进一步的继承和贯彻，无论是诺齐克基于个人自由的正义把最低限度的国家看作正当的，还是罗尔斯基于公平的正义将权利平等原则确立为其正义理论的第一原则，都表明正义是与个人自由权利密切联系在一起的。在马克思看来，自由在自由主义那里就是"可以做和可以从事任何不损害他人的事情的权利。每个人能够不损害他人而进行活动的界限是由法律规定的"①。可见，在现代市民社会，每一个人都可以在法律规定的界限内按照自己的意愿追求各自的利益和行使自己的权利。相较于前现代社会的等级与特权制度，相较于政治权力对私人生活的渗透和干预，形式上不受约束的自由无疑体现了人类历史的伟大进步。因此，马克思在尖锐批判的同时又高度肯定了自由主义所引领的政治解放是迄今为止人的解放的最后形式。

---

① 《马克思恩格斯全集》第 3 卷，人民出版社，2002，第 183 页。

自由主义者把自由理解为一项权利（自然权利），他们往往在权利的范围内谈论自由，把自由与权利大致等同起来，其中具有代表性的是自由主义的开创者霍布斯和洛克。霍布斯把自由和自然权利等同起来，他用自然权利解释自由。自然权利"就是每一个人按照自己所愿意的方式运用自己的力量保全自己的天性——也就是保全自己的生命——的自由。因此，这种自由就是能够用他自己的判断和理性认为最合适的手段去做任何事情的自由"①。在霍布斯看来，自由就是能够根据自己的理性去做保全自己生命的任何事情。可见，霍布斯把人性理解为自私的，每一个人都是为了自我保存而采取何种措施的唯一裁决者，每个人都有自然权利决定采取何种措施以实现自己的善。霍布斯的自由还只是抽象的形式自由，这种自由还没有任何具体内容，他只是把自由理解为用理性所认为的合适手段进行生命的自我保存，而把自由等同于自然权利所确证的只是自我满足欲望的合法性。在霍布斯看来，由于每一个人都坚持自己绝对的自由权利，人与人之间将处于战争状态，为了走出自我毁灭的危险，人们应该签订社会契约，转让对一切事物的权利，由此就产生了一个"第三者"，即国家和法律。这个"第三者"作为统一的人格体现了全体签约者（公民）的意志，"第三者"并不是契约的一方，因而不受契约的制约，"第三者"做任何事情都不违法。"第三者"的权力来自每一位公民的授予，因此服从"第三者"就是服从公民自己。人们也不能违背自己的诺言从"第三者"那里收回自己的权力，因此"第三者"的权力是绝对至上的。忠于契约的原则是正义的基础，只有忠于契约才是正义的，否则就是非正义。霍布斯指出，在自然法"所订信约必须履行"的信条中，"就包含正义的起源。因为事先没有信约出现的地方就没有权利的转让，每一个人也就对一切事物都具有权利，于是也就没有任何行为是不义的。在订立信约之后，失约就成为不义，而非正义的定义就是不履行信约"②。霍布斯的正义理论目的是为"绝对君权"进行辩护，然而这种绝对君权与个人自由根本无法兼容。

与霍布斯把自由理解为"用他自己的判断和理性认为最合适的手段去做任何事情"这一抽象的不含具体内容的自由不同，洛克使自由具体化，

---

① 〔英〕霍布斯：《利维坦》，黎思复等译，商务印书馆，1985，第 97 页。
② 〔英〕霍布斯：《利维坦》，黎思复等译，商务印书馆，1985，第 108~109 页。

并使之获得现实内容。洛克把自由权利的现实内容落实为生命权、健康权、安全权、财产权等，其中最重要的是财产权，其他一切自然权利都以财产权为基础和核心。① 通过劳动所获得的财产权是神圣不可侵犯的，洛克举例道：如果一个窃贼企图抢夺我的财产，根据自然法我可以把这个窃贼处死，尽管这个窃贼并不想剥夺我的生命。洛克认为，自然状态下的财产很不稳定，很容易遭受侵害，因为没有一定的法规作为保障机制，所以必须以基于每一个人同意的契约方式从自然状态进入政治社会，通过制定法律、判决纠纷和实施判决来保护每一个人的私有财产权。与霍布斯具有重大分歧的是，在洛克那里，国家是契约的一方，受人民监督，政治权力并不是无限的而是有限的。国家或公民社会的正义来自"同意"，否则就是非正义的。

作为"经济自由主义"奠基人的斯密推进了自由不断现实化的进程，把霍布斯自然欲望满足的自由落实为在市场经济条件下每一个人都可以追求自己私人利益的自由权利，即经济自由。斯密把经济自由看作自由的核心，其他政治或伦理自由要受制于经济自由。"在经济决定政治这一点上，斯密的工作在自由政治思想史上标志着一个重要的分水岭，它代表着这样一个决定性时刻，即无论是好是坏，自身规范的社会与经济领域的'科学'概念，被认为是统治着伦理和政治领域的，而伦理和政治以前则被认为是独立的领域。"② 斯密把自由企业形式看作自然的自由制度，这一制度能够促进自由和效率的最大化，保障每一个人参与经济获得最大收益的自由权利，从而实现"公正"的分配。可见，在斯密看来，在自由企业制度内存在绝对的自由。根据马克思的观点，斯密的经济自由表现为市场经济中交换的自由、以自我利益为核心的竞争自由、彼此漠不关心的理性自由，这种自由从实质上来看仅仅是资本的自由，而个人无论是资本家还是工人都屈从于资本增殖的逻辑，都受制于资本主义的经济结构。当自由的内容完全现实化为经济利益的时候，自由就会走向其反面，进入一种受制于物的不自由状态。斯密认识到了在市场经济条件下，每一个人追求自己私利的自由会引发社会冲突，因而他看到了正义作为一种补救性价值的重要性。

① 〔英〕洛克：《政府论》下篇，叶启芳等译，商务印书馆，1964，第52~53页。
② 〔英〕唐纳德·温奇：《亚当·斯密的政治学》，褚平译，译林出版社，2010，第6页。

正义是社会存在的基础，"只有较好地遵守正义法则，社会才能存在；所以对这一正义法则必要性的考虑，就被认为是我们赞成通过惩罚违反正义法律的那些人来严格执行它的根据"①。

黑格尔将自由主义的权利自由称作"主观自由"或"抽象法权"，并指出其历史局限性。抽象法权实质上是一种形式法权，它依赖于纯粹抽象的人格。根据这一法权，"人们不考虑到特殊利益、我的好处或者我的幸福，同时也不考虑到我的意志的特殊动机、见解和意图。因为在人格中特殊性尚未作为自由而存在，所以关于特殊性的一切东西，在这里都是无足轻重的"②。抽象法权的弊端在于抽象性和形式性，它不考虑任何具体内容。在黑格尔看来，其势必会被客观精神的更高环节超越。黑格尔思考的路径是把古典自由主义的以自然权利为核心的主观抽象自由发展为具有实体内容的客观伦理自由。黑格尔认为，主观自由是现代社会的产物，是现代社会与古代社会差别的枢纽与核心。在古希腊，人们自然地、直接地为城邦而生活，在他们习惯中占据统治地位的是无反思地为共同体而存在的观点，个人没有任何形式的主观性权利，没有自由选择职业和决定阶级归属的权利。相反，主观性的自由权利却是希腊城邦中的破坏性原则，它不利于社会秩序的稳定。在黑格尔看来，主观自由应该以普遍性为目的，过一种集体的生活，并在普遍性中找到自己的尊严和价值。当主观自由达到这一点的时候，主观自由就发展为伦理自由。当然，以普遍性为原则的伦理自由也不完全排斥以特殊性为目的的主观自由，可以说它是普遍性与特殊性的统一，只不过普遍性是目的和旨归。黑格尔对主观自由弊端的治疗启发了马克思，使马克思看到不能抽象地谈论自由和权利，而是要将自由和权利置于社会历史背景中。马克思超越黑格尔的是，通过政治经济学批判意识到了资本与自由的深层悖论，意识到要真正实现自由必须超越资本逻辑。

自由主义正义观从反对封建等级制度的资产阶级革命理念沦为对现实经济关系进行辩护的意识形态。自由主义正义观所主张的自由，在资本主义经济关系中，实质上就是任意地、不受他人和社会影响地处置自己财产的权利，它建立在人与人相互分割而非相互结合的基础上，所以这种自由

① 〔英〕亚当·斯密：《道德情操论》，蒋自强等译，商务印书馆，1997，第109页。
② 〔德〕黑格尔：《法哲学原理》，范扬等译，商务印书馆，1961，第46~47页。

只是孤立的、单子式的个人自由。马克思把这种自由看作一种自私自利的权利，对这种作为权利的自由进行了辛辣的嘲讽。与古典自由主义正义观相对应，马克思把自由看作生命的本性，自由通过生命活动表现出来，而不仅仅是一种形式上的利己主义的权利，这种自由只有在人与人相互结合的未来新型共同体中才有可能实现。马克思表达了一种理想的自由形态，这只有在消灭私有制和实现社会团结的共产主义社会才可能实现。然而，人与人之间的利益冲突和竞争关系是人们不得不面对的社会现实，因此需要自由作为权利来保护人们的政治经济活动。社会现实为古典自由主义所主张的作为权利的自由提供了充分的合理性，马克思在一定程度上也接受了这种自由观念，把这种自由及其应用看作市民社会存在的基础。

马克思从经济关系上对自由产生的社会根源进行了深刻剖析，"自由"根本不是什么天赋人权或自然权利，而是在资本主义交换领域历史地形成的法权观念。在交换领域，"自由"就是指任何商品的交换只取决于交换双方的自由意志，任何人都不得强迫他人进行交换。"尽管个人 A 需要个人 B 的商品，但他并不是用暴力去占有这个商品，反过来也一样，相反地他们互相承认对方是所有者，是把自己的意志渗透到商品中去的人格。因此，在这里第一次出现了人格这一法的因素以及其中包含的自由的因素。谁都不用暴力占有他人的财产。每个人都是自愿地转让财产。"[①] 从交换行为本身出发，每一个人都是具有独立人格的交换主体，因而在形式上确立了个人的完全自由。在工资可允许的范围内，每一个人都可以购买自己想要的任何商品；在可能选择的雇佣范围内，每一个人都可以选择任何一个雇主。形式的自由不仅对资本家而且对工人都具有一种内在价值，正如西美尔在《货币哲学》中所认为的那样，不受他人支配本身就是一件好事。因此，从自由的维度来看，在交换领域根本不存在不正义现象。然而，一旦从表层的交换领域进入经济关系的深层即生产领域，就很容易会发现古典自由主义的自由理念与现实的悖论，工人处于资本逻辑的控制下，不得不围绕资本旋转，像生产工具一样，成为资本的一个附件。

自由不断地在资本主义经济关系中走向自身的反面，自由与资本权力、自由与劳动异化的悖论在资本主义生产关系的再生产中不断被复制出来。

---

① 《马克思恩格斯全集》第30卷，人民出版社，1995，第198页。

资本积累需要不断地再生产一无所有的"自由"工人，不断地生产这种形式上的虚假自由，这种表层上的自由被古典自由主义者用来掩盖资本增殖规律无所不在的深层钳制。受制于资本主义经济规律的自由只是资本权力范围内的自由，它服务于资本增殖的逻辑，充其量只是依附于资本和交换制度的独立性。资本主义社会的个人形式自由以及法律对这种自由的保护，相对于古代社会而言，是一个巨大的历史进步，但离马克思所期望的人的自由全面发展还有很远的距离。古代社会的自由只存在于政治层面，表现为以集体的方式行使主权的若干部分，这种被贡斯当表征为政治自由的古代人的自由被交换经济毁灭了，一种新的以个人利益为中心的经济自由成为可能。在古代，个人并不具有独立人格，如孔多塞所说，当时还没有个人自由的概念，个人对政治事务的参与与其说是自由的，倒不如说是必须履行的职责。

马克思是在异质于资本主义市民社会的人类社会的界面上思考人类的自由理想的，资本主义社会是通往人类社会的一个过渡环节，它为实现真正的自由准备了一些前提条件。比如，生产力的极大发展、自由时间的增加、人的各方面属性和需要的培养等。自由不再仅仅表现为交换领域的形式自由或抽象的权利，而是表现为实现人生命本身的自由。这种自由意味着人们从异化劳动中解放出来，从事的劳动不再是出于经济上的强制，而是表现为实现自身生命的有意识活动。劳动日益摆脱了令人生厌的性质，越来越具有人性化的形式，日益表现出控制自然力的特征。这种自由还意味着人们从不可掌控的经济力量中解放出来，扬弃了盲目的、异己的命运，自觉地联合起来，共同控制自由实现的历史前提。"共产主义和所有过去的运动不同的地方在于：它推翻一切旧的生产关系和交往关系的基础，并且第一次自觉地把一切自发形成的前提看做是前人的创造，消除这些前提的自发性，使这些前提受联合起来的个人的支配。"① 联合起来的个人共同计划和民主决策，克服了资本主义时代原子式个人的偶然性。个人不再把自己的存在归结为盲目的命运，而是归结为人自身，因为他是自由人联合体这一普遍主体的一部分。每一个人的自由和其他人的自由是互依的，人们不再彼此互为手段，而是通过提高他人的自由度获得自我实现，实现了真

---

① 《马克思恩格斯文集》第1卷，人民出版社，2009，第574页。

正的正义。

二　平等

通常认为，自由主义的核心价值是自由而不是平等，自由和平等似乎是无法兼容的政治价值，但事实上，对平等的坚持也是自由主义的传统，并且这种坚持成为17~18世纪资产阶级革命反对封建制度的重要力量。自由主义强调人们拥有言论自由、出版自由、信仰自由、财产自由、集会自由等基本自由权利，这些权利具有优先性、不可转让性，这些基本自由权利为每一个人平等地拥有，没有人会因为财产、学历、出身、血缘等外在因素上的差异而遭到歧视或享有更多的权利。从这个角度看，对自由的强调就是对平等的强调，自由保障人们的根本权益，其内蕴把人看作理性、自主的主体；平等则界定人们应该以何种方式分配这些权益，内蕴一个不含特殊性的抽象人格概念。仅仅因为人是人，就应该享有同等的尊严和权利。古典自由主义通过自然权利学说论证平等，尽管霍布斯、洛克各自的自然权利学说所得出的政治结论不同，但他们建构政治理论的逻辑出发点是相同的。他们共同的理论预设是，每一个人都生而平等，但自然状态下的平等并不因人们进入政治社会而成为现实。自由主义强调的平等还体现在社会契约的签订上，从自然状态进入公民社会，需要每一个人的同意，不能由他人代替作出选择。最后，在社会领域，自由主义强调机会平等，它通过对机会平等、程序平等、自由竞争等权利的强调来说明市场经济分配制度的正义性。自由主义假定如果市场参与者之间存在平等的权利，那么由此所导致的收入分配的任何不平等都可以被认为是合理的。

马克思之前的自由主义对平等问题的思考大致经历了从自然平等，到契约平等的转换。所谓自然平等，就是个体之间在自然天赋、身体状况、智力、心灵的敏捷程度等方面没有高低优劣之分，大致均等，没有实质性差异。这一观点的代表人物是霍布斯。自然平等被霍布斯界定为社会契约论、自然状态学说的前提。如果自然使人平等，那么平等就应当得到承认，不应该依据德行或恶行按比例分配自然权利，而应该公平地对待所有人。霍布斯反对亚里士多德的公正观，那种公正观认为有些人生来就是统治者，另一些人生来就是服从者，而在霍布斯看来，所有人在自然状态中都是平等的。当然，霍布斯并不认为在自然状态中个体的自然天赋是完全平等的，但至少是足够平等的。这里的"足够"意思是，一个体力弱小的人足以杀死一个体力强壮的人，或者弱者之间能够通过联合来对抗强者，也就是说人们有平等的能力相互毁灭。这种平等能力在霍布斯看来之所以非常重要，是因为人最关注的是自我保存，自我保存是最强烈的自然欲望。既然个人在体力和智力上大致平等，那任何人都无法判断自己在自然状态中是否安全。因为在自然状态中，人人平等，每一个人对同一事物都拥有同样的权利，且人人都是自由的。在利己主义心理支配下，每个人都要想实现自己拥有一切的自然权利，因此便会处在一切人反对一切人的战争状态。[①] 所以，为了自我保存，首要的自然法要求人们寻求和平，每一个人都应当放弃在自然状态中为所欲为的权利，前提是别人也应当放弃同样的权利，也只有在平等的条件下与和平的环境中才有可能达成。

与霍布斯着重强调自然平等不同，洛克注重自然平等和由自然平等演化的契约平等。在洛克看来，自然平等表现为两个方面：一方面是认识论上的平等，另一方面是自然权利的平等。在认识论上，洛克反对笛卡尔等唯理论者的天赋观念论，主张人的一切知识来自经验，人应该相信自己的经验判断，而不是依赖于上帝。洛克认为心灵是一块"白板"，上面没有任何印记，从而肯定了人认识潜力上的平等，否定了认识上的等级说。在自然权利上，洛克继承了霍布斯的平等理论，认为在自然状态中，每一个人都是平等的，没有人会比他人享有更多的权利，一切权利都是相互的。也就是说，人生来就同等地享有自然的一切条件，不存在等级和从属关系。但是，洛克的自然状态更富人情味，他假设自然状态是一个自由平等状态，而不是在利己心支配下的一切人反对一切人的战争状态。在自然权利的平等上，洛克认为财产权是最重要的权利，每个人都能够任意地处置自己的财产，每个人都能够通过自己的劳动获得自己的财产。尽管财产的积累会最终导致社会的不平等，但是洛克强调的是拥有财产的基础或起点平等，如果靠政府权力使结果平等，反而会破坏平等的劳动基础。洛克认为，自然状态的平等具有三大缺陷：缺乏共同的、同意接受的裁判一切纠纷的尺度；缺少一个公正的裁判者；缺少强有力的执行机构。[②] 为了保护人们的自

---

① 顾肃：《自由主义基本理念》（修订版），译林出版社，2013，第208页。
② 〔英〕洛克：《政府论·下篇》，叶启芳等译，商务印书馆，1964，第77~78页。

然权利，尤其是财产权，人们有必要签订社会契约，进入政治社会，平等地保护人们的自然权利恰恰是政府的责任。进入政治社会后，人们之间的平等在洛克看来主要体现在两个方面：一方面，公民与国家是平等的，国家建立在普遍"同意"的基础上；另一方面，国家建立之后，如果国家侵犯甚至只是不能保护公民的基本权利，人民就有权推翻它。政治权力的有限性是洛克与霍布斯的重大分歧。在洛克看来，法律面前人人平等，每一个人在法律面前都享有同等的权利，每一个人都不享有特权，法律面前的平等原则是自然状态中的自然权利平等在契约社会的延伸。

与霍布斯不同，在卢梭看来，确实存在个人自然禀赋方面的差异，但他认为这种自然差异不会直接引起社会的不平等，它仅停留在由年龄、体力、智力、健康状况或心灵素质的差异而产生的自然状态的不平等上。只不过随着文明化的进程，私有财产的出现使这种自然不平等演变为财产和权力占有上的社会不平等，最终导致文明的堕落与社会的对抗。所以，卢梭通过由社会契约确定的平等来矫正由私有财产导致的不平等。"基本公约并没有摧毁自然的平等，反而是以道德的与法律的平等来代替自然所造成的人与人之间的身体上的不平等；从而，人们尽可以在力量上和才智上不平等，但是由于约定并且根据权利，他们却是人人平等的。"① 其实，卢梭的契约平等以及霍布斯、洛克的自然平等都基于抽象的人性分析，都是抽象的平等，都严重遮蔽了社会的差异性和多元性，内容比较空洞，以其为指针，在实践活动中会表现出盲目性和不确定性。因此，需要对自由主义的平等观念进行深刻的理论反思，以克服其抽象性和形式性。这一高水平的理论反思首先是由黑格尔完成的。

黑格尔批判了自由主义的抽象平等，这种平等导致了一个同质化的社会，这种同质化最终在法国大革命中达到顶峰。法国大革命的狂热实质上是"否定的自由""绝对的自由""抽象的自由"等理性主义观念在革命中的实践，它力图取缔差异，抹平等级，从而达到一种抽象的平等。"因为狂热所希求的是抽象的东西，而不是任何有组织的东西，所以一看到差别出现，就感到这些差别违反了自己的无规定性而加以毁灭。因此之故，法国的革命人士把他们自己所建成的制度重新摧毁了，因为每种制度都跟平等

---

① 〔法〕卢梭：《社会契约论》，何兆武译，商务印书馆，2003，第30页。

这一抽象的自我意识背道而驰。"① 对绝对自由和抽象平等的渴望无法与社会中任何细微的差异相协调,它的空洞性必然造成对社会的绝对破坏。面对当时社会中不可避免的分化、差异、多样性,黑格尔认为抽象平等和绝对自由是荒诞不经的,所以,他在自己的政治哲学建构中重新恢复了社会中差异的重要意义。"经济角色、社会角色和政治角色的实际差异在这样一个社会里是不可避免的,那个社会没有把低贱的工作分摊给不具有市民资格的人去承担,而那种差异不可避免地导致了文化差异、价值取向的差异和生活方式的差异。这些差异反过来要求在每一个社会等级内部具有一定程度的自主生活,而且,它们为每一个社会阶层可以和希望与全体建立不同的联系开辟了道路。"②

对现代社会不可避免的差异性的理解,使黑格尔认为充分发展的国家应该是这样一个国家:在其中,概念的不同环节在相应的社会等级(集团)中获得了实现,每一个等级都有自己的经济基础和适当的生活模式,它们各自以自己的方式与国家发生联系。抽空了特殊性的抽象平等隔绝了个人在所属的等级共同体中获得生活意义和自我认同的可能性,现代社会因此成为一个精神荒漠或者一架机器,人与人之间相互隔绝,陷入原子化的分裂状态。黑格尔恢复了人的自然差异,否定了自然平等,并将其作为社会分工的基础。黑格尔也批判了自由主义的契约平等理论,重新确立了社会区分为各个等级的重要性,试图以此使整个市民社会变得富有活力,并把等级看作沟通个体与国家、特殊性与普遍性的中介,等级在自身之内统一了客观普遍性和主观特殊性两个环节。等级之所以重要,是因为个人只有成为某种等级的人才能成为现实的存在,才可能是伦理实体性的存在,不属于任何等级的人是一个单纯的私人,是一个空洞的存在,不处于现实的普遍性中。

黑格尔对自由主义平等观的反思,为超越自由主义平等观开辟了道路。马克思对平等的思考不像自由主义者那样立足于抽象的人性,而是把平等问题置于社会历史的土壤中,通过对政治经济学的研究,认识到了作为资产阶级意识形态的自由主义的平等在实质上的反平等性。在《资本论》及

① 〔德〕黑格尔:《法哲学原理》,范扬等译,商务印书馆,1961,第15页。
② 〔加〕查尔斯·泰勒:《黑格尔》,张国清等译,译林出版社,2012,第628~629页。

其手稿中，马克思揭露了自由主义平等产生的资本主义商品经济基础。马克思认为，在作为表象的交换领域，每一个交换者都是平等的，彼此之间相互联系，他们以货币为中介交换相等的价值。在交换过程中，每一个人只是作为交换者面对彼此，不存在身份、地位的差异，在人格上是平等的；同样，他们的个性、品性与交换也是不相关的。每一个交换者与其他任何交换者一样都处于同样的关系中，每一个交换者都以同样的方式对待另一位交换者，所以在交换行为中彼此是平等的。"每一个主体都是交换者，也就是说，每一个主体和另一个主体发生的社会关系就是后者和前者发生的社会关系。因此，作为交换的主体，他们的关系是平等的关系。在他们之间看不出任何差别，更看不出对立，甚至连丝毫的差异也没有。"[1] 通过交换行为本身的中介作用，主体表现为相等的人，而客体则表现为主体对象化的等价物。

主体作为等价物的所有者，作为等价物相互等价的证明者，被看作价值相等的人。"主体只有通过等价物才在交换中彼此作为价值相等的人，而且他们只是通过彼此借以为对方而存在的那种对象性的交换，才证明自己是价值相等的人。因为他们只有作为等价物的所有者，并作为在交换中这种相互等价的证明者，才是价值相等的人，所以他们作为价值相等的人同时是彼此漠不关心的人；他们在其他方面的个人差别与他们无关；他们不关心他们在其他方面的一切个人特点。"[2] 可见，在被古典政治经济学看作"天赋乐园"的交换领域，并不存在不正义现象，反而蕴含一个形式正义原则：每一个交换者都应该得到平等对待。在交换领域，每一个人都是平等的，每一个人都把另一个人当作和他一样的交换者、所有者来对待，每一个人都不得无偿占有他人的财产，都要在等价协议的基础上通过交换获得他人的财产。尽管在交换领域，工人和资本家之间的关系在某种程度上是正义的，且以交换过程为现实基础的权利原则具有一定的历史正当性，但是，在作为实质的生产领域中，资本和劳动之间的深层关系却表现出非交互性的特点。资本支配劳动且不经过交换就无偿占有另一个人或许多人的劳动产品，交换过程中的自由和平等（资本主义秩序的外在表象）让位于

---

① 《马克思恩格斯全集》第30卷，人民出版社，1995，第195页。
② 《马克思恩格斯全集》第30卷，人民出版社，1995，第196页。

生产过程中的异化和剥削，因此生产过程是不正义的。

马克思不仅揭露了自由主义平等产生的商品交换基础，而且通过对剩余价值和剥削的分析，清晰地揭露了平等的表象与实质的二元背离。在商品交换过程中，即使劳动力的价值能够以工资的形式得到等价补偿，劳动力在生产过程的使用中也还会创造出剩余价值，这一部分价值被资本家无偿占有，并没有经过等价交换，因而是不正义的。资本"从直接生产者即工人身上榨取一定量的剩余劳动，这种剩余劳动是资本未付等价物而得到的"①。在生产领域，资本家与工人的关系并不是平等的，资本家凭借生产资料的所有权获得了支配工人的权力，工人为了获得生活资料不得不出卖劳动力给资本家。资本在生产过程中实现了自身的再生产和增殖，资本的力量和权力越来越大，对劳动的控制越来越强，因为在这个过程中，资本控制了越来越多的生产资料。劳动本身越是对象化和客体化，劳动产品就越是表现为他人的财产，与劳动相对立的外在世界就越是强大，不平等的程度就越是加深。交换领域的自由和平等只是表象，它们作为自由主义正义观的理论基石，掩盖和支撑着资本权力支配下的不自由和不平等，形式平等掩盖了实质上的不平等。自由主义正义观也正是根据这种形式平等来证明实质不平等的正当性的。马克思主义认为，根本问题不在于实现自由主义式的权利平等或实现商品的等价交换，而在于变革资本主义的财产关系和生产方式，历史性地扬弃这种形式平等，实现实质平等，即以每一个人的自我实现为基础的按需分配。

三　财产权

自洛克宣称财产权是最重要的自由权利且私有财产神圣不可侵犯以来，财产权逐渐成为自由主义的核心和现代政治的基础，较之其他权利，财产权具有基始性意义。洛克与斯密都是从正面理解财产权，把财产权看作自由的基础和实现方式，他们通过自我所有和劳动理论为财产权占有的合法性提供证明，但并未触及或不愿触及人类社会的不平等和贫困问题是否与财产权具有内在联系。可以说，在自由主义者看来，凡是有助于维护财产权的理论、制度、原则都是正义的，否则就是不正义的。休谟明确提出正

---

① 〔德〕马克思：《资本论》第3卷，人民出版社，2004，第927页。

义的对象和基础是财产权，正义的任务是通过制定财产权规则来维护社会的正常运行。卢梭则开启了批判财产权的时代，他把财产权看作人类社会不平等和贫困的根本原因。在卢梭看来，私有财产权并非普遍的人的权利，而是少数人的特权，私有财产权破坏了人生而具有的平等自由，法律的首要任务正是保护私有财产权。卢梭把防止两极收入差距过大这一现象的出现看作政府的重要职责："如何防止财富极端不平等的现象的出现，是政府最重要的职责之一。防止的方法，不是剥夺富人手中的财产，而是用各种方法防止他们聚集财产；不是修建收容穷人的济贫院，而是保证公民不致沦为穷人。"① 卢梭把财产权与贫困问题联系了起来，认为贫困不可能仅通过洛克和斯密所主张的劳动就可以消除，贫困是财产权在经济上的一个必然后果。对于如何消灭贫困，卢梭主张在既定财产权关系前提下通过政府的作用消除贫困，然而，这实质上是不可能的，因为政府在后来的马克思看来是有产者的代言人。这预示着要消灭贫困，必须变革资本主义社会的财产关系。黑格尔承接了卢梭对财产权的批判，认为国家与生命权高于财产权，为了前者可以牺牲后者。黑格尔对财产权的批判直接启发了马克思，马克思对资本主义的批判以财产权为核心，指出资本以财产权的名义剥削工人，使剥削披上了政治合法化的外衣。

洛克是自由主义财产权理论的奠基者，他对后世最大的影响是提出了劳动财产权理论，肯定了劳动与财产权的直接关系。洛克首先指出，每个人对自己的人身都具有所有权，除他之外任何人都不具有此项权利。每个人不仅拥有他自己的人身，而且正当地拥有他的身体所从事的劳动以及劳动的一切成果，所有的财产权都来自这种劳动所有权，这就是被诺齐克与柯亨继承和发扬的自我所有理论。"所以只要他使任何东西脱离自然所提供的和那个东西所处的状态，他就已经掺进他的劳动，在这上面掺加他自己所有的某些东西，因而使它成为他的财产。"② 洛克的劳动财产权理论蕴含劳动创造价值的结论，劳动使一切东西具有不同的价值，"劳动所造成的占我们在世界上所享受的东西的价值中的绝大部分"③。洛克举例说道，一英

① 〔法〕卢梭：《政治经济学》，李平沤译，商务印书馆，2013，第 26 页。
② 〔英〕洛克：《政府论·下篇》，叶启芳等译，商务印书馆，1964，第 18 页。
③ 〔英〕洛克：《政府论·下篇》，叶启芳等译，商务印书馆，1964，第 27 页。

亩的未加任何垦殖的土地所创造的价值与经过辛勤劳动的一英亩土地所创造的价值存在重大差别，因此劳动的改进作用创造了价值的绝大部分。既然我的劳动使原来几乎没有价值的东西有了价值，那么顺理成章的是我的劳动是此物中最有价值或者唯一有价值的东西，因此，是我的劳动才使此物成为我的所有物。劳动财产权理论蕴含一种合乎正义的分配原则，即"按劳分配"，按照这一原则，只有劳动才能够拥有财产权，那些违背这一原则的分配就是非正义的。自由主义者所承诺的这一正义原则在现实中从来都没有兑现过，马克思在早期和晚期分别使用异化劳动和剥削这两个概念揭露了它的虚伪性。

休谟认为，面对资源有限和人性自私的紧张关系，必须确立明确的财产权以解决争端，维护社会秩序的正常运行，而社会的正常存在对于每一个人的福利来说都是必要的。一方面，资源的有限性产生了划分财产的必要性；另一方面，由于人性自私，人们为满足自己或亲属的需要，可能随意侵犯别人的财产，引起纠纷，因此必须通过稳定财物占有的规则把自己的财物与他人的财物区分开。如洛克一样，在休谟的社会政治理论中，财产权较之于其他权利具有基始性的意义，正义理论的实质是关于财产权的理论，正义的起源同时说明了财产权的起源。休谟指出："社会上最主要的混乱起源于我们所谓的外物，起源于那些外物在人与人之间的随意转移和不稳定性；因而必须寻找一种补救方法，尽可能地把这些外物放在与身心固有的、持续的优点相等的地位上。要实现这个目的，唯有通过社会全体成员缔结协议，使那些外物的占有得到稳定，进而每一个人都能够安享凭借幸运和勤劳所获取的任何财物，否则，别无他法。通过这种方法，每一个人都能够知道他可以安全地占有什么，他们偏私的、矛盾的情感也因而受到了约束。"[1] 可见，划定财产、稳定财产占有是维持人类社会正常运行的必要条件，如果没有正义规则的约束，最原始最自然的贪欲会直接摧毁社会。在休谟那里，正义规则表现为关于财产权的三条自然法则："稳定财物占有的法则，依据同意转移所有物的法则，履行许诺的法则。"[2] 第一个财产权的自然法则是"稳定财物占有的法则"。休谟认为，对外界财物占有

---

[1]　Hume, *A Treatise of Human Nature* (The Floating Press, 2009), pp. 746-747.

[2]　Hume, *A Treatise of Human Nature* (The Floating Press, 2009), p. 790.

的不稳定是社会混乱的根本原因，解决的办法是把财产权归于现实的占有者，让每个人继续享有当下所占有的东西。因为追溯财产的原初占有是十分困难的，甚至是不可能的；再加上习惯和习俗的影响，人们对事实上已占有的东西倾注了比其他任何东西更强烈的情感，所以财产权理应是对已占有关系的一种巩固，而不是推翻这种关系进行重新分配。第二个财产权的自然法则是"依据同意转移所有物的法则"。休谟认为，财产权的稳定对于保障社会的和平与安全是非常必要的，但是如果严格执行会给人类社会带来极大不便，因为它无法协调财产权与人类的需要和欲望之间的关系。所以，仅仅确立"稳定财物占有的法则"是不够的，还必须确立财产权在不同人之间相互流转的法则，即除非所有者同意将财产转让给另一个人，财产必须是稳定的，否则任何其他形式的财产转移都是非法的。第三个财产权的自然法则是"履行许诺的法则"。财产权的第一条法则使彼此相安，第二条法则使彼此受益，但是如果不履行许诺，那么整个财产权规则体系便会崩溃，社会将退回到缺乏互相信任的野蛮状态。休谟提出的三条财产权规则符合英国当时发展市场经济的需要，与法国自由主义者偏重政治上的公民自由权利不同，休谟的理论偏重于在经济上论证市民的实际利益，建构符合市民社会和市场经济需要的正义体系是休谟政治哲学中最有意义的贡献。

黑格尔在《法哲学原理》中对财产权有两个相关定义：一是财产权是人格的定在；二是财产权是自由意志的定在。人格是具有自我意识的单一意志，是没有内容的单纯自我相关。它在特殊性、规定性中意识到自己的无限性、普遍性。诚然，人格还只是抽象的主观性的东西，人格要实现自己就必须从这种抽象性、主观性中走出来，因而要给自己定在，以摆脱这种抽象性。财产权是人格的定在，是人格实现自己的中介。财产权扬弃了人格的纯粹主观性，因而财产权的实质性内容就是人格的实在性。在这个意义上，对财产权的否定并不仅仅是对物权的否定，更是对具有独立实在性的人格的否定。人作为自由意志的存在，要想摆脱抽象性和主观性，总要给自由意志本身以定在，而财产权就是自由意志的最初定在。自由意志给自己以定在的过程，就是拥有财产权的过程，实质上也就是对物的占有的过程。人有权把他的意志体现在任何物中，人具有对物的绝对权利，因为人自身是自由意志，是自在自为的存在者，而其他所有的物都是外在的、被动的、相对的。由于财产权是人格和自由意志的最初定在，黑格尔主张通过法律制度来保护财产权以实现人的真正自由。保护财产权是现代社会实现人的自由不可缺少的一个环节。拥有一份少量的私有财产对于形成和维持一个人的自由个性是基本的，只有拥有财产，人的意志才能成为现实的意志，或者说给人的意志以定在。①

黑格尔继卢梭之后对私有财产神圣不可侵犯这一"洛克信条"进行了尖锐批判，提出一个快要饿死的人有绝对的权利侵犯另一个人的财产权。他认为，当国家和个人的生命权、财产权发生冲突时，国家有权要求个人作出牺牲。在市民社会中，个人的生命财产只是有限的东西，具有自然力的形态，因而迟早会消亡，从而是暂时性的。只有当个人的生命财产为国家牺牲时，它们才能上升为自由的作品，即一种伦理性的东西，才具有永恒的意义。黑格尔对财产权的批判，显示了与马克思的一致性。但是，在财产权问题上，马克思和黑格尔也存在重大的分歧。黑格尔并不主张废除财产权，保护财产权是现代社会实现人的自由不可缺少的一个环节；而马克思则主张通过无产阶级革命消灭私有制，废除资产阶级财产权，达到全体人民对财产的联合占有，实现每个人的自由解放。

休谟与洛克的财产权理论是西方思想史上的一个积极成果，符合市民社会发展市场经济的需要。马克思则立足于未来"人类社会"对私有财产权进行了尖锐的批判。作为资本的私有财产权是无偿占有剩余价值的合法凭证，它会拉大人与人之间经济和政治的差距。未来"人类社会"自由的实现依赖于私有财产权的废除。马克思认为："所有权在资本方面就辩证地转化为对他人的产品所拥有的权利，或者说转化为对他人劳动的所有权，转化为不支付等价物便占有他人劳动的权利，而在劳动能力方面则辩证地转化为必须把它本身的劳动或它本身的产品看作他人财产的义务。所有权在一方面转化为占有他人劳动的权利，在另一方面则转化为必须把自身的劳动的产品和自身的劳动看作属于他人的价值的义务。"② 自由主义所论证的财产权体现的仅仅是形式正义，不仅不是实质正义，反而是产生实质非正义的根源。在这里需要注意的是，现代社会仍处于马克思所说的"市民

---

① Alan Patten, *Hegel's Idea of Freedom* (New York: Oxford University Press, 1999), p. 140.
② 《马克思恩格斯全集》第 30 卷，人民出版社，1995，第 450 页。

社会"阶段，仍处于资本逻辑和市场经济的支配下，因此自由主义者提出的财产权理论仍然具有重要的现实意义，保护私有财产被写入我国的宪法就是最好的证明。马克思对私有财产的批判为我们提供了一个社会发展的理想维度，使我们意识到现代市民社会是一个历史性的社会形态，当社会发展从"市民社会"过渡到"人类社会"时，自由主义的财产权理论就会被积极地扬弃，每个社会成员都将超越私有财产的限制获得自我实现。正如马克思所说："共产主义是私有财产即人的自我异化的积极的扬弃，因而是通过人并且为了人而对人的本质的真正占有；因此，它是人向自身、向社会的即合乎人性的人的复归，这种复归是完全的，自觉的和在以往发展的全部财富的范围内生成的。"①

财产权正义在自由主义那里充其量只是形式正义，在马克思政治经济学的批判语境中，财产权正义被视为导致实质非正义的根源，财产权在资本方面作为无偿获得他人劳动产品的资格而存在。与自由主义和黑格尔把财产理解为实物不同，马克思把财产理解为一种生产关系，理解为支配他人的社会权力。通过对资产阶级私有财产权的政治经济学批判，马克思不仅揭示了自由主义财产权理论的法权哲学前提，而且证实了在资本主义私有财产权的前提下，自由主义正义观的意识形态性和欺骗性，自由和平等走向了自身的反面，让位于异化和剥削。马克思接过自由主义的问题背景，同样把财产权问题看作社会政治的最高问题，他把人的自由个性的实现与财产权问题联结起来，主张联合起来的生产者平等占有和使用生产资料，实现对私有财产权的积极扬弃。对马克思来说，正义的实现要求克服阶级支配，这种阶级支配正是通过一个阶级控制另一个阶级生产活动所需的生产条件来实现的。生产资料的私有财产权与正义是无法兼容的，因为它否定了每一个人平等利用生产条件实现自由、个性的权利，财产权的平等使用和共享才是实现真正正义的前提。②

下面，笔者就自由主义的自由、平等与财产权作一总结。这三项自然权利可以看作衡量自由主义正义理论的基本标志。自由主义正义理论所提

---

① 《马克思恩格斯全集》第3卷，人民出版社，2002，第297页。
② 〔美〕古尔德：《马克思的社会本体论：马克思社会实在理论中的个性和共同体》，王虎学译，北京师范大学出版社，2009，第152~153页。

倡的基本权利既是市场经济的产物，又是市场经济的前提和保障。自启蒙运动以来，古典自由主义对自由、平等、财产权等基本权利进行了卓有成效的系统论证，但这并不是说有自由主义之后才有对这些基本权利的诉求，而是现代市场经济本身首先孕育出了产生这些权利的可能性，而后才有自由主义对这些权利的哲学—政治学—经济学证明。自由主义正义理论之所以在现代西方资本主义世界占据主流地位并对中国产生了深刻影响，也主要是因为这种理论反映了市场经济对权利的基本诉求。自由主义所主张的基本权利既是建立在交换价值基础上的市场经济的产物（并不是天赋人权或自然权利），又是发展市场经济的前提，尽管这些基本权利所表征的只是形式正义。自由和平等是在资本主义经济过程中产生的，其最重要的现实基础是市场经济中的交换关系。而在古代世界和中世纪并没有出现自由主义所伸张的自由和平等，其根本原因在于并没有出现上述经济关系，因为当时的劳动是直接的强制劳动，生产的目的不是交换价值而是直接满足需要的使用价值。社会主义市场经济的建立意味着我们已经认识到了市场经济是人类社会无法逾越的经济形态，并进行了一系列市场取向的经济体制改革，那么我们对建基于市场经济基础上的自由主义就不应该采取一概否定的态度，而应该积极吸收其关于自由权利学说的合理成分，加深我们对市场经济的本质、运行机制的理解。比如，自由主义主张的自由"这一人权的实际应用就是私有财产这一人权……私有财产这一人权是任意地、同他人无关地、不受社会影响地享用和处理自己的财产的权利"①。正是每一个人都能够自由地处理自己的财产，因而才有可能形成供求机制、价格机制、自由竞争机制、资源配置机制等市场机制体系。在这个意义上，否定私有财产这一基本权利就等于否定市场经济，所以，这种个人自由及其应用构成现代市民社会存在的基础。

　　概言之，自由主义正义理论的历史进步价值主要体现在其对个人自由权利的论证和辩护上，它迎合了现代市民社会和市场经济对权利的基本要求，而市场经济的世界史意义就在于它是通达普遍人类解放的无法逾越的经济形态。所以，当代表德国小资产阶级利益的"'真正的'社会主义"贬低和反对自由主义时，马克思给予了尖锐的批判："德国的特别是普鲁士的

---

① 《马克思恩格斯全集》第 3 卷，人民出版社，2002，第 183~184 页。

资产阶级反对封建主和专制王朝的斗争，一句话，自由主义运动，越来越严重了。于是，'真正的'社会主义就得到了一个好机会，把社会主义的要求同政治运动对立起来，用诅咒异端邪说的传统办法诅咒自由主义，诅咒代议制国家，诅咒资产阶级的竞争、资产阶级的新闻出版自由、资产阶级的法、资产阶级的自由和平等，并且向人民群众大肆宣扬，说什么在这个资产阶级运动中，人民群众非但一无所得，反而会失去一切。德国的社会主义恰好忘记了，法国的批判（德国的社会主义是这种批判的可怜的回声）是以现代的资产阶级社会以及相应的物质生活条件和相当的政治制度为前提的，而这一切前提当时在德国正是尚待争取的。"① 在这里，马克思充分看到了自由主义的世界史意义，但是，根据马克思辩证法的批判精神，它在对现存事物的肯定的理解中同时包含对其否定的理解，所以在指出自由主义历史进步价值的同时，马克思又对自由主义正义理论的历史局限性进行了意识形态批判和政治经济学批判。

在马克思看来，古典自由主义关于自由、平等和正义的价值只是营造了一个现代社会的神话，表达了一个有待实现的乌托邦理想，它们抽离了资本主义的经济结构和阶级关系。自由主义关于自由平等的自然权利理论天生就具有意识形态性，因为它掩盖了资本主义社会阶级冲突的真正本质。正如麦卡锡所认为的那样：古典自由主义权利理论"在一个不平等的社会中制造了一种平等的假象；制造一种社会中的博爱假象，而其实质乃为劳动商品、异化和物象化的社会关系所统治；制造一种自由的假象，与此同时，却只有不断的机制化、控制意识的市场力量和想象中的个体理性决定；并且在阶级社会中营造一种社会正义的假象，而阶级社会对于平等、博爱和自由根本就无能为力"②。古典自由主义作为资本主义的意识形态歪曲了其生产关系的真实本质，巩固了资本主义的社会秩序和阶级关系。马克思把自由主义的自由、平等和财产权置于特定的社会历史境遇中进行分析，揭露了自由主义正义理论的形式性，产生的社会经济根源，以及在资本逻辑的支配下走向自身反面的原因。马克思在一个异质于资本主义的社会平

---

① 《马克思恩格斯文集》第 2 卷，人民出版社，2009，第 59 页。
② 〔美〕麦卡锡：《马克思与古人——古典伦理学、社会正义和 19 世纪政治经济学》，王文扬译，华东师范大学出版社，2011，第 229 页。

面上重新思考正义问题，他并不是要越过自由主义的自由、平等与财产权，而是要扬弃自由主义的表达方式和实现方式，并在这一基础上重新思考它们的可能性形式及实现的社会历史条件。

第二节　面临的现实问题：无产阶级遭到了剥削

马克思思考正义问题时有一个现实的社会背景，即无产阶级在资本主义社会受到了不公正的对待，遭受严重的剥削，日益贫困，资产阶级垄断了发展的客观条件。无障碍地享用偶然性的权利只对那些在资产阶级范围内的个人来说才存在，他们之所以是自由的，就在于他们是这一阶级的个人。随着资本主义生产方式的生成与发展，整个社会的阶级冲突达到了史无前例的尖锐程度，日益分裂为资产阶级和无产阶级这两大对立的阶级。无产阶级和资产阶级的对抗并不是个人之间由于利益竞争、人性自私等所引发的偶然性、主观性的对抗，而是在资本主义生产关系统治下的结构性、本质性的对抗。在马克思看来，资本主义社会的阶级分化和不平等不是由个人的劳动能力、先天禀赋、机会运气等偶然性因素决定的，而是资本主义生产关系及其所推动和主导的市场机制的必然产物。马克思在这一点上超越了对资本主义社会也有深入研究的黑格尔。黑格尔没有深入资本—市场机制，而只是从个体差异的特殊性、分工、教育、需要等外在因素探讨等级分化和社会不平等产生的必然性。

在马克思之前，黑格尔也曾讨论社会贫困和处在社会底层的"贱民"现象，并把如何解决贫困问题看作现代社会的一个重要难题。黑格尔也看到了现代社会两极分化的趋势：一极是财富的日益增长，形成鲜明对比的是，另一极是劳动阶级财富的匮乏和贫困的日益加剧。"与此相联系的是：这一阶级就没有能力感受和享受更广泛的自由，特别是市民社会的精神利益。"[①] 黑格尔反对由富有者阶级或者公共资金直接负担穷人的生活，因为在他看来这不符合市民社会的原则和工人独立自主的精神。难能可贵的是，黑格尔看到了资本主义社会贫困问题产生的历史必然性，但是对于产生贫困的原因以及如何解决贫困等问题并没有进一步的思考，只是寄希望于通

---

① 〔德〕黑格尔：《法哲学原理》，范扬等译，商务印书馆，1961，第244页。

过他的理性国家来解决这一市民社会的难题。古典自由主义经济学家亚当·斯密只是从劳动力的供求关系中寻求贫困产生的原因，认为只有通过市场调节，抑制人口增长，才能从根本上解决贫困问题。庸俗经济学家马尔萨斯认为，贫困不是由资本主义私有制而是由人口增长过快引起的，资本主义私有制则是协调人口增长与生活资料关系的最佳制度。可见，他们都是从维护资本主义生产关系的角度探讨无产阶级贫困的原因。在这一点上，卢梭则更进一步，指出了人类社会不平等和贫困的根源就在于私有财产，抓住了问题的实质，给马克思以重大启示。马克思深入资本主义经济关系，发现资产阶级的富裕和无产阶级的贫困一样都根源于资本主义的生产方式。"资产阶级借以在其中活动的那些生产关系的性质决不是单一的、单纯的，而是两重的；在产生财富的那些关系中也产生贫困；在发展生产力的那些关系中也发展一种产生压迫的力量。"[①] 只有马克思才真正找到了无产阶级贫困的制度根源。

面对资本主义社会的不平等和阶级分化，资本主义生产关系的捍卫者——古典自由主义者和新自由主义者通常求助于"自由市场"，试图通过美化自由市场来达到解决社会冲突的目的，并没有或者不愿意注意到引发社会不平等的根本原因：资本—市场机制。资本—市场机制在实现社会资源聚合的同时又撕裂了社会。自由市场以个人主体性原则、等价交换原则、公平竞争原则、权利平等原则为基础进行自我调适，自由主义认为，自由市场能够通过调节利益冲突实现社会资源的公平分配，推动社会秩序的和谐稳定。同时，通过市场机制的运行，个体权利和个体利益也能够得到保障和发展，现代社会人与人之间的自由竞争也能够在市场的基础上得到自然的发展。自由主义通过权利平等原则说明现代市民社会善品分配的正义性；通过政治权利平等说明现代市民社会政治制度的正义性。自由主义假定如果当事人之间存在机会平等和权利平等，那么他们之间的任何收入或身份的不平等都将是正义的，以此来消解人与人之间的实质不平等。然而，由资本主导下的自由市场所实现的自由平等只是形式上的自由平等，它无法掩盖无产阶级的贫困和两极分化等实质非正义现象。

在资本主义社会，无产阶级在经济上遭受的不公正对待主要是通过剥

---

① 《马克思恩格斯选集》第 1 卷，人民出版社，2012，第 234 页。

削进行的。关于剥削以及无产阶级在其他方面所遭受的不公正对待，在第四章还要详细论述，下面只是作一简要总结。资本对工人劳动产品（剩余价值）的无偿占有就是剥削，这些剩余价值是资本没有经过等价交换而获得的。罗尔斯恰当地理解了马克思关于剥削非正义性的观点："马克思并不把剥削看成由市场不完善或由于寡头垄断因素的存在而引发的。他的劳动价值论意在表明（当然还包括对其他现象的说明），即使处于充分竞争的状态之中，资本主义社会也仍然存在剥削。他想要揭露——并使所有人都清楚看到——的是，就算资本主义是充分竞争的，甚至就算它完全满足了最适合它的正义观念，资本主义制度仍然是一种统治和剥削的不正义的社会制度。"[①] 可见，资本家对工人的剥削不是偶然的，而是制度安排的结果。

　　马克思在《资本论》中对现代生产机制的研究，其实质就是为了揭露剥削的非正义性，从而为取代资本主义提供可能性。马克思一再谈到剥削："劳动力使用一天所创造的价值比劳动力自身一天的价值大一倍"；"工人在每分钟内为自己劳动 30 秒，为资本家劳动 30 秒"；"每周 3 天的剩余劳动……对劳动者自己来说始终是没有形成等价物的 3 天劳动"；"资本自行增殖的秘密归结为资本对别人的一定数量的无酬劳动的支配权"；[②]"商品包含的剩余劳动不需要资本家耗费什么东西"；资本"从直接生产者即工人身上榨取一定量的剩余劳动，这种剩余劳动是资本未付等价物而得到的"[③]。通过以上这些论述我们可以看出，工人和资本家在生产领域是不平等的，资本家获得了工人劳动力的支配权，与此同时，也获得了对劳动力所创造的价值的占有权。其根源就在于财产私有制：一方面，资本拥有并控制生产资料（生产的客观条件）的所有权；另一方面，工人只拥有劳动能力，与劳动的客观条件相分离。为了获取生存资料，工人不得不用他唯一的东西与资本进行交换，在客观上依赖于资本。可见，即便在流通领域，工资关系的正义性也仅仅具有形式性、表象性。正如美国学者古尔德所言，与前资本主义社会直接的人身控制相比，资本对工人的支配具有一定的间接性：资本通过对工人劳动的客观条件的控制来控制工人的行动。资本通过

① 〔美〕约翰·罗尔斯：《政治哲学史讲义》，杨通进等译，中国社会科学出版社，2011，第343页。

② 〔德〕马克思：《资本论》第1卷，人民出版社，2004，第226、274、274、611页。

③ 〔德〕马克思：《资本论》第3卷，人民出版社，2004，第50、927页。

对劳动的占有和利用，资本家权力变得越来越大，而劳动者却变得越来越贫穷，越来越服从，这形成了越来越鲜明的对照，因而也变得越来越不正义。资本主义的剥削使整个社会日益两极分化，无产阶级越来越赤贫，处于社会底层的无产阶级数量越来越多，与此同时，资产阶级的财富却日益集中，整个社会在政治、经济、教育等诸方面的差距越来越大，日益发生结构性的断裂。

根据马克思的观点，资本在生产领域对工人的剥削违背了自由主义的抽象正义原则——劳动所有权原则，即每个人都拥有对他自己劳动或劳动产品的所有权。这种劳动所有权原则一直是自洛克、斯密以来的西方近代政治哲学的核心，也是资本主义存在和发展的基础。然而，在生产领域却存在一个对劳动所有权原则的根本违背：劳动者失去了自己劳动产品的所有权，被强制生产剩余价值，却并没有获得等价物作为补偿。在《资本论》第一卷手稿中，马克思清晰地描述了使资本主义生产方式持续下去的劳动所有权被违反的情况："所有权最初表现为以自己的劳动为基础。现在所有权表现为占有他人劳动的权利，表现为劳动不能占有它自己的产品。所有权同劳动之间，进一步说，财富同劳动之间的完全分离，现在表现为以它们的同一性为出发点的规律的结果。"[1] 通过马克思对资本主义的内在批判可以发现，资本主义违背了它自身的原则。

当代自由主义者诺齐克试图为剥削提供辩护，其认为剥削存在的前提就是工人没有生产资料，从而被迫同资本家打交道。但是，诺齐克提出了一系列的反问证明生产资料来源的合法性："生产资料从何而来？是谁以前放弃了当时的消费以便得到它们或者生产出它们？是谁现在放弃了当前的消费以便支付工资和生产要素，这样只有在出售产品后才能得到回报？是谁的企业家精明在始终发挥作用？"[2] 诺齐克无非在说生产资料来源于资本家的勤俭节约和精明，这种说法的目的是为资本的出身开出正义证明，这种观点并不稀奇，斯密在《国富论》中就对此有过深入的论述。马克思本人以及后来的麦金太尔、罗默都对这种"勤俭说"进行了尖锐批判。麦金

---

[1] 《马克思恩格斯全集》第30卷，人民出版社，1995，第450页。

[2] 〔美〕罗伯特·诺齐克：《无政府、国家和乌托邦》，姚大志译，中国社会科学出版社，2008，第304页。

太尔认为："诺齐克理论的核心论点是，一切合法的权利都可以追溯到原初所得的合法行为。"① 他尖锐地指出，如果我们一直追问资本的来源，直至诺齐克的"原初所得"，我们发现的不是勤俭和精明，而是血与火的暴力掠夺，马克思在《资本论》中详细地描述了这种原始积累的血腥过程。

　　马克思关于无产阶级受到剥削和不公正待遇的论述，在当今是否还具有解释力？可以说，当代全球资本主义与马克思所处的那个时代已经不可同日而语。马克思所处的那个时代的政治、经济、道德、法律等制度的不健全加剧了无产阶级和资产阶级冲突的剧烈程度。而现在，随着科技革命的蓬勃发展，知识、管理、技术在生产中所占的比重日益增加，国家福利政策广泛实施，当代资本主义出现了新的社会分层：以知识分子和白领阶层为代表的中产阶级日益崛起。马克思所揭示的资产阶级与无产阶级相互对立的社会二分结构日趋消失，中间大、两头小的菱形社会结构日渐成型，更有学者提出社会的稳定与否在于中产阶级的规模大小。中产阶级凭借自己的知识和能力从事脑力劳动，并且拥有股份、参与公司的决策和管理，马克思的剥削概念似乎不适用于这一等级。那么，中产阶级究竟是不是无产阶级，他们是否遭受了剥削？答案是肯定的。第一，从劳动的具体性质来看，无论劳动的知识含量有多高，无论劳动的具体形态如何丰富多彩地变化，这种劳动都属于被资本购买的活劳动，都要为资本增殖服务，否则其就不可能被雇佣。第二，从生产资料的所有权来看，尽管中产阶级拥有一定的股份，但是与整个垄断资本的总量相比，这只是微不足道的一部分，并且这些股份又以股票的形式重新被吸纳到资本增殖的逻辑中，与马克思时代的无产阶级相比，虽然资本家分享了少量剩余价值，但是所谓中产阶级并没有脱离无产阶级的基本范畴。② 第三，从资本的性质来看，不管资本的具体形态如何变化，资本依然是资本主义社会的灵魂、本质、原则，是剥削和支配工人的权力，是解开资本主义社会秘密的一把钥匙。当代资本主义社会的一切仍然都被纳入资本增殖的逻辑，一切都要在资本面前为自己存在的合理性进行辩护，都要接受资本的审判，否则就会被社会淘汰，

---

① 〔美〕阿拉斯戴尔·麦金太尔：《追寻美德——道德理论研究》，宋继杰译，译林出版社，2011，第 320 页。

② 参见郗戈《超越资本主义现代性——马克思现代性思想与当代社会发展》，中国人民大学出版社，2014，第 125 页。

中产阶级也必须如此，必须在资本面前为自己存在的合理性进行辩护。

马克思虽然对资本剥削进行了彻底的批判，但是他认为，正如在一定历史时期家庭制、奴隶制、农奴制的剥削存在历史正当性一样，资本剥削也存在一定的历史正当性，人类社会无法越过这样一个阶段，反而是在这一阶段所提供的积极价值的基础上才可能进入人类社会的第三个阶段。资本主义的剥削是一种"历史的必然性""暂时的必然性"，但不是"绝对的必然性"。正是由于资本主义生产方式的内在矛盾，资本主义才表现出自我否定、自我扬弃、自我消灭的趋势，成为通向未来实质正义社会的过渡点。"这是资本主义生产方式在资本主义生产方式本身范围内的扬弃，因而是一个自行扬弃的矛盾，这个矛盾明显地表现为通向一种新的生产形式的单纯过渡点。"① 资本主义自我扬弃的实质就在于用一个新的生产方式取而代之，但这种取代不是乌托邦，不是完全独立地在资本主义世界之外建立一个新世界，而是在资本以异化的形式所释放的日渐积累的潜能的基础上取而代之。资本主义表现出二重性的历史内涵，也就是说，它虽然存在剥削、异化等非正义现象，但具有积极文明的一面。它提高了劳动生产率，解放了生产力；它使整个社会的自由时间大幅增加；它培养了人的多方面的属性和消费能力；等等。实现了实质正义的共产主义社会一方面克服了资本主义的全部异化形式，另一方面又继承了资本主义所积聚的全部解放潜能。可见，从资本主义走向共产主义并无绝对断裂，而是社会形态更替的内部相继。

第三节　思考的主旨：每一个人的自我实现

面对资本主义社会无产阶级受到不公正对待的尖锐社会现实，马克思思考的主旨是如何超越资本主义社会的形式正义、虚假正义，实现每一个人的实质正义。马克思通过商品、货币、资本对资本主义社会进行病理学诊断和批判，目的是拨开为资本主义永恒性进行辩护的自由主义和古典经济学这两种意识形态的合法性迷雾，发现资本主义自身因无法克服内在矛盾而必然走向自我扬弃的历史性真理，从而为实现每一个人的实质正义提

---

① 〔德〕马克思：《资本论》第3卷，人民出版社，2004，第497页。

供可能性路径。自由主义和古典经济学正义理论的人性基础是抽象的、原子式的个人，因此他们的正义理论也都带有抽象色彩，没有注意到个人的差异性。马克思的实质正义立足于新型的人性基础，即"现实的个人"。现实的个人是感性的、具体的、历史的、社会的个人。也只有提出了这样一个新的个人概念，马克思才可能发展出一种超越自由主义形式正义的实质正义理论。马克思在《德意志意识形态》中提出并具体阐发了"现实的个人"这一概念，他对个人概念的探索在此前经历了一个不断深化的过程。从《博士论文》中的原子式的个人或自我意识的个人，到《论犹太人问题》中的作为市民的个人与作为公民的个人，再到《1844 年经济学哲学手稿》中的作为类存在的个人，这一系列概念的阐发是最终通向"现实的个人"的思想阶梯。那么，马克思究竟如何理解"现实的个人"？

首先，现实的个人是感性的个人。感性的个人首先意味着人和任何一种自然存在物一样，都是有生命的肉体组织存在，都受自然因果法则的制约。从这方面来看，现实的个人是一个感性存在者，具有康德意义上的感性品格。"第一个需要确认的事实就是这些个人的肉体组织以及由此产生的个人对其他自然的关系。"① 现实的个人所从事的实践活动本身是一种感性活动，它以感性存在物为对象，以人与自然的关系为前提，不断地创造丰富的感性世界和打开人的感性的丰富性。"感性不仅意义丰富，它还是人类的创造。人类的世界已经被人们（男人和女人）在其历史进程中创造出来。它开始于一个原初的自然，这个原初的自然在被给予我们的时候就已经被我们的努力改造过了——工具、语言、观念、符号。丰富的实践是可以把握的，同时也是不可穷尽的，实践告诉我们它是什么。它是一个持续的揭示，这个揭示如此明显，以至于我们只需要睁开双眼，去感受实践在人类创造中的巨大范围，包括风景、城市、日用品和稀有物品（艺术品）。感性与理智的统一，自然与文化的统一，我们随处可见。"② 通过感性活动，现实的个人沟通了自然与社会、自然与文化、感性与理智，自然界也不再是与人相对立的静止存在物，而是不断变化的感性活动的一部分。人与人之

---

① 《马克思恩格斯选集》第 1 卷，人民出版社，2012，第 146 页。
② 〔法〕亨利·列斐伏尔：《马克思的社会学》，谢永康等译，北京师范大学出版社，2013，第 24~25 页。

间的关系以及人自身都是感性世界的一部分，作为感性对象进入感性活动的视野中，通过感性活动揭示人作为主体的存在，并锻炼自己的感性力量。人的感性存在和感性活动使马克思在思考正义问题时有一个明确的旨向：解放被资本主义社会遮蔽了的感性，恢复人的感性的丰富性。

其次，现实的个人是具体的个人。具体的个人是与抽象的个人相对立的概念。根据上一部分的分析可知，现实的个人是从事感性活动的个人，而感性活动本身是在一定的社会历史条件下和社会关系的范围内所从事的改造世界的具体活动，有别于抽象的精神活动，因而现实的个人是从事感性活动的具体主体。每一个具体的个人都是一个独立的实体，在这一点上，马克思非常接近亚里士多德，他们都把个人看作独立的、如此这般的存在，每个个人都是一个实体，都能够获得自我实现。对马克思来说，个人是以一种特定方式存在的个人，他有自己独立的个性，自我实现的路径也不一样。如果把个人的活动方式或者特性抽空，个人就成为一个抽象的个人。费尔巴哈没有认识到感性活动的存在论意义，把人仅仅理解为"抽象的人"，他虽然在感情范围内论证了人是一个现实的肉体的人，但是除了爱与友情，他看不到人们之间的其他关系。费尔巴哈虽然强调感性世界和感性对象的重要性，但是他忽略了感性世界的主体方面，即塑造感性对象和人自身的感性活动，更加忽略了感性活动的历史的、批判的、革命的意蕴，从而把人理解为抽象的人。同样把人理解为抽象的人的还有古典经济学。古典经济学仅仅把人当作生产剩余价值的工人来考察，而不考虑人作为工人之外究竟还是什么，也就是说只把工人当作增殖的机器，对于人的其他方面的才能，则不在它的视野之中，也就是把所有人都当作"经济人"。"斯密和李嘉图就这样描绘了一个他们生活在其中的高度发达的社会结果——孤立的资产阶级个人——，似乎这种个人是自然的自动表现。在他们的著作中出现的是一种神话般的、没有时代性的个人，一种'由自然造成的'个人，他们的社会关系永远是一样的，他们的经济行为具有无历史的人类学性质。"① 对资本主义社会的个人和经济关系的抽象理解使古典经济学把资本主义生产方式看作永恒的，因而把捍卫资本主义生产方式的正义也看作超历史的永恒正义，而这在马克思看来是需要解蔽的资产阶级意识形态。

---

① 〔美〕乔恩·埃尔斯特：《理解马克思》，何怀远等译，中国人民大学出版社，2008，第39页。

再次，现实的个人是社会的个人。社会的个人是与原子式个人相对立的概念。在资本主义的世界中，每个人都以自身为目的，彼此互为手段，人与人之间的关系是离散的个人之间的关系，每个人与他者的关系都是异化的外在关系，社会"不是一个有机整体，而是一个集合体"①。社会是一个机械结合的社会，个人与社会发生了严重分裂，人在社会中普遍感到陌生与孤独。由资本逻辑所缔造的、以经济关系为核心的现代社会并不是积极意义上的社会整合，而是实现私人利益的工具和手段。从具有伦理意义的传统共同体中解放出来的现代资本主义，成为人与人之间相互利用的工具理性关系的载体。资本使生产和消费成为世界范围内的普遍联系，但并没有创造出适合自由人性实现的社会关系。资本逻辑把在利益上相互对立的原子式个人强行捆绑在一起，由这种个人所组成的社会关系是平等的、抽象的、同质的社会关系。这种社会关系对个人来说是一种异己的、外在的、强制的关系，每一个人只要想谋得生存的基本条件，就不得不屈从于这种以市场机制为核心的关系网。"以交换价值和货币为中介的交换，诚然以生产者互相间的全面依赖为前提，但同时又以生产者的私人利益完全隔离和社会分工为前提，而这种社会分工的统一和互相补充，仿佛是一种自然关系，存在于个人之外并且不以个人为转移。"②永无止境地增殖需求，使资本不断地进行自我复制，并不断地再生产这种异己的、压迫性的社会关系，把原子式的个人持续不断地编织进这张大网之中。社会的个人是马克思在看到资本主义世界个人与社会分裂的异化境况下提出的一个崭新的个人概念，社会与个人实现了和解，达到了一致性。个人只有在社会中才能实现真正的自由，社会存在于构成它的个人之中并为了这些个人而存在，社会不再是个人的集合，而是一个由联合起来的个人构成的和谐有机体。个人生活和社会生活融为一体，个人直接就是社会存在物。个人存在和社会存在这样一个异乎寻常的一致性已经超出了现有政治想象力的极限，它只有在超越社会分工和资本逻辑的另一个层面上才是可能实现的。社会分工和资本逻辑的扬弃使个人的发展走向平坦之路。在这种社会层面上，个

---

① 〔美〕古尔德：《马克思的社会本体论：马克思社会实在理论中的个性和共同体》，王虎学译，北京师范大学出版社，2009，第20页。
② 《马克思恩格斯全集》第30卷，人民出版社，1995，第108页。

人的社会关系不再作为异己的力量同他相对抗，通过社会生产力的发展所释放的自我实现的潜能都将得到实现。对个人与社会关系的思考，使马克思看到资本主义社会自身的分裂以及引起这一分裂的根本原因，为在个人与社会的关系中思考正义问题提供了一个可能的向度。马克思超越性的正义理论实现了个人与社会的统一。

最后，现实的个人是历史的个人。古典自由主义者在自然状态与公民社会的严格对照中确定绝对普遍和超历史的人性特征，并把这些特征与社会中无关紧要的和偶然发生的事情区别开来。他们的目的是在这一人性基础上为道德和政治（正义）找到一个安全可靠的根据，这实质上是一种本质主义的思维方式。马克思指出："人的本质不是单个人所固有的抽象物，在其现实性上，它是一切社会关系的总和。"[①] 既然人的本质是社会的存在物，人性必然随着社会关系的历史发展而不断展开和充实。所以根本不存在"抽象人""一般人"，一般人只是对人的理想化认识而已。如同"没有一般的生产"一样，一般人是一个完全抽象的概念。每一时代的个人都是特定历史时代条件下的个人，并且同一时代的具体某个人的本质也会随着自己实践活动的变化而不断地发生变化，他们通过自己的活动不断地改变自己。马克思对个人的历史性存在的理解显然不同于施蒂纳无条件的绝对自由的个人，人是特定历史情境中的人；也不同于费尔巴哈自然物质的感性受动性的个人，人是社会历史的主动性的个人。塞耶斯深刻地把握了马克思的这一论点："人性是社会的存在物。人性必然存在于特定社会的历史条件中，并且社会关系总是特殊性的结果，它总是由各种人性形式历史地决定的。普遍永恒人性的观念是从这种背景中抽象出来的，它并不能为社会理论或社会价值提供一种确定性的基础。人性自始至终是社会历史的存在物。"[②] 因此，建立在永恒人性基础上的自由主义正义理论同样是抽象的和永恒的，它试图把资本主义生产方式和剩余价值机制看作永恒正义的。显而易见，马克思所确证的人的历史性存在方式不是简单的、物理性的、一维性的时间之流，而是黑格尔意义上的对以往的不断扬弃，是内涵不断增加的历史性时间。后来海德格尔对存在与时间的理解，萨特对人的自我

---

① 《马克思恩格斯选集》第 1 卷，人民出版社，2012，第 139 页。
② 〔美〕肖恩·塞耶斯：《马克思主义与人性》，冯颜利译，东方出版社，2008，第 193 页。

创造和自我实现的理解，都是在这一意义上生长起来的。马克思对人的历史性理解远远超越了自由主义和古典经济学。

与近代自由主义正义观建立在抽象的人性基础上不同，马克思的正义观建基于"现实的个人"，由马克思对人的此种理解可知，他反对对正义的抽象建构，主张把正义与具体的社会条件结合起来。马克思对正义问题的探讨十分注意正义与社会历史条件的内在联系，在这些社会历史条件中最根本的是生产方式。也就是说，马克思谈论的不是抽象意义上的正义问题，而是以生产方式为根本特征的具体历史过程中的正义问题。因此，在他看来，必须从生产方式的角度谈论社会发展过程中的正义或不正义现象。抽象地谈论正义，就像抽象地谈论个人一样，是一种最大的误解。脱离生产方式谈论正义，势必会造成对正义问题的简单理解：在学理层面上，通过思想的改变或者伦理的手段解决社会不公正现象，就像青年黑格尔派通过概念的斗争变革德国不合理的社会现实一样，会沦为最大的保守派，尽管满口讲的都是"震撼世界"的词句①；在实践层面上，它可能导致通过局部调整或者社会改良来解决社会正义问题，从而造成对不正义现象的原因和解决路径的表面化、简单化理解。根据唐正东教授的看法，如果没有认识到正义的生产关系基础，即使在实践上已经做了许多促成社会正义的好事，但是做完之后，社会又会立马回到产生不公正现象的环境中。在全球化的实践中，一些资本主义国家会在局部做一些重要的改革以促进社会正义，但是一回到深层的社会经济层面，就又会回到资本剥削的不正义中。② 之所以在正义实践上软弱无力，其根本原因在于没有认识到资本主义生产方式的不正义性，要想充分实现社会正义，必须变革资本主义生产方式，否则仍然只能是在资本逻辑基础上的小修小补。而在马克思的理论和革命实践中，理想的社会正义是实现每一个人的自由全面发展，而不是一小部分人的发展建立在大部分人不发展的基础上。这是超越资本主义社会的抽象正义和形式正义的实质正义，它关注的是每一个人的个性的自我实现。

自我实现在马克思那里并不是资本主义社会原子式个人的孤立的、片

① 《马克思恩格斯选集》第 1 卷，人民出版社，1995，第 66 页。
② 参见唐正东《马克思公正观的历史唯物主义方法论基础》，《武汉大学学报》（人文科学版）2013 年第 6 期。

面的自我实现，而是每一个人都能够全面的自我实现，并且每一个人的自我实现并不妨碍其他人的自我实现，反而互为实现的条件。马克思的需要原则比它所取代的任何正义原则（资本主义的和共产主义初级阶段的）都更加具体化，它克服了单一标准的形式化，使每个人的特殊个性都得到重视。资本主义社会和共产主义初级阶段分配非正义的一个重要原因就在于遮蔽了人的个性和特殊性。由于每一个人的个性和需要是不同的，如果坚持平均主义的立场，把同样的善品分配给所有的人，这反而是一个不正义的分配。马克思反对导致特权的不平等，却立足于每一个人的自我实现，支持自由个性发展的不平等。实现每一个人实质正义的共产主义社会作为一个超越性理想并不是抽象的乌托邦，超越性正义就蕴含在市民社会的现实性中。作为理想的共产主义不断地引领人的现实运动，它是一个路标，指引人类历史活动的方向，不断地引领人类前进，并不断地通过现实的经验手段获得实现。共产主义作为超越市民社会的未来人类社会形态有两层相互关联的含义：一是把共产主义社会看作一场消灭不合理社会关系的现实运动，这体现了共产主义的现实性、过程性，这点在《德意志意识形态》中得到了着重的强调；二是把共产主义看作人类的超越性理想，是人类完满性的存在状态，是一个完全消除异化和剥削的实质正义社会。

第二章　通向历史唯物主义
正义观的进程

　　17~18世纪兴起的自由主义通常被称为古典自由主义，这种自由主义作为近代西方政治哲学的主流传统，是与自由资本主义时期的经济和政治相适应的意识形态。它以个人主义和理性主义为前提，基本价值是自由、平等和财产权。基于这种价值，它反对封建特权和专制制度，谋划了市民社会与政治国家相分离的世俗化蓝图。在经济上，自由主义主张自由竞争的市场经济和私有财产的神圣地位，强调公平竞争和程序正义，但并不关心个人经济行为的具体内容以及由此导致的结果。它也不关心经济事实上的不正义，而只是关注交易行为是否符合正义原则。在政治上，自由主义主张个人权利和自由优越于其他善，国家权力的合法性就在于保护公民个人权利不受侵害。国家不是高居于个人之上的专制机构，而是个人权利通过社会契约的形式让渡的产物。

　　近年来，马克思正义理论研究成为学术界的热点问题，出现了众多研究成果。不过，其中一个重要的问题，即马克思与古典自由主义正义观的理论传承关系，并没有得到系统分析和厘清。马克思是近代启蒙传统的继承者，他既高度肯定古典自由主义正义观的历史进步价值，同时又毫不留情地指出了它的历史局限性。马克思接过了古典自由主义正义观的核心议题：自由、平等与财产权。马克思通过这三个关键概念超越了古典自由主义正义观，并在历史唯物主义和政治经济学批判的基础上确立了自己特有的正义观。自由、平等与财产权并不像古典自由主义所认为的那样是天赋权利和自然权利，而是深深植根于资本主义的经济结构中，作为资产阶级意识形态的核心观念，维持和巩固了资本主义社会的正常运转。马克思通过《资本论》对资本主义社会进行了病理学诊断，发现了古典自由主义正义观的欺骗性和虚假性。然而，马克思并没有抛弃自由、平等、财产权这些基本权利，只是不满意这些基本权利在资本主义社会中的实现方式，他致力于在一个更高的、异质的社会层面上思考它们如何实现的问题。

在当时诸多社会政治思潮中，古典自由主义引领了欧洲资本主义经济和政治的发展，产生了深刻而广泛的影响。马克思正是在这一时代背景下介入古典自由主义的，他对待古典自由主义的态度也经历了一个不断演变的过程：从青年时期接受和信奉古典自由主义，到在《论犹太人问题》中对古典自由主义权利理论进行激进政治批判，再到在《1844年经济学哲学手稿》中对古典自由主义的理论根据——异化劳动和私有财产——展开初步批判，最后在创立历史唯物主义之后，通过对自由主义进行政治经济学批判，彻底超越了古典自由主义的基本价值理念以及所代表的启蒙传统。在这一过程中，马克思对古典自由主义的批判活动日益自觉。本部分将以正义为线索，具体探讨马克思接受、出离、批判自由主义的具体进程，以及在这一进程中，马克思是如何创立自己的正义理论的。

第一节　马克思对自由主义正义理论的有限接受*

在《德法年鉴》之前，青年马克思对自由主义正义观基本上持认同和接受的态度。在这一阶段，马克思受康德、费希特、卢梭以及青年黑格尔派的影响比较大，他推崇自我意识、个人自由与个人权利，并强调国家与法的正义性。《德法年鉴》之前的马克思之所以崇尚自由主义的传统，与他的家庭环境和社会背景密切相关。马克思出生在一个中产阶级家庭，他的父亲亨利希·马克思是一名律师，一直担任马克思的故乡特利尔城的律师协会主席。老马克思具有明显的自由主义倾向，他熟知18世纪法国自由主义的思想，相信理性的力量，并坚信理性可以解释这个世界并能推动世界的进步。老马克思对马克思的影响是不可估量的。[①] 马克思的岳父路德维希·冯·威斯特华伦也阅读过法国自由主义的作品，马克思一生都对他的岳父怀着十分尊敬和感戴的心情，并在自己的博士论文中题献给他，因此

---

*　本章第一节和第二节得到了林进平相关论文的诸多启发，在此表示感谢。

①　〔英〕戴维·麦克莱伦：《马克思传》（第4版），王珍译，中国人民大学出版社，2008，第7页。

马克思受他的影响也比较大。此外，对马克思影响比较大的还有特利尔中学校长，而这个校长是康德式自由主义的信徒。除了家庭环境，马克思所在的社会环境对他的影响也很大。莱茵省是德国经济和政治最发达的地区，在拿破仑战争时期被整体划归法国管辖，因此莱茵省受到法国自由主义的深刻影响。"在拿破仑战争时期，这座城市连同莱茵河畔的其他地区都划归法国，并且依照法国大革命的基本原则进行管理，因此在足够长的时间里，这座城市都浸润在言论自由和立宪自由的氛围中，这种氛围是德国其他任何地方都没有的。"① 莱茵省的自由主义思想倾向和社会运动对马克思产生了深远的影响，马克思一生都坚决反对奴役和专制制度，捍卫人的自由。受家庭氛围和学校教育的影响，中学时代的马克思的思想基础是自由主义，他追求的是个人的自由与完美。1839 年，马克思开始与青年黑格尔派交往，表达了对青年黑格尔派自我意识的认同，其原因在于青年黑格尔派的自我意识哲学与自由主义的内在必然关联。自我意识在政治哲学上的表现就是对个人自由权利的重视和对正义社会制度的呼唤。

《德法年鉴》之前这一阶段大致分为两个时期：《博士论文》时期和《莱茵报》时期。《博士论文》时期的马克思通过伊壁鸠鲁的原子自动偏斜理论，以间接的方式表达了自己对个体自由和平等的证明与推崇，个体自由和平等正是古典自由主义所反复论证的核心概念，也是其正义理论所指涉的核心价值。此后的《莱茵报》时期，马克思的思想开始发生了一些转变。一方面，从事记者和编辑职业使他接触到不公平的社会现实，他开始强调法与理性国家在解决这个问题上的重要性，巩固了自己已有的自由主义的正义观念；另一方面，在物质利益难题面前，马克思发现自由主义的国家和法的无能为力，这迫使他另辟蹊径寻找新的解决路径。总体而言，在这一阶段，由于没有对黑格尔法哲学和政治经济学进行深入研究，马克思并没有发现自由主义的缺陷所在，也没有找到超越自由主义的路径。也正是这个原因，马克思此时的自由主义思想是通过唯心主义的思辨逻辑和话语方式表达的。

---

① 〔英〕戴维·麦克莱伦：《马克思传》（第 4 版），王珍译，中国人民大学出版社，2008，第 3 页。

一 自我意识是正义的基础

从题目上看，马克思的博士论文探讨的是伊壁鸠鲁的自然哲学与德谟克利特的自然哲学的差别，自我意识是这部著作的主题，并没有关于正义的直接论述。但如果从一个广泛的学理背景来看，马克思对自我意识原则及其所蕴含的偶然性、自主性、个体自由与平等的强调却展现了一幅正义的图景，这些基本价值与古典自由主义正义理论在旨趣上是一致的。因此，自我意识是此时马克思所信奉的自由主义正义观的基础，他正是从自我意识原则推导出自由平等等正义理念的。下面，我们具体分析一下马克思博士论文中的正义思想。

第一，自我意识是人的本质。在博士论文中，马克思给予自我意识至高无上的地位："哲学并不隐瞒这一点。普罗米修斯的自白'总而言之，我痛恨所有的神'就是哲学自己的自白，是哲学自己的格言，表示它反对不承认人的自我意识是最高神性的一切天上的和地上的神。不应该有任何神同人的自我意识相并列。"① 这里的自我意识实际上是处于上升时期的资本主义所要求的个体理性和个体能动性在哲学上的表达，它与斯密对自由竞争的推崇、洛克对财产自由的论证、法国自由主义者对政治自由权利的呐喊具有内在的一致性。马克思在博士论文中对伊壁鸠鲁进行褒奖的根本原因在于他的自然哲学中蕴含了打破命运束缚的自主性、能动性的自由思想。伊壁鸠鲁的自我意识和自由思想植根于他的原子偏斜论中，在伊壁鸠鲁看来，人的自我意识以及客观世界都是通过原子的偏斜、排斥和碰撞产生的，原子的本质就是通过这些原子运动产生的纯粹抽象的个体性。"个体从此不再束缚于自然冷冰冰的逻辑、必然性和决定论，而是从自身之内来定义自身；它赋予自己以自身特有的规律。原子偏斜和排斥的规律由想象力以偶然发生、抽象可能、个体自由的形式加以定义。因而，原子的概念或法则是人类精神及其无限自由之创造性的一个反映。"② 马克思一生都极其重视个人的价值，其博士论文对抽象的个人自我意识的强调是马克思这一思想

---

① 《马克思恩格斯全集》第 1 卷，人民出版社，1995，第 12 页。

② 〔美〕麦卡锡：《马克思与古人——古典伦理学、社会正义和19世纪政治经济学》，王文扬译，华东师范大学出版社，2011，第 43 页。

的起点。对此时的他而言，最紧迫的任务是从抽象自由走向具体自由，从哲学的理论实践转向批判社会现实的历史唯物主义和政治经济学研究。对德谟克利特自然哲学的批判在于其唯物主义的机械决定论，他认为，一切事物都受因果必然性支配，其中根本没有自由存在的空间，展现了一幅由不可伸缩的必然性规律支配的世界景象。伊壁鸠鲁之所以被马克思如此重视，就在于他凭借自我意识的原则打破了机械决定论和命运的束缚，使这个事先注定和不可更改的必然序列开始变得松动起来。可以说，此时的马克思把自我意识看作人的本质，看作人之所以为人的依据。这个得到切实贯彻的自我意识原则作为纯粹的自主性、能动性的活动意味着什么呢？一是自我意识是自因，是一个绝对的原则，自己决定自己，因此成为反对神和机械论世界观的哲学依据；二是自我意识的本质是无限制的发展，没有一个绝对的界限；三是自我意识就是自由，自由就是自我意识，两个概念在本质上是同一的。

第二，自我意识是自由产生的基础。伊壁鸠鲁的原子偏斜理论证明了"自我意识的绝对性和自由，尽管这个自我意识只是在个别性的形式上来理解的"①。原子偏斜并非受外力的作用才引起的，偏斜是原子本身的性质，因而原子自身就蕴含自由的本性。原子偏斜蕴含普遍的自由精神，这暗示个人从此不再受必然和外在力量的支配，能够自己支配自己。人与自然不同，有自己特有的规律，而不是依据外在定在定义自身。因此，自由是人的自我意识的本性，自我意识如果没有自由，就毫无意义，就不能被称为自我意识。自我意识是自由的这一命题只是一个分析判断。马克思也在一定程度上批评了伊壁鸠鲁把自由看作脱离现实生活世界的抽象的精神自由，认为个别的自我意识不能在现实的生活世界中实现自身，实际上只是心灵的决定，自我意识的自由只是"脱离定在的自由，而不是在定在中的自由"②。自我意识与现实生活内容相脱节，它不是对物质世界的反映，甚至只有通过否定物质世界才能肯定自身的自由本质。马克思在当时已经明确地意识到不能抽象地谈论自由，不能只是在主观精神领域寻求自由的寓所，而是要积极地面向世界，以哲学的实践精神改变世界。他从人与周围环境

① 《马克思恩格斯全集》第1卷，人民出版社，1995，第63页。
② 《马克思恩格斯全集》第1卷，人民出版社，1995，第50页。

的关系中思考自由问题，并没有像青年黑格尔派那样把自由完全限制在自我意识中。但是，马克思的博士论文中所透露的实践还只是精神的、哲学的实践，自我意识等于自由的界定的根本旨趣仍然停留在意识哲学的范围内。由于缺乏对社会历史的政治经济学分析，马克思还不能把自由和自我意识看作与具体社会现实密切相关的概念。因此，总体而言，与古典自由主义关于自由和自我意识的观点一样，都具有脱离社会现实的抽象性。

第三，个人自我意识的自由意味着个人之间的平等。马克思借助伊壁鸠鲁的原子论哲学表达了个人自我意识的自由思想，而每一个人都拥有自由则意味着个人之间的平等。"原子否定一切这样的运动和关系，在这些运动和关系中原子作为一个特殊的定在为另一定在所规定。"① 从这里可以看出，原子之间的关系是平等的关系，不存在一个原子对另外一个原子的限制和规定。因为同样是原子，并没有高低贵贱之分，有的只是形状、次序、位置与重量上的区别，这些性质上的区别不足以造成关系的不平等，犹如古典自由主义的立论前提是原子式个人的平等。当然，这种平等和自由一样，都是抽象的，没有考虑到平等的社会条件与阶级差异。"平等是人在实践领域中对自身的意识，也就是人意识到别人是和自己平等的人，人把别人当做和自己平等的人来对待。"② 尽管马克思在这里和古典自由主义所表达的平等都是抽象的平等，但是二者论证平等的方式并不一样：马克思通过每个个体所共有的自我意识论证平等；古典自由主义则在自然状态与公民社会的二分框架中，通过追溯个人起点的平等来论证公民社会的平等。

第四，个体自我意识的自由和平等是产生正义的基础。原子之间的排斥象征着个人之间的相互冲突，因为每个原子式的个人都是平等是自由的，都以自我为中心，以追求私人利益为目的，所以产生利益冲突是必然的。如何调和个人之间的利益关系，以避免在相互冲突中共同走向灭亡，是政治哲学和道德哲学最现实的任务。马克思在为博士论文准备的《关于伊壁鸠鲁哲学的笔记》中摘引了伊壁鸠鲁对正义的理解："正义不是一种独立存在的东西，而是在互相交往中，在任何地方为了不伤害和不受害而订立的

① 《马克思恩格斯全集》第 1 卷，人民出版社，1995，第 36 页。
② 《马克思恩格斯全集》第 2 卷，人民出版社，1957，第 48 页。

契约。"[1] 从马克思对伊壁鸠鲁自我意识及其本性的肯定中我们推断，这也是他此时关于正义的理解。正义不是外在于自我意识的，而是自我意识在社会领域的自觉运用。它来自人们之间订立的契约，这种立足于个体自由的契约关系构成了法律、正义建立的基础，其目的是不伤害和不受害，以处理好人际关系。正义来自契约，对于那些不愿签订契约的民族或个人，不存在正义和非正义之分。"对于那些不能互相约定互不伤害和都不受害的人，是不存在正义和非正义的东西的。那些不能够，或不愿意订立不伤害和不受害的契约的民族的情况也是如此。"[2] 马克思所肯定的伊壁鸠鲁契约论的正义观与他在本体论上强调个体自我意识和自由，在道德哲学上强调幸福主义和快乐主义是内在协调一致的。

古典自由主义契约论正义的前提是个人的平等自由。个人出于维护自由的需要，为了不在相互冲突中丧失自由，他们通过契约的方式转让了自己的一部分自由给国家，由此个人的意志转化为社会的意志，国家通过法的形式平等地保护每一个人的自由。马克思眼中的伊壁鸠鲁的契约论正义观显然具有古典自由主义倾向的启蒙性质，在某种程度上已经蕴含近代正义观念。伊壁鸠鲁通过自我意识及其自由本性推导出正义观念，在方式和结果上已经接近于古典自由主义。古典自由主义通过原子式个人的自由平等推导出正义观念，正义的基础也是自我意识和个人自由。伊壁鸠鲁的正义和古典自由主义的正义也有两点不同：一是伊壁鸠鲁对人的定位过高，认为人具有最高的神性，而在近代从自然状态中走出的人则往往比较"低微"，关注的是人的自然欲望和私人利益；二是出于时代背景和理论进路的不同，私有财产权不是伊壁鸠鲁正义的主题，而这是古典自由主义正义理论最核心的命题，几乎近代每一个政治哲学家都给予了充分的关注。[3] 总体而言，马克思在撰写《博士论文》期间的正义观属于自由主义的理性正义观，这种正义观延续到了在《莱茵报》工作时期，但他在《莱茵报》工作期间发现了这种正义观在解决社会不公平问题上的软弱无力。

---

[1]　《马克思恩格斯全集》第 40 卷，人民出版社，1982，第 34 页。

[2]　《马克思恩格斯全集》第 40 卷，人民出版社，1982，第 34 页。

[3]　参见林进平《马克思博士论文中的正义思想探析》，《华南师范大学学报》（社会科学版）2007 年第 2 期。

二　对社会现实的初步探讨与法的正义

1841 年 4 月，马克思在耶拿大学获得博士学位，他取得博士学位是为了获得教职，寻求学术职业。当给予他很大帮助的好朋友鲍威尔由于其学说的"非正统性"被剥夺了教职时，马克思清醒地意识到在大学谋得教职的一切可能性都消失了。之后，他与《莱茵报》建立了密切联系。1842 年 4 月，他开始为《莱茵报》撰稿；同年 10 月，担任该报主编，并使该报越来越具有自由主义和启蒙的倾向；1843 年 3 月 1 日，《莱茵报》被查封；1843 年 3 月 17 日，马克思辞去主编职务。① 在参加《莱茵报》工作前，受青年黑格尔派分子卢格的邀请，马克思开始为卢格的《德意志年鉴》撰稿，并发表了一篇长文《评普鲁士最近的书报检查令》。这是马克思的第一篇政论性文章，标志着他开始直接跨入政治生活，这篇文章展现了马克思出色的写作天赋和爱憎分明的政治立场。《评普鲁士最近的书报检查令》针对的是新上任的普鲁士国王弗里德里希·威廉四世颁布的新书报检查令。1819 年 10 月 18 日，旧的书报检查令实际上取消了出版自由和言论自由，而这一新的书报检查令在自由主义知识分子中引起了由衷的欢腾，因为威廉四世同意臣民的意见通过出版物公开表达出来，而之前他们的出版受到了书报检查令的严格限制，他们相信新的书报检查令能够实现充分的言论自由。但作为反动的国王，威廉四世又不可能允许言论自由，这个检查令的虚伪骗过了许多自由主义知识分子，它的伪善本质在于并没有否定书报检查，反而意味着书报检查的加强。新的书报检查令声称能够为"合乎礼貌的、公正的公众言论提供足够的活动场所"，但关于"公正的公众言论是否能得到这种活动场所，公正是否能找到容身之地"②，在马克思看来，是不能的。他不仅清晰地意识到了新书报检查令的反自由性质和虚伪的自由主义内涵，而且正面阐述了自己对自由、法律与真理的理解。

走出校园的马克思在加入《莱茵报》后接触和讨论了许多现实政治、社会、经济问题，如新闻出版自由问题、法与自由平等的关系问题、弱势群体和贫困问题、国家与自由平等的关系问题等，并发表了一系列脍炙人

---

① 〔德〕伊林·费彻尔：《马克思：思想传记》，黄文前译，北京师范大学出版社，2013，第 9 页。
② 《马克思恩格斯全集》第 1 卷，人民出版社，1995，第 125 页。

口的名篇。此时，他的思想已经开始发生转变，在撰写《博士论文》期间，孤立的、抽象的自我意识概念的局限性开始显露，马克思开始转向对现实世界不自由、不平等的具体问题的批判性反思，从哲学救赎转向关注现实生活问题，大大拓展了《博士论文》中提出的自我意识是最高神性的抽象观点。与《博士论文》中一样，马克思此时也没有直接论述正义，而是把普遍自由、平等权利、理性国家当作一项正义的事业，并依据这些正义的基本价值对当时社会现实进行了尖锐批判。"为自己的家园而奋斗的讲求功利的智力，跟不顾自己的家园为正义事业而斗争的自由的智力当然是不同的。"① 在当时马克思看来，反对普鲁士的专制制度，反对等级利益和特权，实现理性、自由、民主的国家是超越狭小地域的正义事业，而这一点和古典自由主义正义理论的基本目标是内在相通的。他这一时期发表的政论性文章基本上都是围绕上述概念展开的。马克思这一时期的正义图景主要表现在以下几个方面。

第一，自由是人的普遍本质，是人的精神存在的类本质，不自由对人来说是真正的危险。如果对这种自由进行限制，那就是破坏了人的自由本性，因而这种限制就不是自由，而是与自由精神相违背的特权。在马克思看来，自由不专属于少数人或某个特定阶级，而是属于整个人类中的每一个人。"没有一个人反对自由，如果有的话，最多也只是反对别人的自由。可见，各种自由向来就是存在的，不过有时表现为特殊的特权，有时表现为普遍的权利而已。"② 历史上确实存在特权的自由，这种特权的自由以他人的不自由为代价，它反对把自由看作全人类的不变本性，给自由罩上神圣的面纱，把自由看作超自然的神物，以证明只有某一等级才配享有自由。马克思具体分析了莱茵省议会中不同等级对待自由的不同态度，这些等级并没有把自由看作人的普遍权利，而是看作特定群体、特定阶级的个体特征。不同的人或等级由于自身利益的不同，对待自由的态度也不同，但自由是人的不变本性，没有人反对自由，最多反对的是别人的自由。马克思开始把自由与人的利益密切结合起来，开始接触到现实生活中的具体自由问题，如财产自由、出版自由、法律自由等，具有了浓厚的现实感。马克

---

① 《马克思恩格斯全集》第 1 卷，人民出版社，1995，第 339 页。
② 《马克思恩格斯全集》第 1 卷，人民出版社，1995，第 167 页。

思从自由是人的普遍本质出发，进一步探讨了自由的实现方式和存在方式的问题，"自由不仅包括我靠什么生活，而且也包括我怎样生活，不仅包括我做自由的事，而且也包括我自由地做这些事"①。自由不是精神的，它的实现不是靠抽象的思辨，而是需要一定的外在物质条件，这就是"我靠什么生活"的问题；自由的实现最重要的是每一个人的生活不能由他人支配，也不能是千篇一律的，而是应该有独特的符合自己本性的生活，这就是"我怎样生活"的自由问题。"做自由的事"和"自由地做这些事"意味着人的自由本性不是被动显现的，而是在实践活动中主动地显现，不是消极地被动接受世界，而是对现存世界进行积极地批判和改造，自由是人的存在方式和实践方式。马克思在《1844 年经济学哲学手稿》中提出"自由的有意识的"类活动这一命题，实质上是继承了此时对自由的理解，只不过《1844 年经济学哲学手稿》是在异化劳动与私有财产的背景中谈论自由，因而其自由更加具有现实感。

第二，法之正义在于自由。法典是自由的圣经，法律是自由的表现和保障，任何特权、任何法律中的特例都是与法律的自由精神相违背的。按照古典自由主义政治哲学的主流观点，自由是人的本质，法必须以自由为准则，法是自由的定在，可以说法的正义与否在于对自由的捍卫与否。毫无疑问，马克思接受了这一主流观点，他总结了法的普遍本质："法律不是压制自由的措施，正如重力定律不是阻止运动的措施一样……法律是肯定的、明确的、普遍的规范，在这些规范中自由获得了一种与个人无关的、理论的、不取决于个别人的任性的存在。法典就是人民自由的圣经。"② 在对法律的自由主义式的理解中，预防性法律是不应该存在的，因为它是对自由的限制，而真正的法律是对人的生活的自觉反映，是对自由的认可，而不是阻止人类的活动，法律是自由的存在方式。以自由为线索，马克思探讨了新闻出版法和书报检查法在性质上的根本区别："书报检查法是对自由表示怀疑的法律。新闻出版法却是自由对自己投的信任票。新闻出版法惩罚的是滥用自由。书报检查法却把自由看成一种滥用而加以惩罚。"③ 在

---

① 《马克思恩格斯全集》第 1 卷，人民出版社，1995，第 181 页。
② 《马克思恩格斯全集》第 1 卷，人民出版社，1995，第 176 页。
③ 《马克思恩格斯全集》第 1 卷，人民出版社，1995，第 175 页。

马克思看来，新闻出版法肯定思想自由和出版自由的存在，真正体现了自由的精神，因而符合法的本性，是自由的肯定存在。新闻出版法只是与新闻出版界的违法行为发生冲突，新闻出版法所体现的自由精神就在于对新闻出版违法行为的斗争。新闻出版法宣称，罪犯和其他人一样都具有自由的本性，对罪犯侵害自由的惩罚是对其人格的尊重，是对其自由的承认。相反，在马克思看来，书报检查法是对自由不信任的法律，它把自由作为一个危险品加以限制，因而违背了法的自由精神。从以上分析我们可以看出，马克思此时相信理性法的力量对自由的捍卫，相信理性法的独立意义能够与反动制度相抗衡，并把法看作自由的同义语，但由于缺乏对社会生活的经济分析，马克思还没有认识到法产生的社会历史根源和阶级根源。

第三，法之正义在于平等，表达了对弱势群体的强烈关注。法既然是自由的肯定存在，以普遍自由为准则，便意味着在法律面前人人平等，每一个人无论贫富贵贱都同样被看作平等的公民，都拥有平等的自由权利。马克思肯定地引用了法国大革命的宣言——"人人平等，市民和农民平等"①，这是称量法正义与否的另一个标准。在做《莱茵报》编辑期间，马克思接触到了社会上严重不平等的社会状况，第一次表达了对弱势群体利益的强烈关注，站在了贫苦阶级的立场上，这为他后来在《〈黑格尔法哲学批判〉导言》中进一步把无产阶级看作实现人的解放的物质力量提供了思想准备。此后他一生都代表弱势群体的利益，《资本论》及其手稿对资本主义社会的分析，也表现出了马克思的这一独特视角，其目的是实现无产阶级（弱势群体）的自由解放。后来马克思回忆在做《莱茵报》编辑期间遇到了对"物质利益发表意见的难事"②，难事之所以难，是因为马克思缺少经济知识，也就是缺乏研究物质利益问题的理论基础。这促使马克思发生了一个重要的思想转向，即从研究政治问题转向经济问题，从而这成为通向历史唯物主义和科学社会主义的路标。在《莱茵报》工作期间，马克思遇到了三次关于物质利益的难事：第一次是对莱茵省穷人物质利益问题（农民捡拾枯枝是否属于盗窃）的表态；第二次是对摩泽尔河地区农民物质

① 《马克思恩格斯全集》第 1 卷，人民出版社，1995，第 312 页。
② 《马克思恩格斯全集》第 31 卷，人民出版社，1998，第 411 页。

利益和处境的表态；第三次是关于"自由贸易和保护关税的辩论"①，这次辩论马克思没有留下任何相关材料。透过马克思对这些物质利益难事所发表的看法，我们可以看出他对弱势群体平等问题的强烈关注。从法律和政治的角度出发，他强调国家应该遵从穷人的习惯法，反对富人对穷人的掠夺。穷人的习惯法蕴含着理性法律的正义精神，它是自由和正义的体现，依据此法穷人一直拥有捡拾枯枝的自然权利。在辩论过程中，马克思指出林木盗窃法捍卫的是私有财产，牺牲弱者的利益，替强者的利益辩护，因而违背了法的正义原则，维护的只是强者之间利益上的分配正义。林木盗窃法"'维护林木所有者利益的法理感和公平感'是一项公认的原则，而这种法理感和公平感同维护另外一些人的利益的法理感和公平感正相对立"②。可见，林木盗窃法维护的只是特定群体的利益，因而所表达的正义只是虚假的正义，对林木所有者是正义的，对弱势群体则是不正义的。而真正正义的法则意味着对每一个人的平等，无论是贫穷还是富贵，无论是市民还是农民。总体而言，马克思吸收了自由主义理论的积极成果，用自由主义正义的基本原则批判了等级特权制度，倡导自由平等法治，但又有了进一步的推进：他站在了弱势群体的立场上，根据自由主义的权利平等原则维护他们的基本权利和物质利益。

第四，法是正义的代表，私人利益就本质而言是对法的正义的违犯，因而是"不法"。在马克思看来，私人利益与理性法是真正对立的，"因为利益就其本性来说是盲目的、无节制的、片面的，一句话，它具有无视法律的天生本能；难道无视法律的东西能够立法吗？正如哑巴并不因为人们给了他一个极长的话筒就会说话一样，私人利益也并不因为人们把它抬上了立法者的宝座就能立法"③。为利益驱使和左右的立法者把法变成纯粹私人利益的手段，不可能成为法的真正代表，这与法的本质是相悖的，而法的本质在于正义、理性。在《莱茵报》工作时期，马克思第一次感受到了私人利益的巨大力量，在利益与法的较量中，利益占了绝对的上风，具有不法本能的利益就其本性来说是盲目的、自私的，它不具备立法的资格，

---

① 《马克思恩格斯全集》第31卷，人民出版社，1998，第411页。
② 《马克思恩格斯全集》第1卷，人民出版社，1995，第281页。
③ 《马克思恩格斯全集》第1卷，人民出版社，1995，第288~289页。

但它确实在现实生活中立法了，是不法在颁布法律，而不是理性在颁布法律。应该是合法的却成为不法，应该是不法的却成为合法，现实生活中所发生的实际问题与马克思持有的理性法观念发生了完全的对立。理性法作为正义的化身，不仅具有自由和平等的性质，而且是不以个人意志或利益为转移的普遍必然的社会规范，本应代表普遍利益和共同精神，但事实上却成为少数私有者把自己的私人利益变成具有"合法性"形式的根据，不法成为法，法堕落为私人利益的工具。利益和法之间的对立关系使马克思内心不安，他通过把利益归为不法，把法看作正义的化身，使这一对立得到了暂时的解决。这种暂时的解决其实是暂时的搁置，由于没有深入物质社会关系中，马克思不可能彻底解决这一问题。在当时的情况下，明确地揭示"利益"和"法"的无限对立，明确"应有"和"现有"的分裂是必要的，也是批判的和革命的，但同时也是有深刻局限性的，在单纯理性批判的范围内，或者说在理性、正义、法的范围内克服这种对立，实际上是不可能的。[①]马克思内心的自由主义理性世界观内部已经出现了裂痕，但这种裂痕还没有冲破他已有的政治立场，他再度维持了在《博士论文》时期的理性世界观。

总体而言，《莱茵报》及其以前的时期，马克思接受了古典自由主义的基本观点，并根据古典自由主义的理性、自由、平等、权利等基本正义价值批判了专制制度、等级特权以及不公正的社会现实。马克思第一次站在了无产阶级的立场上，开始了终生为他们的利益和权利奋斗的历程。一方面，他认为法和国家应该符合正义的理念，实现人的普遍自由和平等；另一方面，现实的法与国家又与正义理念截然相反，支配法与国家的实际力量是私人利益。强者的利益支配着法和国家，他们的利益被看作正义。面对这样一个令人苦恼的疑问，马克思感到，无论是古典自由主义政治哲学，还是黑格尔法哲学都无法回答这一难题。这说明，社会问题不可能用纯粹政治、法律和伦理的手段来解决，也不可能用改变已有法律制度和政治制度的办法来解决。为了解决这一社会问题，马克思不得不另辟蹊径，对这一路径的探索也经历了一个过程。离开《莱茵报》之后，马克思"从社会

---

① 吴晓明：《哲学之思与社会现实——马克思主义哲学的当代意义》，武汉大学出版社，2010，第385页。

舞台退回书房"①。在克罗茨纳赫，他阅读了大量历史、政治方面的文献，包括亨利希的《法国史》、路德维希的《最近五十年的历史》、蒲菲斯特的《德国史》等，以及卢梭、孟德斯鸠、马基雅维利的政治哲学著作，这些著作的基调就是古典自由主义。而在同一时期写作的《黑格尔法哲学批判》也显然受到了古典自由主义的影响，这部著作的核心问题是市民社会与国家的关系。马克思批判了黑格尔的国家决定市民社会的观点，主张市民社会决定国家，而市民社会决定国家正是古典自由主义的基本观点。② 通过对市民社会的政治、经济、历史的研究，马克思破解了黑格尔法哲学与国家哲学，也意识到了自由主义政治法律制度的意识形态本质，它们代表和维护的是资产阶级的利益。出于对弱势群体的关注和对自由主义意识形态本性的认识，马克思开始对自由主义的自由、平等、权利、正义等基本价值进行诘问与批判。

第二节　马克思对自由主义正义理论的出离

从《黑格尔法哲学批判》到《1844 年经济学哲学手稿》是马克思反思、批判、出离古典自由主义正义理论的关键阶段，完整展现这一思想演进轨迹是理解马克思正义理论不可缺少的一个环节。目前，对这一思想轨迹的研究还比较薄弱，学术界大多比较重视马克思创立历史唯物主义之后的正义理论。尤其是《资本论》和《哥达纲领批判》中的正义理论，这样做当然能够直奔主题，抓住生产和生产方式与正义的内在关系，发挥历史唯物主义在分析正义时的方法论作用，但无法明了马克思是如何超越古典自由主义，得出从生产出发理解正义这一基本观点的。

《黑格尔法哲学批判》从表面上看是对黑格尔法哲学的批判，而不是对古典自由主义正义理论的批判，但是由于黑格尔《法哲学原理》充满了对古典自由主义正义理论的批判，因此马克思是以批判黑格尔法哲学为跳板，介入对古典自由主义正义理论的批判的。市民社会与国家的关系是《黑格

---

① 《马克思恩格斯全集》第 31 卷，人民出版社，1998，第 412 页。
② 参见邹诗鹏《马克思对古典自由主义的批判及其思想史效应》，《哲学研究》2013 年第 10 期。

尔法哲学批判》的主题，马克思提出了市民社会决定国家和法这一著名观点，从而确立了研究国家和法的唯物主义路线，超越了黑格尔国家决定市民社会的唯心主义观点。在黑格尔看来，市民社会被看作通向最高客观精神——国家——的一个逻辑环节，但马克思指出黑格尔的这种逻辑泛神论遮蔽了这样一个事实真相："家庭和市民社会都是国家的前提，它们才是真正活动着的；而在思辨的思维中这一切却是颠倒的。"① 然而，黑格尔深刻之处在于他发现了市民社会与国家的分裂，并认为这种分裂是国家产生的秘密，但是他未进一步推进这种发现，而是将这种发现以泛神论的形式融合进他的思辨哲学体系中，最终无论是家庭、市民社会还是国家，都被看作通往绝对精神的客观精神。马克思在批判黑格尔法哲学的过程中，发现了市民社会是国家以及国家制度和法的基础。市民社会决定国家和法这一深刻思想突破了马克思《莱茵报》时期私人利益决定法的观点，因为私人利益只是市民社会的一个直观表现，而对市民社会本质的探讨只有通过政治经济学才可能。马克思此时发现了自由主义的国家、法、权利、正义产生于市民社会与国家的分裂的时代境况，市民社会获得了政治解放，摆脱了自身的政治性质，从而成为一个自由竞争的舞台。而为了维护自由竞争、公民权利和调节社会冲突，自由主义建构了自己的正义理论。马克思市民社会与国家二分的分析框架瓦解了古典自由主义自然状态与政治社会二分的分析框架。古典自由主义通过自然状态与政治社会的对立论证人的自由、平等、权利的至上性，认为人的权利来自人的自然本性，因而是不可剥夺的。国家和法是在普遍同意的基础上通过契约的形式产生的，其目的是维护每一个人的自然权利。马克思把古典自由主义基于自然状态的自然权利还原为市民社会中人的权利，使权利观念超越了绝对的、抽象的、自然的性质，成为一个具体的、历史的观念。

一　市民社会与政治国家的分裂：古典自由主义正义理论产生的时代背景

在现代世界，资产阶级革命即政治解放导致了市民社会与国家的二元分离。市民社会从中世纪政治国家中独立出来，并获得了实体性的意义。

---

① 《马克思恩格斯全集》第 3 卷，人民出版社，2002，第 10 页。

市民社会与国家分属两个不同的、各自独立的领域，具有不同的经验特征和精神原则。在市民社会与政治国家浑然一体的前现代社会，正义的性质是德性正义，也就是个人以共同体为目的，正义就在于对共同体的效忠。政治解放的伟大功绩在于凸显了市民社会中个人的独立性，私人利益、特殊性、个人的主体性获得了前所未有的尊重，由此历史迎来了一个个人主义的时代。但同时，人的普遍性、公共性空间却被特殊性、私人性挤压得越来越小，因此，为共同体效忠的德性正义理论逐渐被以保护个人权利和个人利益为目的的权利正义理论取代。在中世纪，市民社会与国家浑然一体，市民社会中的私人等级本身就是作为政治等级而存在的，而政治等级又通过立法权使其具有了具体的政治效能和政治意义，因此，私人的生活和国家的政治生活是同一的。"在这里，政治国家作为政治国家是市民的生活和意志的真正的惟一的内容。"① 可见，维护国家的统一、执行国家的意志对个人来说就是最高的正义。但在现代国家，市民社会私人等级的政治功能被追求私人利益的经济功能所取代，市民社会私人等级之间的差别变成没有政治意义的个人生活之间的差别，国家与市民社会发生了完全分离。因此，现代国家与中世纪政治国家的区别就在于它具有与市民社会中的私人生活并行不悖的特殊实在性。尽管国家的主体和市民社会的主体是同一个，但是本质上却具有不同的规定，产生了不可避免的二元性，是一种双重的主体。

马克思继承了黑格尔的市民社会理论，但又批判黑格尔把市民社会中的私人等级看作具有政治效能的等级。黑格尔在《法哲学原理》中对市民社会下了一个经典定义："市民社会，这是各个成员作为独立的单个人的联合，因而也就是在形式普遍性中的联合，这种联合是通过成员的需要，通过保障人身和财产的法律制度，和通过维护他们特殊利益和公共利益的外部秩序而建立起来的。"② 从这个定义可以看出，市民社会是由个人利益、需要、私人财产以及保护个人合法权益的各种政治制度组成的个人之间的联合。在市民社会中，每个人都把自身看作目的，都把别人看作实现自己利益的手段，因此市民社会成了一切人反对一切人的战场，在其中一切禀

① 《马克思恩格斯全集》第3卷，人民出版社，2002，第43页。
② 〔德〕黑格尔：《法哲学原理》，范扬等译，商务印书馆，1961，第174页。

赋、一切癖性、一切偶然性都自由地为了实现自己的价值而活跃着。古典自由主义正义理论的目的就是克服市民社会的这种内在缺陷，使市民社会"健康"运行。马克思对黑格尔上述市民社会的定义似乎没有太多异议，这在《黑格尔法哲学批判》中对黑格尔式市民社会特征的肯定性描述中便能看出。但是，他反对黑格尔把市民社会的等级看作具有政治功能的等级，黑格尔这样做的目的实质上是通过向中世纪等级制度的倒退，以一种妥协的方式对现代市民社会的私人利己主义进行治疗。黑格尔认为，人作为伦理性的实体除了私人利益，还有必要过一种普遍性的生活，而市民社会本身通过等级的存在使单个人获得了一定程度的普遍性。在中世纪封建社会中，虽然个人依附的等级包含普遍性因素，但以泯灭个人的独立性为代价，且在由于等级制度人们相互分属不同的等级而相互分裂这一点上，表明它并不是一个合理的普遍性世界。马克思认为，市民社会的"本质活动不包含那种以普遍东西为目的的规定；或者说，它的本质活动不是普遍东西的规定，不是普遍的规定。私人等级是同国家相对立的市民社会等级。市民社会的等级不是政治等级"[①]。在现代市民社会，私人等级本身不再具有政治意义，自由主义政治解放已经把政治生活、公共生活和经济生活、私人生活融为一体的中世纪等级制度彻底打破，人的公共生活和私人生活被分裂为两个不同的领域。可见，与黑格尔相比，马克思认为市民社会与国家分裂得更彻底。

黑格尔把国家看作高于市民社会的伦理实体，看作对市民社会分裂危机的解决方案。他认为，只有在国家中才能超越市民社会的私人利己主义，只有在国家中人才能实现自己的自由本质。而对于马克思来说，国家是维护阶级统治的工具，是保护市民社会中各种异化关系的政治力量，是实现个人自由的障碍，是终将被历史所推翻的东西。由于市民社会与国家的分裂，人作为双重的主体——市民和公民，不得不过一种双重的生活。

二　私人利己主义：对市民社会的政治批判

随着对黑格尔法哲学的质疑，在《论犹太人问题》中，马克思开始彻底颠覆以往的自由主义立场，开始对自由、平等、权利、正义等古典自由

---

① 《马克思恩格斯全集》第3卷，人民出版社，2002，第95页。

主义的基本原则进行彻底批判。

马克思主义认为，政治解放的限度表现为人被分裂为双重人格——公民和市民。作为类存在物的人，即国家中的公民，体现了人的公共性、普遍性的一面，但以一种虚假的方式存在于公民身份的言辞和政治权利中，人只是想象的主权中虚拟的成员，在这里获得了非现实的普遍性；而在市民社会的日常生活中，人作为市民是一个孤立的原子式的个体，支配他的是私人利己主义和实际欲望，陷入一切人反对一切人的经济战争，每个人都把别人当作获得财富的工具，同时也把自己降为工具。康德始终把人当作目的而不仅仅是手段的这一彰显人的尊严的绝对命令，在市民社会中被利己主义者挂在嘴上、踩在脚下。"在政治国家真正形成的地方，人不仅在思想中，在意识中，而且在现实中，在生活中，都过着双重的生活——天国的生活和尘世的生活。前一种是政治共同体中的生活，在这个共同体中，人把自己看作社会存在物；后一种是市民社会中的生活，在这个社会中，人作为私人进行活动，把他人看作工具，把自己也降为工具，并成为异己力量的玩物。"① 可见，现代市民社会已不包含任何公共性因素，支配它的是私人需要、货币、私有财产、劳动等，人的公共性以与私人性分裂的方式存在于政治国家中。自由主义正义视界中的人的原型就是这种受利己主义和功利主义支配的市民社会中的个人。

马克思主义认为，人的真实生活是市民社会中的私人生活，政治生活只是一种外观，是违反通则和本质的一种暂时的例外。人的私人本性与公民身份的二重化根源于市民社会与政治国家之间的世俗分裂。实现政治解放的人由于市民社会与政治国家的分裂，获得两种政治权利：人权和公民权。人权与公民权是这种分裂的法律表现形式。在《论犹太人问题》中，马克思对公民权的论述还比较简单，这主要是因为天国的生活即政治生活是不真实的生活，只是一种暂时的例外，参与政治生活的公民权利只是一种抽象的权利。公民权"只是与别人共同行使的权利。这种权利的内容就是参加共同体，确切地说，就是参加政治共同体，参加国家"②。公民权反映了人的社会本质，尽管其以一种抽象的形式表现出来，却是实现人的社

---

① 《马克思恩格斯全集》第 3 卷，人民出版社，2002，第 172~173 页。
② 《马克思恩格斯全集》第 3 卷，人民出版社，2002，第 181 页。

会本质的要求，这促使马克思一生致力于超越市民社会的人的解放。而人权则不同，它是近代市民社会分离的表现，是自私自利的市民社会成员之间相互敌对的个体权利，它本身就建立在人与人相互分割的基础上，因而不具有社会性。马克思对整个人权观念的批判表明，他对古典自由主义正义原则的全面拒斥。正如英国著名马克思主义者麦克莱伦所认为的那样："马克思拒斥整个人权观念，这种讨论包含了他对古典自由主义原理最易理解的批评。"① 因为人权是古典自由主义正义理论的重要支点。

马克思通过引用《人权宣言》中的多项具体人权来说明人权仅仅反映了尘世生活中的私人利己主义和相互分割的特点。不过，《人权宣言》从形式上体现了市民社会的普遍性，因为它规定每一个市民社会成员都具有平等的权利。然而，"市民社会中的普遍性实际上在与经济生活相分离的公共的层面上，只不过是在观念上被维持的幻想。因为在经济生活领域，人们彼此将他人视为实现自己的利己的物质目的的手段"②。因此，这种普遍性只是有名无实的形式上的普遍性。具体而言，自由这一人权就是指每一个人都可以做任何法律规定的不损害他人合法利益的事情的权利。这里的自由即人退居于自身的孤立的单子式的自由，它局限于自身的狭隘的个人权利，因为在私人利己主义的支配下，它不是建立在人与人相互结合的基础上，相反是建立在人与人相互分割的基础上。马克思的这种单子论式的市民观直接发端于他在《黑格尔法哲学批判》中对市民社会的原子论认识。自由这一人权的实际应用是私有财产权，私有财产权是指每一个人都可以任意地处置自己财产的权利，不用考虑他人和社会的因素。可见，这一权利是自私自利的权利，但它构成市民社会的基础。其他的人权，例如平等和安全，也没有超出私人利己主义的范畴。平等是自由的平等，就是说每个人都可以被看作同样的独立自在的单子；马克思给安全以较高的地位，认为它是市民社会的最高社会概念，但安全同样没有超出利己主义，反而是利己主义的保障，即保护每个市民社会成员的财产、人身和权利。可见，自由主义正义所承诺的诸多人道主义价值诉求都成了

① 〔英〕戴维·麦克莱伦：《马克思思想导论》（第 3 版），郑一明等译，中国人民大学出版社，2008，第 21 页。
② 〔日〕山之内靖：《受苦者的目光：早期马克思的复兴》，彭曦等译，北京师范大学出版社，2011，第 179 页。

不切实际的幻想。

可见，上述任何一种自由主义式的人权都没有超出自私自利的范围，都是市民社会成员追求私人利益的权利。"即没有超出作为退居于自身，退居于自己的私人利益和自己的私人任意，与共同体分隔开来的个体的人。在这些权利中，人绝对不是类存在物，相反，类生活本身，即社会，显现为诸个体的外部框架，显现为他们原有的独立性的限制。把他们连接起来的惟一纽带是自然的必然性，是需要和私人利益，是对他们的财产和他们的利己的人身的保护。"① 人的政治生活屈从于市民社会中的私人生活，政治共同体被贬低为维护这些所谓人权的手段，因此，人的公民身份被宣布为人的私人利益的奴仆。不是作为公民的人，而是作为市民社会成员的利己的人，被颠倒为真正的、本来意义上的人。被自由主义正义理论所坐实的市民社会发生了个人与社会、特殊性与普遍性的分离。

立足于马克思在《论犹太人问题》中对权利的激进批判，卢克斯认为，"马克思关于人权含义的观点是狭隘而又贫乏的，即使他关于 18 世纪晚期人权的观点也是如此：它仅仅把人权看成个人主义和资产阶级生活矛盾的表征"② 。美国学者罗德尼·佩弗（Rodney G. Peffer）也认为："由于把权利的观念和利己的观念如此紧密地联系在一起，马克思可能误解了这个观念，或者至少没有为一个更有吸引力的权利观念留下可能性。"③ 这实质上是对马克思批判自由主义权利观念的误解。马克思在后期著作尤其是《哥达纲领批判》中对权利的批判并非对一般权利的批判，而是对代表资产阶级意识形态的权利话语的批判。他批判古典自由主义的这些权利观念，并不意味着他拒斥这些权利本身，这些权利作为启蒙运动的伟大成果已被马克思内化于其全部哲学中。事实上，马克思一生都在为工人的自由权、平等权、生存权、劳动权等进行理论上和实践上的努力，他正是通过对资本主义私有制的多重批判来还原这些价值的真正普遍性，而不是使之被社会中的某一部分人所垄断。

① 《马克思恩格斯全集》第 3 卷，人民出版社，2002，第 185 页。
② 〔英〕史蒂文·卢克斯：《马克思主义与道德》，袁聚录译，高等教育出版社，2009，第 77 页。
③ Rodney G. Peffer, *Marxism, Morality, and Social Justice* (Princeton, New Jersey: Princeton University Press, 1990), p. 325.

马克思并不反对自由主义诉求的权利本身的价值，他反对的是这些权利在资本逻辑统治下的实现方式与言说方式，反对的是权利实现能力的不平等，反对的是这些权利所体现的形式正义与事实上的非正义之间的巨大反差。正如恩格斯所言："但是现在平等权利被承认了。资产阶级在反对封建制度的斗争中和在发展资本主义生产的过程中不得不废除一切等级的即个人的特权，而且起初在私法方面、后来逐渐在公法方面实施了个人在法律上的平等权利，从那时以来并且由于那个缘故，平等权利在口头上是被承认了。但是，追求幸福的欲望只有极微小的一部分可以靠观念上的权利来满足，绝大部分却要靠物质的手段来实现，而由于资本主义生产所关心的，是使绝大多数权利平等的人仅有最必需的东西来勉强维持生活，所以资本主义对多数人追求幸福的平等权利所给予的尊重，即使有，也未必比奴隶制或农奴制所给予的多一些。"① 事实上，一些马克思研究者，如约翰·普拉梅内兹（John Plamenatz），曾正确地理解了马克思对自由主义权利的批判：马克思本人相信权利，如果他被问及人是否应当享有这些权利，他一定会作出肯定的回答。他只是认为 18～19 世纪的社会现实是资产阶级在事实上享有权利，权利在本质上维护的是资本主义私有财产制度，正是这种制度使大多数人不可能实际享有法律规定的权利。尽管资产阶级错误地认为一切阶级都可以享有这些权利，但事实上只有在无阶级社会中，所有人才可能真正地享有这些权利。②

难能可贵的是，马克思在《论犹太人问题》中对古典自由主义权利理论的批判与被他"坐实"了的市民社会的本质精神——犹太精神联系了起来，从而使这一批判深刻了许多。所谓市民社会的本质精神即商业精神、对金钱的崇拜精神，其世俗基础是实际需要、自私自利，这一世俗基础在法律上的表现形式正是被古典自由主义正义理论看作支点的人权。人权的利己主义性质只是现实生活中利己主义在法律上的投射。马克思对市民社会的批判实质上就是对古典自由主义正义理论现实基础的批判，要揭露古典自由主义正义理论的虚伪性质必须深入市民社会的本质。犹太精神是市

---

① 《马克思恩格斯选集》第 4 卷，人民出版社，1995，第 239 页。

② R. G. Peffer, *Marxism, Morality, and Social Justice* (Princeton, New Jersey: Princeton University Press, 1990), p. 328.

民社会的基本精神，是利己主义个人的指导精神。马克思认为，犹太精神已经控制了整个世界，成为基督教各国人民的实际精神，它随着近代市民社会的解放而达到了自己的顶点。金钱，无论通过犹太人还其他任何人，都成为世界权力，它把一切都还原为商品，使之处于自己的实际控制中。"金钱是以色列人的妒忌之神；在他面前，一切神都要退位。金钱贬低了人所崇奉的一切神，并把一切神都变成商品。金钱是一切事物的普遍的、独立自在的价值。因此它剥夺了整个世界——人的世界和自然界——固有的价值。金钱是人的劳动和人的存在的同人相异化的本质；这种异己的本质统治了人，而人则向它顶礼膜拜。"① 在这里，马克思第一次勾画了他将在《1844 年经济学哲学手稿》中详细阐述的异化理论。通过对金钱在社会生活中支配作用的描写，马克思间接地得出了这样一个结论：现实生活中的不正义和不平等根源于金钱，这已经非常接近《1844 年经济学哲学手稿》中对私有财产的解读。

通过引入"金钱"，马克思对市民社会的批判从政治领域开始转入——他认为的最基本的领域——经济领域。但是，由于马克思此时还没有对政治经济学进行过系统研究，其市民社会理论还缺乏固有的经济学内容，他对市民社会本质的把握还处在初级阶段，因为正如他后来认为的那样，对市民社会的解剖应该到政治经济学中去寻求。在赫斯的《论货币的本质》和恩格斯的《国民经济学批判大纲》的影响下，马克思开始疯狂地研究政治经济学，这一研究的目标也很明确，就是从整体上剖析市民社会。由于此时政治经济学知识的缺乏，马克思研究市民社会的视野严重受限，于是下面这点便得到了合理解释：在《论犹太人问题》中，马克思仅仅继承了黑格尔对市民社会原子论的认识，而忽略了黑格尔对市民社会的积极性认识，仅仅抓住了市民社会的消极性。也就是说，马克思此时没有认识到市民社会在通往未来实质正义的道路上所扮演的角色和积极作用。黑格尔对市民社会积极性的认识典型地体现在这句话中："当市民社会处在顺利展开活动的状态时，它在本身内部就在人口和工业方面迈步前进。"② 马克思此时只是在国家与市民社会的二元关系中批判市民社会，把市民社会仅仅看

---

① 《马克思恩格斯全集》第 3 卷，人民出版社，2002，第 194 页。
② 〔德〕黑格尔：《法哲学原理》，范扬等译，商务印书馆，1961，第 244 页。

作受犹太精神支配的私人活动领域。马克思此时的片面认识，在他稍后不久的政治经济学研究的最初成果《1844年经济学哲学手稿》中很快便扭转了过来。这种扭转表现在：在近代市民社会中，工业资本虽然取得了世界历史性的统治力量，但它不仅在改造自然界的过程中确证了人的主体性本质，丰富了人性的内涵，而且创造了极大的物质财富，为人的解放和实现实质正义的社会奠定了必要的基础。他在这里不再仅仅强调市民社会的消极性，而是看到了在市民社会的消极性本身中蕴含的积极性，非正义的产生和非正义的扬弃走的是同一条道路。

在《论犹太人问题》中，马克思区分了政治解放与人的解放，政治解放是资产阶级革命所带来的世界历史性进步，相对于封建等级制度和宗教中人的境况而言，它是迄今为止人的解放的最有成效的形式，但是它并非最后的形式。政治解放只是某一阶级的解放，只是让人获得了形式上的平等权利，在现实生活中仍然存在巨大的不正义，也就是说它并不是全体成员的解放。所以，马克思认为世界历史还必须从政治解放过渡到人的解放，人的解放是全体人民的解放，它将克服政治解放的形式正义与实质正义、特殊性与普遍性、个人与社会、人权与公民权的分离，实现二者的完美结合。但政治解放及其所包含的缺陷为人的解放，即人从资本主义社会和国家中解放出来提供了方向："只有当现实的个人把抽象的公民复归于自身，并且作为个人，在自己的经验生活、自己的个体劳动、自己的个体关系中间，成为类存在物的时候，只有当人认识到自身'固有的力量'是社会力量，并把这种力量组织起来因而不再把社会力量以政治力量的形式同自身分离的时候，只有到了那个时候，人的解放才能完成。"① 也就是说，只有实现个体与类的统一，只有当人的双重人格，即利己的原子式的市民社会成员和作为法人的公民有机统一起来的时候，只有当市民社会的私人生活与政治生活不再是双重的生活而统一于人的类生活的时候，只有当公民权与人权统一起来的时候，只有当政治力量不再与人分离而以社会力量的形式成为人类固有力量的时候，人的解放才能实现。人的私人性和公共性、特殊性和普遍性、个人生活和公共生活才会以一种符合人的本性的方式获得统一。而不是如中世纪社会那样，个人与共同体具有直接的同一性，个

---

① 《马克思恩格斯全集》第3卷，人民出版社，2002，第189页。

人从属于一个较大的共同体，个人的身份、地位等都被共同体所决定。在这里，蕴含了马克思将在以后的著作中详细阐发的国家消亡、自由人联合体的思想。在市民社会中，当国家以政治力量的形式同人自身分离的时候，国家就成为阶级统治的工具，因此，消灭国家就成为最终实现人的解放的前提条件。取代国家的将是自由人联合体，它是一种新型的共同体，在其中，一个人的自由与另一个人的自由和谐共处，每一个人都是目的，而不再仅仅是实现私人利益的手段。因此，单个人的孤立力量将被社会力量所取代，个人力量以社会力量的形式获得了自我实现。通过人的解放，实质正义的社会得以实现，每一个人都能够获得自我实现。实现人的解放将是马克思一生为之呕心沥血的目标。

在《〈黑格尔法哲学批判〉导言》中，马克思发现了实现未来实质正义社会的主体力量：无产阶级。他之后的大半生都致力于通过这个阶级的解放来实现全人类的解放。德国解放的实际可能性"就在于形成一个被戴上彻底的锁链的阶级"[1]，这个阶级就是无产阶级。马克思揭示了无产阶级必须承担推翻现代社会的绝对使命：推翻那使人被奴役、被压迫、被侮辱、被蔑视的一切关系。这个任务只能由这样一个阶级来承担，这个阶级没有地位和权利，丧失掉了政治解放所带来的一切优越性，由此它能够进行彻底的革命以实现人的解放。人的解放的"头脑是哲学，它的心脏是无产阶级。哲学不消灭无产阶级，就不能成为现实；无产阶级不把哲学变成现实，就不可能消灭自身"[2]。哲学成为现实意味着一个新型社会的建立，在这个社会中，人与人之间的关系不再是形式平等掩盖下的实质不平等。当这一点实现的时候，就不会再有无产阶级，因为产生无产阶级的社会条件已不复存在。在后来的著作中，马克思不再如此强调从哲学方面来看无产阶级和人的解放之间的相互联系，但此时作出的未来展望将是他以后进行理论创造和革命实践的指路明灯。对于马克思为何突然重视无产阶级的关键性作用，主要基于如下几个原因：一是他在克罗茨纳赫期间通过阅读法国革命的历史，发现了阶级斗争在推动历史发展中的巨大作用；二是他亲身接触了法国社会主义知识分子，浸润在社会主义的氛围中，周围的环境影响

---

① 《马克思恩格斯全集》第3卷，人民出版社，2002，第213页。
② 《马克思恩格斯全集》第3卷，人民出版社，2002，第214页。

了他；三是法国工商业的发展导致了无产阶级力量的壮大。[①] 从以上分析可以看出，要超越古典自由主义的正义，必须超越市民社会，而要超越市民社会，就必须通过无产阶级实现人的解放。

三　异化劳动与私有财产：社会不正义的根本原因

马克思在《德法年鉴》时期对自由主义人权的激进批判，说明了自由主义正义不是人类期望的正义，相反是一个被超越的对象。自由主义正义原则来源于近代市民社会，因而不可避免地带有市民社会的内在缺陷。从逻辑上来看，要超越古典自由主义正义的局限性，实现实质正义，就必须超越现代市民社会的局限性，而要超越市民社会的局限性，就必须克服私人利己主义和私有财产，而要克服私人利己主义和私有财产，就必须实现人的解放，而人的解放的历史任务就落在了无产阶级身上。这是马克思《德法年鉴》时期得出的基本结论。对于人的解放如何克服人性的丧失和私有财产，人性丧失究竟表现在哪些方面？人性丧失和私有财产是什么关系？这需要马克思对市民社会进行彻底研究，而当时对市民社会研究比较成熟的理论是古典经济学。为了对市民社会以及现实问题进行深入研究，在赫斯和恩格斯的影响下，马克思开始研究古典经济学，其最初成果是《1844年经济学哲学手稿》。马克思研究政治经济学的过程同时也是批判政治经济学的过程，他通过对工人生活境况的分析发现了这样一个严重不公平的社会矛盾，即"劳动者日益贫困化与现代世界中出现少数人暴富（政治经济学对此表示庆贺）相对立这个主要矛盾"，而这个矛盾被古典经济学"所承认、记录、接受甚至加以美化"[②]。他第一次发现了古典经济学的正义理论与自由主义一样都是形式的和虚假的。

马克思通过异化劳动这个概念把人性的异化和私有财产关联了起来。异化劳动一方面导致了人的异化，另一方面又产生了私有财产。根据我们的分析，既然古典自由主义建立在人性异化和私有财产的基础上，那么便可以得出结论：古典自由主义的自由、平等、权利等正义原则建立在异化

---

① 参见〔英〕戴维·麦克莱伦《马克思传》（第4版），王珍译，中国人民大学出版社，2008，第86~89页。

② 〔法〕路易·阿尔都塞：《保卫马克思》，顾良译，商务印书馆，2006，第148页。

劳动这一原始基础上，因此是异化劳动的产物。① 因此，要扬弃古典自由主义正义理论就必须扬弃异化劳动，解决古典自由主义的正义问题，只有在解决了异化劳动之后才有可能。作为市民社会第一基石的私有财产权是异化劳动不可避免的产物，当私有财产通过异化劳动产生后，私有财产作为统治人的客观形式又进一步加剧了劳动的异化，而被加强的异化劳动又使私有财产获得更大程度的积聚，二者从因果关系变成了相互作用的关系。因此，我们也可以说，要扬弃古典自由主义的正义就必须扬弃私有财产。马克思在《1844 年经济学哲学手稿》中具体分析了异化劳动的四个规定，异化是指人通过自己有意识的劳动创造出来的东西不受人支配，却反过来支配人、奴役人。异化就是自由的反面，处在异化中的人是不可能获得真正自由的，而不自由就是一种不正义。一个正义的社会就是要实现每一个人的自由。自由是人的理想，而异化是人的现实，异化在现实的实践活动中不断得到扬弃，从而不断地趋向自由。后来在《资本论》中，马克思具体分析了另外一种不正义现象，即剥削，剥削实质上是平等问题。我们先来看马克思对异化劳动的分析。

首先，人与自己生产劳动的异化。这是异化的核心，其他三个方面的异化都以劳动异化为基础，是劳动异化的必然表现。马克思把市民社会里的劳动看作"外化的活动""活动的外化""自我折磨的劳动""异化劳动"等。那么，他是怎样具体描述市民社会中的劳动呢？"劳动对工人来说是外在的东西，也就是说，不属于他的本质；因此，他在自己的劳动中不是肯定自己，而是否定自己，不是感到幸福，而是感到不幸，不是自由地发挥自己的体力和智力，而是使自己的肉体受折磨、精神遭摧残。"② 可见，市民社会中的劳动不属于人的本质存在，劳动没有发挥人的潜在力量，反而像消耗燃料一样消耗着这些力量，因而工人的肉体和精神遭到了双重折磨。劳动的异化特征表现在以下三个方面。首先，工人的主观感情一直排斥劳动，工人在不劳动时觉得心情舒畅，而在劳动时就觉得心情不舒畅，因为劳动是痛苦的、摧残生命的、自我折磨的。所以，如果没有生存的压力，

---

① 参见林进平《马克思对近代自然法正义观的批判——从〈黑格尔法哲学批判〉到〈德意志意识形态〉》，《马克思主义与现实》2008 年第 6 期。

② 《马克思恩格斯全集》第 3 卷，人民出版社，2002，第 270 页。

人们就会像逃避瘟疫那样逃避劳动。其次,劳动成了不劳动的人(资本家)的私有财产。"这种劳动不是他自己的,而是别人的;劳动不属于他;他在劳动中也不属于他自己,而是属于别人。"① 在马克思看来,劳动之所以不是自由的劳动,就在于它是为别人服务,受别人支配,这个支配者就是市民社会中的资本家。最后,劳动的异化特征还表现在人的机能和动物机能的颠倒上。"人(工人)只有在运用自己的动物机能——吃、喝、生殖,至多还有居住、修饰等等——的时候,才觉得自己在自由活动,而在运用人的机能时,觉得自己只不过是动物。"②

其次,人与自己劳动产品的异化。人同自己劳动产品相异化,是因为生产它的劳动本身的异化。产品只是劳动的结果,异化劳动以产品异化的形式表现了出来。马克思反问道:"如果工人不是在生产行为本身中使自身异化,那么工人活动的产品怎么会作为相异的东西同工人对立呢?"③ 工人必须服从他自己创造的产品,他的产品已成为同他相对立的独立的力量,人跪倒在自己的创造物面前。工人生产得越多,他自己占有的东西就越少,同他相对立的力量——资本的力量就越大。不是工人控制产品,而是产品控制工人,工人和产品之间发生了角色转换,人变成了客体,产品变成了主体。人本应是自身的创造者,是主体,是在通过与社会中的他人合作来改变外部世界的过程中确证和发展自身的,但是在市民社会中,人的命运不再受自己控制,这种控制力已经转移到其他实体(资本)。工人对自己劳动产品这个异己的、支配他本人的对象性关系,同时也是工人对整个感性的外在世界的关系,因为异己的、与他敌对的外在世界正是工人通过劳动及其产品建构的世界。工人生产的财富越多,统治他的外在世界的力量就越强大,这个世界就越是一个不正义的世界。

再次,人与自己类本质的异化。从表面上看,人与类的关系并不像人与产品、人与劳动之间的关系那样直观,却是一种实实在在的异化形式。异化劳动所导致的人与自己类本质的异化表现为把本应作为目的的类生活变成了仅仅维持个体生存的手段。人的类生活就是自由的有意识的生命创

① 《马克思恩格斯全集》第3卷,人民出版社,2002,第271页。
② 《马克思恩格斯全集》第3卷,人民出版社,2002,第271页。
③ 《马克思恩格斯全集》第3卷,人民出版社,2002,第270页。

造活动，人异于动物的本质就在于把自身当作有生命的类，当作普遍的因而也是自由的存在物来对待。人的类本质的异化主要表现在两个方面。一是个人的劳动仅仅是满足个人生存的手段，个人的劳动不再具有类的普遍特性，个人和类本质相互分离，特殊性与普遍性相互分离。由于特殊性的挤压，普遍性存在的空间变得越来越小，特殊性取代普遍性成为现代市民社会的主导原则。在这里，马克思继承了黑格尔对市民社会的分析，在黑格尔看来，现代市民社会是特殊性肆意横行的时代。二是个人生活和类生活相互分离，把仅仅维持人的肉体生存的个人生活误当成类生活，把本来是手段的生活当成了人的真正有意义的值得过的类生活。在亚当·斯密等古典政治经济学家那里，私人生活和类生活相互和谐统一，私人生活必然促进类生活的最优化；马克思从市民社会中工人生存的事实出发，批判了古典政治经济学的这种乐观态度，把它看作一种发财致富的科学。社会实践证明，私人生活并不必然促进类生活，私人生活与类生活在现代市民社会中以分裂的方式存在于人的双重身份中。类生活在现代市民社会中采取了一种虚幻的共同体形式，例如国家。黑格尔在《法哲学原理》中曾把国家看作普遍性的实现形式，但马克思在《德意志意识形态》中业已表明，国家所代表的普遍性并不是真正的普遍性，它仅仅是统治阶级利益的代表，代表了某一阶级的正义。

最后，人与人的异化。上述三种异化的直接结果就是人与人的异化。马克思实际上是根据异化的前三种规定来阐述异化的第四种规定的。异化劳动不仅导致人的类本质的丧失，而且还创造了一个异己的、控制他的人（资本家）与他并存，这表现为阶级的异化。"通过异化的、外化的劳动，工人生产出一个对劳动生疏的、站在劳动之外的人对这个劳动的关系。工人对劳动的关系，生产出资本家——或者不管人们给劳动的主人起个什么别的名字——对这个劳动的关系。"① 人把自己的劳动看作不自由的劳动，是因为他把自己的劳动看作为别人服务的、受别人支配的奴役劳动。人的自我异化只有在人与他人的关系中才能表现出来，当人同自身相对立的时候，人也与他人相互对立。人对自己劳动产品、对自己劳动和对自身的关系同样也适用于人对他人的劳动产品、对他人劳动和对他人自身的关系。

---

① 《马克思恩格斯全集》第3卷，人民出版社，2002，第277页。

综合马克思对上述异化形式的批判，我们可以得出以下结论：人是普遍的、自由的类存在物，人的类本质就是"自由的有意识的"活动。"自由"就是人能够摆脱肉体的生存需要，在理性的指导下，以自我为因，自己决定自己活动的方向和性质，不再受异己力量的支配；"有意识"就是自觉地把自己的生命活动当作意志和意识的对象，能够在实践中根据需要不断地调整自己的活动，不再盲目和无所适从。当然，这只能是人类的超越性理想，是马克思对未来社会的展望，他对市民社会的批判正是从人的解放的高度上展开的。对于如何摆脱异化，实现自由理想，马克思主义认为，必须首先扬弃私有财产和异化劳动，而扬弃私有财产和异化劳动只有通过现实的共产主义运动才能实现。

自洛克在《政府论》下篇中第一次提出在人们享有的各项自然权利中，财产权是最重要的权利以来，财产权问题就成为古典自由主义政治哲学的核心问题。因为近代市民社会本质上是经济占主导地位的社会，财富的生产和占有既是这个社会的实体，又是它的第一要务。由于财产权的特殊重要地位，从洛克、斯密到布坎南的主流政治哲学家都通过不同的方式论证私有财产权是实现自由的最重要方式，私有财产权是实现个人自由的基本保障，私有财产权是近代市民社会的第一基石。可以说，如果没有从经济上、政治上、法律上确立私有财产权的合法性，就没有近代市民社会。与此相反，马克思首先关注的是把资本看作私有财产权的一种形式，看作占有剩余价值、剥削工人的合法凭证。由此，他意识到了财产权的政治本质，即财产权的压迫性，在马克思看来，财产权不仅不是自由的保障，反而是实现自由的障碍。洛克曼认为："马克思从来不主张保护一般制度上的财产权，也不主张保护特定经济观念上的财产权，它们都把一定历史时期内存在的私人财产权看作整个社会自由实现的必要条件。"[①] 对于马克思而言，财产权至多能使在一定历史时期内的少数财产所有者获得法律的保护，但是它会拉大人与人之间的经济差距。然而，每一个人都应该共享财产权的利益，并应在"未来共同体"阶段摆脱私有财产权的控制。所以，马克思

---

① 〔法〕汤姆·洛克曼：《马克思主义之后的马克思——卡尔·马克思的哲学》，杨学功等译，东方出版社，2008，第 237 页。

在《1844年经济学哲学手稿》中主张用社会财产代替私有财产，以此来根除私有财产的压迫性。在《资本论》中，马克思进一步提出要在废除近代市民社会私有制的基础上"重新建立个人所有制"①，用公共所有制代替私有制，其目的是要在社会所有制的基础上使每一个人都能分享财产权的收益。唯有如此，每一个人的自由与其他人的自由和谐共处的自由人联合体才可能实现。

把私有财产权看作劳动的产物，并非马克思的首创，这是自洛克以来思想史上的主流看法，斯密、康德、黑格尔都持类似的观点。不同的是，马克思发现确立财产权的劳动是一种异化劳动，并不是人的本真状态下的劳动，已经确立的私有财产权又加剧了人的异化状态，二者陷入了恶性循环。另外，马克思超越的地方还在于，他意识到了劳动创造财产权的悖谬：劳动创造的财产不归劳动者所有，反而归他者即资本家所有，也就是说劳动与财产权发生了分离。因此，古典政治经济学家看作天然合法的财产权，在马克思看来就是非正义的，它是一种不通过支付等价物就可获得他者劳动的权利。

在《1844年经济学哲学手稿》中，马克思通过异化劳动来把握的私有财产有其特定的具体含义，它不是指整个私有财产，既不是以收取地租为收益的封建地产，也不是小商品经济中的市民所有，而是作为资本家支配工人劳动的私有财产。日本马克思主义者山之内靖认为，这种取得统治地位的资本制私有财产"最终完成了商品生产的运动，以资本家阶级和工人阶级的对立为轴心旋转的阶级社会的新构成——因此，地产在这种中心的构成中从属地被包括在资本的利益之中"②。在近代市民社会，资本制私有财产作为客观的统治形式，作为同化一切阶级差异的力量消除了工人和农民之间、资本家和地主之间的区别，使整个社会日益分裂为两大阶级：有产者的资本家阶级和无产者的工人阶级。工人阶级对资本家阶级的关系包含市民社会中整个人类的奴役关系，因为一切奴役关系从实质上看只不过是这种关系的变形和后果。因此，马克思认为："社会从私有财产等等解放

---

① 《马克思恩格斯选集》第2卷，人民出版社，2012，第300页。
② 〔日〕山之内靖：《受苦者的目光：早期马克思的复兴》，彭曦、汪丽影译，北京师范大学出版社，2011，第294页。

出来、从奴役制解放出来，是通过工人解放这种政治形式来表现的。"① 这一结论表明，马克思已不再抽象地谈论人的解放，而是指出了工人解放是扬弃私有财产、实现社会实质正义的必由之路，把废除资本所有制当成无产阶级革命的基本任务。

虽然马克思在《1844 年经济学哲学手稿》中主张废除私有财产以实现人的自由和平等，但是私有财产作为市民社会的基础，通过工业资本的形式，获得了存在的历史合理性。当商业资本、农业资本等其他一切资本形式都被工业资本战胜的时候，工业资本也就作为私有财产的客观形式取得了世界历史性的统治力量。虽然此时私有财产彻底完成了对人的统治，但是工业资本作为改造自然的现实经验力量，既揭示了人的主体性本质，又为实现共产主义的正义理想准备了前提条件：一方面，工业建立了人与自然的能动的历史联系，使人能够在改造自然的过程中，确证自己的主体性本质，丰富自己的主体性内涵；另一方面，工业资本完成了对人的统治，要实现人的自由解放，就必须克服工业资本对人的压制，吸收、利用工业资本所创造的极大的物质财富以及充足的自由时间。正是在这个意义上，资本主义私有制才成为实现人的自由解放的一个必经阶段，工业资本改造了人的生活，丰富了人的本质，为人的自由解放作了准备，尽管它同时不得不使人发生异化。因此，异化的产生和异化的扬弃走的是同一条道路。马克思的伟大之处在于：在对市民社会的否定理解中同时包含对市民社会的肯定理解。此时的马克思对市民社会的理解相对于《德法年鉴》时期已经有了极大的深化：通过对劳动、财富、财产权、资本的政治经济学研究，马克思不仅逐渐深入市民社会的本质，而且超越了把市民社会仅仅看作私人需要和利己主义的活动舞台的单纯否定性理解，看到了市民社会的积极意义，把市民社会看作通向共产主义这一实质正义社会的必经阶段。

第三节　历史唯物主义与马克思正义理论的奠基

在《1844 年经济学哲学手稿》中，马克思指出了资本主义（自由主义）的正义建立在异化劳动和私有财产的基础上，从而逼近了马克思在

---

① 《马克思恩格斯全集》第 3 卷，人民出版社，2002，第 278 页。

《德意志意识形态》中从社会生产（生产方式、生产关系、生产资料所有制）出发理解正义的路径，从而为揭开资本主义社会的不正义之谜①奠定了方法论基础。尽管马克思在《德意志意识形态》中已经开始从生产出发理解社会上的正义问题，但是他此时对生产的理解，还没有深入资本主义社会生产的内在机制和具体运行，因而还没有发现工人和资本家的不正义关系是如何在生产中产生的，也就是说还没有发现资本剥削的秘密，而这一点是在《资本论》及其手稿中通过资本这一核心原则对资本主义社会进行病理学诊断才发现的。但《德意志意识形态》已经开启了研究正义问题的一个正确路径：从生产出发理解正义问题。可以说，马克思后来的著作对正义问题的研究都是在这一方法论的指引下进行的，这也是马克思超越古典自由主义正义和古典经济学正义的根本之点。从生产出发理解正义问题告诉我们这样一个道理：不能抽象地理解正义，不能脱离社会历史过程谈论正义问题，正义是历史性的正义，它必然随着生产的变革而不断变革。或者说，要根除社会上的不正义现象必须从变革生产方式和生产关系出发才有可能，否则只能得出抽象的结论。

正义的历史性并不意味着无法对历史上存在的正义观念进行批判，也并不意味着我们要采取一种相对主义正义观的立场。尽管正义随着生产方式的变革而变革，我们仍然可以根据共产主义社会超越性的正义标准（以自我实现为基准的需要原则）评价以往社会的正义观念。否则的话，我们将面临被迫接受当前已有的正义观念的局面，从而丧失批判和革命的立场，不得不忍受当前的贫困、收入差距过大等社会非正义现象。古典自由主义以抽象的人性为基础论证私有财产正义和资本主义法权的永恒性，其实质就是没有看到生产的历史性以及生产对正义的决定性。由于没有看到生产的决定性和历史性，古典经济学坚持了形而上学的方法论原则，把货币、分工、私有财产、信贷等经济范畴看作永恒的固定不变的范畴，不仅没有解释这些范畴是如何产生的以及这些范畴的历史运动形式，反而根据这些永恒的范畴来解释资本主义生产关系，借此论证资本主义生产关系的永恒

---

① 资本主义社会的不正义之谜表现在：资本主义社会在政治权利、自由竞争等层面都表现出了古典自由主义和古典经济学所反复论证的正义，呈现了人与人之间的平等关系，但是，现实生活中的实质层面却表现出越来越大的不正义，两极分化日益严重，越来越不平等。

正义性和自然正义性。马克思对正义的生产基础的论证揭露了这些资本主义意识形态的虚假正义性。下面，我们来具体看一下历史唯物主义的基本原理及其与正义的关系。

一 历史唯物主义与正义理论研究范式的变革

作为世界观的历史唯物主义的创立，为理解正义理论提供了新的范式和方法论原则。"'历史唯物主义'是把'历史'作为解释原则或'理论硬核'的唯物主义，而不是把'历史'作为研究领域或解释对象的唯物主义。"① 历史构成了人的存在方式，社会现实绝不是某种固定的、永恒不变的事物，而是通过个人的实践活动不断地被再生产出来，甚至发生变革，引起社会形态的更替。人的生存所依赖的条件不仅仅是客观存在的前提和被给予物，而且也是个人实践活动的产物。每一时代的人们都是在前一代遗留下来的物质生产条件（如资本、生产力、交往方式等）的基础上经营自己的生产和生活，他们要受这些生产条件的制约，如果无视这些客观生产条件，个人将无法生产和生活。因此，既有的物质生产条件经常成为生活于其中的人们发展的桎梏，但换个角度看，它也是这一时代人们创造自己生产和生活的可能性前提。个人在这一前提下进行生产活动，他们活动的产物又会成为新的生产条件，而新的生产条件又会开启新的生产活动。所以，人类历史是一个不断更新自我的动态过程，生活于其中的人们随着"生产什么"和"怎样生产"的变化，也表现出不断变化的本性。

马克思在《德意志意识形态》中十分重视物质生产对个人和个人生活的影响，认为如果无视这些物质条件的影响，个人就无法生活，就无法表现自己的生命。马克思指出："个人怎样表现自己的生活，他们自己就是怎样。因此，他们是什么样的，这同他们的生产是一致的——既和他们生产什么一致，又和他们怎样生产一致。因而，个人是什么样的，这取决于他们进行生产的物质条件。"② 可见，个人的本性取决于物质生产，由于物质生产条件的历史变化，人的本性也会历史性地变化。人是一个历史性的存在，既是历史的前提，又是历史的结果。离开历史，就会把人理解为抽象

---

① 孙正聿：《历史的唯物主义与马克思主义的新世界观》，《哲学研究》2007 年第 3 期。
② 《马克思恩格斯选集》第 1 卷，人民出版社，1995，第 67~68 页。

的存在者，就会把人与世界的关系理解为抽象的关系，这实质上是一种本质主义的思维方式。正是因为历史构成了人的存在方式，人是历史性的存在，所以人的世界图景、思维方式、价值观念等也是历史性的存在，也会随着历史的演进而不断发生变革。作为一种规范性价值的正义，其内容和实践方式也必然会随着生产方式和交换方式的变革而发生历史性的变革。任何企图把某种正义永恒化的思想，其背后的深层目的都是为特定社会制度的永久存在作合法性辩护。马克思坚决反对"抽象正义""永恒正义"之类的说法，因为这是与历史唯物主义的历史原则格格不入的。

马克思主义认为，一定的观念和意识依赖于或者产生于一定的生产和生活方式，它们从来都不是纯粹的，因为它们从来都没有自己独立的历史，它们从来都没有与产生它的社会环境真正地分离过，本身就是这个环境的产物。"道德、宗教、形而上学和其他意识形态，以及与它们相适应的意识形式便不再保留独立性的外观了。它们没有历史，没有发展，而发展着自己的物质生产和物质交往的人们，在改变自己的这个现实的同时也改变着自己的思维和思维的产物。不是意识决定生活，而是生活决定意识。"① 这说明各种意识形态都不是独立的，而是在人类历史的生产过程中出现的产物，现实的物质生产和交往是诸种意识形态出现的前提，而意识形态一旦形成，就会对现实的物质生产和物质生活产生重要影响。一旦夸大这种影响或者脱离社会历史环境探讨意识的起源，就会把意识的产物独立化，从而把意识看作决定历史发展的独立的精神实体，因此也就会颠倒生产与意识的关系。意识"只是被像著名的《纯粹理性批判》的作者康德那样的哲学家错误地描述为纯粹的。这说明了唯心主义和现在所描述的唯物主义之间的根本对立。前者错误地根据观念来解释实践。正确的路径是根据实践来解释诸如道德、宗教或者哲学等领域的观念"② 由于缺乏对意识前提的反省，个人的现实关系被唯心主义哲学家"幻想化""简单化""抽象化"，从而遮蔽了对社会生活的真实考察。

不同于这些哲学家的唯心主义方法论，马克思勾画了意识、观念的复

---

① 《马克思恩格斯选集》第 1 卷，人民出版社，1995，第 73 页。
② 〔法〕汤姆·洛克曼：《马克思主义之后的马克思——卡尔·马克思的哲学》，杨学功等译，东方出版社，2008，第 131 页。

杂历史结构。青年黑格尔派的主要错误在于他们试图从意识出发解释世界、改变世界，而不是从他们所处的社会环境解释各种意识形式，他们认为只要进行思想领域的革命和词句的斗争就可以根除不合理的社会现实。在共产主义社会之前的一切社会形态中，正义作为意识形态的范畴，是社会生产和生活的产物，它必然也对生产关系起到一个反作用，这种反作用由于阶级立场的不同而呈现维护或反抗的差别。从维护角度看，统治阶级的正义观念维护占统治地位的生产关系和阶级地位；从反抗角度看，被统治阶级的正义观念往往起到一个引领变革社会现有生产关系的作用。比如，在资产阶级革命时期，处于被统治地位的资产阶级打出"自由""平等""博爱"的正义口号，其目的是把本阶级的利益宣扬为普遍利益，从而赢得更多人的支持。但若使正义观念脱离社会生产的历史基础，就会像青年黑格尔派哲学家们那样得出一个同样脱离历史过程的抽象结论：通过思想领域的变革解决社会现实中的非正义问题。

二　分工、私有制与生产正义

在《德意志意识形态》中，马克思探讨了意识的起源。人类早期意识的产生是与社会分工内在地联系在一起的。"分工只是从物质劳动和精神劳动分离的时候起才真正成为分工。从这时候起意识才能现实地想象：它是和现存实践的意识不同的某种东西；它不用想象某种现实的东西就能现实地想象某种东西。从这时候起，意识才能摆脱世界而去构造'纯粹的'理论、神学、哲学、道德等等。"① 精神劳动和物质劳动的分工使意识形态的产生成为可能，因为从事物质劳动的人为从事精神劳动的人创造了必要的生活条件。在古希腊时期，正义就在于社会的各个阶层安于本分，不相互僭越，其中就包含对已经形成的精神劳动和体力劳动分工的辩护。马克思接着指出："与这种分工同时出现的还有分配，而且是劳动及其产品的不平等的分配（无论数量上还是质量上）；因而产生了所有制，它的萌芽和最初形式在家庭中已经出现，在那里妻子和儿女是丈夫的奴隶。"② 可见，精神劳动和体力劳动的分工造成了生产和消费、劳动和享受的背离，导致了由

---

① 《马克思恩格斯选集》第 1 卷，人民出版社，1995，第 82 页。
② 《马克思恩格斯选集》第 1 卷，人民出版社，1995，第 83 页。

不同个人来分担不同劳动或同一劳动的不同方面的片面分配，这种分配在数量上和质量上都是不平等的，因此开启了人类历史的非正义现象，这种非正义现象只要分工存在就不会被根除。在一个不是出于自愿而是基于自然形成的社会分工中，任何人都被限制在一定的活动范围内，这个范围是强加给他的，他不能自由地选择自己活动的领域。也就是说，为了不失去生活资料，他不得不屈从于分工从而成为一个"猎人"、"渔夫"或"牧人"。"分工中片面的专门化越来越畸形发展，从而破坏了人的人类本性。"① 在这种社会分工的条件下，人自身的活动成为与他相对立的、异己的力量，这种力量支配着他，而不是他支配着这种力量，因而造成了人的单向度化、片面化、异化，这是不正义的。因为它限制了人的自由，并且有些人（精神劳动者）的自由度比另外一些人（体力劳动者）的自由度要大很多，尽管他们都不得不采取同样异化了的方式实现自由，然而，就像物质产品的分配一样，这也是不正义的。但分工并不只是具有负面社会效应，它是历史发展的主要推动因素之一，生产力发展的程度直接体现在分工发展的程度上。

可见，消除劳动分工是实现社会实质正义、建立共产主义的关键性环节，只有靠消灭劳动分工的办法，才能重新驾驭异己的物化关系对人的支配力量。马克思在《德意志意识形态》中描绘了压迫性的分工消失之后的理想正义图景："在共产主义社会里，任何人都没有特殊的活动范围，而是都可以在任何部门内发展，社会调节着整个生产，因而使我有可能随自己的兴趣今天干这事，明天干那事，上午打猎，下午捕鱼，傍晚从事畜牧，晚饭后从事批判，这样就不会使我老是一个猎人、渔夫、牧人或批判者。"② 这一段极富浪漫主义色彩的表述彰显了这样一个观点：在未来共产主义社会中，劳动的固定关联被取消了，人的个性获得了充分实现。我的劳动产品是我个性的物化，我在劳动时既享受到了自己自由的生命力量，直观地感受到了个人的乐趣，又创造了满足别人需要的物品。社会并不是同个体对立的抽象的东西，每一个人的生命表现都是整个社会生活的表现和确证。每一个人都是他人与社会相联系的中介，每个人都感受到别人是自己自由本质的补充，而又直观到自己的爱、思想在他人身上得到了实现。所以，

① 〔匈〕卢卡奇：《历史与阶级意识》，杜章智等译，商务印书馆，1999，第165~166页。
② 《马克思恩格斯选集》第1卷，人民出版社，1995，第85页。

我的生命活动既实现了我个人的本质，又使社会的本质、他人的本质得到证实。

只有在共同体中，个人才可能获得充分的自由，人的个性才可能获得充分实现，而这个共同体就是马克思所说的自由人联合体，用黑格尔的一个比喻来解释，就是居住在这一类型的共同体里就像居住在自己家里那样。分工的消除也并不像施蒂纳所抨击的那样，所有人都将不得不做所有的事情，而是"每一个有拉斐尔的才能的人都应当有不受阻碍地发展的可能"[1]。完全由分工的限制造成的在某一领域的职业发展的局限性消失了。与此形成对比的是，"各个人在资产阶级的统治下被设想得要比先前更自由些，因为他们的生活条件对他们来说是偶然的；事实上，他们当然更不自由，因为他们的生活条件对他们来说是偶然的；事实上，他们当然更不自由，因为他们更加屈从于物的力量"[2]。在这里，马克思把资本主义社会的个人自由称作不受阻碍地利用偶然性的权利，他们的生活条件成了一个偶然性的存在，更加屈从于物的力量，所以他们与以前任何社会形态相比更不自由。实质上，此时马克思对资本主义社会个人自由的理解有所偏颇，因为通过政治解放，个人获得了在前资本主义社会无法具有的自由权利，这种权利就是不加限制地利用偶然性以获得善品的权利，相对于人身依附而言，形式上不受约束的自由权利毕竟具有内在价值。

按照马克思的说法，分工带来了私有制，"分工和私有制是相等的表达方式，对同一件事情，一个是就活动而言，另一个是就活动的产品而言"[3]。为了能够使私有财产关系巩固起来，必须使之在全社会范围内以秩序和体制的形式，或者说以"普遍得到认可"的方式表现出来，因而一个拥有政治权力和强制手段的虚幻共同体——国家应运而生。日本"新马克思主义"代表人物望月清司立足于马克思的经典文本，把这一逻辑清晰地展现出来了："这一分工体系必将会派生出一个与每个人＝每个家庭的特殊利益相独立的虚幻的共同利益，必然会使代表其共同利益的'国家——虚幻的共同体'自立起来。总之，所谓分工就是所有，所谓所有就是私人所有，所谓

---

[1] 《马克思恩格斯全集》第3卷，人民出版社，1960，第458~459页。
[2] 《马克思恩格斯选集》第1卷，人民出版社，1995，第120页。
[3] 《马克思恩格斯选集》第1卷，人民出版社，1995，第84页。

私人所有就是阶级统治，所谓阶级统治就是国家＝政治权力的统治。"① 私有制是对他人劳动力的支配权，经济上生产资料的私有制与政治上的国家权力联合起来，使处于弱势地位的被统治阶级在社会上处于被压迫、被奴役的地位。一个阶级的发展以另外一个阶级的不发展为前提，这对于被统治者来说是严重不正义的。分工是私有制产生的原因，一旦私有制产生，分工和私有制就从因果关系转变为相互作用的关系，因此要想实现每一个人的真正正义，不仅要推翻分工，而且还要推翻私有制。

在《德意志意识形态》中，马克思论述了历史上几种不同的生产资料所有制，以及在这些分工与私人所有的结构中弱势群体受到的不公正对待。第一种所有制形式是部落所有制，在这个阶段上分工很不发达，只限于在家庭自然分工基础上的进一步拓展。"因此，社会结构只限于家庭的扩大：父权制的部落首领，他们管辖的部落成员，最后是奴隶。"② 由于家庭中存在自然形成的分工，产品的分配在数量上和质量上都是不平等的，由于丈夫拥有生产资料的所有权，妻子和孩子都被看作丈夫的奴隶。"第二种所有制形式是古典古代的公社所有制和国家所有制。这种所有制是由于几个部落通过契约或征服联合为一个城市而产生的。"③ 作为共同体或国家成员的公民共同享有支配从事物质生产劳动的奴隶的权利，奴隶则处于社会结构的最下层。共同体所有和私人所有二分的经济结构使古典古代的个人获得了有限的自由，这种自由主要表现为参与共同体事务的政治自由。作为共同体成员的个人不仅在安全上依附于强大的共同体，而且在心理上对共同体也具有极强的归属感，我们几乎看不到现代人所拥有的任何个人自由权利。在古典古代，个人的私人事务受到严密监视，个人的自由权利没有得到丝毫重视，而个人的公共事务却被提升为必须效忠的使命。在公共事务中，每个公民都被看作拥有实权的主权者，例如，每个公民都可以参与审判、决定战争与和平等。但在私人领域，每个公民又都被看作没有权利的奴隶，他的个人行为受到共同体法则的严格限制，他本人也可能被共同体武断地处死。宗教信仰自由作为现代一项基本人权，在古代却被看作对神

---

① 〔日〕望月清司：《马克思历史理论的研究》，韩立新译，北京师范大学出版社，2009，第170页。
② 《马克思恩格斯选集》第1卷，人民出版社，1995，第68页。
③ 《马克思恩格斯选集》第1卷，人民出版社，1995，第69页。

灵的亵渎。法律不仅干涉个人的信仰，而且现代社会生活中的私人空间被共同体事无巨细的法则侵占得损失殆尽，以赛亚·伯林所罗列的自由清单被一项一项地撕扯下来。"第三种形式是封建的或等级的所有制。"① 这种所有制形式与前两种所有制形式一样，都是以共同体为基础，但不同的是，与共同体对立的已经不是奴隶，而是受共同体约束较小的农奴。因而农奴具有更大的自主活动空间，蕴含个人主义的因素，后来在《1857—1858 年经济学手稿》中马克思把这种个人主义因素看作从传统社会过渡到资本主义社会的关键因素之一。通过以上分析我们可以看出，这几种所有制形式都表现出了极大的不正义，社会弱势群体受到了不公正对待。

关于社会生产和社会生活的历史唯物主义构成了马克思正义理论的哲学基础，它突破了古典自由主义正义理论的唯心主义基础，这种唯心主义基础表现为本质先于存在的抽象人性论和本体论的思维方式。历史唯物主义世界观使马克思有可能突破自由主义正义观的非历史特征和为资本主义辩护的意识形态功能，不再以一种静止的、现成的模式去理解正义，而是把正义看作历史的、生成的。历史唯物主义的创立，使马克思把生产（生产方式、生产关系）与不同社会形态中被统治阶级受到的不公平对待关联了起来，为思考正义提供了一种新的范式，改变了从自然、人性寻找正义根基的研究范式。这给我们的一个启示是，要从生产（生产方式、生产关系）出发理解社会正义问题，社会不正义的根本原因在于生产。生产正义而非分配正义是实现社会实质正义的基础。

第四节　政治经济学批判与马克思 正义理论的进一步深化

在《德意志意识形态》中，马克思的侧重点在于对历史过程的一般研究。由于政治经济学研究尚处在起步阶段，他并未对资本主义生产关系的内在运行机制作出深层解释。尽管他考察了历史上几种不同的分工和所有制形式，但并未对这几种不同形式之间的内在联系作出详细说明，也并未考察这几种所有制形式是如何过渡到资本主义，进而过渡到共产主义的。

---

① 《马克思恩格斯选集》第 1 卷，人民出版社，1995，第 70 页。

尽管他看到了资本主义社会所有制和社会分工的压迫性，看到了资本主义生产关系这种物化力量对无产阶级的支配和奴役，也看到了生产力的进步并没有使所有人受益，反而对大多数人来说成为破坏的力量。这在正义问题上的表现是，尽管马克思认识到资本主义社会存在诸多不正义的现象，并且也看到了前资本主义社会的不正义现象，同时把这种不正义现象的根源归结为生产的不正义，但是并未对资本主义生产（生产方式、生产关系）的本质作出深层说明，因而无法对资本主义不正义现象的历史发生学原因作出深邃的透彻分析。这一点在《资本论》及其手稿中得到了突破。

一 政治经济学批判与资本主义社会的病理学诊断

《资本论》是对资本主义社会的病理学诊断，它批判和反思的是资本主义社会的生产和生活模式，这种模式使人类自身受到威胁，不断地走向自我毁灭。资本主义世界包含"自我毁灭趋势，而且从一开始就这样，而不是在自我毁灭趋势出现之后才是如此"①。法国哲学家吕贝尔正确地把握了《资本论》的创作目的："马克思的目的是揭露劳动剥削；扫除欺骗，摧毁意识形态上的欺骗面纱，因为这种意识形态把人对人的剥削合理化了。简而言之，马克思的宏伟目标就是对政治经济学进行批判。"② 在马克思看来，政治经济学是维护资本主义社会现有秩序的科学，或者说是通过贫困泛滥而获得财富的科学，它把国家的财富建立在大多数人贫困和奴役的基础上，因而是邪恶的理论。马克思通过对资本主义经济关系的批判，深刻地揭露了古典政治经济学将资本主义社会这一特定历史的存在视为永恒自然存在的欺骗性。所以，他把探讨资本主义运行机制的学说称为政治经济学批判。"马克思发现，正是这种历史性的资本主义社会存在现实，在商品生产和市场经济中产生了一个巨大的多重颠倒的复杂结构，然而，其中作为社会本质的资本统治关系被经济假象遮蔽起来：真的成为假的，假的成为真的；虚的变成实的，实的变成虚的；主体物化为客体，客体反转为主体。"③ 古

---

① 〔德〕马克斯·霍克海默、西奥多·阿道尔诺：《启蒙辩证法——哲学断片》，渠敬东等译，上海人民出版社，2006，第5页。
② 〔法〕吕贝尔：《吕贝尔马克思学文集》，郑吉伟等译，北京师范大学出版社，2009，第111页。
③ 张一兵：《回到马克思——经济学语境中的哲学话语》，江苏人民出版社，2009，第550页。

典政治经济学就是把一定历史时期的社会经济秩序永恒化、自然化的意识形态。如果不揭开这一意识形态的神秘面纱，资本主义社会的不公正（剥削、贫困、两极分化等）就会被遮蔽，或者这种不公正本身会被认为不是由经济制度造成的，而是由个人选择、运气、机会等偶然因素造成的。

马克思对资本主义社会的病理学诊断是从商品这一日常生活中最常见的存在物开始的。"资本主义生产方式占统治地位的社会的财富，表现为'庞大的商品堆积'，单个的商品表现为这种财富的元素形式。因此，我们的研究就从分析商品开始。"[1] 正如细胞构成生物有机体的基本单位一样，商品的分裂和分化也是资本主义社会自我运行的基本单位。在资本的深层结构动力学中，资本运行的一切环节都必须被完全商品化，否则资本增殖逻辑或者说商品经济逻辑就不可能无限地延展下去。商品形式只有在资本主义社会才完全成熟起来，在之前的一切社会，那些被称作商品的产品只是部分地被商品化了。商品形式在资本主义社会已经深入社会生活的各个方面，成为整个社会存在的普遍范畴，因而与之前一切社会形态的商品形式具有质的区别。"一个商品形式占支配地位、对所有生活形式都有决定性影响的社会和一个商品形式只是短暂出现的社会之间的区别是一种质的区别。"[2] 不是所有的劳动产品都是商品，只有用于交换的劳动产品才是商品。为了能够交换，任何一种商品都必须具有一种能够得到社会承认的使用价值，这是商品的个性。商品也有另外一个因素，即交换价值，交换价值是商品的共性，只有量的区别，没有质的差异。一切商品要使交换成为可能，首先必须还原为抽象的价值量，以使商品之间具有可比性。因此，商品是天生的平等派，在商品的价值量面前人人平等，等价交换是资本主义社会的正义原则。

资本主义社会以生产交换价值为根本目的，货币作为交换价值的代表和一般等价物，给资本主义社会生活带来了巨大的变化。货币是社会经济活动的"润滑剂"和"牵线人"，极大地促进了以使用价值为目的的自然经济的瓦解和以交换价值为目的的商品经济的兴起，在历史发展过程中起到了"主动轮"的作用。由于对货币的社会历史作用的深刻洞悉，美国学者

---

[1] 〔德〕马克思：《资本论》第1卷，人民出版社，2004，第47页。
[2] 〔匈〕卢卡奇：《历史与阶级意识》，杜章智等译，商务印书馆，1999，第147页。

卡弗富有见地地指出："马克思在货币概念中对于整个社会概念结构的具体探索，构成了马克思政治经济学批判和资本主义经济模式批判的主题。理由是：马克思把货币看作剩余产品交换发展的概念与实践，是资本的概念与实践前提。"① 具有购买一切东西特性的货币激起无数人为之发疯和着迷，人们对货币的渴求，就像鹿渴求清水一样，货币被当成万能之物，除了拥有货币的欲望，人没有其他一切欲望，货币成为市民社会"真正的上帝"。"每个个人行使支配别人的活动或支配社会财富的权力，就在于他是交换价值的或货币的所有者。他在衣袋里装着自己的社会权力和自己同社会的联系。"② 作为人的创造物的货币却成为人世间的主宰，人被他自己的创造物奴役，跪倒在自己的创造物面前。为了获取货币，人不惜牺牲生命和人性，这就是货币异化现象。货币具有占有一切对象的特性，它能使不同的事物甚至是对立的事物之间具有可比较性和可交换性，这是货币的一个根本特性：价值通约性。货币改变了人与人之间的内在关系，它把人与人之间的血缘关系、道德关系、宗法关系彻底粉碎，变为单纯的物的关系。它不仅是衡量商品价值的尺度，而且也用来衡量人本身的价值。由于货币具有价值通约性，它能够使对立的事物相互转化，这实质上扼杀了价值的丰富多彩性。众所周知，不同类型的价值之间很难进行通约，存在许多用货币买不到的价值。支配货币世界的是可计算的量的原则，这种原则破坏了不同产品之间由质决定的同一性。我们知道货币价值与人的价值并不能完全通约，固然劳动力的价值可以用货币来衡量，但是人的价值具有更为丰富的内容，人对崇高的追求、人的德性修养、人对生命的体验并不能用货币来衡量。货币使目的与手段发生了颠倒，本来作为手段的东西却成了目的，本来作为目的的东西却成了手段。

启蒙精神支配下的资本主义世界"摈弃一切不可度量之物。它不仅在思想中消除了质的属性，而且迫使人们与现实一致起来。幸运的是，市场可以不考虑人们的出身来进行交换，交换者可以天生地依据在市场上进行买卖的商品生产来规划他的生产潜力。人们越是在每种情况中显露出与众

① 〔美〕卡弗：《政治性写作：后现代视野中的马克思形象》，张秀琴译，北京师范大学出版社，2009，第41页。
② 《马克思恩格斯全集》第30卷，人民出版社，1995，第106页。

不同的独特个性，那么他们就越是与他人有着共性"①。这种境况反映在正义的问题上表现为：在货币这一抽象的量的法则面前人人平等。每一个人都不得不接受这种原则的支配，因而在形式上是正义的，但是人却不得不受抽象量的统治，人的独特个性遭到了否定，获得形式自由和平等的人由于被抽象统治最终变得不自由和不平等。西美尔也认为，货币的产生带来了一个平等自由的世界，它是历史进程产生的"最高尚、最值得尊敬的结果，即建立一个没有冲突、没有相互压迫的世界，不仅不必排挤他人就可以拥有并享受到价值，而且有成千上万次获得诸如此类的价值的机会"②。虽然，以货币为中介的交换改变了人们的生活、生产方式，确立了平等和自由的正义原则，但是交换领域的平等和自由具有极大的片面性，交换双方对彼此的"人格性"漠不关心，他们只关心自己的价值能否得到实现，在这里，每一个人都把另一个人当作手段相互利用，因此，马克思把交换领域的自由和平等称为"彼此漠不关心"的自由和平等。

二 资本逻辑与资本主义社会的非正义

商品分析是马克思对资本主义社会进行病理学诊断的起点，而资本分析则是这种病理学诊断的核心。资本是资本主义社会的灵魂、本质和原则，是支配一切的经济权力，是解开资本主义社会秘密的一把钥匙。用马克思自己的话来说，资本是资本主义社会的"以太""普照的光"。在资本主义社会中，一切都被纳入资本增殖的逻辑，一切都要在资本面前为自己存在的合理性进行辩护，都要接受资本的审判，否则就会被社会淘汰。资本的自我增殖本性必然冲破地域和民族的界限，形成世界性的生产体系、消费体系和市场体系，从而使全球各个民族都被纳入资本逻辑。"不断扩大产品销路的需要，驱使资产阶级奔走于全球各地。它必须到处落户，到处开发，到处建立联系。"③ 资本把自身的效用原则和增殖原则贯彻到地球的各个角落，打破了民族的壁垒，将孤立的地域和分散的人群整合进统一的、由其主导的世界体系，从而确立了对世界的普遍统治。资本按照自己的面貌创

---

① 〔德〕马克斯·霍克海默、西奥多·阿道尔诺：《启蒙辩证法——哲学断片》，渠敬东等译，上海人民出版社，2006，第9页。
② 〔德〕西美尔：《货币哲学》，陈戎女等译，华夏出版社，2002，第218页。
③ 《马克思恩格斯文集》第2卷，人民出版社，2009，第35页。

造了一个新世界。马克思之后的许多思想家，例如马克斯·韦伯从新教伦理、涂尔干从社会分工、西美尔从货币等角度试图把握资本主义社会的本质和起源，这实际上都没有抓住问题的核心。尽管他们把握的这些因素包含资本主义社会的萌芽，但是传统社会超稳定的等级结构遮蔽了这些因素的社会作用的发挥。正是在资本的推动下，这些沉睡的因素才获得了激发，从而在以资本为轴心的世界史的演进中迸发出巨大的推动力量。

所谓资本逻辑，即以自我增殖为目的、以竞争为手段的占据统治地位的生产关系和交换体系，它遵循的是霍布斯的丛林法则。马克思主义认为，资本不是静态的观察对象，而是无限制地自我增殖、自我膨胀的运动。根据资本的无限运动本性，资本逻辑具有以下四个方面的内涵。首先，永不停息的运动逻辑。永不停息的资本运动使整个世界变得动荡不安。"生产的不断变革，一切社会状况不停的动荡，永远的不安定和变动，这就是资产阶级时代不同于过去一切时代的地方。一切固定的僵化的关系以及与之相适应的素被尊崇的观念和见解都被消除了，一切新形成的关系等不到固定下来就陈旧了。"① 马歇尔·伯曼继承了马克思的这个观点，指出："在这个世界上，稳定只能意味着熵，意味着缓慢的死亡。"② 资本逻辑之所以导致现代社会的动荡不安，根本原因在于资本只有通过不断地运动才能生存下去，不断地运动是资本的生存方式。其次，同一性逻辑。资本主义社会中的一切都围绕资本旋转，一切异质性的东西都被资本的生产关系和交换体系磨平，它使世界上的一切都还原为交换价值，使人的一切关系都变成极其简单的金钱关系。再次，竞争逻辑。工人在生产过程中创造的剩余价值只有通过资本之间的激烈竞争才能实现，这种竞争在马克思看来不过是不同形态的资本分割全社会剩余价值的竞争。资本之间的竞争势必转化为对工人的压榨，为了节约成本，必然会使工人维持在极低的生存条件下。最后，意识形态逻辑。资本的利润最大化原则成为资本主义社会的最高原则，引导和支配着人们的思维方式和行为方式，资本成为新的"上帝"，资本逻辑成为占主导地位的意识形态逻辑。

---

① 《马克思恩格斯选集》第 1 卷，人民出版社，1995，第 275 页。
② 〔美〕马歇尔·伯曼：《一切坚固的东西都烟消云散了——现代性体验》，徐大建等译，商务印书馆，2003，第 123 页。

资本是对剩余价值的无限追求，按其本性，它是野蛮和不文明的。但是，资本逻辑在资本主义社会的展开却显现了它的巨大文明作用，而资本的文明作用为共产主义社会的实现提供了可能性。资本的文明面表现在："它榨取这种剩余劳动的方式和条件，同以前的奴隶制、农奴制等形式相比，都更有利于生产力的发展，有利于社会关系的发展，有利于更高级的新形态的各种要素的创造。"① 从这句话我们可以直接看出资本的文明面表现在三个方面。资本的文明面之一是，较之于以往社会，它促进了生产力的巨大发展。在激烈的市场竞争中，资本通过把自然科学、发达的机器体系、高效的管理技术等并入生产过程，极大地提高了劳动生产率，为共产主义的实现创造了物质基础，而未来共产主义社会的一个基本前提就是物质财富的极大丰富。资本的文明面之二是，较之于以往社会，它极大地促进了社会关系和人性的发展。资本"创造了这样一个社会阶段，与这个社会阶段相比，一切以前的社会阶段都只表现为人类的地方性发展和对自然的崇拜。因此，只有资本才创造出资产阶级社会，并创造出社会成员对自然界和社会联系本身的普遍占有"②。可见，资本不仅推动了生产力的巨大发展，而且还提高了人的社会关系的全面性和丰富性。资本的全球化运动使整个世界变成了相互联系的整体，提高了人的社会化和国际化程度，使每一个人的生活通过世界市场与整个世界联系在一起。资本还创造出人的个性在生产、消费、需要等方面的全面性和丰富性，从而为科学社会主义的实现和人的自由全面发展提供了人性基础。资本的文明面之三是，它"有利于更高级的新形态的各种要素的创造"。对于这一点，马克思并没有给予直接说明，但通过阅读《资本论》及其手稿可知，"新形态的各种要素"主要包括以下几个方面：资本创造了大量的自由时间，为人的自由全面发展提供了空间；资本的充分发展，为共产主义的实现创造了一支庞大的无产阶级队伍；无产阶级在自身发展过程中，培育了大量的知识分子、科学家、管理人才等，为共产主义社会的实现提供了人才基础；等等。

马克思主义认为，资本开创的历史具有解放与压迫、文明与野蛮、自由与奴役等双重特征。资本在促进社会文明化的过程中，由于其内在本性

---

① 〔德〕马克思：《资本论》第 3 卷，人民出版社，2004，第 927~928 页。
② 《马克思恩格斯全集》第 30 卷，人民出版社，1995，第 390 页。

的限制又出现了多重悖论。首先，生态悖论。资本的增殖原则，决定资本对自然界的掠夺和向自然界投放垃圾是无止境的，资本在本性上具有反生态性，但自然资源是有限的，地球维持生态系统平衡的能力也是有限的，因此资本势必导致全球性的生态危机。20 世纪 70 年代，专门研究环境问题的罗马俱乐部撰写了一份报告《增长的极限》，以实证和数学的分析指出了地球的有限性，指出地球不可能承担起资本主义社会的高生产、高消费和高排放。其次，两极悖论。也就是说，资本逻辑的展开必然导致收入的两极分化，且无法从根本上解决贫困问题。在马克思看来，资本集中更有利于经济发展，但是工人的收入并没有相对提高。"实际上工人得到的是产品中最小的、没有就不行的部分，也就是说，只得到他不是作为人而是作为工人生存所必要的那一部分，只得到不是为繁衍人类而是为繁衍工人这个奴隶阶级所必要的那一部分。"① 在资本逻辑的统治下，工人创造的价值越多，和他对立的资本的力量也就越强大，归他所有的东西也就越少，因而工人和资本家之间的关系将越来越不正义。再次，存在与发展悖论。资本逻辑的无限展开，势必会造成人的存在与发展悖论，典型地表现在人创造的物不归人支配，反而支配人，人跪倒在自己的创造物面前，成为自己创造物的奴隶，人的尊严被通约为用货币来衡量的交换价值。在资本逻辑的统摄下，把人的潜能充分发挥出来，不是像共产主义社会那样为了每一个人的自我实现，而是为了利润，为了使人充当生产力的有机构成部分，使人成为机器式、动物式、贫困的"单向度的人"。最后，自由与平等悖论。以资本为核心原则与基本建制的资本主义社会在商品交换过程中所确立的自由与平等仅仅具有形式性的意义，一旦深入生产过程或者工人的生存环境，我们就会发现只有资本才具有自由，而工人甚至是资本家都受资本逻辑的支配。平等只是法律意义上的形式平等，资本家无偿剥夺了工人创造的剩余价值，因此发生了实质上的不平等。马克思通过政治经济学批判和对资本主义社会的病理学诊断，揭露了资本主义社会不正义现象的根源：资本生产方式。只要不改变资本生产方式，资本主义社会的不正义现象就会永远存在下去。

　　《资本论》及其手稿对作为资本主义社会本质和灵魂的资本的分析，给

---

① 《马克思恩格斯全集》第 3 卷，人民出版社，2002，第 230 页。

我们在正义问题上的启示：资本以异化的方式创造了巨大的解放潜能，因而资本具有历史正当性，相对于前资本主义社会在形式正义方面已经取得了巨大进步。但是，只要资本还在这个世界上占据支配地位，科学社会主义的理想就不可能实现。对工人创造的剩余价值的剥削是资本主义社会存在的前提，也就是说，只要存在资本主义社会，就一定存在剥削这一不正义现象。

三　资本逻辑批判与科学社会主义

科学社会主义的产生不仅使社会主义从空想变成了科学，而且是整个人类思想史上的伟大变革。"科学社会主义"这个名称之所以被采用，有两个层面的原因：一是在与空想社会主义相区分、相对立的意义上使用"科学社会主义"这个名称；二是由于历史唯物主义和剩余价值学说的创立，社会主义变成了真正的科学。作为科学社会主义两大理论基石的历史唯物主义和剩余价值学说都共同指向了现代社会的本质与灵魂——资本。历史唯物主义之所以优越于西方其他思想，就在于它既揭示了支撑资本主义社会经济发展的逻辑架构，即资本逻辑在推动生产力增长、培育人的社会关系的全面性和丰富性、创造自由时间等方面的巨大文明作用，又揭示了资本逻辑所导致的人的发展悖论、生态悖论、两极分化悖论、精神异化、消费危机等资本主义社会所无法根本解决的问题，从而论证了资本主义社会的历史正当性和历史暂时性，以及被共产主义所取代的历史必然性。马克思通过政治经济学批判创立的剩余价值学说发现了资本剥削劳动的秘密，从而科学地揭示了无产阶级与资产阶级对立的经济根源以及二者关系的实质非正义性，阐明了无产阶级的历史使命和历史主体地位。可见，科学社会主义的两大理论基石有一个共同的理论和现实指向，这就是资本。因此，阐释资本逻辑与科学社会主义的关系，以及科学社会主义的最新发展——中国特色社会主义应如何看待资本，便顺理成章地成为本书的主旨。

在对资本逻辑的透彻分析中，马克思创立了历史唯物主义和剩余价值理论，这两个理论构成了科学社会主义的基石，由此使科学社会主义与空想社会主义区别开来，使之具有了真正的科学性。在深刻理解资本的巨大文明作用以及所引发的多重悖论的过程中，马克思一方面看到了资本的历史进步性和历史正当性，它为科学社会主义理想的实现创造了必要的物质基础、社会关系基础、阶级基础、人才基础等；另一方面，马克思通过对资本逻辑所导致的四个悖论的分析，看到了资本的历史性、暂时性，以一种必然灭亡的态度看待资本主义社会，从而论证了科学社会主义理想实现的历史必然性。可见，资本主义并不是以毁灭的方式走向历史的终结，而是人类历史自我扬弃的螺旋式上升过程，资本以异化的方式创造了巨大的解放潜能。但是，只要资本还在这个世界上占据支配地位，科学社会主义的理想就不可能实现。马克思通过对资本逻辑进行理论分析与实证考察，指明了实现科学社会主义理想必须超越资本逻辑，从而揭露了在不改变生产方式的前提下通过"补救办法"改造资本主义的空想社会主义的空想性质，为科学社会主义的发展指明了前进的道路。

由以上分析我们可知，要把科学社会主义从理想变为现实，必须超越资本逻辑。只有超越资本逻辑，才能超越以交换价值为目的的生产及其所引发的多种悖论，从而使生产真正以人的需要和自由全面发展为目的，否则我们只能拜倒在我们自己的创造物面前，丧失独立性与自由，人的存在只能是悖论性的存在。马克思在《资本论》及其手稿中反复论证资本的历史性、暂时性，反对古典经济学把资本看作永恒的，从而提出了超越资本逻辑的可能性。以亚当·斯密为代表的古典经济学力图证明资本的自然性、永恒性，为资本主义制度进行辩护，他们固执地认为，生产关系本身具有不变的、从人类本性产生出来的、因而与一切历史发展无关的性质。对此，马克思指出："相反，对资本主义生产方式的科学分析却证明：资本主义生产方式是一种特殊的、具有独特历史规定性的生产方式……同这种独特的、历史地规定的生产方式相适应的生产关系，——即人们在他们的社会生活过程中、在他们的社会生活的生产中所处的各种关系，——具有一种独特的、历史的和暂时的性质；最后，分配关系本质上和这些生产关系是同一的，是生产关系的反面，所以二者共有同样的历史的暂时的性质。"① 阿尔都塞曾经深刻地指出："马克思从《哲学的贫困》到《资本论》对古典经济学提出的根本的责难，是指古典经济学对资本主义经济范畴的非历史的、永恒的、固定不变的和抽象的概念。马克思认为，只有赋予这些范畴以历史的性质才能说明和理解它们的相对性和暂时性。他说，古典经济学家把

---

① 〔德〕马克思：《资本论》第3卷，人民出版社，2004，第994页。

资本主义生产的条件变成了一切生产的永恒的条件，他们没有看到这些范畴是由历史决定的，因而是历史的和暂时的。"① 古典经济学把资本理解为能够增殖的静态的"物"，而没有理解为历史性的关系，确立了资本与劳动剥削关系的自然性，这实际上是一种狭隘的实证主义的非历史态度。货币、资本这些经济范畴同它们所表现的生产方式与生产关系一样都是历史的暂时的产物，绝不是非历史的永恒存在。

资本逻辑的历史性、暂时性、悖论性决定了超越资本逻辑的可能性，唯有超越资本逻辑才有可能实现科学社会主义。对于如何超越资本逻辑，吉林大学白刚教授认为，大致可分为两条路径：理论超越与实践超越。所谓理论超越，就是把理论看作高于实践的，强调理论的优先地位，主张通过思想领域的革命来克服资本主义社会的弊病，以思辨地复活被资本逻辑所消解的个人，也就是把理论当作拯救现实的有效途径。对于资本逻辑的理论超越，其典型表现是与马克思同时代的青年黑格尔派，他们认为："观念、思想、概念，总之，被他们变为某种独立东西的意识的一切产物，是人们的真正枷锁……那么不言而喻，青年黑格尔派只要同意识的这些幻想进行斗争就行了。"② 青年黑格尔派认为"观念、思想、概念"是"人们的真正枷锁"，是支配现实世界的决定力量，因而他们在纯粹思想领域内发动了反对这个世界的概念斗争。在马克思看来，这种斗争缺乏历史唯物主义和经济学的视角，没有深刻认识到资本的本性，因而对这个世界的批判显得苍白无力。与青年黑格尔派不同，马克思确立的是超越资本逻辑的实践之路。

实践观点是马克思哲学的根本观点和首要观点。与旧唯物主义对世界的"直观"的理解和唯心主义对世界的"抽象"的理解不同，马克思哲学的革命体现在从实践出发理解人与世界的关系。由于实践本身具有革命性、否定性、历史性的特质，所以马克思把人与世界的统一看作否定性的统一。马克思实践观点的确立，为把资本主义社会看作历史性、暂时性奠定了世界观基础，这个社会随着共产主义实践的推进，终将被超越。"共产主义对

① 〔法〕路易·阿尔都塞、艾蒂安·巴里马尔：《读〈资本论〉》，李其庆、冯文光译，中央编译出版社，2008，第79页。
② 《马克思恩格斯选集》第1卷，人民出版社，1995，第65页。

我们来说不是应当确立的状况，不是现实应当与之相适应的理想。我们所称为共产主义的是那种消灭现存状况的现实的运动。"①共产主义运动要消灭的"现存状况"最根本的就是要消灭处于支配地位的资本逻辑。马克思对资本逻辑的实践超越是"内在超越"而不是"外在修正"，是在批判旧世界中发现新世界，"新思潮的优点就恰恰在于我们不想教条式地预料未来，而只是希望在批判旧世界中发现新世界……如果我们的任务不是推断未来和宣布一些适合将来任何时候的一劳永逸的决定，那末我们便会更明确地知道，我们现在应该做些什么，我指的就是要对现存的一切进行无情的批判"②。与形而上学根据一个理想的正义标准或永恒的道德原则裁量现实社会的思维方式不同，马克思从"实践""感性活动"出发理解现实世界的一切。马克思眼中的现实世界是受商品、货币、资本等客观力量所控制的物化和奴役的世界，这是马克思实践超越的出发点。马克思通过对资本主义社会内在矛盾和悖论的深刻洞察，揭露了这一社会形态的陈腐与过时，从中发现了资本在旧世界所孕育的产生新世界的种种可能性，要通过共产主义的实践活动超越旧世界，亦即在旧世界的基础上逐渐地生出新世界。因此，对旧世界的批判和对新世界的发现二者共同生成于对资本逻辑的实践超越这一过程中。由于资本逻辑的顽固性以及其会根据新境况自我调适的特性，对资本逻辑的超越并不是一下子就能完成的，它必须经过一个长期的历史过程。正如詹姆逊所认为的那样，今天的资本主义并没有实质性变化，仍然处在资本逻辑的统治中。马克思所开创的超越资本逻辑的实践之路、对资本主义社会的病理学诊断仍然没有过时，马克思的历史唯物主义和剩余价值学说仍是我们这个时代的最强音。

解决资本的疯狂、贪婪以及所引发的经济危机、人的异化等现代性的深层矛盾，避免海德格尔所说的人的自身生产所导致的自我毁灭的危险，唯有超越资本主义的私有制、实行对生产资料的共同占有才有可能。因为只有这样，才能控制资本的疯狂，才能超越资本逻辑，进而使所有人共享人类文明的一切成果，而科学社会主义学说的实质就在于寻求超越资本逻辑的现实道路。马克思提出用一种新的生产关系取代以资本为核心的经济

① 《马克思恩格斯选集》第1卷，人民出版社，1995，第87页。
② 《马克思恩格斯全集》第1卷，人民出版社，1956，第416页。

关系："从资本主义生产方式产生的资本主义占有方式，从而资本主义的私有制，是对个人的、以自己劳动为基础的私有制的第一个否定。但资本主义生产由于自然过程的必然性，造成了对自身的否定。这是否定的否定。这种否定不是重新建立私有制，而是在资本主义时代的成就的基础上，也就是说，在协作和对土地及靠劳动本身生产的生产资料的共同占有的基础上，重新建立个人所有制。"① 这实质上是在社会所有制的基础上把个人通过劳动创造的财产重新归还给个人，而不是将其作为资本的红利归资本家所有，只有这样才能把资本的权力还给人本身。正如国际著名马克思学者洛克曼指出："从《巴黎手稿》到《资本论》，马克思始终坚持认为在整个社会发展过程中，财产权的利益是每个社会成员都能感受到的，并有可能在将来的某一天能够使所有的人在他们生活的各个部门摆脱经济规律的控制。"② 马克思在对未来共产主义社会的说明中一直强调，要消灭私有制，消灭私有财产，生产资料由联合起来的生产者共同占有，通过控制一些人活动的客观条件而使控制他们自由的社会被扬弃。由于每一个人都是"自由人联合体"的平等成员，所以每一个人和生产资料的关系同其他任何人都是一样的，而不是像阶级社会那样，一个阶级控制另一个阶级活动的客观条件。马克思把康德普遍主义道德哲学的自我意识的平等，把洛克、卢梭等近代政治哲学的权利平等推进社会经济领域，并由此看到了前两种平等的形式性、虚假性、意识形态性，为平等的真正实现奠定了经济基础。马克思开辟了超越资本逻辑的实践之路，这是马克思的重大历史功绩。而与马克思同时代的社会主义者缺乏历史唯物主义和政治经济学批判的实践视角，没有清晰地意识到资本的本性，把无产阶级的异化和贫困仅仅归结为作为流通媒介的"货币"。他们主张通过在流通领域废除货币建立公正的交换制度以治疗资本主义的弊病，实现"共产主义"，其典型代表是法国小资产阶级社会主义者蒲鲁东。马克思在《资本论》及其手稿中对这种观点进行了彻底的、坚决的批判。在不改变资本生产方式和生产关系的前提下，妄图通过流通领域的货币改革根除资本主义的弊病只能是一种虔诚的愿望，

---

① 〔德〕马克思：《资本论》第 1 卷，人民出版社，2004，第 874 页。

② 〔法〕汤姆·洛克曼：《马克思主义之后的马克思——卡尔·马克思的哲学》，杨学功等译，东方出版社，2008，第 238 页。

这充其量是在维持资本生产关系永恒存在的前提下的改良，他们从未想过要废除这种生产关系，在根本上并未超越资产阶级古典经济学家的立场。

正如梅扎罗斯所言，当代世界仍然是资本支配的世界，当今人类生活在一个被资本所控制的世界中，资本以各种变幻的形式不断地向全球渗透。① 作为一种最有效的资源配置方式和生产机制，它正在发挥着马克思所说的巨大文明作用。取消资本显然是不可能的，也是不应该的，这也是中国特色社会主义充分发展各种形态资本的理论基础。所以，超越资本逻辑，实现科学社会主义还有很长的道路要走。"无论哪一个社会形态，在它所能容纳的全部生产力发挥出来以前，是决不会灭亡的；而新的更高的生产关系，在它的物质存在条件在旧社会的胎胞里成熟以前，是决不会出现的。"② 马克思提出的超越资本逻辑实现科学社会主义的实践之路，以及他对资本逻辑内在矛盾的透彻分析，并没有过时。马克思为在建设中国特色社会主义过程中如何认识资本、如何反省人类生存困境提供了最为深刻的思想资源。科学社会主义关于人类自由解放的理想，为反思和批判当代社会现实提供了一个先验的形上维度，犹如一座灯塔为中国特色社会主义指明前进的方向。

---

① 〔英〕梅扎罗斯：《超越资本——关于一种过渡理论》（下），郑一明等译，中国人民大学出版社，2003，第 543 页。
② 《马克思恩格斯选集》第 2 卷，人民出版社，1995，第 33 页。

第三章　马克思正义理论的重要特质

　　通过第二章分析，我们可知，对马克思正义理论的研究不可能脱离历史唯物主义和政治经济学批判的视域。从历史唯物主义视角看，马克思并没有从正面建构独立且系统的正义理论，正义理论作为上层建筑的一部分具有派生性，它内在于经济关系中。这表明，对资本主义非正义的批判最根本的是对资本主义经济关系的批判和对为这种关系进行辩护的政治经济学的批判，只有以此出发才能揭示资本主义不正义的深层根源。可见，对正义的研究必然会走向政治经济学批判，社会的公平与否只能靠研究生产和交换规律的政治经济学来断定。马克思以历史唯物主义和政治经济学批判为方法论，超越了古典自由主义和古典经济学以抽象人性为根基建构永恒正义法则的先验论框架，在政治哲学层面提升了研究正义问题的理论层次。古典自由主义建构的正义原则就是适用于一切人的自然法规范，这种自然法规范具有超历史的性质，因而被恩格斯称为永恒公平。恩格斯对永恒公平和自然法作出了如下深刻的分析："法学家把所有这些法的体系中的多少相同的东西统称为自然法，这样便有了共同点。而衡量什么算自然法和什么不算自然法的尺度，则是法本身的最抽象的表现，即公平。于是，从此以后，在法学家和盲目相信他们的人们眼中，法的发展就只不过是使获得法的表现的人类生活状态一再接近于公平理想，即接近于永恒公平。而这个公平则始终只是现存经济关系的或者反映其保守方面、或者反映其革命方面的观念化的神圣化的表现。"[1] 恩格斯的剖析告诉我们，公平正义的真实内容来源于现实经济关系，正义的内容不可能由自然法来界定，由于经济关系的历史变革，正义必然是一个具体的历史性的规范。

---

[1]　《马克思恩格斯选集》第 3 卷，人民出版社，1995，第 211~212 页。

自由主义立足于自然法思考正义，只是代表了一种思考正义的特定路向。然而，由于马克思确立了历史唯物主义和政治经济学批判的方法论，所以其他确立了一种思考正义的新路径：回到现实的经济关系和现实生活，在社会生产的变革和流动中探寻正义之源。在这一新路径的指引下，马克思正义理论呈现以下几个基本特质：真正的正义从根本上看是消灭了雇佣劳动关系的以人为本的生产正义，而不是以物为本的分配正义或交换正义；真正的正义不可能在不改变资本生产关系这一前提下通过改良的方法来实现，而只能依赖于生产关系的革命来实现，所以马克思的正义不是补救性的正义；由于生产方式呈现不同的历史形态，因而历史上也存在相应不同的正义形象；从社会生产维度切入正义与从阶级立场切入正义并不冲突，正义的阶级性质根源于正义的生产维度，因为阶级的划分是由在生产中的不同地位决定的。

第一节　生产正义是正义的根本性质

根据马克思的观点，正义的根本问题是生产问题，而不是分配问题。所以，真正的正义是生产的正义，同理，最严重的不正义是生产的不正义，而不是分配关系上的不正义。马克思在《资本论》及其手稿中对资本主义生产的不正义性进行了深刻的揭露和批判，其目的是探寻一条超越资本主义生产方式的可能道路，以"自由合作生产"促进每一个人的自我实现。因此，马克思颠覆了从分配理解正义问题的西方政治哲学的传统路径。亚里士多德较早地从分配层面理解正义，把正义看作给每个人以其应得，亚里士多德对正义的这一理解可谓影响深远，一直到当代仍是理解正义的主流话语。在马克思那个时代，从分配角度理解正义同样是古典经济学和空想社会主义的致思路径。但分配相对于生产来说毕竟具有派生性，任何产品的分配都取决于生产自身的性质，把分配作为独立的领域进行规划和建构，实际上并未触及社会正义问题的深处。古典经济学视资本逻辑支配下的商品生产为一个客观的自然的物质运动过程，所有人的功能都被商品化从而不得不屈从于这一经济结构，这实际上抹杀了商品生产作为历史上特定生产模式的特殊性，把它看作像自然规律支配自然界一样的必然性和永恒性存在。正如卢卡奇所言："资本主义生产的'自然规律'遍及社会生活的所有表现；在人类历史上第一次使整个社会（至少按照趋势）隶属于一个统一的经济过程；社会所有成员的命运都由一些统一的规律来决定。"①这种规律不仅能完全超脱个人意志而对社会经济起作用，还能再生产资本主义商品经济结构，而且由于表面上的"正义性"，它很难被完全彻底的认识。马克思在《资本论》及其手稿中所进行的政治经济学研究，目的之一就是批判和否定古典经济学这种意识形态的迷障。在对古典政治经济学的批判中，马克思阐发了正义理论的实质。在古典政治经济学劳动价值论表象的背后，在社会上收入不平等的背后，在周期性经济危机的背后，在交换领域形式上自由平等的背后，隐藏的是个人自我实现的可能性的丧失，隐藏的是资本主义的剥削关系。

一　古典政治经济学对资本主义生产方式的证明与马克思的批判性分析

马克思把"政治经济学批判"而非"政治经济学原理"作为《资本论》的副标题，蕴含这样一层意思：与古典政治经济学家对资本主义社会经济关系进行实证主义研究并把这些关系看作自然的、合理的、绝对的不同，马克思致思的主要方向是揭示这些经济关系的非自然的、不正当的、暂时的性质，从而指向无产阶级的解放。资本主义生产方式有自己产生、发展和消亡的历史过程，与它的产生需要一定的历史条件一样，它的消亡同样需要一定的历史条件，是其自身矛盾的内在必然结果。但它在所能容纳的生产力范围全部发挥出来以前是不会灭亡的，如果因为它的异化和剥削等非正义性而忽略了它对人类文明的积极贡献，那么就会与古典政治经济学一样陷入抽象。原因在于，人类社会有诸多价值目标，不能因为资本主义的正义只是形式的正义，在实质上非正义，而忽视它对人类物质财富的杰出贡献，不能为了其一，而舍弃其他。所以，在一定的时期内，资本主义的生产方式还会长期存在下去，取消它回到计划经济抑或其他经济形态将是人类历史的倒退。但是，这并不意味着古典政治经济学对资本主义生产方式永恒正义的证明是合理的。作为历史上特定时期的生产方式，资本主义正在以一种病态的方式进行运作，通过自我摧毁的过程实现经济的

---

① 〔匈〕卢卡奇：《历史与阶级意识》，杜章智等译，商务印书馆，1999，第157页。

迅猛发展。当这种病态运作无法医治的时候，一种新的生产方式就会取代资本主义。

马克思对资本主义生产关系的反思与批判是"病理学"诊断，而不是像古典政治经济学家那样对资本主义生产关系和运行机制进行"生理学"判断。在这里，生理学与病理学的根本差异在于：生理学以研究资本主义社会有机体的内在关联、自我运行和自我完善原理为目标，其假定前提是以经济关系为核心的资本主义社会有机体本身，是健康的、正常的与合理的；而病理学与之相反，它以诊断资本主义社会的内在矛盾、不合理、不正当为目标。① 古典政治经济学的鼻祖重农学派"把生产的资本主义形式变成生产的一种永恒的自然形式"，"重农学派的巨大功绩是，他们把这些形式看成社会的生理形式，即从生产本身的自然必然性产生的，不以意志、政策等等为转移的形式。这是物质规律；错误只在于，他们把社会的一个特定历史阶段的物质规律看成同样支配着一切社会形式的抽象规律"②。重农学派之所以可能把资本主义经济关系看作生理形式，其前提就在于它把资本主义经济关系看作自然的、合理的、正常的。一旦把资本主义的经济关系看作合理的，就很容易把这种经济关系作为一种"模板"应用到一切社会形态。马克思的《资本论》既是对古典政治经济学体系化意识形态的批判，又是对资本主义社会内在结构的澄清。

重农学派对资本主义经济关系的形而上学理解和生理学辩护贯穿于其后古典政治经济学的发展演进之中。古典政治经济学通过抽离资本主义经济关系和相应经济范畴的历史内容，把资本主义特定的生产模式看作"生产一般"，把资本主义生产关系视为一条颠扑不破的不受时间影响的自然规律。马克思主义认为，把之前的一切社会形态都看作历史性的，而把资本主义生产关系却看作非历史性的，这是资产阶级意识形态对资本主义生产关系历史性本质的一种遮蔽，犯了历史唯心主义错误。在历史唯物主义的视野中，对人类生存而言，最重要的本体规定是人的历史性生存，而不是什么自然不变的抽象本质。"马克思多次驳斥这种把资本主义生产方式的特

---

① 参见都戈《超越资本主义现代性——马克思现代性思想与当代社会发展》，中国人民大学出版社，2014，第52页。
② 《马克思恩格斯全集》第33卷，人民出版社，2004，第15页。

殊形式表述为生产过程的恒定形式本身的做法。把雇佣劳动不是当作生产的一定历史形式的独特关系，而是说成人类经济存在的普遍现实，这就等于说剥削和异化是从来就存在的并将永远存在下去。"① 也就是把人性的异化和工人经济上遭受的剥削当作一个正义的现象和社会的普遍法则。揭示资本主义生产方式的历史性和特殊性，反驳资本主义生产方式不可变易的教条，对马克思而言就是为了证明取代资本主义的可能性。资本主义不是历史上仅有的阶段，也不是最后的阶段，他预言取代资本主义生产模式的将是自由合作的"共同生产"。在这种组织社会的方式里，"单个人的劳动一开始就被设定为社会的劳动"②，个人产品不再是交换价值，不再需要以货币为中介的交换就直接成为社会的产品。古典政治经济学对资本的理解采取了非批判的实证主义态度，它没有把资本理解为一种"生产关系"，而是把资本理解为物，这个物是由资本家所掌握的、能够带来利润的、能够实现自我增殖的超历史的存在，它只是为了财富增加而积累起来的物质资产。将资本物质化，实际上就是将资本自然化、永恒化，这是古典政治经济学共同的理论方向。马克思针对关于资本的自然主义态度指出："单纯从资本的物质方面来理解资本，把资本看成生产工具，完全抛开使生产工具变为资本的经济形式，这就使经济学家们陷入种种困难之中。"③ 抽象掉实在的社会条件，就会把资本看作物质的存在，忽略了资本的形式规定。这无非是说，生产工具是资本，甚至人的四肢、臂、手、自然界直接提供的东西都能够被看作资本，因为它们都能够用作劳动以增加物质财富。如果是这样的话，资本只是用来标示和人类一样古老的事物的一个新名称而已，是一种完全非历史的东西。这是古典政治经济学论证资本永恒性最常见和最简单的手法："如果这样抽掉资本的一定形式，只强调内容，而资本作为这种内容是一切劳动的一种必要要素，那么，要证明资本是一切人类生产的必要条件，自然就是再容易不过的事情了。"④ 如果抽象掉使资本成为生产的某一特殊历史阶段的要素的那些具体规定，就很容易能够得出这些结

---

① 〔美〕乔恩·埃尔斯特：《理解马克思》，何怀远等译，曲跃厚校，中国人民大学出版社，2008，第43~44页。
② 《马克思恩格斯全集》第30卷，人民出版社，1995，第122页。
③ 《马克思恩格斯全集》第30卷，人民出版社，1995，第594页。
④ 《马克思恩格斯全集》第30卷，人民出版社，1995，第214页。

论，人们就会无法理解现实的差别，并确信只存在一种经济关系，所不同的只是经济关系的不同名称。因此，宣布资本主义生产方式是永恒正义的就成为一件自然而然的事情了。古典政治经济学把资本看作物质存在，实际上还是触及了资本的部分本质，比如在讨论资本与利润的关系时，亚当·斯密指出："劳动者对原材料增加的价值，在这种情况下，就分为两个部分，其中一部分支付劳动者的工资，另一部分支付雇主的利润，来报酬他垫付原材料和工资的那全部资本。假若劳动生产物的售卖所得，不能多于他所垫付的资本，他便不会有雇佣工人的兴趣；而且，如果他所得的利润不能和他所垫付的资本额保持相当的比例，他就不会进行大投资而只进行小投资。"[1] 斯密已经认识到资本是资本家雇佣劳动者进行劳动获取利润的凭证，并且把劳动的增加值分为两个部分：利润和工资，这实际上已经触及资本与劳动的关系、资本与劳动力的结合创造价值的问题。马克思正是在古典政治经济学的基础上进一步揭示资本的本质和剥削的秘密的。

马克思是在否定的意义上谈论古典政治经济学的抽象方法的。古典政治经济学通过对资本生产方式的抽象得出了错误的结论，因为这种抽象没有与任何历史性、特殊性规定联系在一起。在古典政治经济学的视野中，生产从一个特殊的历史现象变成了一个自我同一、自我复制的过程，从而掩盖了各种生产形式之间的本质差异。但是，马克思并未否定抽象范畴的作用，在《1857—1858年经济学手稿》的"导言"中，他认可了抽象范畴的作用，但只限于下述两个条件：一是把真正的共同点提出来，定下来，免得重复；二是通过抽象对普遍性规定的分析并不消除特殊性的规定。正是古典政治经济学家把资本主义生产关系看作不证自明的原理，他们才能够通过抽象方法的使用，把资本主义的活生生的生产关系用经济范畴按照一定次序编排起来，获得可以适用于一切社会的"形而上学原理"。当这种先验原理产生后，就获得了一种独立的意识形态形式，通过说服和强化人们信仰这种原理，达到为资本主义生产关系进行辩护的效果。然而，马克思与古典政治经济学家的区别并不完全在于对货币、分工、信用、资本等经济范畴性质的历史性理解，他不再把这些经济范畴看作固定的、永恒的、

---

① 〔英〕亚当·斯密：《国民财富的性质和原因的研究》上卷，郭大力等译，商务印书馆，1972，第43页。

自然的，相反，他把它们看作历史的、相对的、暂时的。如果这样的话，正如阿尔都塞所担忧的那样："马克思同斯密和李嘉图的关系就可以被看作黑格尔同古典哲学的关系。正如人们说黑格尔是运动中的斯宾诺莎一样，人们也就可以说马克思是运动中的李嘉图了。这里说的运动就是指历史性。这样又可以说，马克思的全部功绩就在于使李嘉图黑格尔化、辩证化，也就是说按照黑格尔的辩证法来思考已构成的内容，而这种内容仅仅由于历史相对性的薄薄的间隔就同真理分开了。"[1] 阿尔都塞的这个担忧给了我们许多启示：马克思与古典政治经济学的区别主要不在于他赋予了经济范畴以历史性质，而在于他自身有特定的问题意识和研究对象。他思考的是资本主义社会这一有机体的整体结构，这一整体结构由于自身的内在矛盾出现了表象与本质的背离，他的任务就是要找到资本主义自我毁灭的证据，从而为工人阶级的解放提供可能性。马克思之所以伟大，就在于他通过对商品、货币、资本这些经济范畴的分析真实地再现了资本主义生产关系如何以颠倒的形式反映日常生活的事实，戳破了资本主义社会的假象，并让我们透过假象看到现象背后的本质。所以，与"把人变成帽子"的古典政治经济学和"把帽子变成观念"的德国古典哲学不同，马克思的政治经济学批判从资本逻辑支配下的物与物的关系中分出人与人的关系，把资本的自由、个性和独立性变为人的自由、个性和独立性。

为了使人信服资本具有永恒性这种观点，古典政治经济学把资本主义生产方式之前就存在的社会经济关系说成资本存在的结果，以此证明资本的非历史性。"资产阶级经济学家们把资本看作永恒的和自然的（而不是历史的）生产形式，然后又竭力为资本辩护，把资本生成的条件说成是资本现在实现的条件，也就是说，把资本家还是作为非资本家——因为他还只是正在变为资本家——用来进行占有的要素，说成是资本家已经作为资本家用来进行占有的条件。"[2] 从历史的观点看，马克思把货币、资本、信用、交换等资本主义社会的经济关系看作从传统生产关系内部逐渐脱离出来的，它们有自己产生的社会历史土壤，而不是从空中，也不是从自己设定的观

---

① 〔法〕路易·阿尔都塞、艾蒂安·巴里巴尔：《读〈资本论〉》，李其庆等译，中央编译出版社，2008，第80页。
② 《马克思恩格斯全集》第30卷，人民出版社，1995，第452页。

念的母胎中孕育出来的。比如，他指出货币是历史的产物，"金银本身不是货币。自然界并不出产货币，正如自然界并不出产汇率或银行家一样"①。可见，充当货币不是金银的自然属性，而是在特定的生产关系中才使金银获得了这种规定。尽管在资本主义以前的社会形态中也出现了借贷，但借贷并不构成信用，发达形式的信用在以前任何社会生产方式中都未曾出现过。所以马克思说："信用作为本质的、发达的生产关系，也只有在以资本或以雇佣劳动为基础的流通中才会历史地出现。"②

我们再来看雇佣劳动的历史性。尽管在资本主义社会以前就一直存在劳动，但是这种劳动并不是雇佣劳动，因为产生这种劳动的经济关系还没出现。我们再来看交换和价格，尽管交换和价格在人类社会早期就已经出现，但是发达的交换形式与生产关系的内在关联只有在发达的自由竞争的社会里，即在资本主义社会里才会出现，并且发展得越来越充分。可见，被古典经济学看作先于历史的东西恰恰是历史的产物。坦率而言，古典政治经济学在对待过去的历史运动时具有一定的历史眼光，把握到了资本主义社会取代封建社会的历史进步性和必然性，但是却采取了双重态度：人为的态度和自然的态度。其认为，封建制度是人为的，而资本主义制度是天然的。古典政治经济学有限的历史眼光窒息在对资本主义生产方式的辩护中了。

斯密作为古典政治经济学的伟大代表，对自由资本主义经济持非常乐观的态度，他认为，在私有财产权的基础上，商品交换与劳动分工必然能够带来社会的和谐与繁荣。所以，他并未像后来的罗尔斯那样在政治或经济层面上提出任何分配正义的思想，以此来调节社会财富分配的不平等。尽管他认为社会存在不平等，但是他更相信财富会向社会的方方面面分布。他提出的是与资本主义自由交换原理相匹配的"交换正义"，即人与人之间应该以同样的态度对待他人所施与的行为。交换正义强调的是人与人之间的对等关系，并把这种等价原则作为建构社会秩序的基本正义规范。"只有清白无罪的人，只有对他人遵守正义法则的人，只有不去伤害邻人的人，才能得到邻人们对他的清白无罪所应有的尊敬，并对他严格地遵守同样的法则。"③

---

① 《马克思恩格斯全集》第30卷，人民出版社，1995，第193页。
② 《马克思恩格斯全集》第30卷，人民出版社，1995，第534页。
③ 〔英〕亚当·斯密：《道德情操论》，蒋自强等译，商务印书馆，1997，第102页。

与仁慈相比，交换正义只是消极的美德，它不要求人们积极地行善，仅仅阻止人们伤害他人。斯密认为，一个不去侵犯他人财产、荣誉的人，从道德角度讲，虽然没有一丁点实际优点，但他履行了正义的全部规范。依照道德自觉建构的社会固然是美好的和令人愉快的，但人性是自私的，仁慈总是有限的，没有仁慈的社会可以存在于一个不是令人很愉快的状态中。与仁慈相比，正义对一个社会秩序的正常运转更为重要，没有正义，整个社会大厦就会立即土崩瓦解，因为在一个道德稀缺的社会中，重要的是有一个应用于每一个人的正义规范来调节人们的行为。在斯密看来，交换正义不仅能够促进社会秩序的正常运转，而且是社会繁荣的关键，市场在交换正义的基础上最终实现了社会资源的最优配置。斯密的正义理论表面上论证的是社会存在的必要条件，但实质上是为资本主义生产方式进行辩护的意识形态。马克思肯定了资本主义的生产方式作为截至目前最有效的生产方式在促进社会财富增长方面的积极贡献，但同时指出，这种财富的极大增长并不是社会成员财富的普遍增长，它带来了社会财富分配方面的不平等，社会财富日益集中在少数人手中。财产所有权上的不平等并不因为可分配财富的增长而被弱化，反而得到了加强。在马克思看来，这是在深层上对人类本性的违反，但这也是推动资本主义文明向全球扩展的潜在动因。

根据麦卡锡的观点，李嘉图最重要的理论洞见就在于把政治经济学这门科学还原为一条可以包罗万象的经济规律：劳动价值理论。但马克思对李嘉图的政治经济学作出了一系列的批判：李嘉图没有看出利润理论和剩余价值理论的区别；没有认识到利润、地租与利息这些剩余价值的不同形式；混淆了不变资本与可变资本的关系；没有认识到资本有机构成的不同部分，以及这些部分对分析剩余价值率与利润率之间的差异所具有的意义；等等。但李嘉图的真正错误在于他没能形成现代劳动概念的结构性和历史性基础。[1] 李嘉图没能真正地理解资本主义社会中劳动的历史形式与社会本质，其政治经济学的方法论是形而上学的而不是历史的。这直接导致了这样一个后果：对商品的价格和价值的理解只是从其中所包含的劳动数量出

---

[1] 〔美〕麦卡锡：《马克思与古人——古典伦理学、社会正义和 19 世纪政治经济学》，王文扬译，华东师范大学出版社，2011，第 174~175 页。

发，而不是从考察商品生产的历史基础出发。李嘉图的出发点是劳动量决定商品的交换价值，他的兴趣点是劳动量以及由此所决定的商品价值量。劳动是商品的实体，根据商品所包含的劳动量的不同，它们的价值量也不同。"如果我们拥有任何商品，生产时所需要的劳动是始终不变的，那个商品就必然具有不变的价值，这就有了充分条件，用它来计量一切其他物品的价值。如果没有这样一种商品，我们还是不会缺少准确计量其他物品的绝对价值的手段，因为我们可以考虑到生产时所必需的劳动量的较多或较少而校正我们的尺度，这样我们就始终拥有把我们要计量的任何商品的价值、跟一个准不会错的和不变的标准作出对照的手段。据说如果采用这个标准，任何商品的价值将以生产时所需要的劳动量为根据。"李嘉图接着举了一个劳动量决定价值量的实际例子："如果需要 10 个人 1 天的劳动来生产某一数量的河虾，10 个人 1 年的劳动来生产某一数量的棉布，10 个人两年的劳动来生产某一数量的葡萄酒，则棉布的价值等于河虾的 365 倍，葡萄酒的价值倍于棉布。"① 可见，李嘉图确定的是衡量商品价值的标准：劳动。他聚焦于劳动的量，没有对劳动的性质和形式作更深入的考察。正是劳动的这一特殊性质和形式才使其自身显现于交换价值中，或者说才使交换价值成为可能。马克思的兴趣点不是决定商品价值大小的定量规则问题，即根据社会必要劳动时间来决定商品的价值量，他的兴趣点在于发现商品背后的真实的生产关系，这些关系使资本主义经济制度在历史上成为独一无二的。也就是说，马克思从事政治经济学研究不是要确定商品的价格，而是要揭示生产商品背后的真正原因。李嘉图对资本主义劳动这一特定形式的自然主义和实证主义的理解，实际上起到了为资本主义生产方式辩护的效果。

二 蒲鲁东的小资产阶级正义理论与马克思的批判性分析

蒲鲁东是法国一位很有影响的社会主义者，他是法国小资产阶级的代表，也是马克思一生中的重要论敌。马克思对他进行了尖锐的嘲讽和批判，但蒲鲁东关于财产权的观点对马克思也产生了重要影响。蒲鲁东的思想表

---

① 〔英〕大卫·李嘉图：《李嘉图著作和通信集》第 4 卷，蔡受百译，商务印书馆，1980，第 374~375 页。

现出两个基本特质：一是对资产阶级私有财产权的尖锐批判，因为私有财产权违背了平等原则，导致了贫困；二是着眼于现实经济关系的法则性，并把这种法则性看作脱离历史实在的，表现出了黑格尔式观念决定论的特征。在马克思看来，蒲鲁东并未理解黑格尔的辩证法，而是把黑格尔的辩证法作为先验逻辑，随意地、漫画式地应用到自己的经济体系中。正是由于蒲鲁东不理解从黑格尔辩证法中生发出来的历史辩证法的科学本质，所以他在研究现实经济关系时呈现这样一个悖反的特点：一方面，他满怀激情地根据平等原则批判资本主义社会；另一方面，又将与资本主义经济关系相符合的经济范畴永恒化。这实际上也是全部古典政治经济学的非历史性的意识形态本质，蒲鲁东坚决否定的东西却又被他自己深深地裹在怀中，可以说他拜倒在自己所批判的东西中。①

我们先来看蒲鲁东对财产权的批判。蒲鲁东把资本主义社会存在的贫困事实与资产阶级的私有财产权联系了起来，认为是资产阶级的私有财产权违反了平等原则，直接导致了社会上大多数人的贫困。只有消灭资产阶级的私有财产权，才能根本上消灭贫困，实现社会正义。蒲鲁东的这个观点继承自卢梭，但从对古典经济学财产权理论的深刻批判上看，要远远超过卢梭。在蒲鲁东之前，尽管整个社会的贫困问题已经非常尖锐，但对贫困问题的思考并未形成一个自觉的聚焦点，是蒲鲁东把社会贫困问题聚焦在财产权问题上。被视作蒲鲁东和马克思的先驱的圣西门和傅立叶，他们对资本主义的弊端进行了辛辣的嘲讽和猛烈的抨击，各自都对未来取代资本主义的社会进行了美好的构思，但都没有深入财产权这一政治和经济的核心层面。为了避免资本主义社会灾难性的私人竞争，圣西门认为只有国家统一安排生产，统一安排社会产品的分配，才能实现社会的正义，而分配的正义原则是按劳动取酬，以此废除一切不劳而获的收益。可见，其构建的政治理想是集体主义的。在圣西门的眼中，社会最重要的分野是生产者与不劳而获者之间形成的社会隔层。受时代局限，他仅仅把土地所有者看作不劳而获者，后来他的门徒又把工业资本家加进了不劳而获者之列。傅立叶并不主张废除私有制，他设计的理想社会是名叫"法郎吉"的"和

---

① 参见张一兵《回到马克思——经济学语境中的哲学话语》，江苏人民出版社，2009，第460~461页。

谐社会"。这种社会是一个劳动者自由联合的社会，以最符合人性的方式组织包括一切工业和农业的生产。"和谐社会"消除了体力劳动和脑力劳动之分，消除了城乡差别，人人平等，共同劳动，按照股份制入股分红的原则分享劳动成果。傅立叶幻想通过这种名叫"法郎吉"的社会组织形式消除资本和劳动的对立，从而实现人人幸福的和谐社会。但是，傅立叶生前一个法郎吉组织也没建立起来，他的门徒在美国进行的实验也都以失败告终。圣西门和傅立叶解决社会问题有一个共同点，他们依据的都是劳动而不是财产权。第一个把不平等、贫困等社会问题的聚焦点定位在财产权上的是蒲鲁东的《什么是所有权》。①

蒲鲁东对私有财产权的理解与古典政治经济学是相对立的。古典政治经济学从国民财富增加和使人富有的角度论证私有财产的正义性与合法性，而蒲鲁东则是从现实生活中的贫困事实出发，从这一客观事实得出了对私有财产权批判的立场，他要求废除私有财产以实现社会正义。马克思准确地把握到了蒲鲁东《什么是所有权》的这一立场和用意："以往的国民经济学从私有财产的运动仿佛为国民创造的财富出发，进行了为私有财产辩护的思考。蒲鲁东从国民经济学用诡辩掩盖的相反的方面出发，即从私有财产的运动造成的贫穷出发，进行了否定私有财产的思考。"② 在马克思看来，蒲鲁东第一次对古典政治经济学的私有制基础进行了严谨而又科学的考察，这是他所完成的巨大进步。尽管马克思对他的学术水准不甚满意，但是他对私有制的批判使马克思在当时丰富的法国社会主义文献中唯独对这本书青睐有加。而在蒲鲁东之前，古典政治经济学的一切论断都以私有制关系为基本事实和前提，把它当成一个既定的必然的事实，私有制关系一直是符合人性和理性的，从来没有对这个出发点进行过反思和批判。蒲鲁东永远结束了古典政治经济学的这种不自觉的前提，他认真地对待和考察了资本主义经济关系合乎人性的表象，并把它与经济关系对人性的违反这一事实对立起来，他迫使古典政治经济学承认对人性的违反。

---

① 参见张盾等《从当代财富问题看马克思对蒲鲁东的批判》，《吉林大学社会科学学报》2011年第 5 期。

② 《马克思恩格斯文集》第 1 卷，人民出版社，2009，第 259 页。

蒲鲁东对私有财产权的批判采取了双重立场：当蒲鲁东宣称财产权违反平等原则、导致社会贫困问题时，他实质上针对的是资产阶级的私有财产权；他并不反对所有形式的私有财产权，而是主张以平等为基础的小资产阶级的财产权，确切地说，就是每个人都能够获得一份相等的财产，财产必须受制于平等原则。蒲鲁东所要求的财产实际上是以劳动为基础、以自由平等买卖为表现形式的个人财产权。社会正义正是建立在这种财产权基础上的，财产权不仅不再是万恶之源，而且是人性的自觉发挥与实现，可以增强人的力量，提升人的尊严。① 基于此，蒲鲁东主张小资产阶级的改良主义立场，在政治上采取保守主义的态度，反对革命，主张通过经济关系的改革把溢出社会的财富重新归还给社会，实现每一个人的平等。蒲鲁东理想的正义社会是每一个人都通过自己的劳动获得收入，每个人都能够获得一定的财产，在真正自由平等的基础上实行交换，杜绝资产阶级凭借财产权的名义获得高额的收益，以此实现社会的平等。蒲鲁东出于对小资产阶级财产权的保护，反对私有制和共产制：私有制以财产权的名义剥削别人，严重违背了平等原则；共产制以集体主义的名义侵犯个人的财产权。正义的社会制度是劳动者的"自由联合"，撇开实现的历史进程和客观社会条件，蒲鲁东所说的自由联合其特征已经比较接近马克思的自由人联合体了。他的小资产阶级立场有其产生的社会背景：他捍卫的是法国农民、小资产阶级、凭借自己的劳动获得收入的阶层的利益，但是资本主义现代大工业的发展已经严重摧毁了他们存在的根基。② 马克思看到了蒲鲁东财产权批判理论的重要意义，但又尖锐地批判了他的小资产阶级社会主义的改良立场。原因在于：现代资本主义生产体系已经造成日益对立的两大阶级——无产阶级和资产阶级，以小资产阶级自己劳动为基础的生产方式与资本主义生产体系是格格不入的，迟早会被现代资本主义生产体系吞并，其成员绝大多数将会成为无产阶级的一员。因此，立足于小资产阶级的利益建构未来的正义社会是不符合时代潮流的。另外，蒲鲁东并未看到人们

---

① 〔法〕蒲鲁东：《贫困的哲学》下卷，蔡受百译，商务印书馆，2000，第593页。
② 〔法〕蒲鲁东：《什么是所有权》（珍藏本），孙署冰译，商务印书馆，2009，第355~356页。

平等占有的保证——每个人都能获得基本的生活物品的财产，实质上是异化劳动的产物，是人在本质力量对象化的过程中以异化的方式重新获得的产品，因此这种分配方式并未触动人与人之间客观的异化关系。

蒲鲁东以小资产阶级的平等财产权的名义抗议资本的剥削和统治，其依据的基本原则是法国大革命所彰显的人与人之间自由平等的精神。只不过，法国大革命彰显的只是启蒙时代法律上的自由平等，而并未实现现实生活中的自由平等，贫困与富有之间的对立就是明证。蒲鲁东所要做的工作是批判法律上的形式平等，在小私有财产权的基础上通过经济组合的方式实现社会的实际平等，使每个人都把对方作为同等的人看待，而不是根据私有财产数量的多少把社会划分为贫困者与富有者两大格局。马克思当然不赞成蒲鲁东的保守主义立场，他主张通过革命的手段，彻底推翻一切私有财产权和资本主义生产关系，实行生产资料的联合占有，进行自由合作的共同生产。也就是说，生产资料属于全体个人，在此基础上实现社会实质的平等。这种联合占有的根据在于，现代资本主义机器大生产与手工业经济条件下的以有限分工为基础的小生产具有实质上的不同，现代生产是在世界市场的国际环境和股份制的运作模式下的社会化大生产。在这种社会化大生产的体系中，财富生产自身变成社会化的，从而为共产主义的共同生产和共同占有提供可能性。通过对政治经济学的深入研究，马克思非常清楚地看到私有财产权的政治压迫性质，资本以财产权的名义逼迫一无所有的"自由"工人出卖自己的劳动力，剥削工人创造的剩余价值，从而使整个社会日益两极分化。贫困和两极分化在资本体制下将会不可避免地产生且有逐渐加重的趋势，因此只有推翻一切形式的私有财产，才能从根本上消除社会上的不正义现象。

在马克思的视野中，具有本体论意义的是人的自由全面发展，它代表了一种政治理想主义。马克思的论敌蒲鲁东则代表政治现实主义，他主张建立一个通过自己劳动获得财产的社会，反对不劳而获，以此杜绝贫富分化等不平等现象。尽管蒲鲁东的政治规划难以实现，但其理论基础根植于古典政治经济学的人性论，所依据的原则也是源自启蒙时代的自由平等观念，因而更符合当时的时代精神。一个有趣的现象是，随着近几十年社会福利水平的提高，中产阶层作为新兴阶层崛起，他们接受较高的教育，拥有稳定的收入，凭自己的劳动积累了一定的财产，从而改变了两极对立的社会结构。中产阶层数量的多少被当下理论界普遍视为衡量一个社会稳定与否的重要标志,这在一定程度上体现了对蒲鲁东小资产阶级财产权理论的某种回归。马克思预言的无产阶级革命的时代在今天尚未到来,无产阶级的绝对贫困并未发生,被马克思寄予厚望的无产阶级日益成为消费大众,对这一系列问题和现象作出新的解答,需要重新审视马克思对蒲鲁东的批判,尤其是二者在财产权理论上的分殊,科学认识蒲鲁东在财产权理论上的重要贡献。①

受近代法国政治哲学家的影响,蒲鲁东把公平和平等看作永恒的理性原则。他根据平等原则批判私有财产,实际上是在古典政治经济学抽象法权的范围内批判古典政治经济学,因而无法从根本上驳倒它。尽管蒲鲁东依据抽象平等法权对私有财产的批判深深地影响了马克思对资本主义的批判,但是马克思十分不满意蒲鲁东的抽象形而上学方法,认为蒲鲁东根本不了解现实的经济关系,对现实的把握远远没有达到古典政治经济学的学术水准。马克思曾讽刺地说:"经济学家的材料是人的生动活泼的生活;蒲鲁东先生的材料则是经济学家的教条。"② 古典政治经济学描述了资本主义经济关系是如何运行的,但是没有说明这些经济关系是如何产生的,即没有说明产生这些关系的历史条件和社会环境;而蒲鲁东则错误地将这些现实的经济关系看成范畴和抽象的思想,认为只要重新编排这些思想的顺序就可以消除这些经济关系的压迫性,实现社会的公平正义。蒲鲁东没有意识到,他未经批判地继承的古典政治经济学的经济范畴,实质上是资本主义社会的意识形态。这种非历史地对待现实经济生活的方法,恰恰反映了资本主义经济关系的永恒性幻觉。因此,从表面上看,蒲鲁东尖锐地批判了资本主义社会的诸多弊端,实际上却是在论证资本主义的永恒性。他同样陷入了古典政治经济学家的错误之中:把这些经济范畴看作永恒不变的规律,而不是特定历史时代适应于特定生产方式的规律。"蒲鲁东先生不是直接肯定资产阶级生活对他说来是永恒的真理。他间接地说出了这一点,因为他神化了以观念形式表现资产阶级关系的范畴。既然市民社会的产物

---

① 参见张盾等《从当代财富问题看马克思对蒲鲁东的批判》,《吉林大学社会科学学报》2011年第 5 期。

② 《马克思恩格斯选集》第 1 卷,人民出版社,1995,第 138 页。

被他想象为范畴形式、观念形式，他就把这些产物视为自行产生的、具有自己的生命的、永恒的东西。可见，他并没有超出资产阶级的视野。"① 因此，在蒲鲁东看来，范畴是始因，是范畴创造了历史而不是从事实践活动的人创造了历史。

马克思以奴隶制所存在的坏的方面与好的方面为例，证明奴隶制作为一个极其重要的经济范畴在一定历史时期存在的必然性与合理性。言外之意是，资本主义生产方式和生产关系在一定历史时期内具有历史正当性，它的不合理性与不正义性也是由特定阶段的生产方式造成的，推翻它只能依赖于基于生产力的进一步发展所形成的共产主义实现的客观条件。所以资本主义社会绝不可能像蒲鲁东说的那样在观念中被改变，范畴和它们所表现的社会关系都需要通过客观的历史活动才能消除。由于蒲鲁东把纯粹范畴、理性、正义放在一边，把现实的经济关系放在另一边，所以他的思想体系表现出了典型的二元论特征。蒲鲁东"自始就保持着生活和观念之间、灵魂和肉体之间的二元论——以许多形式重复表现出来的二元论……这个对抗不过是表明蒲鲁东先生不能了解他所神化了的各种范畴的世俗的起源和平凡的历史罢了"②。

人类公平的实现对蒲鲁东来说根本不是依靠社会历史的发展，而是立足于对抽象法权这一支配社会的原理的尊重。之所以如此，是因为他不相信客观社会发展对实现自由平等的意义。当他立足于抽象法权展开支配社会的原理时，他可能做的只是借用古典政治经济学的范畴虚构一套经济体系，至于这套经济体系是否与现实的经济关系相符合则根本不在他的思考范围内。当然，蒲鲁东是有意而为之的，因为他根本不相信反映现实经济关系的范畴能有什么必然的历史意义，原因在于现实的经济关系以及建立其上的经济范畴都是建立在私有财产权基础之上的，而蒲鲁东坚决反对的正是这种导致不平等和贫困的私有财产权。蒲鲁东站在政治经济学形而上学的立场上，借用古典政治经济学的范畴虚构一套经济体系，并希望通过这一经济体系实现他所希望的永恒正义的社会。③ 蒲鲁东构建经济体系的这

① 《马克思恩格斯选集》第 4 卷，人民出版社，1995，第 539 页。
② 《马克思恩格斯选集》第 4 卷，人民出版社，1995，第 541 页。
③ 参见唐正东《对蒲鲁东的批判给马克思带来了什么？——〈哲学的贫困〉的思想史地位辨析》，《江苏社会科学》2010 年第 2 期。

种形而上学方法论与他对社会科学本质的理解一脉相连：社会科学"的对象包括的不仅是某一时期的人类秩序，也不仅是其中的某一些因素，而是社会存在的一切原则和全部希望，就好像一切时期和一切地点的社会进化一下子都集中在一起，固定在一个完整的画面上，从而使各个时代的联系和各种现象的次序一目了然，我们可以从中找出它的系列关系和统一性。"①在他看来，社会科学的目的就在于构建一个适应于各个时代的永恒的社会秩序，建构的方法就是运用黑格尔的哲学框架。之所以如此，则在于他不具备现实经济关系的知识，不了解社会发展的客观经济过程。在历史唯物主义的方法论确立后，马克思清醒地意识到必须断然同这种唯心主义政治经济学决裂，揭露蒲鲁东那种黑格尔式的观念决定论。

由于没有认识到资本主义的贫困、不平等、异化等不合理的现象是由资本主义的生产方式和生产关系引起的，由于缺乏马克思批判资本主义的历史唯物主义高度，蒲鲁东主义者直接把资本主义的经济关系永恒化，认为是流通领域的"货币"引发了这些不可调和的内在矛盾。因此，他们主张通过货币流通领域的改革建立一个公平交换的制度就可以治疗这些资本主义社会的弊病，这实际上混淆和颠倒了资本主义社会的本质与现象、实在内容与表现形式之间的关系。这典型地体现在《1857—1858年经济学手稿》中马克思对蒲鲁东主义者达里蒙的"劳动货币"理论的批判。蒲鲁东主义者认为，货币是资本主义社会罪恶的根源，资本主义社会一切不平等的现象都是由于资本家拥有大量的货币，并掌握着货币发行权，这不可避免地造成了一个对工人不利的后果——工人不仅为自己生产，而且还要为资本家生产，因此需要消除资本家对货币的独占，以劳动时间为中介实行直接交换。改革的合理方案是通过银行发行的劳动小时券即劳动货币直接进行交换，以此消除资本主义社会以货币为中介的交换。

针对蒲鲁东主义者在作为现象的流通领域进行的改良，马克思提出了几个入木三分的发问："是否能够通过改变流通工具——改变流通组织——而使现存的生产关系和与这些关系相适应的分配关系发生革命？进一步要问的是，如果不触动现存的生产关系和建立在这些关系上的社会关系，是

_____

① 〔法〕蒲鲁东：《贫困的哲学》上卷，余叔通等译，商务印书馆，1998，第46页。

否能够对流通进行这样的改造？"① 蒲鲁东主义者根本就不理解生产、分配、流通之间的内在关系。在马克思看来，生产才是社会的实体，流通和分配是受生产决定的、处于附属地位的概念，不消灭生产关系，是不可能消灭流通领域中的货币关系的。蒲鲁东主义者首先把货币看作资本主义社会的本质，接着他们指认资本主义的货币形式是"坏的"形式，然后再用一种"好的"货币形式取而代之。这意味着他们根本不理解货币，更不理解资本。这种在商品生产的范围内取消商品与货币对立的做法，通过调节流通关系来消除不是由流通关系产生的矛盾的做法，通过直接代表劳动时间的"小时券"来消除价格与价值差异的做法，是非常滑稽可笑的。这只能是一个虔诚的愿望，就像取消上帝但不取消基督教一样荒唐，其理论深度远远不及古典政治经济学。马克思准确地指出了蒲鲁东主义者此处出现的"错觉"："主张实行小时券的人的第一个基本错觉在于：他们以为只要取消实际价值和市场价值之间，交换价值和价格之间名义上的差别，——也就是说，不用劳动时间的一定对象化，比如说金和银，而用劳动时间本身来表现价值，——他们也就消除了价格和价值之间的实际差别和矛盾。"② 小时券代表的仅仅是观念上的劳动时间，受价值规律的影响，它绝不会和实际的劳动时间一致，它有可能交换到较少的劳动时间，也有可能交换到较多的劳动时间，因而无法消除价格和价值的不一致。因此，马克思说："对象化在一个商品中的劳动时间，所能支配的决不是和它本身等量的劳动货币，反过来说也一样，而是较多或较少的劳动货币，正如现在市场价值的任何波动都表现为其金价格和银价格的提高或降低。"③

根据马克思的观点，只要货币仍然是一种生产关系的体现，一种货币形式可能会消除另一种货币形式的缺点，但是不可能消除货币背后隐藏的生产关系固有的矛盾，而只能以一个变化的形式，甚至是更高级的形式代表这些矛盾。可见，在资本主义范围内通过流通领域中的货币关系的改革是不可能消除资本主义的弊病、实现社会正义的。正义的真正实现必须通过生产的革命，改变资本生产方式，否则资本逻辑所导致的形式正义与

① 《马克思恩格斯全集》第 30 卷，人民出版社，1995，第 69 页。
② 《马克思恩格斯全集》第 30 卷，人民出版社，1995，第 86 页。
③ 《马克思恩格斯全集》第 30 卷，人民出版社，1995，第 87 页。

实质非正义的矛盾将会持续存在下去，即使这对矛盾由于社会改良、经济关系的调整等可能会有所减弱，并表现出超乎以前历史所存在过的"合理形式"。

三　生产方式的变革是实现实质正义的根本途径

根据对古典自由主义、古典政治经济学和小资产阶级社会主义对正义问题的分析，我们发现，马克思不是在交换、分配领域谈论正义问题的，因为在他看来，交换和分配都不是真正重要的领域，它们都是由生产方式和私有财产的阶级划分决定的，都是相对次要的问题。正如我们之前分析的那样，把交换和分配作为一个核心支点思考正义问题具有这样一种倾向：形成脱离一切生产方式和财产关系这一社会历史实体内容的抽象公平正义理论，并在这种理论的基础上思考如何消除贫困和不平等。"消费资料的任何一种分配，都不过是生产条件本身分配的结果；而生产条件的分配，则表现生产方式本身的性质。"① 马克思接着举例证明了这种生产与分配的关系。资本主义的生产方式是资本家以资本的形式掌握生产的物质条件，工人只拥有劳动力这一生产的人身条件。既然生产的构成要素是这样分配的，就自然而然地产生出这样一种消费资料的分配方式：资本家获得工人创造的剩余价值，工人以工资的形式获得回报。如果生产的物质条件是由联合起来的劳动者共同拥有，那么在马克思看来同样自然而然地产生另一种消费资料的分配方式：联合起来的个人直接从社会总产品中取得自己所需要的，而不再依赖价值规律的调节以工资的形式获得。一些庸俗的社会主义者模仿古典政治经济学家，把分配和交换看作不依赖于生产的东西，妄图在这个领域通过流通工具的转变就可以革命性地改造生产关系，实现正义的王国，这实际上是把社会主义描写为仅仅是交换和分配领域的变革，只是在这两个问题上兜圈子，没有抓住问题的实质，因为流通只能随着生产关系的改变而改变。

下面，我们来看一下马克思是如何理解生产与分配、交换、消费之间关系的，并如何以此证明决定正义的第一位因素是生产。要想真正实现社会正义，必须变革资本主义的生产方式。马克思在《1857—1858 年经济学

---

① 《马克思恩格斯选集》第 3 卷，人民出版社，1995，第 306 页。

手稿》的"导言"中具体阐述了四者之间的关系，把被古典政治经济学拆分的零散的生产、分配、交换、消费四个经济范畴内在地有机关联起来。生产、分配、交换、消费构成一个相互影响的有机整体，即"生产总体"，其中生产是根本性的、决定性的因素，制约和支配其他三个因素。

跟随马克思的行文顺序，我们首先来看生产和消费的关系。他区分了生产的消费和个人生活的消费，这两种消费都是生产的环节，具有生产性。斯密承认生产的消费，认为这是生产得以顺利进行的必要环节，但他以此为基准主张尽量减少个人生活消费，厉行节约，把这些财富用于生产资本以促进生产，把个人生活消费看作与生产相对的对立面。这是斯密从资本增殖的角度对工人生活消费的理解。但在马克思看来，个人的生活消费在消耗消费品的过程中，再生产出劳动能力，因而消费直接就是生产。消费从两个方面促进生产。其一，只有在消费中产品才成为现实的产品，只有消费掉产品的时候，生产才得以最终完成。一件衣服只有配合穿的行为时才成为一件现实的衣服；一间房屋只有有人居住时才是一间现实的房屋，所以消费使生产在现实中完成。其二，消费一方面可以验证生产是否达标，另一方面创造出新的生产的需要，即创造出生产更好商品的内在动机。在马克思看来，无论是生产消费还是个人生活消费，都是生产的一个环节。斯密倡导的禁欲主义强调使工人专注于肉体劳动，只给工人进行体力劳动的食物。正如日本学者内田弘认为的那样："在斯密的劳动概念里，劳动就是牺牲健康、体力、快乐、自由、幸福所从事的活动。所以在马克思看来，斯密的劳动就是雇佣劳动，就是一个社会制度对个人的强制劳动。"[1] 我们已经指出这样的社会是一个严重非正义的社会。斯密看到了生产的结果是消费，但是没有看到消费主体会持续不断地作为生产主体进入再生产环节。

生产从三个方面决定消费："（1）是由于生产为消费创造材料；（2）是由于生产决定消费的方式；（3）是由于生产通过它起初当作对象生产出来的产品在消费者身上引起需要。因而，它生产出消费的对象，消费的方式，

---

[1] 〔日〕内田弘：《新版〈政治经济学批判大纲〉的研究》，王青等译，北京师范大学出版社，2011，第46页。

消费的动力。"① 生产为消费提供对象，这个对象不是一般对象，而是由特定生产行为创造出来的对象，因而是生产创造出消费。生产不仅提供消费对象，而且还决定消费的性质和方式。比方说，饥饿始终是饥饿，无论是用刀叉吃熟肉消除饥饿的消费方式，还是用手抓直接吃生肉消除饥饿的消费方式，都是由具体生产行为直接决定的，如果消费停留在粗野的状态，那也是生产停留在粗野状态的结果。生产不仅创造出满足自然欲望的消费对象，而且创造出精神文化生活的消费对象。从这里可以看出，在生产总体中，生产和消费不具有同等重要的地位。从本质上看，生产先于消费，先有生产，而后才可能有消费。当然，消费又作为一个环节和生产结合起来，从而持续不断地循环下去，消费本身就是生产的一个内在因素。这是生产和消费的原初结合，其中生产具有实体地位，消费是居于下位的概念。"无论我们把生产和消费看作一个主体的活动或者许多个人的活动，它们总是表现为一个过程的两个要素，在这个过程中，生产是实际的起点，因而也是起支配作用的要素。消费，作为必需，作为需要，本身就是生产活动的一个内在要素。"②

其次，是生产和分配之间的关系。在生产与分配的关系中，生产仍然起决定性作用，分配是第二位的因素。"分配的结构完全决定于生产的结构。分配本身是生产的产物，不仅就对象说是如此，而且就形式说也是如此。"③ 在单个人面前，分配作为一个社会规律决定着个人在生产中的地位，他在这个地位上从事特定的生产，因而似乎分配先于生产，决定生产。因为工人没有生产资料，他一出生就被迫从事社会分配给他的雇佣劳动，马克思认为这种分配方式是资本作为生产要素的结果。与古典政治经济学把分配看作相对生产来说独立自主的领域不同，他们只把分配看作生产的结果，而马克思却首先把分配看作生产的前提。"生产的前提如何被生产手段和生产的个人进行社会的=阶级的分配，以及这一分配关系是怎样历史地出现的，这是自《1844 年经济学哲学手稿》以来马克思一直在思考的问题。也就是对资本在进行物质再生产的同时如何对生产的主、客体之间的所有

① 《马克思恩格斯全集》第 30 卷，人民出版社，1995，第 33 页。
② 《马克思恩格斯全集》第 30 卷，人民出版社，1995，第 35 页。
③ 《马克思恩格斯全集》第 30 卷，人民出版社，1995，第 36 页。

关系进行再生产，以及这种所有关系是怎样历史地发生的，这一资本关系的再生产与原始积累问题的追问。"① 分配包含作为生产前提的两种所有关系，这两种所有关系在斯密和李嘉图那里都没有获得重视。这两种所有关系体现在生产工具的分配和社会成员的分配这两个方面。这两种分配包含在生产过程中，并且决定着生产的结构和方式，产品的分配只是这种分配自然而然的结果。

如果撇开生产中的分配因素，生产只是一个抽象的空壳。有了这种生产要素的分配，产品的分配才相应地获得了确定的方式。关于分配的这个看法并未推翻在生产总体中生产是首要因素的观点。作为生产前提的生产工具的分配和社会成员分配本身也是生产的产物。也许有人会发出这样的疑问，既然生产的前提是生产工具的分配，那么这是否足以说明分配先于生产，处于支配地位？生产当然有自己的前提，这些前提构成生产的要素。这些要素最初可能是自然界直接提供的对象，通过生产过程本身，它们就从自然的东西转变成社会历史的东西，它们由于生产的作用而不断地改变。马克思在这一问题上讽刺了李嘉图，李嘉图是一位在社会整体结构中研究生产并且是主要研究生产的经济学家，但是他没有把生产而是把分配看作现代经济学的主题。"从这里，又一次显出了那些把生产当作永恒真理来论述而把历史限制在分配范围之内的经济学家是多么荒诞无稽。"② 所以，在不改变生产方式的前提下，要想通过分配领域的变革实现资本主义社会的正义是不可能的。

最后，是生产和交换的关系。马克思先对交换的三种形式进行了区分，并在这些区分中明确了交换与生产的关系。"第一，很明显，在生产本身中发生的各种活动和各种能力的交换，直接属于生产，并且从本质上组成生产。第二，这同样适用于产品交换，只要产品交换是用来制造供直接消费的成品的手段。在这个限度内，交换本身是包含在生产之中的行为。第三，所谓实业家之间的交换，不仅从它的组织方面看完全决定于生产，而且本身也是生产活动。"③ 从这里可以看出，由于分工，生产过程被分解为相关

① 〔日〕内田弘：《新版〈政治经济学批判大纲〉的研究》，王青等译，北京师范大学出版社，2011，第50页。
② 《马克思恩格斯全集》第30卷，人民出版社，1995，第38页。
③ 《马克思恩格斯全集》第30卷，人民出版社，1995，第40页。

的几个部分，这几个部分的相互交换使生产得以持续进行下去，进而生产出产品，为向下一阶段的推进奠定基础；如果从生产过程内部的分工看各个个别资本的活动，生产出的产品就会以商品交换的形式在这些资本之间进行流通，各个经营者以商品关系的形式结合起来，为生产准备原材料和劳动力，使生产持续下去，交换因而可以被看作生产之中的行为；实业家之间的交换本身就是生产活动的一部分，完全决定于生产。只有当产品直接为消费而交换的时候，交换才显得是独立于生产的行为，但即便如此，交换的方式、广度、深度、性质都是由生产结构决定的。一切形式的交换或者交换的一切要素要么是由生产决定的，要么内在于生产过程中；同时，交换也能促进生产，尤其是资本和劳动的顺利交换，实现交换价值的交换都能够促进资本主义社会的生产。由于交换遵循的是等价原则，体现的是交换主体的自由平等，因而交换领域被古典政治经济学看作正义的天赋乐园，把交换关系看作独立于生产的自主性领域是他们论证资本主义正义性的一个重要手法。

在对生产与消费、分配、交换的关系分别进行了说明后，马克思作出以下总结："我们得到的结论并不是说，生产、分配、交换、消费是同一的东西，而是说，它们构成一个总体的各个环节，一个统一体内部的差别。生产既支配着与其他要素相对而言的生产自身，也支配着其他要素……因此，一定的生产决定一定的消费、分配、交换和这些不同要素相互间的一定关系。"[1] 从这里我们可以得出一个基本结论，生产被视作一个有机的总体，马克思运用黑格尔的总体观念改进了理论工具，这个工具比古典政治经济学所运用的抽象形而上学方法要有效得多，通过这个工具说明了总体内部各个环节的相互作用以及这些环节构成的多重规定和关系的差异性。[2] 把生产看作一个有机总体，并不是说生产是一个结构分明的，能够自我调节、自我循环的整体，也不是说在这个总体中各个要素之间能够自然而然地达到一种和谐的统一性，相反，生产中的各个要素可能一致也可能不一致，互相可能适应也可能不适应。把各个要素联系在一起的总体必然性总

---

① 《马克思恩格斯全集》第 30 卷，人民出版社，1995，第 40 页。

② 〔意〕马塞罗·默斯托编《马克思的〈大纲〉——〈政治经济学批判大纲〉150 年》，闫月梅等译，闫月梅校，中国人民大学出版社，2011，第 48 页。

是与各种相对独立的要素处于矛盾之中，因此非常有必要对与资本主义生产有关的这些矛盾进行具体的分析。这些矛盾远远不是古典政治经济学所宣称的那样是生产力发展的"绝对形式"，而是特定历史阶段的特定现象。按照日本学者内田弘的看法，马克思通过对生产与消费、生产与分配、生产与交换的分析，发现了生产被资本逻辑统摄的事实，进一步揭露了雇佣工人阶级的再生产是资本主义再生产得以持续下去的基础。[①] 也就是说，在资本主义社会，资本推动生产，使生产持续不断地循环下去。斯密的经济学体系描述的正是资本推动生产的循环过程，因此要超越资本主义，实现社会实质正义，首先必须超越资本逻辑，也就是超越资本主义生产的自我循环。

马克思对资本逻辑的超越是"内在超越"而不是"外在修正"，是在批判旧世界中发现新世界，"新思潮的优点就恰恰在于我们不想教条式地预料未来，而只是希望在批判旧世界中发现新世界……如果我们的任务不是推断未来和宣布一些适合将来任何时候的一劳永逸的决定，那末我们便会更明确地知道，我们现在应该做些什么，我指的就是要对现存的一切进行无情的批判"[②]。马克思在对资本逻辑批判的基础上开辟了超越资本逻辑的实践之路，即科学社会主义，这是其重大历史功绩。同时，我们也要看到，超越资本逻辑，实现科学社会主义还有很长的道路要走。

第二节 马克思正义理论的辩证结构

我们已经指出，历史唯物主义的创立为思考正义问题提供了新的方法论原则：历史原则。在这一原则的观照下，我们将看到马克思不仅批判了资本主义正义观念的形式性，而且肯定了其在特定历史阶段的正当性和合理性；不仅展望了超越性的人类社会正义的理想性和形而上学性，而且论证了从资本主义补救性正义过渡到以每一个人的自由个性为宗旨的超越性正义的历史必然性。补救性正义和超越性正义是马克思正义观念的两个不

---

① 〔日〕内田弘：《新版〈政治经济学批判大纲〉的研究》，王青等译，北京师范大学出版社，2011，第55页。
② 《马克思恩格斯全集》第1卷，人民出版社，1956，第416页。

同位阶，二者既是逻辑相连又是历史连续的，共同构成马克思正义观念的整体面相。

一 补救性正义：马克思的低阶正义观念

马克思是在与自由主义的对峙中来讨论正义问题的。从思想史演进的维度看，马克思与后者也多有理论上的传承之处，所以，其正义理论的独创性就体现在与自由主义正义观的分道扬镳之处。马克思主义认为，自由主义有明确的社会指向，但是这个社会还只是"市民社会"，还不是作为新唯物主义立脚点的"人类社会"。针对市民社会存在的资源匮乏、利益冲突，无论是古典自由主义还是新自由主义都提出了系统的正义理论，其目的就是协调人与人、人与社会之间的冲突，以维持社会稳定。在这个意义上，正义在自由主义那里只是补救性的社会价值。尽管在马克思那里补救性正义仅仅是一个低阶正义观念，但在自由主义那里却一直占据主位。正义通过补救社会的某些缺陷而起到协调作用，而这些缺陷（"目标冲突"和"物质资源的有限"）在自由主义眼中是不可能被彻底消除的。著名政治哲学家金里卡在影响甚大的《当代政治哲学》中对补救性正义的特征进行了如下说明："正义有其意义仅仅因为我们处于'正义的条件'（circumstances of justice）之中，正是这样的条件产生着只有通过正义原则来加以解决的冲突。正义的条件主要包括下述两点：第一，目标冲突；第二，物质资源的有限。如果人们的目标不一致并且又面临资源的匮乏，他们就必然会有相互冲突的要求。可是，如果我们能够要么消除人们的目标冲突要么消除资源匮乏，我们就不再需要法律平等的理论；而当我们不再需要那样的理论时，我们的处境反而更好。"[①] 马克思所构想的未来"人类社会"实现了物质财富的极大丰富，没有匮乏，没有经济利益的冲突，人性完善，因而不再需要自由主义发展出来的那些用于补救这些问题的制度和法则。

自由主义所伸张的个人自由和权利为每一个人开辟出广阔的活动空间，但由此带来了利己主义的极度膨胀、财产的不正义分配以及普遍性价值的瓦解。正如黑格尔所认为的那样，现代市民社会是个人主观自由和抽象权利活动的疆域，是一切人反对一切人的战场。正义是维系社会正常运行的

---

① 〔加〕威尔·金里卡：《当代政治哲学》，刘莘译，上海译文出版社，2011，第182页。

基本规范，如果缺失正义原则的补救作用，那么社会将会由于自身的缺陷而在现实中陷入无序和混乱。自由主义提出正义问题，正值资本主义生产方式蓬勃兴起之时，几乎每一个自由主义政治哲学家都关注过资本主义社会的形成、运行及其所暴露的内在缺陷和冲突。在这样的时代背景下，把正义看作补救性的社会价值，并以此为基点建构正义理论就顺理成章地成为自由主义者的致思路径。一些自由主义哲学家如休谟、斯密等，都把正义看作补救性的社会价值，并建构了自己的正义体系，以此协调社会成员之间的利益冲突，修补市场机制的内在缺陷。在对正义和仁慈的比较中，斯密和休谟都突出了前者的重要性，他们认为正义构成社会存在的真正基础："与仁慈相比，正义更是社会存在的基础。没有仁慈，社会可以存在于一个令人不舒适的状态之中，但是不正义的盛行一定会彻底摧毁社会。"[①]休谟认为："如果没有正义，社会必然立即解体，每一个人也必然会陷入孤立和野蛮的状态，这种状态比我们所能想象的社会中最坏的情况还要坏过无限倍……因而，正义就通过一种协议或合同建立起来了。"[②] 为了防止社会解体回到野蛮的自然状态，需要正义对社会内在缺陷进行补救，换言之，正义是维系社会运行的基本规范，缺失正义对市场机制和分配原则内在缺陷的补救与调和，社会根本无法正常运行。休谟从自私本性和匮乏的角度来绘制正义的图谱，明确地把正义看作补救性的社会价值。斯密认为，人只能存在于社会中，人类社会的所有成员，一方面都需要彼此之间的相互帮助，另一方面也面临相互之间的伤害，所以需要正义的补救。如果把正义的目标看作对人与人之间利益冲突的调节与补救，那么卢梭的公意、康德的公共法权、黑格尔的作为普遍理念的国家等，也都间接地涉及了休谟和斯密语境中的正义问题，因为它们大致也都致力于这一目标。自由主义立足于市民社会的历史出场所建构的正义体系，尽管在马克思那里只是一个低阶正义理论——因为他是立足于超越市民社会的"人类社会"来思考正义问题的——但是补救性的正义体系仍然具有历史进步价值。这主要体现在补救性正义的调节对象上，即市场经济是人类无法逾越的一个阶段，

---

① Adam Smith, *The Theory of Moral Sentiments* (Cambridge: Cambridge University Press, 2004), p. 101.

② Hume, *A Treatise of Human Nature* (The Floating Press, 2009), pp. 759-760.

它为进入"人类社会"不断地创造条件。

自由主义通过机会平等说明现代市民社会善品分配的正义性；通过政治权利平等说明现代市民社会政治制度的正义性。自由主义假定如果当事人之间存在机会平等和权利平等，那么他们之间的任何收入或身份的不平等都是正义的，以此来消解人与人之间的实质不平等。在《论犹太人问题》中，马克思认为，诸如自由、平等、安全、私有财产等基本人权表达并保护的是资本主义社会的私人利己主义。"任何一种所谓的人权都没有超出利己的人，没有超出作为市民社会成员的人，即没有超出作为退居于自身，退居于自己的私人利益和自己的私人任意，与共同体分割开来的个体的人。在这些权利中，人绝对不是类存在物，相反，类生活本身，即社会，显现为诸个体的外部框架，显现为他们原有的独立性的限制。把他们连接起来的唯一纽带是自然的必然性，是需要和私人利益，是对他们的财产和他们的利己的人身的保护。"① 马克思对人权的激进批判遭到了许多学者的非议。例如，布坎南认为，马克思对权利抨击的主要缺陷在于，他没有看到当利己主义和阶级对立不是冲突的唯一根源时，我们仍然需要权利观念解决来由其他原因导致的冲突；② 卢克斯则认为，马克思关于人权含义的观点是贫乏而又狭隘的，它仅仅把人权看作个人主义和现代市民社会生活矛盾的表征，他详细列举了《人权宣言》的第 7、8、9、10、11 条，并以此说明马克思对这些基本权利及其积极的历史意义的忽视。③ 马克思作为一个为全人类的自由解放奋斗终身的人，无论如何对彰显人的生命价值的劳动权、生存权、自我实现的权利都不会淡然处之，他一生都在致力于这些权利的平等实现，这些权利恰恰构成其政治哲学的核心。实质上，马克思对权利的激进政治批判针对的是权利在资本逻辑统治下的实现方式，针对的是法律上的权利平等与现实生活中的实质不平等所形成的巨大反差，针对的是资本主义的私有财产制度所导致的权利实现的不平等。按照罗尔斯的说法，就是权利的平等和在享有和使用权利能力方面的平等之间存在巨大差异。

---

① 《马克思恩格斯全集》第 3 卷，人民出版社，2002，第 184~185 页。
② 〔美〕布坎南：《马克思与正义》，林进平译，人民出版社，2013，第 74 页。
③ 〔英〕史蒂文·卢克斯：《马克思主义与道德》，袁聚录译，高等教育出版社，2009，第77~79 页。

二　超越性正义：马克思的高阶正义观念

马克思批判自由主义的补救性正义并不意味着它没有一点合理性，批判的前提是对其积极意义的充分肯定。通过政治解放，人从前现代社会的人格依赖关系中解放了出来，获得了基本权利，这体现了人类历史的伟大进步。当代政治哲学家德沃金也深刻地认识到权利在现代市民社会中的基础重要性，认为权利是个人的政治护身符。马克思思考人类社会的正义并不是要越过自由主义的正义，而是以其为基础向前推进，因此权利原则便顺理成章地成为马克思思考正义问题的基始性原则。这意味着马克思正义理论具有双层结构：市民社会的补救性正义和人类社会的超越性正义，后者是一个既批判又涵盖前者的概念。也就是说，每一种正义原则都具有历史正当性，在使特定正义原则发挥作用的社会条件继续存在时，它仍然不失为调节社会分配的次优方案，我们没有理由推翻它。当人类社会的基本形态还是市民社会时，权利原则仍是调节社会生活的最优方案，尽管它存在诸多弊端。只有当社会形态从市民社会过渡到共产主义社会时，马克思的超越性正义才可能取代补救性正义。作为补救性的权利原则，不仅在市民社会具有基础性地位，而且在共产主义初级阶段，仍然是调解社会冲突的根本法则，因为"权利决不能超出社会的经济结构以及由经济结构制约的社会的文化发展"①，而刚刚从市民社会产生出来的共产主义初级阶段，在经济、文化、精神等各个方面还带着它脱胎其中的旧社会的痕迹。因此，在共产主义初级阶段，权利从实质上看仍然是自由主义所主张的权利，权利正义对社会生活的调节和补救仍是必需的。

通过政治经济学批判，马克思揭露了资本主义生产方式的内在缺陷，自由主义正义原则的虚假性就在于它支持资本家无偿占有剩余价值的社会机制。马克思不接受自由主义的补救性正义观念，并不是因为要抛弃正义本身，而是因为补救性的正义与他所希望的正义相去甚远。补救性的正义从根本上讲是对市民社会的市场机制和分配原则的内在缺陷的改良，这种改良是在不触动资本主义私有制前提下的小修小补。它既不取消资本主义财产私有制，也不主张改变现存的社会秩序，而主张只要在现行的社会制

---

① 《马克思恩格斯选集》第3卷，人民出版社，1995，第305页。

度框架内通过正义规则的实施以及政府的保驾护航，就可以建立起一个公平正义的社会。马克思坚决反对这种改良方案，因为资本主义社会的根本矛盾并不体现在由休谟和斯密所假定的资源匮乏和人的利己心所导致的冲突中，而是体现在以私有财产权为前提的阶级对抗中，这种对抗只有通过基于革命范式的制度替代才可能消除。

马克思通过政治经济学研究揭露了市民社会的内在缺陷和基本矛盾，提出了一个超越市民社会的理想社会模型，即"人类社会"。"人类社会"是一个消灭了异化和剥削的社会，在其中，每一个人都不再互为手段，每一个人的自由个性都将获得充分实现，符合人性要求的实质性正义取代了以权利为核心的形式正义。就像自由主义立足于市民社会确立了补救性正义观那样，马克思立足于未来"人类社会"确立了超越性的正义观，超越性是马克思正义理论的根本性质。正如王新生所认为的那样，当马克思提出了超越市民社会的人类社会时，也就为其正义理论确立了一个全新的论证基底和框架，同时暗含市民社会的正义原则是一个有局限性的原则，最终会被一个更高的正义原则——需要原则取代。① 当今我们实行的社会主义市场经济仍未在根本上超出马克思市民社会的范畴，因此，构建符合实际的补救性正义体系仍是马克思主义理论研究者的一项迫切任务。

卢克斯和布坎南仅仅从自由主义补救性正义的立场出发理解马克思的正义观念，以至于他们都认为共产主义社会即"人类社会"已经消除了休谟和罗尔斯所说的正义存在的环境，因而正义原则不再必要。金里卡在《当代政治哲学》中对正义的休谟式和康德式的双重解读为我们理解马克思正义观念提供了一个新的视角。他认为，正义不只是一种补救道德，即使正义可以通过弥补某些缺陷而对社会起到协调作用，正义也表达了对个人的尊重，表达了始终把人当作目的而不是把人当作实现他人利益甚至共同体利益的手段。事实上，补救性正义在马克思那里只是一个低阶正义观念，只是在社会还处在市民社会阶段时所不得已而采取的正义形态。超越性的人类社会正义作为应当存在的正义是马克思在审视自由主义正义的基础上提出来的一个高阶正义观念，虽然在自由、平等、权利等方面与自由主义具有相通之处，但是在内涵方面却大大超过了后者。其中一个重要的方面

---

① 王新生：《马克思超越政治正义的政治哲学》，《学术研究》2005 年第 3 期。

是，马克思的正义理论不仅像自由主义那样非常重视个人的价值、权利和自我实现，而且也强调对社会和共同体利益的基本守护，强调人的个体性和社会性的统一，强调只有在"自由人联合体"中人才能获得真正的自我实现，而这一点恰恰是金里卡所忽略的。

"个人"是近代自由主义政治哲学的一个重大发现，由霍布斯和洛克开创的个人原则成为批判传统共同体对个人意识和个人权利压制的一面旗帜，它最终在康德自我意识的纯粹道德主体中达到顶峰。卢梭清晰地意识到了个人原则的弊端，发现了"社会"在对抗和治疗个人主义方面的重大伦理价值。黑格尔深受卢梭启发，认为只有在国家中才能治疗现代市民社会的个人主义弊病，但是具有普遍性和公共性内涵的国家却压制了个人的特殊性。在近代政治哲学个人原则与社会原则博弈的思想背景中，马克思正义理论成功实现了个人原则与社会原则的统一。

马克思认为，个人只有在新型社会即超越一切虚假共同体的真实共同体中才有可能获得真正的自我实现。"只有在共同体中，个人才能获得全面发展其才能的手段，也就是说，只有在共同体中才可能有个人自由……在真正的共同体的条件下，各个人在自己的联合中并通过这种联合获得自己的自由。"[1] 从社会性角度理解正义，有助于加深对当下中国公正问题的思考。按照李佃来教授的说法，中国素有天下一家、天人合一的传统观念，这种传统观念虽然遭到了多方面的质疑，但作为一种文化传统却深刻地影响着人们的思维方式和行为习惯。[2] 这种情况决定中国理想的市民社会形态应该是既重视个体价值又强调社会责任的统一体，我们应该用社会责任的建构来弥补个人主义式自由放任的市场经济的内在缺陷。

既然马克思正义理论呈现为补救性正义和超越性正义两种形态，那么如何理解二者的关系以及如何从前者向后者过渡便成为至关重要的问题。在这里，关键是对正义的历史性理解。在历史唯物主义的视域中，根据社会存在决定社会意识的基本原理，正义是一个历史性的范畴，不同的时代有不同的正义观，马克思反对对正义的抽象的永恒的理解。理解正义的历史性存在方式有助于澄清在国内外引起激烈争论的一段话："只要与生产方

---

① 《马克思恩格斯选集》第 1 卷，人民出版社，1995，第 119 页。
② 李佃来：《考论马克思正义思想的当代意义》，《吉林大学社会科学学报》2014 年第 4 期。

式相适应，相一致，就是正义的；只要与生产方式相矛盾，就是非正义的的。在资本主义生产方式的基础上，奴隶制是非正义的；在商品质量上弄虚作假也是非正义的。"① 这段话被塔克、伍德以及国内一些学者当作马克思把资本主义生产方式看作正义的根本依据，其认为，从"只要与生产方式相适应，相一致，就是正义的"便能顺理成章地得出只要与资本主义生产方式相适应就是正义的，但是从马克思对资本主义生产方式所导致的异化和剥削的尖锐批判中可知，这一观点具有极强的片面性。根据李佃来教授的分析，马克思这段话的意旨不是确证资本主义的正义性，而是确证正义的历史性，当生产方式发生改变时，人们的正义观念必然发生变革。对正义的理解不能脱离具体的社会历史情境，从资本主义生产方式来看，奴隶制是非正义的，同理，从共产主义高级阶段来看，之前的一切生产方式都是非正义的。补救性正义与超越性正义分别是资本主义社会和共产主义社会占主流地位的正义形态，当历史发展从资本主义社会过渡到共产主义社会时，正义便从现实性正义过渡到超越性正义。

　　市民社会具有一定的历史正当性，人类社会是对市民社会的积极扬弃，它内蕴市民社会的一切积极成果。脱离市民社会，我们将无法理解人类社会的真实意蕴。那么适用于市民社会的补救性正义和适用于人类社会的超越性正义并不存在绝对对立。补救性正义无疑就具有一定的历史合理性，它是通往超越性正义的必由之路。无论马克思对补救性正义的权利原则进行了怎样的政治批判和政治经济学批判，无论他是否曾经对权利原则进行过辩护，他都肯定在特定历史时期内这种原则补救社会缺陷和调节社会生活的合理性。人类社会并不是要越过市民社会，而是以市民社会的积极成果为基础向更高级别推进。可见，作为政治解放成果的市民社会的权利正义原则构成人类社会的基始性原则。根据以上分析，我们认为，马克思正义理论呈现为具有内在联系的双重结构：补救性正义和超越性正义。超越性的人类社会正义是一个既批判又涵盖自由主义补救性正义的概念，前者并未消解后者，反而内蕴后者合理性的一面，因此在很多地方都是与后者相通的。如果以自由主义正义的权利、自由、平等、财产权等核心价值为参照系审视马克思正义理论的当代意义，我们就会发现它与当下中国对公

① 《马克思恩格斯全集》第46卷，人民出版社，2003，第379页。

平正义的实践诉求是相通的。与休谟和罗尔斯相比，马克思并未建构系统的正义理论，如果像当下有的学者那样，用作为主流话语的西方自由主义补救性正义理论的标准来判断和裁剪马克思的正义观，不仅会遮蔽和误解马克思正义观，而且妨碍对马克思正义理论的开发。

第三节　社会形态的变迁与正义的历史性

研究马克思的正义理论，离不开作为世界观和指导原则的历史唯物主义。根据正义的生产方式基础，正义具有鲜明的历史性。根据马克思的三大社会形态理论，在三大历史形态的演进中，正义也不断地演进并呈现各自不同的特点。翻阅相关论著不难发现，中外学者对马克思三大历史形态的研究成果颇丰，却鲜有对马克思三大历史阶段理论中的正义观念的研究。他在批判资本主义的剥削和分配方式时，实际上预设了一个理想的正义标准：基于每一个人自我实现的需要原则，一切社会形态及其生产方式的正义性都能够按照它们接近这一标准的程度而得到评判。

一　人的依赖关系社会：形式非正义且实质非正义

在《1857—1858年经济学手稿》中，受黑格尔辩证法正反合三个环节的影响，马克思第一次从历史发展的主体维度对世界历史作出了三阶段的划分："人的依赖关系（起初完全是自然发生的），是最初的社会形式，在这种形式下，人的生产能力只是在狭小的范围内和孤立的地点上发展着。以物的依赖性为基础的人的独立性，是第二大形式，在这种形式下，才形成普遍的社会物质变换、全面的关系、多方面的需要以及全面的能力的体系。建立在个人全面发展和他们共同的、社会的生产能力成为从属于他们的社会财富这一基础上的自由个性，是第三个阶段。第二个阶段为第三个阶段创造条件。"[1] 我们把这三个历史阶段概括为："人的依赖关系"阶段即前资本主义社会阶段；"以物的依赖性为基础的人的独立性"阶段即资本主义社会阶段，共产主义初级阶段也属于人类历史的第二阶段，尽管生产资料的所有制关系已发生变革，但人的主体特征仍表现为"以物的依赖性为

---

[1]　《马克思恩格斯全集》第30卷，人民出版社，1995，第107~108页。

基础的人的独立性"；"自由个性"阶段即共产主义社会阶段。每一历史阶段都有一种占统治地位的生产方式，历史上的统治阶级认为，凡是能够维护和巩固这一生产方式的分配方式就是正义的，否则就是非正义的，但这常常以牺牲社会其他群体的利益为代价。历史上任何统治阶级总是把自己的特殊利益粉饰为全社会的普遍利益，并把代表自己阶级利益的分配机制看作普遍正义、永恒正义或自然正义的，且宣称优于其他任何分配机制。英国学者杰拉斯认为，在马克思的著作中存在根深蒂固的矛盾：一方面，他认为资本主义是正义的；另一方面，他又用愤慨的道德语言谴责资本主义的非正义性。[①] 事实上，这两个方面并不必然构成矛盾，马克思处理正义问题的独特与高明之处在于，他既从资本生产方式自身的角度承认资本主义在一定范围内是正义的，或者说它相对于之前的一切生产方式具有更高的正义度；又从共产主义的理想性、超越性正义出发，认为这种正义是有限的、形式的甚至是虚假的。

根据马克思社会存在决定社会意识这一历史唯物主义的基本原理，根本不存在什么永恒正义，任何利益与责任的分配方式都是社会的和历史的，都是具体的而非一般的和抽象的，都在历史中产生和发展并在历史中被超越。尽管任何生产方式和分配方式都是历史的和相对的，但并不意味着我们丧失了评价其正义与否的合法性，否则我们只能被迫接受占统治地位的分配方式，从而损害被统治阶级的利益。事实上，马克思在批判资本主义分配方式的内在缺陷及其欺骗性时，明显地诉诸一个理想的正义标准：以每一个人的自我实现或自由全面发展为宗旨的需要原则。实现每一个人的自由全面发展是马克思哲学的宗旨，也是马克思一生革命实践致力的目标，所以把基于每一个人的自由全面发展的需要原则看作分配的正义原则符合马克思哲学的本义和基本精神。按照罗尔斯的说法，根据这一标准，一切生产方式和相应的社会形态都能够按照他们接近这一标准的程度而得到评判。[②] 但是，笔者并不赞同罗尔斯把需要原则看作非历史性的正义标准，作为标准的需要原则和之前的一切正义原则一样，是历史的。需要原则的实

①　〔英〕诺曼·杰拉斯：《关于马克思和正义的争论》，载李惠斌等编译《马克思与正义理论》，中国人民大学出版社，2010，第143页。

②　John Rawls, *Lectures on the History of Political Philosophy* (Cambridge: The Belknap Press of Harvard University Press, 2007), p. 343.

现必须植根于深厚的历史土壤之中才有可能，是历史不断进步的结果。具体来看，只有在现实的共产主义运动逐渐超越资本逻辑之后，才有可能把需要作为分配的基本原则，否则，无论采取什么具体的分配方案，其基本精神都只能是最大限度地追求利润。另外，人的需要本身也是历史的，不仅仅基本的生活需要随着历史的演进逐渐丰富，即便人的自由全面发展的需要在共产主义社会也是一个逐步提升的过程。从需要原则来看，人类历史的第一阶段表现为不仅形式非正义而且实质也非正义；人类历史的第二阶段表现为虽然形式正义但实质非正义；人类历史的第三阶段表现为尽管形式非正义但实质正义。①

在前资本主义社会，人与人之间的关系表现为非交互性的直接人身依附关系，在这些关系中，处于从属地位的个人（奴隶或农奴）被特定的主人通过军事、政治、司法、宗教、文化等"超经济"的力量控制在被奴役的地位上。个人从属于不同的等级，个人的身份、地位、角色都是由所依附的等级决定的，个人不能自由地选择自己的等级，其所归属的等级是由他们在社会中的总体地位决定的，因此，无论是主人还是奴隶都是不自由的。等级之间具有不同的政治功用和伦理价值，各自具有不同的行为规范和道德操守，不能随意僭越。正如查尔斯·泰勒所言，前现代社会由不同的等级构成，尽管这些等级彼此互相需要和补充，但这并不意味着他们的关系是交互性的，因为他们并未处在同一个层面上。这些等级构成了一个不能随意僭越的等级系列，其中有的等级比其他等级天生具有更大的尊严和价值。接着，查尔斯·泰勒以中世纪为例，认为当时理想社会具有三个等级：神职人员、斗士和劳动者。显然，这三个等级彼此相互需要，但毫无疑问，三个等级之间的尊严标准逐渐降低，有些人本质上比其他人具有更高级的功用。② 等级之间的严格区别与界限被看作正当合理的秩序，正义就在于各个等级各守其职、各尽其责、互不僭越。

柏拉图在《理想国》中指出，社会正义就在于每个人只做符合自己本性的分内之事：统治者以智慧管理国家，武士以勇敢保卫国家，生产者从

---

① 形式正义表现为程序正义、权利平等、平等对待，它意味着把同一个标准平等地适用于所有人；实质正义表现为财富和收入的平等分配，它强调的是结果上的正义，而不是程序上的正义。

② Charles Taylor, *Modern Social Imaginaries* (Durham, London: Duke University Press, 2004), p. 11.

事物质资料的生产并以节制调节自己的行为，彼此互不干涉。相反，如果三个等级互相干涉、彼此替代则是最大的不正义。比如，如果天生是生产者的人凭借自己的财富、身强力壮或其他有利条件企图爬上武士等级，或者武士企图跻身于统治者等级，或者统治者自甘堕落沦为武士或生产者，就会直接导致国家的毁灭，柏拉图认为这是最大的不正义。按照马克思的说法，柏拉图的理想国仅仅是埃及种姓制度在古希腊的理想化。柏拉图正义观的基础是"自然说"，他要求按照人的永恒不变的自然本性来调节行为，其实质是对日益式微的古希腊城邦等级社会的论证和辩护。被马克思赞为"古代最伟大的思想家"的亚里士多德也持这种"自然说"，他认为有的人天生是奴隶，有的人天生是统治者，正义就在于后者对前者的统治。马克思坚决反对这种把人的本质看作固定不变的"自然说"。人通过他们的活动自由地创造其本质，人的本质是一个历史性的存在。由于传统社会等级制度的存在，平等充其量只是等级内的平等，等级之间存在严重的不平等，人与人之间的关系并不像现代社会那样从形式上看是正义的。这种形式正义的典型表现为：在资本主义社会，每一个人都公平地享有宪法规定的自由权利，每一个人在法律面前都是平等的，不存在严格的等级限制。现代人没有像古代人那样被固定在一个永恒不变的等级上，人的身份、地位也不是由出身决定的，每一个人都可以自由地选择自己所要从事的职业。每一个人都可以在社会上的一切领域流动，工人可以凭借自己的努力和天赋进入资本家阶层，资本家由于经营不善也可能破产沦为雇佣工人。总之，束缚人的一切坚固的东西都烟消云散了。

处于奴役地位的人毫无权利可言，他甚至不被看作人，仅仅被看作生产的无机自然条件。"奴隶同他的劳动的客观条件没有任何关系；而劳动本身，无论是奴隶形式的，还是农奴形式的，都被作为生产的无机条件与其他自然物列为一类，即与牲畜并列，或者是土地的附属物。"① 在奴隶制和农奴制关系中，奴隶或农奴仅仅被看作生产工具，完全和牲畜一样被看作土地的附属品，还没有像现代社会那样被看作独立的劳动者。这些支配与被支配的关系，或者说领主或主人对其所属的农奴或奴隶的处罚权之所以产生，其根本原因在于领主或主人控制着他们的生存条件。领主或主人作

---

① 《马克思恩格斯全集》第 30 卷，人民出版社，1995，第 481 页。

为共同体的特定成员拥有财产，而被当作"生产的无机自然条件"的奴隶或农奴并不被看作这一共同体的成员，所以没有资格分享共同体的公共财产，甚至自身也被当作财产的一部分。主人或领主"作为共同体的一个天然的成员，他分享公共的财产，并占有自己单独的一份……他的财产，即他把他的生产的自然前提看作属于他的，看作他自己的东西这样一种关系，是以他本身是共同体的天然成员为中介的"①。可见，人与人之间所具有的不平等关系是由特定形式的财产关系决定的，这些特定的财产关系是通过超经济的力量如宗法、政治、军事等维持的。与此不同，现代社会自洛克以来确立了劳动财产权理论，为每一个人凭借自己的劳动获得财产奠定了法理基础，任何一个人的财产权的占有与获得均由法律和制度保障，因而，在形式上是正义的；而在前资本主义社会，个人拥有财产是以他"作为共同体的一个天然的成员"为前提的，处于被奴役地位的人并没有资格获得财产，因而在形式上是非正义的。

在前资本主义社会，特定的财产关系不仅是人与人之间形式非正义的根本原因，而且还造成了一部分人对另一部分人剥削的实质非正义。"凡是社会上一部分人享有生产资料垄断权的地方，劳动者，无论是自由的或不自由的，都必须在维持自身生活所必需的劳动时间以外，追加超额的劳动时间来为生产资料的所有者生产生活资料，不论这些所有者是雅典的贵族，伊特鲁里亚的神权政治首领，罗马的市民，诺曼的男爵，美国的奴隶主，瓦拉几亚的领主，现代的地主，还是资本家。"② 在这里，马克思分析指出，生产资料的私人所有权是导致了一切阶级社会的剥削，只不过剥削的形式不一样。按照著名分析马克思主义者埃尔斯特的说法，前资本主义社会的剥削属于非市场剥削，农业和地产形成了这一阶段经济秩序的基础；资本主义社会的剥削属于市场剥削，它以劳动者的自由身份为前提，各种形态的资本构成这一阶段经济秩序的基础。非市场剥削主要通过超经济的强制手段榨取剩余劳动，它以人与人之间的直接依附关系、劳动者的不自由身份为前提。通过非市场的超经济的强制手段，统治者几乎剥夺了生产者创造的全部社会剩余。社会剩余在所有前资本主义生产方式中都不是用来生

---

① 《马克思恩格斯全集》第 30 卷，人民出版社，1995，第 482 页。
② 〔德〕马克思：《资本论》第 1 卷，人民出版社，2004，第 272 页。

产性投资，而是由统治者用于艺术品、宗教、公共建筑等象征身份、地位以及优越性的非生产性消费，而被统治者由于等级归属不同，则不能公平地享有自己创造的社会剩余。非市场剥削虽然和市场剥削同样在实质上是非正义的，但非市场剥削建立在以生产使用价值为目的的自然经济形态上，因此受到共同体实际需要的限制；而市场剥削建立在以生产交换价值为目的的市场经济形态上，生产不再是为了使用，而是为了获得尽可能多的货币财富，追求货币的欲望不再受生理需要的限制，因而马克思认为剥削的程度甚至更加严重。

二 以物的依赖性为基础的人的独立性社会：形式正义但实质非正义

人类历史第二阶段的根本特征是"以物的依赖性为基础的人的独立性"。与前资本主义社会直接的人身依附关系相比，资本主义社会中的个人具有形式上的独立性，劳动者与资本家都获得了自由身份。劳动者和资本家一样，从形式（法律）上被承认为一个独立的人，劳动者拥有自己劳动能力的所有权和支配权。他可以自由地选择出卖或不出卖自己的劳动力，可以自由地选择任何一个雇佣者，也可以凭借自己的劳动赚来的货币购买任何消费品，他甚至可以凭借自己的努力和机遇成为一个雇佣者，等等。与传统社会的形式和实质双重非正义相比，资本主义社会取得了形式正义，这种形式正义的典型形式即权利正义。每一个人在法律面前都是平等的，每一个人都公平地享有宪法规定的自由权利，因此，从形式上来看，资本家和工人之间的关系是正义的。相对于传统社会的等级和特权制度，这种形式上的自由和平等是人类历史的伟大进步，形式上的平等和不受他者支配本身就是一种具有内在价值的成就。打破传统社会的等级和特权制度，确立人与人之间关系的形式正义是通过近代资产阶级革命完成的，马克思称之为政治解放，其标志是法国大革命时期颁布的《人权宣言》。

马克思对这种形式上的自由和平等及其相对于奴隶制或农奴制的历史进步性有过经典论述："就单个的、现实的人格来说，在这种情况下，工人有选择和任意行动的广阔余地，因而有形式上的自由的广阔余地。在奴隶制关系下，劳动者属于个别的特殊的所有者，是这种所有者的工作机……

在农奴制关系下，劳动者表现为土地财产本身的要素，完全和役畜一样是土地的附属品……对于自由工人来说，他的总体上的劳动能力本身表现为他的财产，表现为他的要素之一，他作为主体支配着这个要素，通过让渡它而保存它。"① 可见，相对于奴隶制或农奴制关系中的劳动者而言，资本主义社会中的工人作为独立的人格具有形式上的自由和平等，因为他有选择的广阔余地。这种形式上的自由和平等主要体现在交换领域，在这个领域，每一个交换者都是一个平等主体，并且彼此都把对方看作具有独立人格的代表。在这些交换者中，没有一个人能够把自己的意愿强加于另外一个人身上，因而是交互性的关系。可见，在交换领域，工人和工人之间、工人和资本家之间、资本家和资本家之间的关系都被看作正义的关系，他们具有任意处置或不处置自己任何财产（包括劳动力）的权利。之所以交换领域的关系被看作形式正义的，在美国学者古尔德看来，其原因就在于，除了作为交换者的关系，这些代理人之间在任何其他方面都是漠不关心的，我们把这种平等称为形式平等或抽象平等，也就是从他们所有个体差异中抽象出来的一种平等，商品之间的差异和交换者之间的差异都是与交换漠不相关的。② 也就是说，商品交换关系被平等地应用于所有交换者，而不考虑交换者的经济地位和实际需要的差异，因而在形式上是正义的。

和古典政治经济学家一样，马克思也把交换过程看作等价过程，在其中每一个交换者都是自由平等的，并得到了另一个交换者的承认，这也就是我们通常所说的交换正义。但是，由于工人除了自己的劳动力没有任何可供交换的财产，而资本家控制着工人生存所需要的客观条件，工人不能和资本家一样自由地不从事这种交换，所以，自由和平等仅仅是表面的虚幻现象，具有意识形态的虚假性。马克思在《资本论》中指出了这种形式自由和平等的欺骗性："罗马的奴隶是由锁链，雇佣工人则由看不见的线系在自己的所有者手里。"③ 新法兰克福学派的著名代表人物韦尔默曾富有见地地指出，马克思通过对资本主义生产方式的政治经济学批判揭示了自由、平等与私有财产之间的深层悖论，私有财产是导致工人与资本家之间在实质上不自由、

---

① 《马克思恩格斯全集》第 30 卷，人民出版社，1995，第 457 页。

② Carol C. Could, *Marx's Social Ontology* (Cambridge: The MIT Press, 1978), p. 148.

③ 〔德〕马克思：《资本论》第 1 卷，人民出版社，2004，第 662 页。

不平等的根本原因，私有财产具有显著的政治压迫性。在美国学者汉考克看来，资本家依据交换正义的概念为自己无偿获得的剩余价值进行辩护，劳动者的工资是同资本家自由讨价还价的结果，劳动者自愿接受了工资契约的条款，当工人接受低工资的条件时，从表面上看，资本家在交换领域并没有行使不正义的行为。况且，法律和制度对劳动者契约自由的保护，使工人与资本家在进行劳动力的买卖时处于平等地位。在资本主义社会中，作为占据统治地位的意识形态，自由主义和古典政治经济学把立足于交换过程的形式正义看作正义的终极形式，其目的是为现实生活中的实际不平等进行论证和辩护。极端自由主义者诺齐克秉承洛克式的自由主义传统，基于对个人自由权利的平等捍卫，不仅批判了罗尔斯平等主义的自由主义，而且认为个人自由权利的合法运用所导致的任何实际不平等都是正义的。

超越古典政治经济学的是，马克思主义认为，自由、平等仅仅在表层的交换领域中占据统治地位。要看透资本主义的真相，就必须跳出交换的经济现象，步入深层的占支配地位的生产领域，揭示资本主义生产方式的本质。在此，人与人之间的实质非正义性现象显露出来了：资本家对工人劳动产品的无偿占有发生了。简单的货币交换的形式正义关系遮蔽着资本主义社会实质上的不正义，起点上的正义与结果上的非正义之间出现了巨大的断裂。在生产领域，"作为原因，作为活动，工人被资本所吸收，并体现为资本。这样，交换转变成了自己的对立面，而私有制的规律——自由、平等、所有权——，即对自己劳动的所有权和自由支配权，转变成了工人没有所有权和把他的劳动让渡出去，而工人对自己劳动的关系，转变成了对他人财产的关系"①。资本家通过交换购买工人的劳动力，劳动力因而成为资本的生产力，工人劳动力的所有权和支配权转移给了资本家。劳动者在生产过程中并没有被看作一个平等者，资本家占有了工人创造的剩余价值却并没有像交换过程那样支付等价物，资本家剥削了工人，工人创造的价值不经等价交换便由资本家无偿占有，并且占有的量越来越大，平等的交换关系完全不存在了，变成了纯粹的假象，掩盖了实质上的不平等。马克思在讨论利润率趋向下降的规律时指出："社会资本所推动和所剥削的劳动的绝对量在增大，因而社会资本所占有的剩余劳动的绝对量也在增大；同样……单个资

---

① 《马克思恩格斯全集》第31卷，人民出版社，1998，第70页。

本家所支配的资本支配着日益增加的劳动量，从而支配着日益增加的剩余劳动量，甚至在这些资本所支配的工人人数并不增加的时候，也支配着日益增加的剩余劳动量。"① 可见，资本主义社会必然导致工人与资本家在收入上的两极分化，资本越来越集中，但是工人的生活水平并没有得到根本改善，工人创造的财富世界与自身的贫困形成越来越鲜明的对照。"劳动的客观条件对活劳动具有越来越巨大的独立性（这种独立性就通过这些客观条件的规模而表现出来），而社会财富的越来越巨大的部分作为异己的和统治的权力同劳动相对立。关键不在于对象化，而在于异化，外化，外在化，在于不归工人所有，而归人格化的生产条件即资本所有，归巨大的对象[化]的权力所有，这种对象[化]的权力把社会劳动本身当作自身的一个要素而置于同自己相对立的地位。"② 因此，资本自我增殖的逻辑必然导致工人与资本家在实质上的不平等，并且这种不平等的程度逐渐加深。

在整个资本主义制度体系中，位于这一制度深处的是资本主义生产资料私有制以及私有制的法律表现形式——私有财产权。无论是在资本主义社会，还是在前资本主义社会，财产私有都是产生实质非正义的根本原因。在社会历史进程中，财产所有权发生了悖论，本来财产所有权在洛克那里表现为以自己的劳动为基础，但是后来财产所有权表现为占有他人劳动产品的权利，表现为工人不能占有自己的劳动产品。资本主义私有制的独特性在于，在商品经济条件下它把私有财产与生产高度关联起来，使私有财产具有了生产功能。作为资本的私有财产能够在工人形式上自由平等的前提下源源不断地创造被资本家无偿占有的剩余价值，剩余价值的不断资本化使工人创造的同他对立的力量（作为他人的财产）越来越大。而在前资本主义社会自然经济占据统治地位，生产以物质产品为代表形式的使用价值为目的，其典型特征是自给自足，必然要受到生理、心理、储藏条件等方面的限制，因而是有限的。财产所有权并不能转化为具有不断增殖功能的资本，而是仅仅被看作物质财富的象征和奴役人的手段。而在现代资本主义社会，货币作为财富的一般代表，激起了人的无限占有的欲望，成为推动一切生产发展的主动轮，社会剩余财产因而被资本家源源不断地转化为资本。

---

① 〔德〕马克思：《资本论》第 3 卷，人民出版社，2004，第 241 页。
② 《马克思恩格斯全集》第 31 卷，人民出版社，1998，第 243~244 页。

资本主义的剥削制度具有不断自我复制的性质，不消灭这种剥削制度，根本无法实现人的自由解放。"资本主义生产过程在本身的进行中，再生产出劳动力和劳动条件的分离。这样，它就再生产出剥削工人的条件，并使之永久化。它不断迫使工人为了生活而出卖自己的劳动力，同时不断使资本家能够为了发财致富而购买劳动力。现在已经不再是偶然的事情使资本家和工人作为买者和卖者在商品市场上相对立。过程本身必定把工人不断地当做自己劳动力的卖者投回商品市场，并把工人自己的产品不断地转化为资本家的购买手段。"① 资本主义能够不断地生产和再生产资本关系本身，一方面生产了资本家和工人，另一方面生产了资本家和工人的关系。尽管资本作为一种生产方式，导致了严重的非正义，但马克思仍然肯定了资本的历史进步意义，和奴隶制、农奴制一样具有特定时期的历史正当性。资本作为一种截至目前最有效的生产方式，具有巨大的文明面，它创造了巨大的物质财富和自由时间，培养了个人关系和个人能力的全面性，等等。当前，我们进行社会主义市场经济改革，一方面，要充分发挥资本的文明作用，充分利用资本这一整合社会资源最有效的方式；另一方面，要给资本划界，把资本限制在经济领域，通过具体制度设计限制资本运作的范围，防止资本向道德和政治领域渗透，否则定会导致道德沦丧和政治腐败。

既然资本主义的正义仅仅是形式的、虚假的和表面的，发生了现象与本质的背离，资本主义法律上的正义甚至被马克思看作资本掩盖剥削的"戏法"和意识形态的幻想，那么一个超越资本主义的社会理应是超越了形式正义，实现了实质正义的社会。这样一个实现了实质正义的社会，即未来"自由个性"的社会，是马克思正义理论的最终旨归。

三 自由个性社会：形式非正义但实质正义

按照王新生、埃尔斯特、金里卡、胡萨米等人的观点，马克思在批判资本主义分配方式的非正义性时，明显地援用了共产主义社会的两个不同位阶的正义原则：按劳分配和按需分配。按劳分配作为共产主义初级阶段的正义原则，具有明显的两面性：一方面，它是谴责资本家凭借生产资料的所有权对工人进行剥削的非正义的正义标准，一个不劳而获的资本家代

---

① 〔德〕马克思：《资本论》第 1 卷，人民出版社，2004，第 665~666 页。

表了对按劳分配原则的违背；另一方面，从共产主义高级阶段的需要原则来看，它又是非正义的，因为和资本主义分配方式一样，它仍然属于形式正义而不是实质正义。由此，马克思的正义理论呈现为一个立体式的、具有等级之分的正义序列：交换领域的形式正义、生产领域的实质正义、按劳分配的正义、按需分配的正义。根据这一理论，按劳分配原则提供了一个在尚不具备实现需要原则的社会历史条件时的次优标准，是不得已而采取的分配方案。

针对资本家的剥削和不劳而获，马克思提出了按劳分配的正义原则，这一原则具有明显的历史进步性。但是，按劳分配所确立的平等权利仍然是资产阶级的权利，仍然被限制在资本主义的框架里，这种平等权利相对于资本主义的权利观念只是一种有限的进步，从性质上来看仍然属于形式正义。按劳分配用同一个标准衡量特殊的个人，所有人都被平等地看作劳动者。由于推翻了资本主义私有制，实行生产资料的公有制，任何人都不能凭借生产资料的所有权无偿占有他人的劳动成果，任何人获得的收入以及收入大小的唯一依据都是对社会的劳动贡献量。但按劳分配还不是实质正义，按劳分配作为平等权利原则具有两方面的"弊病"。一方面，它偏爱那些天赋较高的人，而间接惩罚了那些天资较差的人，默认了因天赋差异导致的收入不平等，虽然这种不平等在共产主义初级阶段是不可避免的，但正如柯亨认为的那样，是不正当的。对于按劳分配这方面的"弊病"，马克思并没有解释它基于什么原因成为"弊病"，借用罗尔斯对天赋与应得关系的理解，合理的推断是天赋高低并不是人为选择的结果而是偶然因素造成的，因而基于天赋导致的收入差异是非正义的。另一方面，它默认了劳动者因个人负担的不同所导致的实际所得的不平等，即便做出同等劳动贡献的人获得了同等的报酬，因为家庭负担的不同也会出现实质的不平等。对于按劳分配这方面的"弊病"，马克思也没有具体说明，我们同样推断个人家庭负担是由各种偶然因素造成的而非劳动者自己选择的结果，因而由此所导致的实际所得的不平等也是非正义的。按劳分配确立的平等权利原则仍然只是形式正义，它的普遍运用也必然会像在资本主义社会一样导致实质非正义。

当马克思分析按劳分配的上述"弊病"时，正如埃尔斯特和金里卡所认为的那样，他明显地诉诸一个更高的正义原则：按需分配。按需分配相对于按劳分配，其历史进步性体现在，它不是一个形式正义原则，而是一个实质正义原则。它克服了平等权利原则的形式弊病，充分考虑到了每一个人的个性和不同需要，而不是用同一个标准衡量不同的个人。正如马克思在《德意志意识形态》中所说："共产主义的最重要的不同于一切反动的社会主义的原则之一就是下面这个以研究人的本性为基础的实际信念，即人们的头脑和智力的差别，根本不应引起胃和肉体需要的差别；由此可见，'按能力计报酬'这个以我们目前的制度为基础的不正确的原理应当——因为这个原理是仅就狭义的消费而言——变为'按需分配'这样一个原理，换句话说：活动上，劳动上的差别不会引起在占有和消费方面的任何不平等，任何特权。"① 此段话表明，这个体现了彻底平等主义取向的按需分配原则超越了"按能力计报酬"（按劳分配）的一个根本点，是把正义与人性结合起来，它"以研究人的本性为基础"。根据马克思对人的本性的理解，我们接受李佃来、汉考克、胡萨米等人的看法：按需分配是基于每一个人自我实现的正义原则。

按劳分配原则仅仅把每一个人当作劳动者，从而把人当作抽象的、单一的人而不是具体的、全面的人，而这一点和古典政治经济学把人仅仅当作工人来考察并无性质上的根本差异。在共产主义高级阶段这一完全超越资本主义的社会，工人将被全面发展的个人取代。人远不只是一个劳动者，而是一个具有各方面需要的人，其中最高的需要即自我实现的需要。共产主义高级阶段的分配正义把满足每一个人的个性的充分实现当作正义原则，每一个人的个性都得到了充分重视，因而克服了按劳分配这一单一标准形式化的弊病。正是立足于每一个人的自我实现，不同的个人将具有不同的需要，马克思反对报酬上的平均主义，因为有些人的所得总会少于他们为了自我实现所需要的。马克思反对导致支配与奴役关系的不平等，却容许基于每一个人个性差异的自我实现的不平等。在共产主义高级阶段，不平等的分配不会导致对人的奴役和支配，每一个人都能够平等地获得自我实现所需要的社会条件，每一个有差异的个人都能获得充分的自我实现，因而需要原则表达的是结果上的实质正义。

根据以上分析，无论是前资本主义社会还是资本主义社会，存在剥削

---

① 《马克思恩格斯全集》第3卷，人民出版社，1960，第637~638页。

的根本原因在于生产资料的私人所有权，社会剩余落入拥有生产资料的这一部分人手中。如果生产资料掌握在自由联合起来的生产者手中，生产以民主的形式被联合起来的个人有计划地调节和控制，那么，就不会存在剥削。关于计划经济的具体细节，马克思只是进行了粗线条的勾勒，作为一个问题给后人留下了巨大的想象空间。通过与资本主义的生产组织形式进行对比，马克思说明了共产主义社会生产方式的基本特征："在以单个人的独立生产为出发点的第一种情况下……中介作用来自商品交换，交换价值，货币，它们是同一关系的表现。在第二种情况下，前提本身起中介作用；也就是说，共同生产，作为生产的基础的共同性是前提。单个人的劳动一开始就被设定为社会劳动。因此，不管他所创造的或协助创造的产品的特殊物质形态如何，他用自己的劳动所换取的不是一定的特殊产品，而是共同生产中的一定份额。因此，他也不需要去交换特殊产品。他的产品不是交换价值……在第一种情况下，生产的社会性，只是由于产品变成交换价值和这些交换价值的交换，才在事后成立。在第二种情况下，生产的社会性是前提，并且参与产品界，参与消费，并不是以互相独立的劳动或劳动产品之间的交换为中介。它是以个人在其中活动的社会生产条件为中介的。"① 在共产主义社会中，由于联合起来的个人共同占有生产资料和共同控制社会生产，生产直接是社会的生产，单个人的劳动一开始就是社会的劳动，不需要通过以货币为中介的交换直接根据自我实现的需要占有共同生产中的一定份额，因而消除了一切社会形态的剥削现象和共产主义初级阶段按劳分配所引起的实质非正义现象产生的社会历史土壤。一些人不可能通过控制另一些人活动的社会条件来控制他们的行动，因为每个人都能够平等地获得自我实现的条件，每个人都是目的而不再仅仅是手段，康德第二条"绝对命令"在这里获得了完全实现。人与人之间关系的首要形式从资本主义的经济关系转向共产主义完整意义的人的关系。

对此，当代西方政治哲学家金里卡的解读是值得重视的："在共产主义社会里，对资源的分配应该达到这样一个目的，即通过生产合作去促进人的自我实现……使生产资料社会化能够保证，每个人对于如何组织自己的工作与生活都具有有效的发言权，并且，每个人都能够通过组织生产去促

---

① 《马克思恩格斯全集》第30卷，人民出版社，1995，第122页。

进生产的内在价值而不是增加资本家的利益。"① 这进一步表明，财产权关系和生产方式的变革是每一个人自我实现的根本条件。生产资料的私人财产权与正义是不相容的，因为它剥夺了一部分人平等使用社会条件以发展自己的权利。在完整意义的共产主义社会形态中，人与人之间不再通过以货币为中介的交换而间接地、外在地发生联系，相反，人与人之间的关系是直接的、内在的，因而是真正人的关系，古尔德把这种关系称为"互依性关系"。然而，和前资本主义社会内在的、直接的关系不同，这种关系是建立在人格平等基础上的自由关系，而不是统治与服从关系，因而共产主义社会是彻底消除了异化的社会。每一个人通过帮助其他人满足需要来实现自己的目的，每一个人对其他人的帮助越大，他们之中的任何一个人越能自我发展，用马克思的话说即"每个人的自由发展是一切人的自由发展的条件"②。

对于共产主义社会中每一个人的自我实现，柯亨曾经有一段非常深刻的比喻："要想描述马克思所设想的共产主义生活，我们可以想象一个爵士乐队，在这个乐队里，每个演奏者都在努力成为一个音乐家。虽然每个人从根本上来说都想自我实现，而且这种自我实现既不是从乐队作为一个整体来说的，也不是从每个同伴单个意义上来说的，但是他的自我实现只有在每一单个的演奏者也能自我实现的情况下才能完成，这对乐队的每一个成员来说都是如此。"③ 柯亨把共产主义社会比喻为每一个演奏者都能获得自我实现的音乐会，每一个人在演奏的过程中都能获得自我实现的满足感，也只有每一个人都能自我实现，整个乐队才能达到最佳效果，个人的自我实现与社会的整体利益达到了完美的统一。人的自我实现的正义是马克思在批判资本主义社会非正义性的过程中建构起来的，传达出马克思对未来社会的展望，具有理想性和形而上学色彩，正因为如此，埃尔斯特才称其为"超历史"的正义。事实上，马克思的正义并不是超历史的，根据历史唯物主义的基本观点，自我实现的正义虽然具有理想性，但植根于深厚的历史土壤，与生产方式和具体的人性状况紧密地联系在一起。

---

① 〔加〕威尔·金里卡：《当代政治哲学》，刘莘译，上海译文出版社，2011，第205页。
② 《马克思恩格斯选集》第1卷，人民出版社，1995，第294页。
③ 〔英〕G.A.柯亨：《自我所有、自由和平等》，李朝晖译，东方出版社，2008，第142页。

第四章　马克思对资本主义非正义的
多维批判

马克思在政治经济学研究和革命实践过程中，通过对资本主义社会的病理学而非生理学的诊断，发现了资本主义社会是一个严重不正义的社会。资本主义社会的不正义表现在多个维度。第一，从经济维度看，工人受到了严重的不公正对待，工人自己创造的产品不归自己支配，反而归与自己对立的他者的支配。这就是资本主义的剥削现象，体现了人与人之间的严重不平等，通过对剩余价值产生机理的研究，马克思揭露了剥削产生的过程和秘密。资本主义社会经济上的不正义根源于生产资料的私有制，它是最严重的不正义，其他层面上的不正义根源于经济上的不正义。第二，从权利维度看，资本主义社会是一个正义的社会，这主要体现在权利本身是社会冲突的产物，资本主义社会将人从不平等的等级制度中解放出来，在人格平等的意义上赋予每个人以平等权利，以此调节现实生活中实际的不平等。马克思一方面肯定了资本主义权利的历史进步性，另一方面又批判了它的历史局限性，并在此基础上提出了更高位阶的权利理论。第三，从道德维度看，根据无产阶级的道德观念，资产阶级的生产方式和分配方式具有明显的非正义性，从资本积累的残酷性和野蛮性、资本增殖的压榨性和非人道性、资本逻辑导致的两极分化来看，资本的本性是反道德的、反正义的。第四，从精神维度看，资本主义的非正义表现在，资本的效用原则和增殖原则，造就了现时代精神生活的物化和虚无化。在马克思对资本主义非正义的四个维度的批判中，经济维度的批判是基础与核心，它决定了从权利、道德、精神维度对资本主义非正义的批判。

第一节　从经济维度批判资本主义的非正义

根据历史唯物主义关于社会存在决定社会意识的基本原理，分配正义作为分配财富与权利或衡量特定分配行为是否符合人们基本道德期许的价值观念，是社会生产发展到一定历史阶段的产物。作为一个社会问题，分配正义最早出现于第一大社会形态。当时，由于生产力水平极其低下，人的自然生产占据主导地位，相对于强大的自然，劳动只起到协助、补充的作用，物质生活资料的生产在马克思看来还只是"附带的事情"。人们只是像动物那样通过自然生产维系自身的基本生存以及生命延续，并没有能力创造出巨大的社会剩余。再加之特定的人身依附关系，个人不可能获得现代意义上的自由、平等、独立等自觉意识，也不可能形成具有社会普遍性的公正诉求，因而此时的分配不公成为社会的常态，分配正义根本无从谈起。直至资本统治的第二大社会形态，人类才有能力创造出巨大的社会剩余，为分配正义的产生提供了物质前提。此外，自由、平等观念深入人心，靠宗法、等级、血缘、地缘等人身依附关系支撑起来的赤裸裸的不平等社会被由得到一定自由且拥有不同数量财富的独立公民组成的平等社会所取代，此时分配正义才真正成为一个社会问题，对于财富和收入分配的正义诉求才可能取得普遍性的形式。下面，我们首先从经济层面具体看一下资本主义社会资本与正义的关系。工人在经济层面遭受的不正义主要体现在生产过程的剥削上。

马克思主义认为，尽管在交换领域，工人和资本家之间的关系具有形式上的正义性，但是在生产领域，工人和资本之间的深层关系从实质上来看是非正义的。与交换领域相反，资本和劳动之间的关系在生产领域是非交互性的，是不自由的和不平等的。马克思主义认为，资本与劳动之间的交换虽然遵循等价交换的原则，但这只是表面过程，仅具有形式上的正义性。在生产过程中，劳动被资本榨取，资本无偿地获得了剩余价值，因此从实质上来看是非正义的。由于看到了生产和交换属于两个分离且性质完全不同的过程，戈瑞·杨认为资本家和工人之间的关系既是正义的又是不正义的，这种观点具有一定的合理性，但他并没有看到交换领域的正义仅仅具有形式性。古典政治经济学家声称工人得到了公平的工资，也就是说工人的劳动获得了全部回报，但实际上资本并没有给出自己的等价物。资本主义意识形态上的欺骗性在等价交换中获得了明证，工人创造的被资本占有的剩余价值是所谓公平契约的结果，古典政治经济学以工资的形式掩盖了未付报酬的剩余劳动。

马克思的疑问是，如果工人以工资的形式获得了劳动的全部价值，那么生产过后增加的价值从何而来？"如果古典政治经济学家们是正确的，资本就是不可能的；如果他们解释说，资本没有付给工人其全部客观化劳动的等价物，那么，他们就会揭露资本在道德上的邪恶，因而会引起资本主义理论和实践的尖锐冲突。资本主义经济学家别无选择，只能成为制度的辩护者，这种制度需要他隐瞒事实。"① 马克思则直面事实本身，揭露出剩余价值绝不会从等价物中产生，从而根本不可能起源于流通，而是在生产过程中产生的，但剩余价值的实现发生在流通过程中。尽管生产过程可以说明工人被剥削以及被剥削的程度，但是对资本家来说，生产的产品无论是代表预付资本的部分，还是代表剩余价值的部分，只要它卖不出去或者只是卖出其中一部分，这种剥削就没有获得原样实现或者说只是部分地实现，甚至资本也会白白地损失掉。"进行直接剥削的条件和实现这种剥削的条件，不是一回事。二者不仅在时间和地点上是分开的，而且在概念上也是分开的。"② 资本主义构筑的"幻想"的经济体系不可能仅仅在生产过程中得到彻底说明，它是一个包括生产、分配、交换、消费有机结合的经济体系，舍此经济体系就会发生断裂，所以我们不能以一个现象与本质二分的思维架构考察资本主义经济关系的生产与流通，否则同样会陷入"幻想"。作为整体的资本主义经济体系在斯密看来是自然的自由体系，在这个体系内，任何生产者都有以自己的方式追求自我利益的自由，然而这个体系并非自然的，而只是一个特殊的生产关系体系。这种自由也隐含一个悖论：从表面上看，每个生产者似乎都按照自己的意愿进行生产，但是迫于竞争压力，每个生产者都以社会的需要为导向，实质上生产什么是由市场竞争压力决定的，而市场是不受个别人干预的。

马克思对剩余价值的思考是从生产过程和流通过程这两个层面出发的。资本在流通过程中购买了一个特殊的商品即劳动力商品，劳动力被购买之后在生产过程的使用中创造了一个比自身价值更大的价值，这个更大的价值通过将生产物重新卖给劳动者而获得实现。当然劳动者买回的并不是自

---

① 〔意〕马塞罗·默斯托编《马克思的〈大纲〉——〈政治经济学批判大纲〉150 年》，闫月梅等译，闫月梅校，中国人民大学出版社，2011，第 111 页。

② 〔德〕马克思：《资本论》第 3 卷，人民出版社，2004，第 272 页。

己生产的产品，而是这些产品作为一个总体，劳动者买回自己生产的产品。这意味着剩余价值的产生与实现必须在社会总资本中进行思考，而不能停留在单个资本上。对单个资本家来说，他与劳动者的关系不是生产者与消费者的关系，而是尽可能地限制劳动者的消费，压低他们的工资，减少他们的交换能力，增加他们的生产时间。但是，任何一位资本家都希望其他资本家的劳动者成为他自己的消费者，为实现剩余价值提供尽可能大的空间。正因为从总体上看资本家与劳动者的关系是生产者与消费者的关系，这就产生了一个幻想："对于每一个资本家来说，除了他自己的工人以外，所有其他的工人都不是工人而是消费者；是交换价值（工资）即货币的所有者，他们用货币来换取资本家的商品。"① 这种幻想使工人作为货币所有者、交换者与消费者而不是作为劳动者出现在资本主义经济体系中，劳动者从资本支配的关系中"脱离"出来。劳动者作为劳动者的规定性消失了，成为与资本家相对立的主体，消费者成为主权者，资本家将满足他们的需求，因而可以说资本主义的经济体系对承担任何社会角色的人都是自由平等的。

与后资本主义社会的按劳分配和按需分配相比，资本主义社会的分配模式属于按资分配，工人的劳动产品不归自己支配而属于资本的财产，资本家作为少数个人通过他们掌握的生产资料所有权获得了由工人阶级创造的整个社会的大部分财富，即产生了马克思所说的异化。随着资本主义的发展，工人创造的财富越来越多，这被一个对生产者漠不关心的资本家阶级享有，因而资本自身的财富越来越增加，资本权力越来越大，而工人自身却越来越贫困，越来越服从，因为工人劳动的创造力作为他人的权力，作为资本的力量同他相对立。于是，马克思写道："这种情况表明，通过劳动本身，客观的财富世界作为与劳动相对立的异己的权力越来越扩大，并且获得越来越广泛和越来越完善的存在，因此相对来说，活劳动能力的贫穷的主体，同已经创造出来的价值即创造价值的现实条件相比较，形成越来越鲜明的对照。劳动本身越是客体化，作为他人的世界，——作为他人的财产——而同劳动相对立的客观的价值世界就越是增大。"② 一个阶级凭

---

① 《马克思恩格斯全集》第30卷，人民出版社，1995，第400页。
② 《马克思恩格斯全集》第30卷，人民出版社，1995，第447页。

借生产资料的所有权通过把整个社会的负担强加于另一个阶级身上而垄断了一切物质财富和精神财富的分配，资本主义的矛盾集中表现在一极的财富积累与另一极的贫困积累之上。"在一极是财富的积累，同时在另一极，即在把自己的产品作为资本来生产的阶级方面，是贫困、劳动折磨、受奴役、无知、粗野和道德堕落的积累。"① 劳动不仅生产了自身的贫穷和他人的财富，而且不断地再生产他人财富与自身贫穷之间的关系，不断地再生产资本与劳动之间的关系，因而不断地再生产工人与资本家之间的不正义分配关系，并使这种关系越来越稳固，异化成为整个资本主义生产过程的永恒特征。在美国学者古尔德看来，异化是非交互性关系，因为资本在经济活动中控制并指挥着工人的生产劳动，而工人并没有同等的权力控制并指挥资本的运作。可见，工人与资本家收入两极分化的根本原因不在于能力的大小、运气的好坏，而在于谁掌握着这个社会的决定力量——资本，以及掌握资本的大小。

马克思主义认为，劳动产品的全部价值都是由工人劳动创造的。工人的劳动可分为必要劳动和剩余劳动。必要劳动创造的价值等于维持工人自身和家庭成员生命活动再生产所需物品的价值，在经济活动中以工资形式表现出来；剩余劳动创造的价值是超出维持其生存所需物品的价值，这一部分价值被称为剩余价值。资本家凭借生产资料的所有权无偿占有了由工人创造的剩余价值，这就是马克思所说的剥削，剩余价值率体现了无产阶级遭受剥削的程度。在《资本论》及其手稿中，马克思常常把资本家对工人的剥削说成对工人劳动产品的"夺取""窃取""掠夺""盗窃""榨取""篡夺""偷窃"等。对此，分析马克思主义者柯亨曾做过如下富有见地的分析：资本家对工人的剥削即盗窃，盗窃是做不正义的事情，拿走了本属于别人的东西，基于盗窃的资本体系就是基于不正义。笔者接受柯亨的这个观点。但是，关于资本主义剥削非正义性的提法却遭到了塔克、伍德、艾伦、布伦克特等不少学者的质疑：尽管马克思把资本家对工人的剥削称作"掠夺"和"盗窃"，但并不能由此得出他把资本家对工人的剥削看作非正义的这一结论。例如，伍德就曾认为："资本对劳动者的剥削并不是一种不正义，而是一种奴役……值得反复申明的是，虽然这种奴役对工人来说

---

① 〔德〕马克思：《资本论》第 1 卷，人民出版社，2004，第 743~744 页。

是一种凄惨、堕落和不满的源泉，但它并非一种不正义。"① 笔者认为，这种质疑是不成立的。马克思在《资本论》第一手稿中指出："认识到产品是劳动能力自己的产品，并断定劳动同自己的实现条件的分离是不公平的、强制的，这是了不起的觉悟，这种觉悟是以资本为基础的生产方式的产物，而且也正是为这种生产方式送葬的丧钟。"② 尽管马克思在这里并没有直接说剥削是非正义的，但是"断定劳动同自己的实现条件的分离是不公平的"无疑暗示一种关于"剥削"的价值判断，因为剥削的一个根本特征就是"劳动同自己的实现条件的分离"。从马克思把这个价值判断看作"了不起的觉悟"可知，他是赞同这一价值判断的。所以，正如胡萨米、埃尔斯特所认为的那样，马克思把资本主义剥削即资本主义的分配制度看作非正义的。

资本不断地突破既定的界限。这种界限阻碍资本的推进，突破这种界限意味着货币财富不断地投资于扩大再生产而不断积累，但是资本对界限的不断克服和不断超越不是为了人类，而是为了营利。营利从表面上看并非资本主义社会独有的特征，在马克思看来，商业资本和高利贷在古代和中世纪都是营利的形式，但它们都是在共同体的缝隙中找到位置的，它们以共同体之间存在的差异为前提，这种差异是通过自然条件被赋予共同体的。不同的共同体存在于不同的自然环境中，他们的生产资料和生活资料也因此不同，因而在共同体接触的地方产生了产品之间的交换，交换并没有造成共同体生产领域之间的差别，而是使这些生产领域之间发生联系，并让它们变成社会总生产中相互依赖的部门。"古代的商业民族存在的状况，就像伊壁鸠鲁的神存在于世界的空隙中，或者不如说，像犹太人存在于波兰社会的缝隙中一样。"③ 正因为如此，商业资本虽然削弱了传统社会的自然经济基础，但始终不能全面地颠覆旧有的生产关系。高利贷和商业资本纠缠于占统治地位的自然经济的波动和无常之中，它只是自然经济的一个补充和附属物，因此具有偶然性的特征。而资本主义的营利具有系统性而不是偶然性，因为资本主义的生产关系使生产规模越来越大，而不是像前资本主义社会那样，商业资本和高利贷逐渐削弱自身的生产基础。资

---

① 〔美〕艾伦·伍德：《马克思对正义的批判》，载李惠斌等编译《马克思与正义理论》，中国人民大学出版社，2010，第34~35页。
② 《马克思恩格斯全集》第30卷，人民出版社，1995，第455页。
③ 〔德〕马克思：《资本论》第3卷，人民出版社，2004，第368页。

本的自组织扩张结构使科学技术的进步、劳动生产率的提高与对剩余价值的榨取相互结合起来，科学技术的进步提高了劳动生产率，劳动生产率的提高使营利越来越多，营利反过来又促进技术进步和劳动生产率的提高。资本主义营利的系统性并不是指每一个资本家都会营利，而是作为一个总体资本的营利具有系统性，就像工人不依赖于某个特定的资本家而是依赖于资本总体那样，营利的系统性是从总体而言的，因此不正义在资本主义社会也表现为总体的不正义、资本结构的不正义。

　　马克思指出："只要商业资本是对不发达的共同体的产品交换起中介作用，商业利润就不仅表现为侵占和欺诈，而且大部分是从侵占和欺诈中产生的。"① 根据资本主义社会的等价交换和诚信原则，前资本主义社会的赤裸裸的"侵占"和"欺诈"是严重的不正义。商业资本充当共同体之间的中介，这些共同体生产的基本上都是使用价值，进入流通的那部分剩余产品按照其价值出售还处于次要地位。另外，与商人进行交换的另一方是剩余产品的主要所有者：奴隶主、封建主、君主等，商人通常会设套猎取这些供人享受的财富，亚当·斯密与马克思都曾指出了这一点，传统社会的商业资本是与海盗行径、暴力掠夺、绑架奴隶等不文明的行为直接结合在一起的。在资本主义社会，资本变得"文明"和"正义"，资本的营利方式建立在流通领域的公平竞争之上，不仅表现在工人与资本家之间的竞争上，而且表现在资本家与资本家之间的竞争上。马克思通过对剩余价值产生机制的分析，说明了商业营利、金融营利等从根本上来自产业资本中工人创造的剩余价值，因而产业资本是最重要的资本形式。正如澳大利亚学者亨特所说："马克思对资本主义生产方式中资本的独特动力学的解释，是从说明它的积累开始的，这种积累的基础是由工业资本所主导的一般商品生产体系对雇佣劳动的剥削。这种形式的资本在其动力学上跟早期的营利形式，如高利贷和投机商业资本截然不同。尽管高利贷和投机资本都残留在资本主义社会形态中继续发挥作用，但一般意义的生息和商业资本都从属于工业资本的积累和发展，并在工业资本自组织扩张的过程中发挥着附属作用。"② 这也证明了经济体

① 〔德〕马克思：《资本论》第3卷，人民出版社，2004，第368页。
② 〔澳〕伊安·亨特：《分析的和辩证的马克思主义》，徐长福等译，重庆出版社，2010，第187页。

系的其他方面依赖于生产，生产的不正义是最根本的不正义。

所有形式的资本营利最终都要归结到一点：对工人创造的剩余价值的榨取和瓜分。马克思区分了两种生产剩余价值的方式：绝对剩余价值生产和相对剩余价值生产。通过延长劳动时间或者增加劳动强度而产生的剩余价值为绝对剩余价值，之所以用"绝对"这个词来形容剩余价值，就在于它不是在比较中阐述剩余价值的产生，而是具有自我规定的性质，这个词蕴含剩余价值的原初状态意蕴。马克思在这里已经为相对剩余价值的研究作好了铺垫。资本家在交换过程中购买了工人的劳动力，劳动力有一个独特的使用价值：能够创造比自身价值更大的价值。资本家就是认准了劳动力的这点独特作用，使工人的劳动时间超过形成劳动力价值的时间，超过的时间部分所创造的价值就是剩余价值。"劳动力的价值和劳动力在劳动过程中的价值增殖，是两个不同的量。资本家购买劳动力时，正是看中了这个价值差额。"① 为了获得更多的剩余价值，资本家会尽可能地延长劳动时间，我们举例说明，如果一个工作日的劳动时间为 8 小时，其中 4 个小时为必要劳动时间即弥补工人工资的那部分时间，那么剩余的 4 个小时是创造剩余价值的剩余劳动时间，工人遭受的剥削率为 4/4 = 100%。假如工作日延长到 10 个小时，那么剩余劳动时间就从 4 个小时变为 6 个小时，工人遭受的剥削率为 6/4 = 150%。可见，工作日是一个可变的量，但它的延长有道德和生理的限制，并且这种延长只能大致满足一下资本自我增殖的欲望。"把工作日延长到自然日的界限以外，延长到夜间，只是一种缓和的办法，只能大致满足一下吸血鬼吮吸劳动鲜血的欲望。因此，在一昼夜 24 小时内都占有劳动，是资本主义生产的内在要求。"② 但 24 小时日夜不停地榨取同一劳动力从生理角度讲是不可能的。因此，资本家又通过绝对剩余价值生产的另外一种方法即增加劳动强度来提高剥削率，但这同样也有身体的自然界限。

如果说延长工人的劳动时间有一个劳动力需要维持生命的持续存在这样一个自然界限或绝对界限，以便维持劳动力的持续不断的供应，保证资本主义生产体系持续运转下去，那么通过科学技术的进步提高劳动生产率以减少必要劳动时间而增加剩余劳动时间的方法（相对剩余价值生产）则

---

① 〔德〕马克思：《资本论》第 1 卷，人民出版社，2004，第 225 页。
② 〔德〕马克思：《资本论》第 1 卷，人民出版社，2004，第 297 页。

没有固定的界限，必要劳动时间在理论上可以无限地缩短下去。在相对剩余价值生产中，资本价值的增加不是劳动的总量增加了，而是相对量增加了。也就是说，工作日内的劳动时间没有增加，但由于必要劳动时间减少了，相对剩余劳动时间就增加了。这段剩余劳动时间一旦被客观化，它就转化为剩余价值。如果撇开劳动力商品价值的历史、文化和社会环境的影响，那么随着劳动生产率的提高，再生产劳动者生活所需要的商品的劳动时间就会缩短，因而剥削率就会提高。例如，如果一个工作日为 8 个小时，必要劳动时间为 4 个小时，那么剩余劳动时间同样为 4 个小时。现在假如工作日还是 8 个小时，由于科学技术的进步和劳动生产率的提高，必要劳动时间缩短为 2 个小时，剩余劳动时间增加到 6 个小时，那么剥削率就从 $4/4 = 100\%$ 上升为 $6/2 = 300\%$。可见，相对剩余价值生产是资本剥削工人和自我增殖的主要形式，马克思的主要兴趣也在这里。资本的技术创新与剩余价值的获取内在地统一起来。大卫·哈维通过对《资本论》的解读准确地指出："从马克思形成论述的方法中，我们可以看到，在个人资本家之间存在巨大跳跃式的技术创新的激励。如果我在一群人中处于领先地位，我比你拥有更先进、更有效率的生产体系，我就会在三年中获得短暂的剩余价值，你随后会追上我并超过我，并获得三年的短暂的剩余价值。所有个人资本家都在通过新技术去捕捉剩余价值。这就是资本主义的技术动力。"[1]

第二节 从权利维度批判资本主义的非正义

在马克思看来，通过资产阶级政治解放所实现的市民社会与政治国家的分离是人类历史上的伟大进步，它颠倒了前资本主义时期市民社会与政治国家的关系。市民社会作为物质关系的总和，作为生产力与生产关系的总和，决定了国家、法律、权利等政治上层建筑的内涵和性质。资产阶级政治解放颠覆了前资本主义政治国家对市民社会的封建和宗教统治，市民社会以及其中的公民获得了政治解放，个人不再依附于某个建立在血缘或宗教关系上的政治等级，每一个人都成为自由独立的个体，每一个人在国

---

① 〔美〕大卫·哈维：《跟大卫·哈维读〈资本论〉》，刘英译，上海译文出版社，2014，第187 页。

家面前都是平等的公民，每一个人都公平地享有法律规定的基本权利。正如黑格尔所言，现代社会确立了平等的人格，人之所以为人，正因为他是人，而不是因为他是犹太人、德国人、意大利人，或是天主教徒、基督教徒。对于现代资产阶级国家来说，它的功能之一就是保障每一位公民的基本权利，保障每一位公民追求自己私人利益的权利，使所有个人的平等的"任性自由"成为可能。在经济方面，我们已经分析了资本家如何剥削工人，产生了不正义。在权利方面，通过启蒙运动和政治解放，权利平等观念深入人心，在资本主义制度下，每一个人都平等地享有法律规定的权利，因此，从表面上看是正义的。最重要的权利包括自由、平等和财产权。但是，在资本主义社会，权利的分配果真是正义的吗？每一个人都能平等地享有权利吗？为什么权利被许多分析马克思主义者看作意识形态的幻觉？共产主义社会还有存在权利的必要吗？权利和剥削究竟有无联系？这些都是我们进一步要论证的问题。

一　资本主义的权利正义及其虚幻性

尽管每一个人都可以平等地享有宪法规定的基本权利，并且这种权利得到政治制度的保障，权利确保了人与人之间形式上的平等，但是这并不意味着个人之间没有差别，只不过这种人与人之间的差别从政治和特权等级转移到了拥有财产的数量多寡上。财产数量的多寡决定了力量的大小，决定了行使权利能力的大小。资产者与劳动者尽管平等地享有宪法规定的基本权利，但是在市民社会的博弈中，资产者凭借经济上的优势实际上拥有更大的权利。也就是说，在资本主义社会，一方面是形式上、法律上的自由平等的普遍承诺，另一方面是实质上的不自由不平等逐渐加深。前者导致了传统奴役制度和依附关系的解体，后者则意味着一种新的奴役制度的产生。① 资本正是以法律规定的财产权的名义剥夺工人创造的剩余价值，资本正是以自由、平等等天赋人权的名义迫使工人出卖自己的劳动力。因此，资本主义实现了权利上的形式平等，这是历史的进步，但是这种权利具有形式性与虚假性，并且作为反映资产阶级利益的意识形态，它巩固了资本与劳动二元分离的社会结构。资产阶级从未在经济或政治上实现自己

---

① 阎孟伟：《在马克思实践哲学的视野中》，武汉大学出版社，2011，第486页。

所承诺的自由和平等的人道主义目标。正如韦尔默所言："一种以财产所有者之间的交换关系为基础的普遍自由和平等的制度必然预设资本对雇佣劳动的剥削；因此，与它的意识形态断言相反，它实际上反映了一种阶级统治的形式。"① 以等价交换为基础的自由和平等权利的实现必然是一种事实上不平等和剥削制度的实现。所以，马克思既承认权利是完全真实的，又在他的进一步分析中赋予权利以独特的幻觉性。

面对资本家对工人的剥削、两极收入差距扩大等社会不公问题，作为资本主义意识形态的古典自由主义，为了论证资本主义剥削的合理性和其生产方式的永恒性，把正义看作社会存在与正常运行的支柱，力图使私有财产权完全符合正义理念。权利原则构成了自由主义正义理论的基础，它通过对权利平等的强调来论证市场经济条件下收入分配的正义性。权利原则肯定了生产资料私有财产权的正义性，从而在逻辑上和实践上承认了由生产资料的私有财产权所导致的两极收入差距过大的正义性。劳动者与资本家具有平等的权利，在资本主义制度下没有任何一项法律强迫劳动者接受较低的工资。资本家根据权利平等宣称其对剩余价值的占有并非不正义，因为从表面上看，资本家和工人具有平等的权利，他们拥有同等的自由，可以就工作环境和收入进行讨价还价，任何工资契约条款都是工人自愿接受的。既然工人具有平等的自由权利，且工人是自愿接受工资契约的，因此资本家就有可能宣称，工人的收入无论怎样都是正义的。艾伦·伍德与德雷克·艾伦之所以坚持认为资本家与工人的工资关系是正义的，其主要原因就在于这种工资关系的缔结是建立在权利平等基础之上的。

果真像伍德他们宣称的那样吗？伍德抽离了工人与资本家具体的交易环境，把交易看作永恒正义的，但事实上这种交易环境明显地不利于工人，因为资本家控制了生产资料，工人迫于生计只好向资本家出卖自己唯一的财产——劳动力，尽管它看上去像是自由契约的结果。即便这种交易在形式上是正义的，但其在实质上也是非正义的，劳动者所拥有的实际自由要远远低于资本家，因为工人通常会由于经济境况的压力而被迫签订低工资契约，而资本家则没有类似的压力。如果不能顺利地出卖自己的劳动力，对于工人来

---

① 〔德〕阿尔布莱希特·韦尔默：《后形而上学现代性》，应奇等编译，上海译文出版社，2007，第45页。

说，则意味着无法获得面包；对资本家来说，则仅仅意味着缺少一个用于创造剩余价值的劳动力。拥有权利与享有权利并不是一回事，尽管每一个人都平等地享有法律规定的权利，但是现实经济地位的不平等使弱势群体根本没有能力享有权利。从表面上看，资本主义的权利原则是主张平等的，但实质上却带来了不平等，作为一种意识形态，它是为资本剥削的正义性进行论证的。如果超出交换领域深入生产领域探究剩余价值的产生机制，我们便会发现，表面上的自由与平等更是走向了自身的反面，让位于异化与剥削。虽然资本主义的权利原则确认了市场主体的自由和平等，相对于前资本主义社会的等级和特权制度是人类历史的伟大进步，但它以抽象人性为前提，抽象掉了现实生活中经济地位的不平等和经济状况的差异。

在马克思看来，交易中的自由和平等权利只是骗人的表象，根本不是正义的。他指出："活劳动能力属于本人自己，并且通过交换才能支配它的力的表现。双方作为人格互相对立。在形式上他们之间的关系是一般交换者之间的平等和自由的关系。至于这种形式是表面现象，而且是骗人的表面现象……就单个的、现实的人格来说，在这种情况下，工人有选择和任意行动的广阔余地，因而有形式上的自由的广阔余地。"① 与资本家具有变换雇员的自由一样，工人也具有同等地变换雇主的自由。布坎南与埃尔斯特都曾指出，交换领域中的自由和平等权利具有明显的意识形态欺骗性。布坎南认为："在资本主义的意识形态领域流行的正义观念和更为具体的分配正义观念都非常强调自由和平等的地位。通过把视角限定在劳动工资的交易本身，那些为资本主义的意识形态所迷惑的人就能支持自由和平等的理念，并证明这种劳资关系是合法的，而最后整个社会关系也是建立在这种理念之上。"② 自由和平等的权利观念在资本主义社会处于主导地位，但我们并不能从表面价值看待它们，认为它们真实地反映了工人所处的社会境况。不拥有生产资料的人与拥有生产资料的人之间的交易不可能真正是自由平等的交易，资产阶级与无产阶级就是根据是否拥有生产资料的所有权来界定的。只有废除资本主义生产资料的私人所有权，才能在根本上实现自由和平等。

---

① 《马克思恩格斯全集》第 30 卷，人民出版社，1995，第 457 页。
② 〔美〕艾伦·布坎南：《马克思与正义》，林进平译，人民出版社，2013，第 70 页。

二 商品交换结构与现代平等问题

平等是现代社会的核心价值理念，现代政治哲学在政治理性主义的立场上对之进行了系统地论证和辩护。与古典城邦时代把平等看作等级内部的社会规范不同，现代政治哲学破除了宗教信仰、社会习俗、伦理习惯、政治身份等特殊因素的限制，把平等看作个人在理性层面的形式平等。每一个人的自由通过理性的启蒙都能得到充分伸张，每一个人都成为"自我立法"的理性主体，破除了迷信、权威、神、偏见对个人的奴役，从而实现自我救赎和解放。在对资本主义经济关系进行政治经济学批判的过程中，马克思发现了现代平等产生的经济基础，并论证了这一平等在理念与现实之间的深层悖论。在《资本论》及其手稿中，马克思把商品交换关系看作现代平等产生的客观机制，认为平等不是现代政治哲学通过抽象理性的方式建构的产物。在马克思对商品交换结构的分析中，等同性是其中的一个关键因素，交换客体、交换中介、交换主体在等同性的意义上蕴含现代平等，但商品交换结构却蕴含使这种平等走向悖论的现实因素。对商品交换结构与现代平等辩证关系的澄清，一方面有助于深化对现代平等的根源和实质的理解；另一方面为挖掘政治经济学批判的政治哲学意蕴提供了一种尝试性的思考。

前资本主义社会的商品交换出现在共同体与共同体之间的边界处，劳动产品并未普遍性地采取商品形式，在整个共同体生活中，商品交换只具有非常有限的意义。即便存在商人和商品交换，但从总体上看，生产的目的是获得使用价值而不是交换价值，"绝大部分产品是为了直接满足自身的需要，即作为使用价值来生产的"①。与之相应，人与人之间的关系体现为直接的人身依附关系。商品交换实际上存在，却受到了限制。比如，在古希腊政治哲学中，以获得利润为目的的交换被视为"非正义"的，但强制奴隶劳动被视为"正义"的。对腓尼基等商业民族而言，他们对长途商品交易是持肯定态度的，但在共同体内部却对商品交换行为持否定态度。这正是韦伯所说的"双重道德"，即共同体内部和外部采取不同的道德规范，商品交换的原理对共同体内部的渗透和瓦解非常有限。在这样的历史情境

---

① 《马克思恩格斯全集》第32卷，人民出版社，1998，第43页。

中，无论商品交换得到怎样的发展，它也不可能完全冲破伦理习俗、道德规范、宗教信仰、政治制度的限制，而是采取从属且必要的形式持续和有限的发展。"只是随着资本主义生产的发展并且只是在资本主义生产的基础上，产品才全面地采取商品形式。"① 到了现代社会，随着资本的兴起和发展，商品作为普遍化的存在成为社会财富的本质内容，商品交换规定着人们之间的社会关系。从前资本主义社会有限的商品交换到资本主义社会普遍的商品交换，这不是量的积累，而是从量到质的跃迁，导致了社会存在、思维方式和价值观念等方面的转型。

根据《资本论》对资本主义商品交换进行的"纯粹形式"分析，商品交换包括三个不同环节：一是交换客体，不管商品的特殊本性如何，它都与要交换的商品具有同等价值；二是交换中介，货币作为交换中介是所有商品的普遍等价物；三是交换主体，排除了人身依附关系，他们是平等的交换者。可以说，资本主义商品交换在客体、中介、主体上都蕴含一种等同性关系，成为现代形式平等产生的基础。"现代平等理念植根于一种社会平等形式，它伴随着商品形式的发展……而历史地兴起了。"② 正是由于商品交换关系是形式上的自由平等关系，资产阶级经济学家和政治学家都以此为论据证明资本主义制度的合理性，商品交换甚至是劳动力和资本的交换都没有出现操控和强制等不平等现象。然而，商品、货币、交换和市场等变成了卢卡奇意义上的"第二自然"，成为结构化客观秩序的一部分而不得不接受。所以，并不是人的意志渗透进商品和商品交换中，而是商品和商品交换的强制性渗透进人的意志中。需要注意的是，由商品交换关系所建构的人与人之间形式上的平等关系相对于前资本主义社会的人身依附关系是世界历史的进步，代表了社会构成体的根本变化，马克思对此给予了充分肯定，把它看作通往共产主义社会的必经阶段。在对商品交换结构的分析中，马克思呈现现代平等产生的客观机制。下面，我们首先分析商品即交换客体的等同性及其所蕴含的形式平等。

在商品世界，一切劳动产品都成为商品，没有高下之别，皆可进行交

---

① 《马克思恩格斯全集》第35卷，人民出版社，2013，第77页。
② 〔加拿大〕莫伊舍·普殊同：《时间、劳动与社会统治：马克思的批判理论再阐释》，康凌译，北京大学出版社，2019，第190页。

换。从交换客体来看，"它们不仅相等，而且确实必须相等，还要被承认为相等……它们本身的价值相等，并且在交换行为中证明自己价值相等"①。商品交换若要取得成功，必须首先将商品的一切质性差别都过滤掉，使商品呈现为量的存在，建立商品之间的等同性关系，即纯粹形式上的平等关系。商品之间要建立等同性关系，这在逻辑上涉及三个不同层级的抽象。抽象不单是主体的心灵实践，而且是在交换关系中实际发生的，为了获得量上的同一性，质上的差别被抽象掉，这被索恩·雷特尔称作"真实的抽象"，是比心灵抽象更为根本的抽象形式。"商品不是相等的，而交换将它们设定为相等的。这个设定贯彻了一个进一步的抽象，这个抽象使得用于交换的商品数量化约为抽象的量本身。"② 可见，真实的抽象建立了商品之间的形式平等关系，它以量的方式使商品彼此等同起来。

一是把使用价值抽象为价值。商品不仅指涉一个特定的对象，更是指向一种客观的社会关系，这一社会关系的特点在于它具有内在于社会结构的二重性：使用价值与价值。商品不仅具有特定质的属性的使用价值，而且有共同的价值形式，完全独立于其物质内容之外，是可以用量的方式来把握的抽象均质实体。结构化的交换关系包含一个持续的抽象活动，建立起商品之间的价值等同性。商品的可交换性在于从使用价值的特殊性中抽象出价值形式的等同性，这是商品诸关系中一个共同的本质。商品的价值形式抹平了其在使用价值上的任何质的不同，将彼此视为抽象等同的。作为抽象等同性的价值形式是实体，使用价值只是扮演价值形式承担者的角色。正如约翰·阿瑟所言："当物品（goods）沦为商品交换中统一形式的诸要素时，它们就被看作其抽象本质（价值）的无差别实例。"③ 使用价值的特殊性使其无法形成共同尺度，抽象普遍性的价值形式使交换中纯粹量的关系得以确定，"商品总以一定的数量彼此相等，在交换时相互替代，当作等价物"④，交换因而才可能顺利进行下去。在商品交换普遍化的社会中，

① 《马克思恩格斯全集》第30卷，人民出版社，1995，第196页。
② 〔德〕阿尔弗雷德·索恩-雷特尔：《脑力劳动与体力劳动：西方历史的认识论》，谢永康、侯振武译，南京大学出版社，2015，第36页。
③ 〔英〕克里斯多夫·约翰·阿瑟：《新辩证法与马克思的〈资本论〉》，高飞等译，北京师范大学出版社，2018，第90页。
④ 《马克思恩格斯全集》第31卷，人民出版社，1998，第421页。

价值形式是结构化交换关系中最为根本的要素。价值形式的等同性和普遍性成为商品的本质规定，而作为质的使用价值却成为商品的外在规定，这是一个重要的翻转，它意味着社会关系发生了根本变化。

二是从具体劳动中抽象出抽象劳动。商品区分为使用价值和价值的根据何在？价值形式的等同性是根据什么建立起来的？在寻求答案的过程中，马克思揭示了具体劳动和抽象劳动的二重性。对于使用价值而言，纺纱、织布、制衣等具体劳动形式是极其重要的，但对于价值而言，抽象劳动才是实体。"就使用价值说，有意义的只是商品中包含的劳动的质，就价值量说，有意义的只是商品中包含的劳动的量，不过这种劳动已经化为没有进一步的质的人类劳动。"① 1 件上衣在价值上与 X 码麻布相等，是因为缝和织的具体劳动被抽象为它们共同的东西即无差别的一般人类劳动，前者包含的劳动量与后者包含的劳动量相等。商品在交换关系中从使用价值的质到价值等同性的量的转变，并不是直接完成的，商品之间量的关系是通过抽象劳动这一中介才完成的。商品性劳动的二重性建构了一个二元世界：具体维度的世界和抽象维度的世界。具体维度表现为不可通约的客观的、物质的商品聚集，抽象维度表现为均质的、等同的、普遍的形式化世界，后者是商品世界的实体和本质，前者是后者的载体和表现形式。各种具体劳动的特殊性被平等地简化为它们的公分母，即抽象人类劳动，它在具体劳动中间建立了等同性。由抽象劳动建构的均质化世界是现代平等诞生的社会历史前提，而古典政治经济学恰好反过来以这一平等理念为基础建构自己的理论体系。

三是把个体劳动时间抽象为一般劳动时间。当各种具体劳动被抽离掉质时，其特殊形式就不见了，剩下的只是抽象劳动本身，劳动的量因而获得了支配性地位。那么，劳动的量表现在哪里呢？马克思指出："假定劳动的质已定，劳动本身的持续时间的长短就是劳动所能具有的唯一差别。"② 把一切商品价值简化为无差别的一般劳动时间是每天都在进行的抽象，一般劳动时间从个别劳动时间中抽象出来，它是个别劳动时间的平均化，尽管在不同的时代和国家是不同的，但在特定社会却是一定的。只有在这种

①　《马克思恩格斯全集》第 44 卷，人民出版社，2001，第 59 页。
②　《马克思恩格斯全集》第 31 卷，人民出版社，1998，第 422 页。

现实抽象中，各种不同的劳动才能够按照劳动时间的量进行比较和交换。在交换关系中，个人的劳动要成为交换价值，必须使个人的劳动时间等同为一般劳动时间。在一般劳动时间面前，任何个人的劳动都没有特殊性，都要平等地接受一般劳动时间的统摄和规制，都要毫无例外地被还原为一般劳动时间。规定单个商品价值量的不是生产这一商品所实际需要的劳动时间，而是具有普遍中介性质的一般劳动时间。一般劳动时间表达了一种客观的、普遍的时间规范，它源于生产者的行为，却对其施以外在的强制。时间的一般形式和社会形式获得了自己的生命，成为绝对的尺度，度量着一切个人的劳动。每一个人都无从逃遁，形式上自由的个人都要接受抽象的、均质的、绝对的时间规范的控制。个别劳动时间的消耗转化为客观的时间规范，作为一种结构化的实践形式，对所有社会成员都具有强制性。

商品交换客体的三个不同逻辑层次的抽象，揭示了现代平等的独特内涵及其产生的社会经济根源。由价值、抽象劳动和一般劳动时间建构的抽象等同性蕴含现代平等产生的客观机制，这种无差别的等同性使商品之间的差异消失。在交换行为中，商品具体的、特殊的、感性的品性不在考虑范围内，商品被简化为抽象的等同性，无论其特殊本性如何，都要同任何与之交换的商品具有同等价值。"x 量商品 A = y 量商品 B"是商品之间平等关系的表现公式，A 和 B 之间是价值上的等同性关系。这是纯粹形式上的平等，其中的物质特殊性被悬置起来，被还原为抽象的价值量。商品交换创造了一个颠倒的社会现实，等同性的价值形式成为商品的实体，纯粹的抽象席卷了整个商品世界。由商品的价值维度建构的抽象世界被凝结在同一种商品形式即货币上，它作为所有商品的普遍中介而活动。

作为使用价值，商品是具体劳动的对象化，具有不可通约的独特品质；作为价值，商品是抽象劳动的对象化，具有形式上的等同性。当我们说商品是一种价值，或者说从价值维度把商品看作具有等同关系的事物时，这就似乎在暗示着价值作为同质性存在潜藏于商品的各种物质外壳之下。然而，纯粹内在的价值"要真正成为本质，价值必须被自为地假定；它必须在其进一步发展了的表现形式上获得现实性"①。马克思从商品的使用价值

---

① 〔英〕克里斯多夫·约翰·阿瑟：《新辩证法与马克思的〈资本论〉》，高飞等译，北京师范大学出版社，2018，第 106 页。

和价值的辩证关系出发，将货币看作商品价值维度的最恰当的表现形式。在一个劳动产品普遍采取商品形式的社会中，并非货币这一普遍中介使商品变得可以度量，而是决定价值的一般人类劳动使商品自身可以通约，从而能用一个共同的价值尺度——货币——来计算商品的价值量。货币作为商品的一般等价物而活动，一切商品在价值层面都被外在化为货币这一共同价值形式。货币作为抽象劳动和价值形式的代表，成为表现商品之间关系的普遍中介，而其他一切商品都是特殊的物质产品，无法成为普遍中介。商品的使用价值和价值的二重性被外在化为两极：一极以商品的形式存在，另一极以货币的形式存在。货币成为一切商品的衡量者，一切商品无一例外地都要接受货币的审判，在交换中最终都被归结为特定的货币量。

作为商品普遍中介的货币，由于自身的特质而蕴含了现代平等产生的客观化机制。货币是"一切商品借以互相等同、比较和计量的那种形式"①，使不同的商品等同起来。这即货币的可通约性，使一切商品都能够按照一定比例与之等同。货币作为价值代表和交换中介，可以无差别地代表一切商品并与之相交换。在商品交换关系中，货币代表了凌驾于一切商品之上的抽象价值，可以与一切商品通约，一切不可计算的商品都可通过货币简化为可计算的量，使所有性质各异的商品变得平均化和等同化。不管商品的自然形式如何，在货币面前一律平等，都表现为货币这一相同的社会形式。货币使何种商品在交换中获得实现，这根本无法从它身上看出来，或者说，只要货币是在行使其普遍中介的职能，所有商品的自然形式的差别就都不存在了，都将消失于货币的抽象等同性之中。8盎司鼻烟与1卷诗集可以是由货币代表的同一交换价值；一座宫殿与一定数量的鞋油也可以是由货币代表的同一交换价值。商品在货币面前总以一定的数量彼此相等、相互替代，没有任何特殊性。尽管商品在质上是互不相同的使用价值，但是作为货币价值，它们具有真正的等同性，都代表着无差别的一般劳动。货币是商品平等化的重要尺度，没有商品交换就没有社会，没有平等就没有商品交换，没有普遍中介和衡量尺度就没有平等。商品交换关系是货币的一个可等同的量的关系，它从商品各种质的差异中抽象出来，并将这些差异简化为某种等量。

---

① 《马克思恩格斯全集》第30卷，人民出版社，1995，第90页。

在货币面前，一种纯粹数量的价值压倒质的价值，质的差别不复存在。货币代表了生活意义的平等化和量化，因而是天生的平等派。"货币的量越来越成为货币的惟一强有力的属性；正像货币把任何存在物都归结为它的抽象一样，货币也在它自己的运动中把自身归结为量的存在物。"① 对于作为普遍中介的货币来说，货币保持质的同一性，一切都决定于它的量。货币在运动过程中塑造了一个普遍的价值衡量体系，物品的货币化这一简单经济行为完成了从异质性到形式等同性的跳跃，一切不同质的物品都被纳入共同的评价体系。由货币所中介的世界是一个纯粹数量的世界，人们之间的一切经济行为和经济关系都可以由货币进行计算。正如韦伯所言："从一种纯技术的观点来看，货币乃是最'完善的'经济计算手段，就是说，它在形式上是为经济活动导向的最理性手段。"② 货币实现对经济价值的等同承认，并使这种可计算的经济理性向文化、精神等领域拓展，从而使整个社会降到量的抽象普遍性层面，以至于更加扁平化和平等化。在货币这一价值代表面前，一切具体的和抽象的，一切物质劳动的和非物质劳动的产品，都毫无差别地转化为可以计算的数字。从货币的可计算性特征中，我们看到了它客观而又严格的普遍性，它平均化了所有异质的事物，体现了资本主义对形式平等的诉求。这种把货币作为激进简化主义者的观点非常重要，正如大卫·哈维所言，在一定程度上标志着货币的民主特性，货币身上存在一种形式上的平等主义。

货币的量化和计算特征使我们看到货币非常客观和中性，平等地出现在所有商品和经济主体面前，但由此导致了人的一切产品、活动和个性的简化和平均化。"正如商品的一切质的差别在货币上消灭了一样，货币作为激进的平均主义者把一切差别都消灭了。"③ 由于货币的普遍交换功能，货币从手段上升为目的，货币价值成为最重要的价值形式，从而使资本主义社会呈现货币拜物教的特征。货币成为一切生产和交换的最终归宿，人与人的关系被简化为单一的货币关系。"不管活动采取怎样的个人表现形式，也不管活动的产品具有怎样的特性，活动和活动的产品都是交换价值，即

---

① 《马克思恩格斯全集》第 3 卷，人民出版社，2002，第 339 页。
② 〔德〕马克斯·韦伯：《经济与社会》第 1 卷，阎克文译，上海人民出版社，2010，第 183 页。
③ 《马克思恩格斯全集》第 44 卷，人民出版社，2001，第 155 页。

一切个性，一切特性都已被否定和消灭的一种一般的东西。"① 在这里，马克思从交换价值的本性中看到了货币作为平均主义者和简化主义者的形象。一切事物都在没有任何个性色彩的货币身上找到了自己的等价物，它们都被夷平为抽象的等同性。人的一切活动和个性都被简化为对货币的追求，人成为单向度的抽象化存在，人的个性特征被抽空了。货币的夷平作用扫除了一切伦理的、宗教的、习俗的限制，使生产和交换等一切经济行为能够畅通无阻，陷入永不停歇的运动之流，为每一个人的活动创造了平等开放的空间，从而使每一个人的个性和自由都能得到充分发挥。

发达的货币关系和货币制度建立了价值上可以相互等同的物品世界体系，消解了传统社会附着在物品上的社会伦理价值。传统社会中的政治、伦理、宗教、习俗、文化等因素影响和决定着交换的范围，存在许多货币禁区，劳动产品只是在有限的范围内采取了商品的形式。许多物品承载着特定的文化意义，缺乏等同性，无法通约，根本不能够自由地交换。这里既存在物品自然形式的限度，更重要的是存在文化意义上的限度。被赋予伦理价值的物品体系是传统等级秩序的象征，等级秩序中的不同阶层用不同的物品来表示。因而这类物品具有典型的迷魅特征，蕴含符咒般的力量，彰显拥有者的某种神性权威或所在社会等级的身份地位。承载伦理价值的物品体系在使用过程中又不断地塑造和巩固人们之间的等级关系，规范人们的伦理行为。随着商品经济的发展，货币发挥了越来越大的祛魅作用，物品的文化界限不断被打破，其承载的伦理文化价值被通约为单一的经济价值，成为可交换的商品。"流通成了巨大的社会蒸馏器，一切东西抛到里面去，再出来时都成为货币的结晶。连圣徒的遗骨也不能抗拒这种炼金术，更不用说那些人间交易范围之外的不那么粗陋的圣物了。"② 一旦劳动产品普遍地采取商品形式，一旦货币成为商品价值的普遍代表，人们就能够自由地交换一切商品，人与人之间的宗法关系、伦理关系和等级关系等都被消融了。商品、交换价值和货币成为无个性的财产，与它的所有者身份没有任何关系，每一个人都成为平等交换的主体，彼此仅作为货币价值的代表而发生抽象的社会关系。

---

① 《马克思恩格斯全集》第 30 卷，人民出版社，1995，第 106~107 页。
② 《马克思恩格斯全集》第 44 卷，人民出版社，2001，第 155 页。

仅有商品和货币并不能使商品交换关系确立起来，商品不能自己去交换，交换主体作为商品的占有者和监护人是商品交换关系中的主动因素。为了使商品彼此发生关系，交换主体须彼此承认对方是商品的平等所有者，彼此符合对方的意志。交换主体"表现为社会过程的地位相同的、身价相同的执行者"①。每个交换主体都处在同一规定中，作为价值相等的人彼此发生关系。交换主体的个人特殊性并不进入交换过程，他们作为买者和卖者相互对立，但彼此之间可以无障碍地互换位置，因而实现为平等的人。在商品交换关系尚未占支配地位的时代，每一个人都作为具有特殊规定性的身份而存在，如封建主和家臣、公民和奴隶、地主和农奴等。个人被固定在一个稳固的共同体之中，他的身份以及彼此之间的社会关系是由其在共同体中的地位决定的，因而人与人之间不可能是平等的。柏拉图和亚里士多德都曾论证只有共同体才是自足的实体，个人隶属于共同体的等级秩序。在这种共同体形式的社会中，包括生产和交换在内的一切经济关系都融合了个人与共同体、个人与他人之间特定的依附关系，因而并不表现为纯粹的市场关系。只是随着资本主义社会的到来，纯粹的市场关系及其建构起来的自由平等才成为社会生活的决定性因素。

尽管交换关系确立了人与人之间的平等，但并不排斥交换主体或交换客体之间的自然差异，反而以其为前提。从交换客体的自然特性看，商品的不同使用价值作为交换内容处于交换关系的经济规定之外，它们是进行交换的动力和自然前提。然而，一旦进入交换关系，不管是自己的还是他人的，所有商品都被作为价值同等看待，"那时商品的所有者把进入交换关系中的自然性质（使用价值）不同的东西犹如不存在这种自然性差异一样等而视之"②。从交换主体的自然差别看，在交换关系外，交换主体保持个性和需要等差别，这种自然差别成为社会平等的基础。马克思举例道，如果个人 A 与个人 B 把自己的劳动对象化在同一客体中，且个人 A 的需要与个人 B 相同，那么二者就不会发生任何交换关系，因为他们不是不同的个人。如果个人 A 的劳动或需要与个人 B 不同且能够彼此互补，那么就有了

---

① 《马克思恩格斯全集》第 31 卷，人民出版社，1998，第 361 页。
② 〔日〕内田弘：《新版〈政治经济学批判大纲〉的研究》，王青等译，北京师范大学出版社，2011，第 79 页。

交换关系产生的必要。"只有他们在需要上和生产上的差别，才会导致交换以及他们在交换中的社会平等化；因此，这种自然差别是他们在交换行为中的社会平等的前提。"① 按照斯密的看法，人们从事交换活动以获取自己所不能生产的各种商品，满足自己的多样需要，这是文明社会的重要特征。马克思在对交换关系的分析中支持了斯密的这一观点，但他并不赞同斯密把交换看作人的自然本能，而是把商品交换看作人的第二本性，一种由资本逻辑和社会分工建构起来的历史性存在。虽然交换主体在交换关系外保持着个体的差别，但是这些交换关系并不是他们彼此的人身关系，他们在市场上彼此相遇发生的关系只是纯粹价值量的关系，他们对彼此的自然个性漠不关心。

在以货币为中介的交换关系中，人的一切个性与特殊性都被抹平了，只是作为货币的所有者或需要交换的主体而存在，彼此之间不会产生任何差别。"在货币同商品的交换中，在实业家和消费者之间的这种贸易中，当厂主从小杂货商那里购买时，他像他的工人一样是消费者，仆人和主人都是用同一货币价值得到同一商品。"② 商品交换关系抹去了所有人特定的人格色彩，给他们平等地贴上了商品所有者这一抽象的等同标签。交换主体并不关心对方的人格、身份和地位，无论它们呈现何种特征，都是无关紧要的。在商品交换关系中，每一个人只是作为平等的商品所有者出现，这涉及现代政治哲学的一个基石性概念——财产权。每一个人都平等地拥有他自己劳动产品的财产权，并拥有平等的权利自由地选择是否出售这些产品。财产权作为经济关系的法律体现，蕴含一种形式正义原则，即交换者作为平等主体应该得到平等对待的原则，每一个交换主体都应该把对方看作同自己一样具有产品所有权和支配权的交换主体。因此，每一个交换主体都有平等的权利和义务，一方面不能通过暴力或欺诈的方式获取他人的财产；另一方面，要在自由协商和等价交换的基础上获取他人的财产。

商品交换关系中的形式平等原则也可适用于劳动力与资本之间的交换。根据马克思的观点，工人是自己劳动能力的所有者，能够把它作为商品按照自己的自由意志出售给任何一位资本家以换取货币工资。"只有在劳动能

---

① 《马克思恩格斯全集》第 30 卷，人民出版社，1995，第 197 页。
② 《马克思恩格斯全集》第 10 卷，人民出版社，1998，第 645~646 页。

力本身作为商品出售，也就是被它的所有者，即活的劳动能力的所有者出售时，货币才能购买劳动能力。"① 在这里，劳动能力的所有者与货币的所有者同其他商品的卖者与买者没有任何区别，除了交换过程本身产生的关系，二者没有任何支配与从属关系。从这个意义上看，这种交换是一种公平的交换，蕴含平等原则。正是由于二者的交换是用等价物交换等价物，是一种平等的交换，资产阶级经济学家或政治学家紧紧抓住这一点为现存的经济秩序辩护，论证资本主义制度的正义性。劳动能力转化为货币后，工人可以按照自己的自由意志购买市场上的任何商品，不用听从某个人的命令，这就把工人同农奴或奴隶区别开了。当然，工人可能享受的一切物质劳动产品和非物质劳动产品的范围都是由资本这一生产方式构筑起来的，货币工资也只能使工人维持在"生存"的水平上。尽管货币工资对特定资本家来说是成本，但一旦进入市场就成为有效的需求，无论是用在购买衣服、食品上，还是用在看电影、旅游等消费上，终归还是在享受资本开发的文明。因而，从交换关系看，平等只是形式的平等，是资本通过市场交换建构起来的平等，其背后蕴含资本权力的操控。一旦从劳动力与资本的交换领域步入生产领域，一种实质上的不平等就会变得更加清晰可见。

通过《资本论》及其手稿对资本主义经济关系的分析，马克思发现了现代平等的根源、实质和表现方式，这与现代西方政治哲学家的观点有着根本区别。他们或者从人的自然本性的平等出发，或者从建构社会契约的平等出发，推导出现代平等的基本特质和表现方式。无论是哪种平等，都是依托于对自然状态的虚构和抽象的人性分析，遮蔽了社会存在的差异性和多样性，其理论内容具有空洞性，因而是一种形式平等和抽象平等。在不同著作中，黑格尔多次对现代平等的局限性与实践后果进行深刻反思。黑格尔认为，现代平等主义在法国大革命中达到顶峰，它力图抹平一切差异和特殊性，达到抽象平等。通过对政治经济学的研究，马克思深化了对平等的理解，他不再抽象地谈论平等，而是将现代平等置于经济关系中进行矛盾分析，不仅阐释了其历史局限性，而且挖掘了其历史进步意义。其历史进步意义在于，现代平等代表了人的存在方式的根本变迁，迎合了市场经济对平等权利的基本要求，而市场经济是通往人类解放的必经阶段。

---

① 《马克思恩格斯全集》第32卷，人民出版社，1998，第41页。

因而当以德国小资产阶级利益为根基的"真正的社会主义"贬低资本主义的法、自由和平等时，马克思指出这一切"当时在德国正是尚待争取的"①。马克思并不是反对平等本身的价值，而是反对把平等沦为对资本主义制度进行辩护的意识形态。通过对资本主义经济关系的深刻分析，他深刻地揭露了现代平等在理念与现实之间的深层悖论。

商品交换关系蕴含可互换的同质逻辑，具有抽象的等同性。在这种抽象中，使用价值、劳动、劳动时间的特性都被消除了，起决定意义的是数量化的交换价值。正如齐泽克所言："在交换行为中，对商品进行特殊的、具体的、定性的决断，不在考虑的范围之内；商品被化约为抽象的实存物，不论它的特殊本性和它的'使用价值'如何，它都与它就要交换的商品具有'同等价值'。"② 货币作为价值代表和普遍中介，呈现对其他所有商品的通约性，是不含任何具体定性决断的抽象数量，以货币为中介的交换行为是一种抽象的等同运动。这一商品交换结构用货币衡量一切商品，用交换价值和抽象劳动吸纳使用价值和具体劳动，甚至劳动者都被化约为劳动力，在这种同一化机制中蕴含现代平等，但同时也能够从中发现现代性的统治机制，现代平等呈现理念与社会现实的悖论。一旦透过对劳动力商品交换的分析，进入资本的运行中，现代平等理念与现实的悖论更能清晰地展现出来。

商品交换是基于自由协议的等价交换，但商品和货币的关系并不是对称的。商品交换过程用 W—G—W',表示,这一过程是同一价值形态在两个方面的转换：一个是从商品到货币，另一个是从货币到商品。"交换过程造成了商品分为商品和货币这种二重化，即造成了商品得以表现自己的使用价值和价值之间的内在对立的一种外部对立。在这种外部对立中，作为使用价值的商品同作为交换价值的货币对立着。"③ 商品与货币的对立表现在，作为私人劳动结果的商品要得到社会的认可进而转化为社会劳动必须通过货币这一普遍中介才能完成。在商品与货币的关系中，货币具有天然的优势，二者并不是平等关系。在商品交换的第一形态即 W—G 中，包含从一

---

①　《马克思恩格斯选集》第 1 卷，人民出版社，2012，第 428 页。

②　〔斯洛文尼亚〕斯拉沃热·齐泽克：《意识形态的崇高客体》（修订版），季光茂译，中央编译出版社，2014，第 10 页。

③　《马克思恩格斯全集》第 44 卷，人民出版社，2001，第 125 页。

种特殊的商品形式向普遍物的转换，商品能否被卖出去取决于很多因素，如社会中是否有需求、供给和需求的关系、消费者的购买力、同类产品之间的竞争等，这些长期存在的不确定性为这种转换设置了障碍。因而，商品转化为货币成为偶然的事情。在商品交换的第二形态即 G—W'，中，包含从普遍物向特殊商品形式的转化，这不是简单的 W—G 的直接颠倒，二者并不是对称关系，从原则上讲，G—W'，更容易实现。因为货币是其他一切商品普遍让渡的产物，是它们的转换形态，因而是绝对能让渡出去的商品。尽管货币存在可能购买不到所需商品的情况，但由于货币的一般等价性，它能够轻易地购买其他商品。

在商品交换关系中，货币拥有随时随地与任何商品相交换的"社会抵押权"，并且货币的力量随着它的积累而逐渐增加。在商品经济条件下，财富的积累表现为货币的积累而不是生产物的储备，生产物如果不能与货币交换，它甚至无法作为商品而存在，只能被废弃。"货币从它表现为单纯流通手段这样一种奴仆形象，一跃而成为商品世界中的统治者和上帝。"① 因而，在商品与货币的关系中，货币占有压倒性的优势，具有对其他一切商品的支配权。柄谷行人基于对商品交换关系的分析，也发现了二者的关系并不是简单的对等关系。他指出："货币持有者和商品持有者并非对等的。在此重申，商品能否被卖出是不清楚的，而且卖不出去就没有价值。然而，货币所有者却可以在任何时候与商品交换。"② 商品与货币的关系规定着交换主体之间的关系，通过自由协议的等价交换，一部分人通过货币的力量支配和役使另一部分人。货币力量有多大，拥有者的力量就有多大，个人的力量被同一化为货币的力量。由于拥有货币力量的不同，人与人之间形式上平等的交换关系的背后呈现一种事实上的不平等。

货币权力是政治经济学批判的一个重要概念，它作为一种普遍权力，使其拥有者成为商品世界的真正支配者和统治者。随着交换关系的日益复杂化和普遍化，货币权力也在一同增长。然而，货币似乎遗忘了自己是由商品的价值与使用价值的矛盾运动建构出来的产物，它作为商品交换的普遍中介，以一种天然形态行使对整个世界的普遍支配权。货币成为一种

---

① 《马克思恩格斯全集》第30卷，人民出版社，1995，第173页。
② 〔日〕柄谷行人：《世界史的构造》，赵京华译，中央编译出版社，2017，第143页。

"先验的权力"，生活的所有方面几乎都被这种先验力量包围着。从现象层面看，每个人的交换行为都是意志的自由表达，但当所有的交换行为汇合成一个总体时，却与个人的意志和自由没有了任何关联。货币权力作为一种客观的结构化的社会权力操纵着每一个人的命运，因此，"货币对个人的关系，表现为一种纯粹偶然的关系"①。资本家和工人都受制于结构化的货币权力，他们的存在方式和精神世界都受这一权力形式的形塑。然而，货币所有者和劳动力所有者并不是对称的关系，二者并不处于平等的起点上，前者处于绝对的优势地位。由于劳动力是工人所拥有的唯一能够与资本家进行交换的东西，为了获取生存资料，他不得不在一定时间内将劳动力的支配权出售给资本家。也就是说，资本家以货币价值的形式控制了工人活动所需要的社会资源，而工人却没有与之相抗衡的力量，使资本家也处在和自己同样的位置上。

劳动力与资本的交换是一种特殊的商品交换形式，通过这一交换形式，我们能够深入地把握现代平等的悖论性质。劳动力是一种特殊的商品，它的等价交换充当剥削的形式，蕴含对现代形式平等的否定。正如齐泽克所言，这里的迷人之处恰恰在于等价交换自身蕴含对等价交换的否定。在《1857—1858 年经济学手稿》中，马克思将资本与劳动力之间的交换划分为两个在质上不同的过程："（1）工人拿自己的商品，劳动，即作为商品同其他一切商品一样也有价格的使用价值，同资本出让给他的一定数额的交换价值，即一定数额的货币相交换。（2）资本家换来劳动本身，这种劳动是创造价值的活动，是生产劳动；也就是说，资本家换来这样一种生产力，这种生产力使资本得以保存和倍增，从而变成了资本的生产力和再生产力，一种属于资本本身的力。"② 在第一个交换过程中，工人将劳动力出售给资本家，资本家将交换价值（即货币）转让给工人。撇开起点的不平等，劳动力与资本的交换在形式上是平等的，二者交互性地交换相等的价值。从外表上看，二者的交换与任何其他商品交换一样，双方都各自得到了一个等价物，分别是货币和劳动力（商品）。然而，工人在这种交换中得到的只是用于购买生活资料的货币，他需要不断地将自身的劳动力作为商品与资

---

① 《马克思恩格斯全集》第 30 卷，人民出版社，1995，第 174 页。
② 《马克思恩格斯全集》第 30 卷，人民出版社，1995，第 232 页。

本进行交换，从而被迫不断地卷入劳动力与资本的交换关系中，因而二者实质上是不平等的。

第一个过程从形式上看属于普通的交换范畴，是用等价物交换等价物，工人和资本家都被同样看作交换主体。如果把目光局限在这种形式上的等价交换，就会产生这样一种假象：在这种交换行为中，个人的阶级性变得模糊，呈现在眼前的不是阶级的个人，而是纯粹从事交换的没有阶级性的个人。第二个过程在本质上与第一个过程完全不同，资本家通过交换获得了对劳动力商品的支配权，劳动力在使用过程中能够使资本的价值不断增加。工人一旦与资本家签订雇佣劳动契约，资本家就拥有了消费和使用劳动力的权利，工人就要服从资本家的指挥和控制，必须生产出比获得的工资价值更多的价值。资本运动是持续更新的，资本的价值增殖目标是没有限度的，货币数量的任何一种界限终归是要被超越的，这是一种"恶的无限"。资本的无限积累本性不断地形塑结构化的再生产体系，产生了对劳动力商品源源不断的需要，使劳动力持续地处于商品交换关系之中。资本通过等价交换的方式购买劳动力商品，使生产过程中的剩余劳动以"合法"的方式被持续地占有。资本通过等价交换的形式无偿占有了工人创造的剩余价值，因此现代平等在理念与现实之间陷入了深层悖论。

三 从形式正义走向实质非正义

真实的自由是工人迫于经济压力出售劳动力的自由，其表现形式是资本家和工人就劳动力的价格参与公平竞争而言的自由。因此，"在自由竞争中自由的并不是个人，而是资本。只要以资本为基础的生产还是发展社会生产力所必需的、因而是最适当的形式，个人在资本的纯粹条件范围内的运动，就表现为个人的自由……这种个人自由同时也是最彻底地取消任何个人自由，而使个性完全屈从于这样的社会条件，这些社会条件采取物的权力的形式，而且是极其强大的物，离开彼此发生关系的个人本身而独立的物"①。可见，自由只不过是资本的自由运动，个人自由完全屈从于资本这个"以太"。斯密和李嘉图等古典经济学家把自由竞争看作自由的终极形式，认为否定自由竞争就等于否定个人自由，这实质上是为资本统治进行

---

① 《马克思恩格斯全集》第31卷，人民出版社，1998，第42~43页。

辩护，把资本统治看作世界历史的终结。从表面上看，个人竞争的自由具有形式上的正义性，每个人在公共权力的保障下都能够凭借自己的才能、努力、运气、天赋等参与市场博弈获得自己的私有财产，这不仅是个体的，而且是排他的，一个人的自由必然是以剥夺另一个人的自由的方式实现的。从这个层面来看，资本主义权利所体现的自由实际上是以追求物质利益为目标，以人与人之间的对立为特征的自然自由。

个人在市场中的自由竞争实际上要屈从于资本逻辑，资本这一统摄世界的绝对力量无孔不入，它不仅使个人屈从于它，而且还使政治、法律、制度、宗教等为它的自我增殖鸣锣开道，自由竞争实际上是资本权力的外在表现。当资本力量还比较薄弱的时候，它不得不在孕育它的旧的生产方式的胎胞内寻找走路的拐杖。一旦资本的力量达到能够自主调节社会生产和商品交换的程度，它就开始抛开拐杖，以吞噬一切的同一性力量扫除一切自由的限制，把一切异己的力量都卷入资本逻辑之中，并与政治权力勾结在一起，在世界范围内开拓市场以寻找资本增殖的机会。可见，资本在其运动范围内是自由的，它唯一的限制是自身力量。有一种错觉认为，自由竞争是人的基本权利的体现，否定自由竞争就等于否定个人的自由权利，就等于否定以个人自由为基础的社会发展。这种发展在马克思看来只不过是资本的自由发展，不仅不是个人自由的发展，反而以个人对资本逻辑的屈从为前提。一旦步入资本主义生产逻辑之中，个人刚刚体验到的市场自由立马就烟消云散了，刚刚摆脱土地束缚和家庭依赖又立马陷入对自动化机器的依赖。所以，在资本主义社会自由的是资本而不是个人。一旦这种自由的幻觉被普遍地感知到其欺骗性，人们就会考虑取代资本主义的新制度，这即马克思多次阐述的"自由人的联合体"。在其中，所有人的自由都获得了实现，所有人的自由都互为条件，而不再是一部分人的自由以另一部分人的不自由为条件。

对于工人来说，真实的平等是出售自己劳动力以谋求生存的机会平等，是从所有个体差异中抽象出来的、被一视同仁地看作劳动者的平等，是遭受剥削的平等。而对于资产者来说，真实的平等是实现资本自我增殖的平等，也就是剥削劳动力的平等。因此，马克思指出："平等地剥削劳动力，是资本的首要的人权。"[①] 马克思一贯主张要对平等权利作具体的历史的分

---

① 〔德〕马克思：《资本论》第1卷，人民出版社，2004，第338页。

析，反对对权利作抽象的理解。马克思指出："权利决不能超出社会的经济
结构以及由经济结构制约的社会的文化发展"①。在权利起源方面，古典自
由主义和古典政治经济学都坚持权利天赋的观点，在天赋权利或者自然权
利背后隐藏的是这样一个信念：每一个人的权利都是生来具有的且普遍平
等，这给人的印象是权利可以超越特定的社会结构和阶级属性。权利本身
是社会冲突的产物，由于资产阶级把权利看作永恒的，这间接地把资本主
义社会看作没有冲突的超历史的社会形态，从而达到为资本主义辩护的意
识形态效果。从资本主义起源来看，平等权利也只不过是反抗封建特权的
政治口号，资本的原始积累不能被理解为从事劳动的个体平等地占有自然
资源并以等价的方式交换他们的劳动产品的过程，毋宁说，它本质上是一
部欺诈、掠夺的历史，一部政治和社会暴力的历史。资本主义生产方式的
内在逻辑不是把它导向如斯密所认为的那样以社会个别成员的自利为中介
的所有人的福利，而是导向社会的两极分化，资产阶级和无产阶级作为社
会的两极贫富日益悬殊，导向经济危机，导向工人日益严重的贫困化。②

　　在阶级社会里，权利具有阶级性，而不是抽象掉人的阶级属性后对一
切人都一样的。无产阶级的解放不是要争取垄断特权和阶级特权，而是要
彻底消灭阶级统治，争取真正的平等的权利。如果没有把消灭阶级与实现
平等权利有机联系在一起，那么实现平等的权利这一要求只不过是在政治
思想史上又多了一个空洞的口号而已。在平等的权利之间，力量起决定作
用。在资本主义生产过程中就包含平等权利与平等权利之间的对抗，资本
家作为劳动力的购买者坚持买者的权利，尽可能地延长劳动时间以使剩余
价值最大化；工人作为劳动力的出售者坚持卖者的权利，规定了劳动时间
的道德界限和身体界限，尽量缩短劳动时间以给自己腾出自由发展的时间。
经过几个世纪的资本和劳动的或公开或隐蔽的斗争，资本以法律的形式得
到了维护，但法律在维护资本关系和保障税收的前提下，也规定了劳动的
界限。工人的劳动时间从 14 小时减到 12 小时，直到减到 8 小时，工人权利
的实现正是双方力量对比关系的展现。在劳动与资本对立的情况下，期望

---

① 《马克思恩格斯选集》第 3 卷，人民出版社，1995，第 305 页。
② 参见〔德〕阿尔布莱希特·韦尔默《后形而上学现代性》，应奇等编译，上海译文出版社，
2007，第 45 页。

有平等的权利只能是一个幻想，平等原则也不可能真正成为社会的最高原则。马克思通过深入的政治经济学研究，消除了资本主义生产方式的自然性和正义性的假象，摧毁了资产阶级自由平等制度的假象。

我们再来看真实的财产权，财产权作为最重要的权利，在资本支配的时代对于无产者来说只具有象征性意义。对于一无所有、只能靠出卖自己劳动力养家糊口的工人来说，主张私有财产神圣不可侵犯、保护工人的私有财产权，无疑具有极大的讽刺意义。最需要保护的恰恰是工人的生命权和生存权，但是在一切价值都被化约为货币价值、一切都要卷入自由竞争的时代，工人的生命权和生存权由于残酷竞争、资本剥削等很可能被逼至难以维系的程度。对于资产者来说，休谟的三条财产权规则、洛克的私有财产神圣不可侵犯等则具有实质性意义。财产权成了资本的特权，成了针对工人的权利，具有明显的政治压迫性。"所有权在资本方面就辩证地转化为对他人的产品所拥有的权利，转化为不支付等价物便占有他人劳动的权利，而在劳动能力方面则辩证地转化为必须把它本身的劳动或它本身的产品看作他人财产的义务。"① 资本以财产权的名义剥削工人，资本随着剥削的积累逐渐扩大，财产权成了资本主义社会两极收入差距过大的合法依据，因此，财产权具有严重的非正义性。私有财产采取资本的形式虽然使等价交换得到了形式上的实现，但资本所有者正是通过等价交换的形式实现对他人劳动的无偿占有。但是正如罗尔斯所言，在资本主义社会中工人没有办法说清楚在自己的总劳动时间中有多少小时是为资本家创造剩余价值的，有多少小时是维持自己生存所必需的，制度性的安排掩盖了这一事实，对工人剩余劳动的榨取是隐而不显的，人们很难意识到榨取的存在以及榨取的比例。② 这与封建社会和奴隶社会具有很大的不同，在封建社会或奴隶社会中，农奴或奴隶为主人劳动的天数是明确的。马克思劳动价值论的目的之一就是要解释在一个人身独立与权利平等的社会制度中，剩余劳动是如何存在的，它以何种方式存在，并且它是如何从人们的视野中消失的。他从事政治经济学研究就是要挖掘资本主义经济关系外在表象下的深层结构，使我们能够了解工人的劳动时间花费的

---

① 《马克思恩格斯全集》第 30 卷，人民出版社，1995，第 450 页。
② John Rawls, *Lectures on the History of Political Philosophy* (Cambridge, The Belknap Press of Harvard University Press, 2007), pp. 320-321.

轨迹，工人的剩余劳动如何被剥夺，或者说如何被不同的群体瓜分。

马克思对权利的激进批判遭到了国外许多学者的误解。例如，在罗尔斯看来，马克思把某些基本权利看作对资本主义市民社会利己主义的表达和保护，而他认为，经过适当说明的权利在一个认可财产权的民主社会里表达并保护了自由平等的公民们更高层次的利益。[①] 卢克斯、布坎南、佩弗也都持有类似的看法，他们也都认为马克思把权利与利己主义观念如此紧密地联系在一起，以至于误解了权利。以上误解的根本原因在于把马克思对资本主义权利的批判泛化为对权利本身的批判。马克思批判的是这些权利在资本逻辑限度内的实现方式与言说方式，针对的是权利实现能力的不平等，并不意味着他拒斥这些权利本身的价值。其实，马克思的一生都在为彰显人的生命价值的劳动权、生存权、发展权、自我实现的权利而奋斗，他一生都在致力于这些权利的平等实现，这些权利恰恰构成其政治哲学的核心。马克思的目的不是要取消权利，而是要让这些基本价值惠及每一个人，不至于被社会上的一小部分人所垄断。马克思对资本主义权利的激进批判给我们的启示是：一方面，我们要平等地尊重和维护法律规定的公民权利；另一方面，我们要积极地创造主客观条件，使每一个人都具有实现权利的能力。

第三节　从道德维度批判资本主义的非正义

在从道德维度批判资本主义非正义前，我们先来看一下马克思如何理解道德。

一　马克思如何理解道德

我们认为马克思不是一位反道德论者，他具有丰富的道德思想，这些道德思想体现在他一生的理论著作和革命实践中。只不过马克思反对资产阶级的虚伪道德、抽象正义、人性异化、道德堕落，而致力于推动人性发展，实现人的自由发展和人性的完善。关于马克思理论中究竟有无道德元素或者说马克思是不是一位道德哲学家，在思想史上引起了广泛而持久的

---

① John Rawls, *Lectures on the History of Political Philosophy* (Cambridge, The Belknap Press of Harvard University Press, 2007), pp. 320-321.

争论。正统马克思主义者考茨基与修正主义者伯恩斯坦都从实证主义的角度出发，认为马克思理论中没有道德元素，他的理论是关于人类社会发展的纯粹科学。伯恩斯坦指出，马克思反对根据道德原则或者从道德诉求出发来论证社会主义的必然性和优越性，但他同时也发现了马克思理论上的反道德倾向与实践的道德倾向之间的矛盾：虽然马克思理论当中不含道德元素，但是马克思在对资本主义社会的剥削和异化进行批判时却使用了大量的道德语言。面对这一难题，伯恩斯坦主张把康德的道德哲学引入政治经济学和科学社会主义学说，从而为社会主义提供道德基础。考茨基则一直强调历史唯物主义是关于必然性的科学理论，历史唯物主义不需要道德的补充，它在理论上是自明的和自足的，道德理想的实现只是社会发展的必然结果。因此，在这个意义上，考茨基认为，马克思是一位彻底的反道德主义者。伯恩斯坦与考茨基在对马克思道德理论的判定方面并没有实质性差异：二者都认为历史唯物主义是关于社会必然性的学说，社会主义的到来是经济发展的必然结果，由此他们都认为在道德哲学史上马克思是一位缺席者。①

　　把马克思理解为反道德论者与对历史唯物主义性质的曲解密切相关。历史唯物主义被理解为关于历史发展的规律，历史的发展如同生物进化一样被看作一个自然过程，在其中经济具有决定作用。历史规律与自然规律一样具有自然必然性，历史科学也像自然科学那样具有实证主义性质。历史犹如一架自动运转的机器，人在其中不是起主动作用，而只不过是这架庞大机器的一个零部件。在对历史唯物主义的科学化阐释中，根本没有道德存在的空间，因为如果把历史唯物主义理解为和自然科学一样具有同质性的社会科学，那么说马克思是一位道德论者就是一个伪命题。在社会发展的自然必然性面前，社会中的一切都要受到因果法则的支配，人类只是因果序列中的一个环节，根本没有选择的自由。如果没有自由，自然也就不会有义务与责任，因而也就取消了道德存在的意义。笔者认为，这显然不符合马克思本人的思想原貌。既然判断马克思是不是一位反道德论者的关键在于对历史唯物主义性质的理解，下面我们对历史唯物主义这一马克思的世界观作一概略性阐释。

---

① 参见曲红梅《历史唯物主义与道德——对马克思道德理论研究理路的探寻》，《吉林大学社会科学学报》2009 年第 2 期。

　　在马克思以前，无论是唯物论者还是唯心论者，都对历史作了唯心主义的阐释：历史发展的最终根源应当到人们的思想观念中去寻找。而马克思主义认为，历史发展的真正基础是物质资料的生产。为什么物质资料的生产是历史发展的真正基础？历史的第一个前提是有生命的个人的存在，有生命的个人要想持续存在下去，必须进行物质资料的生产以满足他们的衣食住行等基本需要。所以，人的生存价值要优于其他价值而居于价值序列的最高位阶，也就是说，当其他价值与生存价值发生冲突的时候，必须优先满足生存价值。历史唯物主义在对历史规律进行科学阐释的同时，把人的生存价值放在了首要的位置，具有鲜明的人道主义倾向。历史唯物主义作为新世界观实现了科学原则和价值原则的统一。历史唯物主义的生存论解读解决了唯物主义与人道主义的对立。历史发展不再像一个如生物进化一样的过程，而是承载人的价值理想和道德诉求；也不再像之前的古典自由主义和古典政治经济学把人的本质理解为一种已经存在的东西，人的行为都是由人的这种本质决定的，马克思理解的人是不断变化的历史生成的人，人没有固定不变的属性和本质。历史发展是合规律性与合目的性的统一，是人的理想道德诉求与现实的生存的统一。由于历史唯物主义所确立的历史原则，由人的本质生发出来的自由、平等和正义概念失去了作为永恒准则的作用。每一种社会形态都有自己的道德标准，但是任何一种道德标准都以人的生存利益为根本目的。

　　尽管马克思没有一本专门的道德哲学著作，或者像佩弗所说的那样，他也没有为一个成熟的道德理论提供哲学基础，但是却展示出一种独特的道德观。在马克思最初的激进自由主义时期，他"并不觉得提出道德或伦理要求，或是进行道德判断有什么问题。在这一时期，我们也能发现他从一种内在观点出发将道德描述为关于人类叙述或理论领域方面所作出的仅有的尝试。在他后期的社会科学著作中，他从一种外在观点出发将道德描述为文化或社会现象"①。在《评普鲁士最近的书报检查令》中，马克思提出了一种偏爱康德式的道德观："道德的基础是人类精神的自律，而宗教的基础则是人类精神的他律。"② 显然，马克思在这里的意思是强调道德要基

---

① 〔美〕R.G. 佩弗：《马克思主义、道德与社会正义》，吕梁山等译，高等教育出版社，2010，第38页。
② 《马克思恩格斯全集》第1卷，人民出版社，1995，第119页。

于个体的自主选择和理性反思，而不是基于上帝命令的外在权威。在《论离婚法草案》中，马克思从伦理的角度来看待当时的普鲁士婚姻法，认为理性的婚姻应该合乎伦理的本质。在《黑格尔法哲学批判》关于选举权的论述中，马克思提出了人性的公共性、社会性的一面："如果指的是真正合乎理性的国家，那么可以这样回答：'不是全体人员都应当单个地参与国家的普遍事务的讨论和决定'，因为'单个人'是作为'全体成员'，即在社会的范围内并作为社会成员参与普遍事务的讨论和决定。不是全体人员单个地参与，而是单个人作为全体人员参与。"① 在这一段向卢梭间接表达敬意的文字中，我们可以总结出这样一种道德观：每个人都是为了公共利益而参与政治选举，人们把公共利益作为行为的目的，或者说人们普遍地把公共利益当作自己的个人利益。在《论犹太人问题》中，马克思重提了人的类本性、公共性与社会性所具有的重大意义，他尖锐地批判了资产阶级的私人利己主义和贪婪的灵魂，强调通过人的解放来建构个人与社会、特殊性与普遍性相统一的社会。

在《1844年经济学哲学手稿》中，马克思已不再直接使用"道德""伦理"作为社会的评价标准，也不再把道德看作自律的领域，而是以社会学的观点把道德看作与经济关系等密切相连的一个概念。这一点可以在以下这段文字中得到证实："如果国民经济学家同道德的关系，并非任意的、偶然的因而并非无根据的和不科学的，如果这种关系不是装装样子，而是被设想为本质的，那么这只能是国民经济学规律同道德的关系。"② 但由于彼时历史唯物主义还没有创立，政治经济学研究还处在起步阶段，马克思虽然确立了自己的道德社会学观点，但是对于道德所依赖的社会历史，尤其是其中错综复杂的经济关系还没有深刻把握。在《德意志意识形态》和《资本论》及其手稿中，马克思试图整合政治经济学与伦理学，把纯粹的道德哲学问题转变为批判资本逻辑、资本剥削和人性异化的社会伦理问题。在继承黑格尔伦理观点的基础上，马克思实现了从纯粹道德哲学向社会伦理的转变，这有助于我们理解为什么他对抽象的道德，范畴例如善与恶、对与错等不感兴趣，他感兴趣的是埋藏在一切道德问题下面的基石。黑格

---

① 《马克思恩格斯全集》第3卷，人民出版社，2002，第145页。
② 《马克思恩格斯全集》第3卷，人民出版社，2002，第344页。

尔将康德的道德问题转变为市民社会与国家的问题，马克思则将其转变为一个政治经济学问题。正如麦卡锡认为的那样："马克思的目标是要宣告废止自然法理论家、功利主义者和政治经济学家们的意识形态的道德内容和坏的信仰——他相信，如果要在人的尊严之道德法则以及个体自由的基础上建立起自我意识的共同体，那么以上这些就是知性上的障碍。现代道德哲学的根源与预设都是基于自身利益、私人财产和资本积聚，马克思对这种现代道德哲学深恶痛绝。因此，我们可以看到，他的道德哲学不可避免要跟他的社会学和经济学理想紧密相关，正如亚里士多德和黑格尔那样。"①麦卡锡这段论述表明，他准确地把握到马克思道德的含义和性质。马克思具有丰富且独特的道德理论，下面我们试着从道德角度批判资本主义社会的非正义，或者说批判资本主义的生产方式和分配方式是不道德的。

二 资本主义道德上的非正义与无产阶级的正义诉求

我们已经指出，生产的不正义决定了分配的不正义。在资本主义社会，由于生产的非正义，分配也不可能是正义的。我们已经从生产和权利两个维度分析了资本主义社会在分配上的严重不正义。在与资产阶级博弈的过程中，无产阶级处于明显的弱势地位。下面，我们接着从道德层面批判资本主义社会的正义观念。道德意义上的分配正义是"给每个人以其应得"，是对特定社会分配方式的一种主观评判。它意味着人们在收入、福利、机会等方面应该平等。如果在这些方面存在不平等，不仅会对人们的生活造成一定的负面影响，而且会损害人格尊严。当然，把马克思的分配正义界定为"给每个人以其应得"只是沿用了学术界的通常理解。马克思虽然经常在分配层面谈论正义，但是从未给正义下过一个确切的定义。柯亨、戴维·米勒、麦金泰尔等都曾把正义的含义界定为"给每个人以其应得"。从逻辑上讲，任何正常的有理性的人都不会拒斥正义，因为他不可能拒斥"给每个人以其应得"。所以，塔克、伍德以及一些国内学者主张马克思拒斥、批判正义显然违背常理，在逻辑上难以成立。

我们根据马克思的相关文本已经指出，道德作为一种意识形态具有两

---

① 〔美〕麦卡锡：《马克思与古人——古典伦理学、社会正义和19世纪政治经济学》，王文扬译，华东师范大学出版社，2011，第208页。

层决定因素：一是道德所依附的生产方式，二是道德所代表的阶级利益。生产方式决定道德观念，生产方式的不断变革决定道德观念的不断演进。在既定的生产方式中，道德观念的样态是由特定的阶级决定并阐释的。因此，不同的阶级利益和阶级立场会产生不同的道德观念。也就是说，统治阶级有自己的道德观念，并千方百计地把这种道德观念看作超越阶级并因而代表了整个人类社会的利益，当然这只能是意识形态的幻象。当被统治阶级从自在转向自为的时候，也就是说，当被统治阶级开始意识到自己的生活境况，意识到自己的被压迫地位，并自觉表达自己阶级利益的时候，被统治阶级就形成了一种不同于统治阶级的道德观念。当然，这种观念不可能成为主导性的观念，除非它们契合了统治阶级的利益，因为在阶级社会中，主导性观念在任何时代都只能是在经济上占据统治地位的统治阶级的观念。如果从资产阶级的道德观念出发，维护其阶级利益的分配方式当然是正义的，但这种正义以牺牲无产阶级的利益为代价，其宣称这种利益的分配规范优于任何其他分配规范，因而是自然正义、永恒正义或绝对正义的。但是，如果用无产阶级的道德观念评价资本主义的分配方式，它具有明显的非正义性，因为工人动物般的贫困生活证明这种分配方式明显不符合基本的人道主义精神。正如胡萨米所言："社会的分配方式可以由一个不同于主流（或占统治地位的）正义标准的标准来衡量。被剥削阶级，如无产阶级，就形成了一种不同于资产阶级标准的正义概念，并对现行的生产资料分配和收入分配予以否定性评价。类似地，资产阶级有反映其自身利益和阶级地位的自由、平等观念。而无产阶级及其知识分子代言人则形成了另一种自由、平等观念。"① 因此，不仅资产阶级有自己的正义诉求，无产阶级也有自己特定的正义诉求。

　　根据无产阶级的道德观念，资产阶级的生产方式和分配方式具有明显的非正义性，尽管他们宣称这是自然正义和永恒正义的。在《1844 年经济学哲学手稿》中，马克思将人的本质界定为"自由的有意识的"类活动，但是在资本主义社会，"自由的有意识的"类活动作为人的本真状态被异化了，人的劳动变成了异化劳动，异化劳动把本应作为目的的自由劳动变成

---

① 〔美〕胡萨米：《马克思论分配正义》，载李惠斌等编译《马克思与正义理论》，中国人民大学出版社，2010，第 47 页。

了仅仅维持人生存的手段。因此，要实现自由，就必须消灭异化劳动，使人的活动不再受异己力量的支配，从而以自我为因，自我决定，自己主宰自己。而异化不仅仅意味着经济层面上工人的劳动产品不归自己支配，进而导致两极分化，而且在道德层面上意味着工人意义感和自我价值感的缺失。在异化的生活中，工人看不到任何真正的意义或目的，对他们来说，几乎没有任何东西是有价值的和值得尊重的。

资本作为一种截至目前最有效的生产方式，尽管突破了家庭制、奴隶制、农奴制的限制，创造了巨大的现代物质文明，但是从资本积累的残酷性和野蛮性、资本增殖的压榨性和非人道性、资本逻辑导致的两极分化来看，资本的本性是反道德的、反正义的。由于资本自我增殖的本性，它必定会不顾道德的限制盲目地增加工人的劳动时间。"资本由于无限度地盲目追逐剩余劳动，像狼一般地贪求剩余劳动，不仅突破了工作日的道德极限，而且突破了工作日的纯粹身体的极限。它侵占人体的成长、发育和维持健康所需要的时间。它掠夺工人呼吸新鲜空气和接触阳光所需要的时间。它克扣吃饭时间，尽量把吃饭时间并入生产过程本身，因此对待工人就像对待单纯的生产资料那样，给他饭吃，就如同给锅炉加煤、给机器上油一样。"① 马克思揭露了资本在自我增殖过程中的严重非道德性。血雨腥风的原始积累更是证明了资本的非道德性和非正义性。"个人的分散的生产资料转化为社会的积聚的生产资料，从而多数人的小财产转化为少数人的大财产，广大人民群众被剥夺土地、生活资料、劳动工具，——人民群众遭受的这种可怕的残酷的剥夺，形成资本的前史。这种剥夺包含一系列的暴力方法，其中我们只考察了那些具有划时代意义的资本原始积累的方法。对直接生产者的剥夺，是用最残酷无情的野蛮手段，在最下流、最龌龊、最卑鄙和最可恶的贪欲的驱使下完成的。"② 资本的原始积累和逐利本性明显地违背无产阶级的基本正义诉求。

马克思在对资本主义非正义的尖锐批判中，明显地诉诸一个新型的、代表无产阶级利益的分配正义标准，这个分配标准在共产主义的不同阶段具有不同的形态。我们知道，资本主义社会是以商品经济为导向的社会，其价值取向是功利主义，生产的目的是获得越来越多的利润，而不是实现

---

① 〔德〕马克思：《资本论》第 1 卷，人民出版社，2004，第 306 页。
② 〔德〕马克思：《资本论》第 1 卷，人民出版社，2004，第 873 页。

人本身的需要，它在促进物质财富极大丰富的同时，却遗忘了人类生存的形上维度。马克思的共产主义理想正是建立在批判资本主义社会的基础上，作为一个理想的正义的社会形态，它使人们意识到资本主义社会是一个充满矛盾且非正义的社会，它给全人类树立了一个超越的形上之维，使人们能够以此来批判和观照现实，从而提升人们的生存质量。

马克思在对资本主义社会由于资本的私人所有权所导致的收入分配不公进行尖锐批判的同时，提出了后资本主义社会的分配原则：按劳分配和按需分配，二者分别是共产主义初级阶段和高级阶段的分配原则。从后资本主义社会的按劳分配（贡献原则）和按需分配（需要原则）来看，资本主义的分配方式具有明显的反道德性。马克思是在两个向度上运用后资本主义社会的正义原则：批判的向度和建构的向度。从批判向度来看，资本主义社会的正义原则提供了一个道德评价尺度，以此来判断资本主义社会和前资本主义社会是否正义以及正义的程度；从建构向度来看，正义原则是未来社会制度设计的向导，为建设一个实质正义的社会提供思路与准则。资本主义的剥削和按资分配是双倍的非正义，因为它同时违背了按劳分配和按需分配两个不同位阶的正义原则。共产主义初级阶段的按劳分配从实质上来看也是非正义的，但是由于废除了生产资料的私人所有制，它比资本主义要正义得多，因为它仅违背了按需分配原则。

资本主义的按资分配反映了对按劳分配原则的严重侵犯。在生产领域，根据马克思的观点，即便劳动者通过工资的方式获得了其劳动力的全部价值，劳动者在资本主义社会仍然遭受了严重的不公正对待，因为劳动者在生产过程中所创造的价值要远远大于劳动力自身的价值，这部分差额即剩余价值被资本家凭借资本所有权无偿占有了，即发生了资本家对工人的剥削。劳动者在一个工作日内的劳动可分为两个部分：一部分劳动创造与其工资对等的价值，即必要劳动；另一部分劳动创造的价值是没有报酬的归资本家所有的剩余价值，即剩余劳动。一个不劳而获的资本家代表了对按劳分配原则的严重违背，因为剩余价值虽然由劳动者创造，但是他们却没有获得相应的等价物。在共产主义初级阶段，情况则完全不同，社会剩余作为扣除量，其多少由联合起来的劳动者共同决定，并以直接或间接的形式返回到劳动者手里，而不是被资本家无偿占有。

在对按劳分配的历史进步性和历史局限性进行集中论述后，马克思紧接着对按需分配进行了粗线条的勾勒。对于需要的含义、什么样的需要才是合理的等问题，他并没有给予直接回答，但是根据他的相关论述，需要显然不能被狭隘地理解为物质需要或生存需要。根据马克思哲学的宗旨，以及马克思对人的本质的理解，我们认为，需要是自由全面发展的需要，按需分配也就是按照人的自由全面发展的需要进行分配。

资本主义按资分配是对按需分配的严重违背，因此是不正义的。资本主义不正义的原因并不是由于技术所限而不能生产出满足需要的大量物质财富，相反，而是在资本逻辑的推动下，所创造的大量物质财富并不能满足人的需要，甚至连基本生存需要都不能满足，更别说满足每一个具体个人自由全面发展的需要了。资本主义生产的直接目的是源源不断地获取剩余价值，而不是为了满足人的需要。是剩余价值，而不是人的需要，决定着生产什么、怎样生产、生产多少。资本主义社会生产的特点表现为单个企业生产的计划性与整个社会生产的无序性之间的冲突，因此产品的供求关系经常失衡。当供不应求时，人的需要因缺少足够的供给而得不到满足；当供过于求时，又浪费了大量劳动，这样的浪费又会影响需要的满足，尤其是在经济危机期间。因此，马克思主张联合起来的个人共同控制生产的条件，对经济实行民主管理和计划，以防止浪费。另外，在资本逻辑的统摄下，资本主义社会的收入分配呈现两极分化的特征：一方面是物质财富的无限增长，另一方面是工人有限的消费能力逐渐萎缩。在资本支配的商品经济时代，货币具有购买一切东西的特性，"货币是需要和对象之间、人的生活和生活资料之间的牵线人"[①]。如果缺少货币，人的各种需要便不可能得到满足。资本主义的分配方式由于资本自我增殖的本性，没有给予工人足够的收入以满足其自我实现的需要，因此从完整意义上的共产主义视角看，是严重不正义的。

第四节　从精神维度批判资本主义的非正义

我们已经从经济、权利、道德层面批判了资本主义社会的非正义。在这三种非正义的形式中，经济层面的非正义是最根本的，它决定其他两个层面的非正义。从精神维度来看，资本主义的非正义表现为精神生活的物化和虚

---

① 《马克思恩格斯全集》第 3 卷，人民出版社，2002，第 359 页。

无化。这种物化和虚无化不仅体现在作为弱势群体的无产阶级身上，而且体现在作为强势群体的资产阶级身上。物化和虚无化都根源于资本主义社会的生产逻辑和经济结构，作为一种时代精神状况，它们必然作用于每一个人。资本主义时代精神生活的物化状况表现为精神生活消解了"崇高"和"超越性"，人们甘愿过一种媚俗的生活。在拜物教、消费主义、文化工业的强势主导下，人的感性生活的丰富性退化为非理性的快感体验，抽空了人的丰富的精神生活。精神生活的消费被纳入资本增殖的逻辑中，一切都要按照商业目的量身定做，精神个性因而变得平均化。精神生活的超越性和神圣性在功利主义、实用主义这一资本主义社会主导性的价值观念和意识形态的宰制下荡然无存。物化以及资本拜物教重新塑造了一种新的"神圣性"：无限制地追求利润。这就是资本主义时代精神生活的虚无主义倾向，物化逻辑必然导致蔑视崇高和超验的虚无主义。物化和虚无从本质上来看意味着精神生活的不自由。自由无论是经济意义上的，还是精神意义上的，像平等一样，都是马克思正义理论所指涉的基本价值，不自由便意味着不正义。或者反过来说，我们很难想象一个精神不自由的社会能够是一个正义的社会。下面，我们来看一下资本主义社会不正义的第四个方面：精神生活的物化和虚无化。

　　按照张一兵教授的观点，马克思是在两种意义上使用物化概念的：一是生产过程中的物化，即人把自己的本质力量对象化和外化在物中，为自己创造生产和生活的条件，这是一般意义上的物化。在这个意义上，物化是人类社会的永恒现象，因为人类要生存和生活必然要进行物质资料的生产，而物质资料的生产就意味着个人在其自然力量和规定性上的物化，一切社会生产都是个人在一定的生产关系中并凭借这种生产关系对自然的改造和占有。或者从劳动的一般定义来看，"劳动首先是人和自然之间的过程，是人以自身的活动来中介、调整和控制人和自然之间的物质变换的过程"①。人们进行劳动的目的是获得对自身有用的物质，劳动过程结束时得到的这个物质正是人的目的和力量的对象化，这个意义上的物化实际上就是对象化，是人们在一定的社会形式中从事生产以满足自己需要的积极过程。二是资本主义社会出现的特殊物化现象：人们自己创造的物不归自己支配，反而支配人，这种物化其实就是异化。个人在社会关系上发生了物

---

① 〔德〕马克思：《资本论》第1卷，人民出版社，2004，第207~208页。

化，工人创造的物的权力不归工人支配，物支配人，产品支配生产者，已经对象化和实现了的劳动支配正在进行的劳动，人和物的关系发生了颠倒和错乱。人与人之间的社会关系颠倒地表现为物与物之间的关系，或者说社会关系采取了物的形式。我们本节就是在异化的意义上讨论精神生活的物化的，精神生活的物化根源于经济生活的物化，精神物化是物化的经济世界在人的思想观念上的投射。我们结合自己的切身体验以及当代中西方学者的相关理论来探讨一下资本主义时代精神生活的物化状况。

第一，商品拜物教与消费主义的盛行导致了超验性和神圣性的丧失，人的精神生活异化为非理性的享乐主义和快感体验。随着科学技术的进步，人们强大的商品生产能力使这个世界的物质文明变得异常丰富多彩，商品这一组成社会的细胞逐渐吞噬甚至取代了传统社会对超验性的追求和向往，成为这个世界的新神。人们对商品开始顶礼膜拜，对商品等级和品牌的追求被异化为一个人成功的标志，人们试图在对商品的追逐中实现自己的价值和优越感，商品拜物教已对精神生活进行全面侵蚀。商品拜物教的实质在于：人与人之间的一定的社会关系采取了"物与物的关系的虚幻形式"①。这种"物与物的关系的虚幻形式"控制了人的日常生活，物化的本质在资本主义时代即异化。异化在资本主义不同的阶段随着物化状况的变化而呈现不同的特点：在早期资本主义时代，一方面，工人的异化体现在劳动异化上，人们在劳动过程中精神受到压抑和摧残，不能自由地支配自己的劳动；另一方面，工人的异化还体现在由于工资收入很低，从而工人不得不忍受由基本生活资料的匮乏导致的心理上、身体上和精神上的三重折磨。在当今资本主义时代，商品拜物教不仅表现在经济生活上对商品崇拜的进一步加剧，而且还表现在商品已经全面控制人的精神生活。按照鲍德里亚的说法，现代资本主义社会本质上是消费社会，商品的主要功能已不再是满足需要的使用价值，商品已经蜕变为符号，正是这个符号使人获得异于他人的特殊性，人们也正是在这个符号中感受生命实现的快感。"在日常生活中，消费的益处并不是作为工作或生产过程的结合，而是作为奇迹来体验的。"② 德波在《景观社会》中提出了"景观"这一新的概念，它指的是

① 〔德〕马克思：《资本论》第1卷，人民出版社，2004，第90页。
② 〔法〕让·鲍德里亚：《消费社会》，刘成富等译，南京大学出版社，2014，第8页。

社会生活的全部已经被商品占领，人的消费、娱乐、休闲、工作、体验、精神等全部生活内容都被商品化了。在这种被当今世界崇尚的消费主义生活方式中，一方面，人的精神生活走向了各种物役化、媚俗化、低俗化的生活方式；另一方面，这种物欲化的生活方式反过来又加剧了精神生活的物化处境。精神生活的物化已经完全瓦解了神性、德性、上帝、真、善、美等超验性的精神价值，并逐渐累积为支配人的精神生活的拜物教。

第二，物化逻辑成为主导现代资本主义的意识形态。在这一逻辑的支配下，交换价值作为数学的量的法则，抹平了一切异质性的东西，个人的个性与自由已经不再重要，人的精神存在被物的齐一性和同质性抽空和拉平，成为平均化的存在。在资本主义社会，一切活动的特性、个性都被还原为交换价值，交换价值成为社会的一般存在，成为资本主义社会一切工业形式（包括文化工业）的目的。一切都必须转化为交换价值，也只有通过交换价值这种物的形式才能表明自己支配社会的权力。个人对交换价值的占有并不体现为对自身丰富的社会属性的占有，而是体现为对一种同一的、无差别的社会关系的占有。在这种占有中，人不仅不会丰富自己的精神存在，反而使自己的精神生活被抽空和夷平，丧失掉自己的个性，成为一个与其他存在者并无个性差异的抽象存在者。在当今资本主义社会，个人是作为平均化的、缺乏个性的"常人"而存在的。个人对物的普遍占有，不仅没有带来精神生活的丰富性，反而使人倍感焦虑。正如巴雷特所言，我们以过去任何时代所不曾具有的抽象水准生活，对这些事实我们早已习以为常，以至于熟视无睹和忘却。但是，科学技术的每一次进步都是朝向更抽象的进一步推进，这种异常抽象的能力是现代社会进步力量的源泉。然而，这种力量也有其否定的方面：现代人由此陷入无根、怅然若失、焦虑等抽象精神生活状态中。[①]

第三，文化工业作为资本主义的一种工业形式，遵循的仍然是资本增殖的逻辑，生产交换价值是它的根本目的。它强有力地控制了人们的整个精神生活，抽离了精神生活的内在丰富性，使精神生活直观化、表象化、外在化。在生产交换价值这一目的的指引下，大众文化产品不可避免地变

[①] 〔美〕威廉·巴雷特：《非理性的人——存在主义哲学研究》，段德智译，上海译文出版社，1992，第31~32页。

得程式化、标准化、齐一化。大众文化产品按照一定标准和程式批量生产，缺乏独特风格，机械复制，因此低俗代替了崇高，雷同代替了个性，平庸代替了高雅。由于大众文化产品的强势影响，个人的精神生活不知不觉地也变得日益平庸和雷同。作为文化工业和大众文化核心元素的"时尚"，名义上是标榜个性化，但实质上是个性的形式化与类型化，人们追求的个性都被物化在这些具有同质化的商品上，人们的个性就像更换手机一样被选取和弃却。无数个人正是这样把自己的精神生活寄托在一件又一件的时尚消费品上，精神生活被物象化和平面化。尽管在消费这些大众文化产品的过程中体现了人与人平等的形式正义原则，但丧失了精神本应有的丰富性和多样性。根据邹诗鹏教授的观点，文化工业及大众文化抽离了精神生活的内在性与超验性，导致了精神存在和精神生活的景观化，其通过发达的影像技术和宏大的场景设计把情景景观化，在这一过程中，人的精神生活被直观地、生动地同时也是外在地展现在虚幻的立体情景中，人的精神生活丧失了沉思的向度，沉浸在非理性的快感体验中。更为重要的是，文化工业及大众文化通过对日常生活的控制使生活世界"殖民化"。在网络化时代，文化工业正在形成一种新的生活方式：虚拟的网络生活。它使现实生活世界的殖民化现象更加明显。网络化生活日渐成为日常生活，显示出强大的现实性，越来越多的人把网络化生活当成真实的生活，甚至置换了真实的日常生活。虚拟被颠倒为真实，真实被颠倒为虚拟，网络生活给人类现实生活带来了巨大的冲击，并伴有更加复杂的社会与精神文化问题。①

第四，资本的效用原则和增殖原则渗透到精神生活领域，成为支配精神生活的价值原则。资本的效用原则其实就是金钱原则，在资本眼中，效用就是能赚钱，就是增殖。资本把世界上的一切都与金钱联系起来，一切目的都要为赚钱让道，不仅把自然界当作赚钱的机器，而且把整个世界，包括精神世界，都当作赚钱的机器，从而贬低了人的尊严。"人的尊严变成了交换价值"②，人的精神生活沉浸在赚钱的逻辑中，充满了铜臭味。生命的价值被放到了市场上来考量，交换价值获得了超越性的地位，超验的精神价值没落了。人的精神生活和物质生活遵循的是同一个逻辑，即金钱逻

---

① 参见邹诗鹏《现时代精神生活的物化处境及其批判》，《中国社会科学》2007年第5期。
② 《马克思恩格斯选集》第1卷，人民出版社，1995，第275页。

辑，人在赚钱的过程中感受到了精神的愉悦和生命的价值。在金钱至上的物化处境中，人的精神生活很多都处于亚健康状态。在庞大的市场面前，疲于奔命的个体所起的作用微不足道，个人时常感到无奈、孤独、彷徨、浮躁、压抑、畏怯、狂喜。在物化的世界里，人的精神生活呈现错综复杂的矛盾状态，机遇与风险并存，它吸引人们在市场里冲浪，同时也让市场博弈者畏怯。面对金钱至上的物化世界，个体意识到其冰冷的功利主义思维逻辑，因而试图跳出这一囚笼，但事实上，个人力量的渺小使他们又无力摆脱物化世界的精神处境，甚至挣脱物化世界的手段和方式都是由物化世界提供的。在金钱至上的思维原则的支配下，精神生活必然缺乏家园感，空虚、寂寞、无聊、孤独、畏怯以及暴发户式的狂喜是人们挥之不去的心理状态。

第五，资本主义时代的物化逻辑消解了传统社会的神圣价值秩序，原子化、独立化的个人被抛入资本摧枯拉朽的流动性中，碎片化的生存状况决定了不可能有一个确定的价值秩序赋予个人以位置和意义，因而必然导致虚无主义。虚无主义是资本主义社会无法克服的痼疾。"现代虚无主义被化入了日常的资产阶级经济秩序的机制之中——这种秩序将人的价值不多也不少地等同于市场价格，并且迫使我们尽可能地抬高自己的价格，从而扩张我们自己。"[①] 如果要从根本上克服虚无主义，就需要摧毁资本逻辑和资本主义制度。传统社会的价值秩序呈现为一个等级序列，每一个人都自觉或不自觉地把自己当作这一价值秩序的一个特定环节，个人在与宇宙整体的关联中找到生命的意义，人在自己的位置上与神、天、地、道共舞。宇宙的价值等级秩序是人类社会等级结构的外化、神化，每一个人都有自己确定的等级，离开这一等级，人们几乎无法想象自己担当的角色和社会职能。当然，传统社会也呈现深层的矛盾：个人被淹没在先验的、神圣的社会等级秩序之中，个人生命价值获得的方式具有绝对的神性和强制性，抹杀了个人的鲜明个性和自我意识。摧毁了等级秩序的现代社会使个人存在呈现为碎片化的状态，个人缺乏了精神的寄托和价值导向的指引，陷入虚无主义的困境。马克思指出，资本主义时代人们必然会沉陷在虚无主义的困境中而无法跳出："在资产阶级经济以及与之相适应的生产时代中，人

---

① 〔美〕马歇尔·伯曼：《一切坚固的东西都烟消云散了——现代性体验》，徐大建等译，商务印书馆，2003，第143页。

的内在本质的这种充分发挥，表现为完全的空虚化；这种普遍的对象化过程，表现为全面的异化，而一切既定的片面目的的废弃，则表现为为了某种纯粹外在的目的而牺牲自己的目的本身。"① 资本的流动性消解了一切神圣的共同体，打倒了超验神圣，但是却树立了另一个神圣：经验神圣（物神），物神与从个人主义生发出来的相对主义相联姻，更是加剧了当代虚无主义的困境。明明没有神圣感和崇高感的物质产品却凭借现代宣传手段成为戴上神圣光环的超凡脱俗的物品，而真正神圣的东西却被亵渎了。在资本支配的时代，一切存在有无价值或价值大小都要根据是否有助于资本的自我壮大来确定，没有什么东西在资本洪流之中能够保持住自身的神圣性。

当代资本主义的物化并不意味着生活资料的完全匮乏，物质产品的丰裕使资本主义国家过上了比较富足的生活，但是物化作为一种占支配地位的意识形态已经植入所有人的精神意识。在全球一体化的时代背景中，物化意识已开始从发达资本主义国家扩散到发展中国家，这些国家的人们也被裹挟进强大的物化逻辑之中。精神生活的物化已经逐渐具有了全球化特征，如何抵御强大的物化逻辑已成为非常紧迫的时代课题。资本作为推动物质文明进步的主要力量扮演着重要的角色，资本的金钱原则已经渗透进人们的日常生活，精神生活作为一个非常重要的领域同样被金钱逻辑所支配。精神的享受和自足与金钱密不可分，精神的幸福体现在赚钱的快感之中，精神的痛苦体现为强大的市场逻辑使个人在赚钱博弈过程中陷入无助与畏怯。因此，摆在我们面前的时代课题是如何克服强大的物化逻辑，这是每一位面向现实的哲学工作者需要思考的一个重要问题。

总体而言，马克思对资本主义的非正义从四个维度进行了尖锐的批判：经济维度、权利维度、道德维度、精神维度。马克思基于资本主义社会内部的经验事实对其分配正义进行了尖锐的批判，其中经济维度的批判是基础与核心，它决定从权利、道德、精神维度对资本主义非正义的批判。这四个维度的批判对我们今天建构公平正义的社会具有重要的启示，它使我们清晰地看到资本逻辑与社会正义的深层悖论，因此最大可能地实现社会正义必须通过社会主义的力量来引导、限制、驯服资本。此外，马克思也立足于未来社会对资本主义分配正义进行了外在批判。从共产主义初级阶

---

① 《马克思恩格斯全集》第30卷，人民出版社，1995，第480页。

段来看，资本主义违背了按劳分配原则；从共产主义高级阶段来看，它又违背了按需分配原则。可见，马克思提供了批判资本主义的多重视角，他从内部颠覆了资本主义生产方式和分配方式正义性的自我证明，并从外部以超越性的视角证明了资本主义分配的非正义性，给全人类树立了一个正义的理想社会形态，使人们能够以此来批判和观照社会现实。

第五章 立足于"人类社会"的
超越性正义

　　马克思在《关于费尔巴哈的提纲》第 10 条中区分了两种社会形态：市民社会与人类社会，二者分别代表了资本主义社会和共产主义社会①。这一对社会形态的区分为我们理解马克思正义理论的实质提供了一个基本的分析框架。在斯密和黑格尔为市民社会所刻画的理论模型中，市民社会是一个需要的体系，在其中，每一个人都可以通过劳动和市场交换满足自己的需要，每一个人在满足自己需要的同时也能满足他人或社会的需要。在这样一个人与人互为手段的社会中，人与人之间不可避免地会产生利益冲突，于是为了调节冲突、维持市民社会的正常运行，有必要建立一系列的正义规范。市民社会是古典政治经济学家谈论私有财产、分工、交换的根据，也是古典自由主义者谈论权利、自由、平等、正义、国家的根据。根据黑格尔的观点，市民社会既是个人主观自由活动的产物，也是个人主观自由活动的舞台，每个人都可以自由地设定自己的目标，都以自我为动机，他们无须像古人那样关注整体。"除了那些程序性正义的形式化要求，以及关于贸易和交换的那些外部要求外，市民社会的成员不应感到有任何为整体操心的压力。"② 市民社会成员只需遵循程序性的法则，至于所要追求的内容则是每一个人的私事，这种形式与内容的分离似乎为自由的充分展开提供了最大可能的空间，但事实上，在资本逻辑的支配下，每个人互为手段

---

① 学术界对于马克思著作中"市民社会"这一概念存在不同的理解，由于研究主题的限制，我们无意介入这一争论。笔者认为，在马克思著作中，市民社会具有两层含义：一是广义的，作为物质的生活关系和交往方式的市民社会；二是狭义的，作为一种特定社会形态的市民社会，即资产阶级社会。笔者在这一章中是在第二层含义上使用马克思市民社会这一概念的。

② 〔美〕大卫·库尔珀：《纯粹现代性批判——黑格尔、海德格尔及其以后》，臧佩洪译，商务印书馆，2004，第 59 页。

追求财富的自由仅仅具有形式上的正义性，它不可避免地导致异化（不自由）和剥削（不平等）。人性也遭到了严重摧残，每一个人都被资本抹杀了一切特性，每一个人仅被看作资本家或工人。

这些都是资本主义社会不可避免的非正义现象，我们在上一章已经进行了具体分析。在市民社会这一立脚点上，古典自由主义和古典政治经济学立足于抽象人性（自私自利的人性）把市民社会作为自治性的社会形态进行辩护，它们根本无法解释人性的丰富性以及在这一人性基础上的社会正义。马克思主义认为，只有在超越市民社会的人类社会这一新的立脚点上，才能真正理解人性以及与之相适应的正义观念。人类社会是超越市民社会的理想社会形态，市民社会在自我扬弃的过程中将被人类社会取代。立足于市民社会，古典自由主义和古典政治经济学确立了应得正义观或补救性正义观；马克思则立足于人类社会，确立了超越性的正义观。这一层面的正义虽然仅仅具有超越性的价值，是理想社会的正义形态，但为马克思正义理论奠定了根基。如果抛开马克思正义理论的这一层面，我们将无法理解他的全部正义理论。[①] 马克思将人类社会理解为社会的理想形态，这暗含市民社会的正义是一个有缺陷的正义。但是，当市民社会仍然是社会的基本存在形态时，我们仍然需要应得正义或补救性正义作为调节社会生活的基本原则。这意味着马克思正义理论具有双重结构：补救性正义与超越性正义。对于市民社会的正义与非正义，我们已经在上一章进行了详细分析，下面将具体分析马克思正义理论的超越性这一层面。

第一节　马克思超越性正义实现了个人 与社会的统一

以马克思的三大社会形态理论为参照系，人类历史迄今为止大致经历了三种性质不同但又具有理论传承关系的正义形态：以社会原则为宗旨的古典正义、以个人原则为宗旨的自由主义正义，以及实现了个人原则与社会原则伟大综合的马克思所设想的未来人类社会的正义。青年时期的马克思对古希腊哲学具有浓厚的兴趣，他对德谟克利特、柏拉图、亚里士多德、

---

① 参见王新生《马克思正义理论的四重辩护》，《中国社会科学》2014 年第 4 期。

伊壁鸠鲁等古代哲学家进行了广泛而深入的研究。古希腊的城邦制度和伦理生活为马克思提供了一幅完整和谐的人类景象，他的政治经济学批判正是建基于这一图景之上。"在马克思对现代性、科学和实证论的批判，对资本主义社会关系错误的客观性摧毁了个体自由和自我意识之可能性的批判中，希腊人占据着他理智与情感的中心。"① 无论麦卡锡对古希腊人在马克思思想体系中所起的作用评价是否准确，有一点可以肯定的是，理解马克思复杂的思想体系，尤其是他的未来人类社会理论，离不开以希腊城邦为典范的社会正义的设想。自由主义是马克思直接面临的理论对象，对它的批判以一种潜在的方式暗含在他40年的政治经济学研究中。自由主义是在反叛传统社会的等级和特权制度的背景下逐渐兴起的一股社会政治思潮，作为资产阶级的意识形态，它曾经起到了非常进步的作用。但是，当资产阶级在经济上逐渐站稳脚跟并在政治上取得统治合法性的时候，它逐渐作为一股保守力量开始为资本主义的永恒性进行理论辩护。因此，要想变革资本主义社会，必须直面自由主义。古典正义理论和自由主义正义理论是马克思进入正义理论思考的总背景，他对这两种正义理论既有批判又有吸取，实现了古典正义理论的社会原则与自由主义正义理论的个人原则在异质于城邦社会和市民社会的另一个社会界面上的辩证综合。在这一全新的社会界面上，人的个体性存在与社会性存在是内在统一的，社会与个人不再以压制个人的方式（如古代社会），也不再以相互对立的方式（如现代社会）存在于未来社会中。下面，我们就从分析古典正义理论的社会原则及其内涵、性质开始。

一 古典正义理论的社会原则

在古希腊，个人只有依附于城邦才能生存，也只有在所隶属的城邦中才能获得自己生存的价值和尊严。严格地说，城邦中并没有完整意义上的个人，个人以城邦公民的形态存在。城邦与人的天性内在契合，有利于城邦公民和平共处，因而符合自然正义法则。在古希腊，城邦的价值要远远高于、优先于个人，离开城邦，个人的尊严、价值、权利都失去根基。因此，正义就在于完全献身于城邦和公共利益，它要求人们除了城邦之外自

---

① 〔美〕麦卡锡：《马克思与古人——古典伦理学、社会正义和19世纪政治经济学》，王文扬译，华东师范大学出版社，2011，第27页。

己不能拥有任何东西。古希腊坚持城邦（社会）优先于个人的正义原则，每一个人都必须无条件地服从城邦的决议和安排，即便这种安排是错误的。古希腊正义理论也有它无法克服的缺陷，城邦作为一个特殊的社会，潜在地把其他城邦看作自己的敌人，这意味着具有公共精神的正义只限于城邦内部，城邦保卫者应该友善地对待自己的人民，严厉地对待异邦人。这样理解的正义在任何城邦都难以完全避免，因为即便是最正义的城邦也仅仅是一个狭小的、封闭的、排他的社会。① 此外，还需要注意的是，城邦内部的社会等级划分带来了等级与等级之间的绝对不平等，等级之间不能相互僭越，森严的等级制度压制了个人自我意识的觉醒。

在柏拉图看来，正义是个人与个人关系意义上的德性，而不是个人所独有的德性。建立城邦必须遵循一条原则，这条原则即正义："每个人必须在国家里执行一种最适合他天性的职务。"② 一个城邦的正义在于其三个组成部分各司其职且仅司其职："当生意人、辅助者和护国者这三种人在国家里各做各的事而不相互干扰时，便有了正义，从而也就使国家成为正义的国家了。"③ 可见，正义的城邦依据的是一人一事的原则，每一个人都不是自足的，每一个人都要根据自己的天赋本性做城邦中最适合自己的工作。每一个人都不得违背自己的天性去做另外一种工作，因为人的天性有别，不同的人适合掌握不同的技艺。在柏拉图看来，唯有如此，一个和谐有序的城邦才能建立起来，城邦才能反过来保障每一个人过上幸福的生活。在建立城邦时，关注的目标是由不同类型的人组成的城邦整体的利益，而不是个人的利益，正义就是为城邦献身的公共精神，不能让个人主义污染城邦。在柏拉图看来，城邦整体是第一位的，个人的正义就在于根据自己的天性为城邦做适合自己的事，个人只有作为城邦的一员才是幸福的。"统治者不应再利用国家来满足自己的目的。如有必要，国家应该要求统治者牺牲自己的私人目的——如果他确实有区别于国家目的的个人目的的话——

---

① 〔美〕列奥·施特劳斯等主编《政治哲学史》（第3版），李洪润等译，法律出版社，2009，第29~30页。

② 〔古希腊〕柏拉图：《理想国》，郭斌和等译，商务印书馆，2009，第154页。

③ 〔古希腊〕柏拉图：《理想国》，郭斌和等译，商务印书馆，2009，第156页。

来成全整体的福利。"① 从我们以上的分析可以看出，柏拉图的正义理论体现了鲜明的社会原则。

亚里士多德认为，人天生是政治的动物，过城邦生活是人的本性使然。只有在城邦中，个人才能实现道德上的善，个人的潜能才能获得自我实现，任何孤立的个人，甚至小规模的社会团体，都不可能实现这一目的。"在一个正义的社会中，德性的个体不只是在自身当中实践德性，而且要在与政治共同体的其他成员的相互关系之中实践德性。只有在社会中，人类潜能的自我实现方才可能，因为只有在政治共同体中，人才能真正实践其道德和理智的德性。正是在这个社会里并且通过这个社会，个体才成为一个真正的个体——实现其潜能和自由。"② 一个人的善离开了城邦就不存在，因为在亚里士多德看来，人的本性在于社会性，人不可能过一种孤独的生活，因为他有妻子、子女、朋友、同邦人，从而不得不与他们处在某种关系之中。"我们确认自然生成的城邦先于个人，就因为〔个人只是城邦的组成部分〕每一个隔离的个人都不足以自给其生活，必须共同集合于城邦这个整体〔才能让大家满足其需要〕。"③ 尽管在时间发生程序上个人先于城邦，但在本性上城邦先于个人，也就是说全体必然先于部分。亚里士多德以身体为例，证明城邦是先于个人的，如果全身毁伤，手足就不再称其为手足，脱离有机身体的手足同石制的手足没有什么差异，因为这些手足无从发挥手足的功能。可见，从个人与城邦的关系来看，亚里士多德更为重视的是城邦，在这个意义上，我们可以把亚里士多德称为一个整体主义者。可见，亚里士多德正义理论强调的也是社会优先的原则。

按照张盾教授的看法，城邦的衰落是划时代的历史事件，只有此时才产生了真正意义上的个人概念，因为人们不得不脱离城邦而作为个体进行生存和生活。同时也只有在这个时候——希腊城邦衰落后的希腊化时代——才产生了超越狭小城邦的更普遍意义的共同体，即社会的概念，人们不得不在这个更大的社会共同体中生活，并在这一普遍社会中寻找自己的位置获得

---

① 〔英〕厄奈斯特·巴克：《希腊政治理论——柏拉图及其前人》，卢华萍译，吉林人民出版社，2003，第208页。
② 〔美〕麦卡锡：《马克思与古人——古典伦理学、社会正义和19世纪政治经济学》，王文扬译，华东师范大学出版社，2011，第81页。
③ 〔古希腊〕亚里士多德：《政治学》，吴寿彭译，商务印书馆，1965，第8页。

生命的价值。[1] 作为政治动物或者城邦公民的人随着城邦的瓦解而终结了，作为独立个人的人产生了，这种个人不得不学会单独生活，这种生活在城邦时代是从来没有经历过的，而且还不得不学会处理与其他个人的关系，也就是不得不学会如何在一个新的更广泛的社会共同体中生活。在希腊化这一范围更广的社会里，"个人有着一种其他的个人必须予以尊重的价值。这样一种假设在城邦的伦理中所具有的作用甚微，因为在城邦中，个人是作为公民出现的，而且他的重要性也取决于他所处的地位或他所具有的作用。在范围极广的世界里，个人很难说有什么作用——除非这是在某种宗教意义上而言的——但是可以这样说，他正好可以充分利用自己的不重要的地位。他完全可以把他自己不可被他人分享的内心生活宣称为所有其他价值据以产生的渊源。换言之，他可以提出一种固有权利的主张，亦即使自己的人格受到尊重的权利"[2]。根据萨拜因的这一看法，在希腊化时代，个人在社会中获得了前所未有的自足性价值，每一个人都应该平等地得到他人的尊重，无论他是奴隶、外国人还是野蛮人。国家应当对任何人都一视同仁，在上帝面前人与人之间灵魂平等，或者说在法律面前人人平等。

在这一时代背景下，流行最广、延续时间最长的一个派别——斯多葛学派应运而生了，它表达了一种世界主义的平等观点：每一个人都遵循同一个世界理性，这一理性超越了城邦或其他共同体的特殊法规和习俗，是人之为人的根据，也是衡量各种法则正义与否的普世性标准。由于每一个人存在的根据都是世界理性，每一个人都是在这一理性指导下的世界公民，所以四海之内皆兄弟，人与人应该平等，不应该有等级和城邦之分。这实际上是把城邦范围之内的平等投射到世界范围之后所得出的基本结论。基督教对个人价值的形成也发挥了重要作用。上帝作为一个神圣的实体，是每一个人信仰的对象，每一个人都在对上帝的虔诚信仰中感受到自己独立的人格。与此同时，基督教也催生了一个远大于古希腊城邦的普遍社会概念：基督教宣扬福音的感召力超越地域、民族与国家的限制，把世界人民在对上帝的共同信仰中团结在一起。斯多葛学派及其在斯多葛学派影响下

---

① 参见张盾《马克思政治哲学中的个人原则与社会原则》，《中国社会科学》2013 年第 8 期。

② 〔美〕乔治·萨拜因：《政治学说史》上卷，邓正来译，上海人民出版社，2008，第186 页。

的基督教既形成了尊重个体价值和个体尊严的个人原则，又形成了家国一体的具有世界主义性质的社会原则，个人原则与社会原则是统一的。但事实上，个人原则与社会原则在斯多葛学派的思想体系中并不处于同等地位，社会原则要优先于和高于个人原则，它所理解的个人还仅仅是抽象的个人，还不是全面的个人，离马克思所说的具体的历史的现实的个人还有很远的距离。它真正强调和重视的是共同体的价值和优先性，要求个人无条件地为国家和社会作出牺牲，包括财产和生命等一切个体价值，这正是古典正义理论的基本指向——正义就在于个人对共同体的服从和牺牲。"斯多葛学派的严苛的道德主义之所以适合了罗马人的需要，并对罗马法产生了如此深广的影响，关键在于斯多葛主义契合了罗马人固有的那些古代美德，如克己奉公、热爱国家和为公众服务的公共精神。从斯多葛主义到西塞罗，再到中世纪的阿奎那，社会原则对于个人原则的优先性构成了西方道德政治的古典形式。"① 因此，我们可以说古典正义理论的基本特质是社会原则对个人原则的优先性，每一个人都应该以社会为存在根据和伦理目标，社会性或普遍性才是政治的理想。而对个体价值的尊重，人与人之间的平等主要存在于精神信仰和自我意识的层面。在现实生活中，"当时的社会是由不同的等级组成的。它们相互需要、彼此互补，但这并不意味着它们的关系是真正相互的，因为它们不是存在于同一个层面。相反，它们组成了一个等级阶层，其中，有的等级比其他的更具有尊严，更富有价值"②。按照马克思的说法，在前资本主义社会，个人从属于一个较大的整体，个人受自然血缘关系和统治从属关系的支配，每个人只能承担由共同体所赋予的角色。

古代城邦社会强调城邦在价值上先于个人，这与他们所秉持的本体论的思维方式密切相关。古希腊哲学家喜欢探寻现象世界的本体，试图为现象世界提供一个终极根据，尽管他们对本体的理解差异很大，甚至是相互对立的。希腊自然哲学所追寻的"水"、"无定"、"气"、"火"、"四根"、"元素"、"种子"、"原子"、毕达哥拉斯的"数"、巴门尼德的"存在"、柏拉图的"理念"、亚里士多德的"实体"所表达的都是世界的本体，这些本

---

① 张淑纶、张盾：《从个人原则到社会原则——"道德政治"谱系中的黑格尔》，《哲学研究》2013年第4期。
② 〔加〕查尔斯·泰勒：《现代社会想象》，林曼红译，译林出版社，2014，第8页。

体的价值要远远高于现象世界的任何事物。本体的重要性在现实世界的投射就是强调城邦的重要性，本体的价值高于现象，同理，城邦的价值高于个人。与现代社会对个人权利原则的强调不同，古代社会关注更多的是义务，义务要优先于权利。因为既然城邦的价值要优先于个人，这就决定了个人对城邦的义务是第一位的，个人要履行自己的职责，生产者、保卫者与统治者都必须把城邦赋予的义务作为最神圣的事情，无条件地执行，这样才能保证城邦是一个实现了善的城邦。苏格拉底之死最能证明履行对城邦的义务是每一个人的神圣使命，他以不敬神和败坏青年之名被希腊城邦判处死刑，尽管他明知是不合理的，也没有选择逃避死刑，而是选择了慷慨赴死，并且在死前教导人们要遵守城邦道德和正义。在苏格拉底看来，公民有义务接受城邦的任何裁决，即使这种裁决损害了人的权利。

其实，在古代社会个人根本没有真正的权利，因为他的一切几乎都来自和决定于城邦。根据贡斯当的观点，古代人的自由主要体现在参与城邦生活的政治自由："古代人的自由在于以集体的方式直接行使完整主权的若干部分：诸如在广场协商战争与和平问题，与外国政府缔结联盟，投票表决法律并作出判决，审查执政官的财务、法案及管理，宣召执政官出席人民的集会，对他们进行批评、谴责或豁免。"① 这种集体性的自由和个人对共同体权威的绝对服从是完全相容的，我们从中几乎看不到任何现代人的自由权利。个人未得到丝毫重视，所有私人行动都要受到严格的监视，社会权威机构干预那些对个人最为有益的领域，阻碍个人自我意识和自由意志的实现。贡斯当接着举例说明了个人与社会相比的渺小：在斯巴达，公共权威干预家庭内部关系，年轻的斯巴达人甚至都不能自由地看望他的新娘。在罗马，监察官同样密切地监视着家庭的私人生活，几乎没有一个私人领域不受法律的限制。古代人根本没有个人自由这一概念，每个人在私人关系中都是奴隶，个人以某种方式被城邦或国家吞没。只有到了近代，个人权利和人格才获得了应有的尊重和真正的自觉。

二 自由主义正义理论的个人原则

与古典正义理论强调社会优先于个人不同，自由主义正义理论体现的

---

① 〔法〕邦雅曼·贡斯当：《古代人的自由与现代人的自由》，阎克文等译，上海人民出版社，2003，第47页。

是个人原则。个人是自由主义政治哲学的一个重大发现，由此开始对个人价值有了真正的全面的自觉意识。自由主义正义理论不再像古典正义理论那样，关注的是城邦的整体利益，而是开始把个人利益和权利看作政治哲学的基本出发点和最终目的，国家是在个人同意的基础上成立的，其目的是保证个人权利不受侵犯。个人原则作为谋划现代性方案的核心原则为现代人确立了价值规范基础，取代了中世纪的上帝这一神圣权威，为现代人的经济体制、政治秩序、道德理想奠定了"一劳永逸"的根据。在中世纪，上帝和天上之城被视作个人和人类社会存在的意义根据和价值源泉，而现代社会树立的则是个人主体性及其自由。以此为目的和根据，自然要求冲破中世纪统摄一切的宗教体系，从神意统治的体系中解放出来。在现代社会，国家、社会、科学、政治、道德、艺术、哲学都体现了以自我为中心的个人原则。正是这种个人原则，支撑了宗教改革、文艺复兴、启蒙运动、资产阶级革命，并建构了现代资本主义社会秩序和文化形态。自由主义个人原则认为，只要充分发挥个人理性，破除各种外在权威和教条，实现人为自己立法，每个人就都能够获得自我实现。个人的奴役只是由于个人理性和自由没有得到充分发挥和实现。自由主义建构自己的正义理论的目的是保证个人权利和利益的充分实现，调节因个人目标差异引发的社会冲突，保证社会秩序的健康运行，从而为个人自由提供一个稳定和健康的环境。可以说，在自由主义看来，凡是有助于维护个人权利和利益的都是正义的，否则都是非正义的。当然，以个人原则为核心的自由主义的现代性方案过于自信了，它不仅没有能够保证每一个人的自由权利，反而成为掩盖人的不平等和奴役状况的意识形态，因此揭露这一意识形态成为马克思主义资本批判的一个基本向度。

从政治哲学的角度看，霍布斯和洛克是自由主义个人原则的开创者。霍布斯在代表作《利维坦》中系统论述了社会契约、君权民授和天赋权利等学说，为近代西方政治哲学奠定了基础。霍布斯从一个假想的"自然状态"入手，他认为在政治社会产生之前，每一个人都遵循自然法，自然法的基本原则是保护自己的生命，为了自保可以采取任何手段排斥和消灭敌人。以此为基础，霍布斯第一次给自由主义政治哲学引入了彻底的个人原则。这样一个完全以自我为中心的个人原则势必会造成一种普遍的战争状态，最终可能导致每一个人都无法自保。为了避免出现共同灭亡的不利结果，人们订立社会契约，将自己的全部权利转让给一个"第三者"。这个"第三者"体现了全体订约人的人格和意志，对他们进行治理，以保证每一个人的生命安全，这样就产生了国家。霍布斯认为，由于国家没有参与契约的订立，因而它不受契约的约束，国家的权力是绝对至上的，它做任何事情都不是违法的。对于个人来说，忠于所订契约的原则是所有正义的基础，如果没有契约，每个人就有对其他一切人的权利，因而就会回到血腥的自然状态。霍布斯主张的第三者的绝对权力来自全体个人的授予，而不是像中世纪那样来自神，这表达了一种彻底的个人主义观点，但是绝对君权的存在始终是对个人权利的极大威胁。萨拜因对霍布斯政治哲学中的个人主义因素给予了很高且准确的评价："这种个人主义乃是霍布斯思想中彻头彻尾的现代因素，也是他以最明确的方式所把握住的下一个时代的特征。在他身后的两个世纪里，在绝大多数思想家看来，与无私相比，自私是一种更显见的动机，而且与任何形式的集体行动相比，开明的自私对于社会弊端来说也是一种更为可行的救济措施。"① 霍布斯的绝对君权理论实际上是他个人主义的补充。对霍布斯而言，社会是由个人组成的，社会因个人并为了个人而存在，而不是个人因社会并为了社会而存在。霍布斯实现了政治哲学的转向：从关注社会到关注个人。

洛克继承了霍布斯政治哲学中的个人主义因素，主张从个人权利和利益来阐释社会理论，无论是政府还是社会，其目的都是维护个人权利，个人权利的天赋性和不可取消性构成了政治权力的限度。可以说，在洛克那里，个人以及个人利益和权利成为政治正义的基本原则，这与古代社会把社会或共同体作为正义的基本原则形成了鲜明对比。与霍布斯一样的是，洛克也以为，国家权力必须经过每个契约人的同意才能产生，这种同意可以用默认的方式来表示。人们走出自由平等的自然状态，进入政治社会，组成国家和政府，其目的是保护每个人在自然状态中天然享有的各种权利，其中最重要的是个人的财产权。与霍布斯主张绝对的国家权力不同，洛克认为国家权力是一个有限的权力，国家和政府不能置身于契约之外，更不能侵害任何一个人的自然权利。人们出于理性的考虑只是放弃了自然状态中对财产权的判决和执行的权利，并通过全体个人同意的方式转让给了国

---

① 〔美〕乔治·萨拜因：《政治学说史》下卷，邓正来译，上海人民出版社，2010，第156页。

家，其他一切权利，包括生命权、财产权、自由权等都是神圣不可侵犯的。国家和社会不能以集体的名义侵犯个人的权利，国家若不能履行自己的职责，就是不正义的，人们就有权利推翻它。洛克以个人原则为核心的自由主义政治哲学对功利主义产生了重要影响："洛克政治哲学中的大多数实际目的和大部分内在精神却传给了功利主义。尽管这种功利主义并不为革命做明确辩护，但是它却延续了洛克审慎而激进的改革精神。与洛克的思想一样，它的纲领也同样坚持个人权利的理想化，同样信奉自由主义是整治政治弊病的信念，同样关注财产权，并且同样坚信公共利益必须从私人幸福的角度加以考量。"① 洛克对后世的影响不仅仅在此，他对资本主义政治制度产生了深远而广泛的影响。就政治哲学而言，个人权利是政治的目的，是判断政治正义与否的根本标准。

然而，自由主义的个人原则在时代的演变中否定了自身。在萨拜因看来，自然法的个人权利原则在理论上被休谟建立在彻底经验论基础上的怀疑主义所终结，在实践上被法国大革命所终结。法国大革命的哲学基础就是自由主义所主张的抽象的个人主义，它试图在个人主义各项假设的基础上制定各种政治规则。随着英国资产阶级革命的完成，霍布斯和洛克的个人权利原则从反抗封建特权、推动资产阶级政治解放的正义原则，变成了古典政治经济学的自由竞争和利润最大化的理论基础，变成了为资产阶级利益进行辩护的意识形态。诚然，自由主义的正义理论也有明确的社会指向，如休谟所言，正义的建构其目的是防止社会的解体，使个人的权利能够得到保障。但是自由主义正义理论所指涉的社会在马克思看来还只是"市民社会"。当社会从人格依赖关系的传统社会演变为普遍联系的市民社会时，社会本身已经在这个变迁过程中发生了裂变，现代市民社会已经蜕变为实现私人利益的手段，实质上就是个人的集合体和自由竞争的舞台。

在现代市民社会，社会关系都是建立在物化逻辑基础之上的人与人之间的独立性关系，这些关系表现为彼此互为手段的外在关系。"每个人为另一个人服务，目的是为自己服务；每一个人都把另一个人当作自己的手段互相利用。"② 斯密认为，在市场的"看不见的手"的指导下，由于普遍的

---

① 〔美〕乔治·萨拜因：《政治学说史》下卷，邓正来译，上海人民出版社，2010，第226页。
② 《马克思恩格斯全集》第30卷，人民出版社，1995，第198页。

社会联系是由每一个个人的交换关系组成的，每一个人在追求自己利益最大化的同时必将导致社会利益的最大化。"各个人都不断地努力为他自己所能支配的资本找到最有利的用途。固然，他所考虑的不是社会的利益，而是他自身的利益，但他对自身利益的研究自然会或者毋宁说必然会引导他选定最有利于社会的用途。"① 也就是说，每个人在追求私人利益的同时，会不知不觉地为社会利益服务。因此，自由主义认为，其正义理论具有明确的社会指向，就体现在这种既利己又利他的社会关系之中。可是，马克思通过政治经济学批判却得出了与自由主义相反的结论："关键并不在于，当每个人追求自己私人利益的时候，也就达到私人利益的总体即普遍利益。从这种抽象的说法反而可以得出结论：每个人都互相妨碍别人利益的实现，这种一切人反对一切人的战争所造成的结果，不是普遍的肯定，而是普遍的否定。"② 也就是说，在由孤立化、个体化的个人所组成的市民社会中，自由主义正义理论所指涉的社会利益根本无法实现，只是一个虚设的价值向度。以自我利益为核心的个人主义式的追逐，只能把个人利益推向极端化，不可能自发地导致普遍利益的增加。可见，自由主义正义理论的社会性指向具有虚假性。

自由主义在个人权利的平面上建构政治正义性的做法遭到了黑格尔的尖锐批判。在黑格尔看来，自由主义的个人主体性原则实质上是知性原则，它把有限的知性置于无限的理性的位置上，也就是把有限当成了无限，把相对当成了绝对。自由主义把个人的自然性看作政治哲学的出发点，个人的需要和利益成为建构正义体系的出发点和最终目的，而在黑格尔看来，这种自然主义的个人恰恰是应当加以改造。生命和财产作为人的直接欲求对象，遵循自然法则被看作天赋的权利，但这些欲求对象除了直接经验性内容外，并没有什么伦理价值。黑格尔曾经说过，只有粗野小人才会一直坚持自己的权利和利益，而高尚的精神还会顾虑到具有伦理内涵的社会性和公共性价值。黑格尔试图证明人拥有权利和价值并不在于人的自然属性，而在于人的伦理属性。人的伦理属性意味着普遍性、公共性、社会性，在

① 〔英〕亚当·斯密：《国民财富的性质和原因的研究》下卷，郭大力等译，商务印书馆，1974，第25页。
② 《马克思恩格斯全集》第30卷，人民出版社，1995，第106页。

黑格尔这里，社会高于个人。个人要在普遍性中找到自己的尊严和价值，黑格尔试图用普遍的伦理主义治疗个人主义的弊病。市民社会是展现自由主义个人原则的土壤，是需要被扬弃的客观精神环节："市民社会是个人私利的战场，是一切人反对一切人的战场，同样，市民社会也是私人利益跟特殊公共事务冲突的舞台，并且是它们二者共同跟国家的最高观点和制度冲突的舞台。"①

市民社会与古代城邦不同，它以个人主体性为存在前提，并成功地塑造了个人主体性的品质，但这以个人与社会、特殊与普遍、私利与公共善的二元分裂和伦理总体性的瓦解为代价。黑格尔的理论努力就是扬弃有限与无限、知性与理性、自然与自由、个人与社会之间的对立，其目的在于保存市民社会分裂的积极成果，与此同时，在更高的伦理环节（国家）上实现它们的统一，从而治疗现代性的个人主义危机。"国家是关于道德的绝对理念的充分实现，是一个共同体；在这一共同体中，善在公共生活中得到了实现……国家是这样一个共同体：在其中，理性意志的全部内容显现于公共生活中。充分实现了的国家调和着得到充分展开的个体主体性和普遍性。国家是具体的自由。具体的自由在于，个人的主体性及其特殊利益不但获得充分的发展，并且个人的权利获得了明白的承认。"② 在黑格尔这里，社会、普遍性、公共性被重新发现，他把普遍利益而非私利作为政治的内在目的，用社会原则取代个人原则，在公共性的框架内思考个人权利实现的路径。黑格尔治疗个人主义弊病的伦理方案很难落到实处，社会与个人保持这样一个必要且合理的张力对任何一个国家都具有极大的挑战，往往会出现社会压制个人的情况，为了公共的利益而不惜牺牲个人的利益。黑格尔在保持自由主义个人原则积极成果的同时克服个人与社会分裂的方案，对马克思产生了重要影响：马克思接过黑格尔的论题，也意识到社会分裂是现代性的内在弊病，但在如何克服这一弊病上，马克思与黑格尔分道扬镳了。

三 马克思正义理论实现了个人与社会的统一

在近代政治哲学个人原则与社会原则博弈的思想背景下，马克思正义

---

① 〔德〕黑格尔：《法哲学原理》，范扬等译，商务印书馆，1961，第309页。
② 〔加〕查尔斯·泰勒：《黑格尔》，张国清等译，译林出版社，2002，第674页。

理论综合了古典正义理论的社会原则与自由主义正义理论的个人原则，成功实现了个人与社会的统一。马克思正义理论具有超越性质，它超越了古典正义理论压抑个人的社会原则，同样也超越了自由主义正义理论忽略社会的个人原则，只有在未来自由人联合体阶段才能彻底实现，个人在社会共同体中将获得真正的自我实现。马克思并不把个人看作自我意识或抽象权利的主体，而是认为人的本质是社会一切关系的总和。这是在更高层次上对人的本质的认知，更富有实在感，因为毕竟个人权利的实现和自我意识的展开只有在社会关系中才有可能。个人不可能完全与社会处于抽象对立之中，个人的权利是现代人普遍共有的诉求，社会赋予每一个人以权利。社会也不能够被理解为压制个人和特殊性的抽象普遍原则，人应该在社会共同体中实现自己的权利和自由意志。当然，这只是马克思基于不同于物化逻辑的人的自由个性发展逻辑的政治设想，是超越资本主义社会之后的理想社会形态所应具有的基本特征。从历史事实看，在资本主义社会，社会与个人一样都服从于利润最大化的资本逻辑，社会成为维护个人利益的手段和工具，或者说成为个人利益博弈的舞台。无论我们是支持社会原则还是支持个人原则，在现代市民社会，我们实质上都是在资本自我增殖逻辑的摆布下生活，具体的社会关系不可避免地带有物化逻辑的特征。马克思看到了个人与社会的分裂，开始在超越资本主义社会的另一个更高位阶的社会平面上思考如何实现二者的统一，这就是在超越资本主义物化和私有财产逻辑的实质自由的逻辑上重新思考个人与社会的关系。

对个人价值、个人权利、个人自我实现的重视意味着马克思与古典自由主义具有一致之处。个人也可以看作马克思政治哲学的出发点和最终归宿，但是他并没有把个人理解为抽象的个人，而是把个人理解为历史的、具体的、现实的、有生命的个人。在马克思设想的未来政治制度安排中，个人与社会不再是分裂的，个人只有在社会中才能实现自己的全面发展，社会是通往自由王国的唯一道路和手段。这种个人与社会、目的与手段的辩证法是理解马克思政治哲学的关键之点，构成了马克思政治哲学的本质精神。马克思理想的正义社会蕴含个人与社会的内在统一，因而与古典正义理论重视社会公共性价值而压制个人的倾向在性质上根本不同，但马克思对公共性、社会性的强调又使其理论体系呈现明显的古典政治哲学的视界。黑格尔看到了个人主义的弊病，看到了个人主体性与社会共同体的分裂是现代性最深刻的危机，这是他的深刻之处。但马克思并不赞同黑格尔通过作为伦理理念的国家来治疗现代性这一危机的方案，"黑格尔应该受到责难的地方，并不在于他如实地描写了现代国家的本质，而在于他用现存的东西来冒称国家的本质"①。黑格尔把国家看作"伦理理念的现实"，并认为其能够治疗个人与社会的分裂，这除了在于黑格尔保守主义的政治立场外，还在于其深层的形而上学的理论思维方式。黑格尔把国家理解为伦理理念，这种理念只是作为本体论逻辑学的补充，它以脱离事物自身的逻辑为前提，仅仅是形而上学思维方式的产物，以此不可能实现个人主体性与社会共同体的真正和解。国家不可能克服个人与社会的分裂，它反而是这一分裂的产物。国家不仅不可能解决个人与社会的分裂，反而会加剧这一分裂，它仅仅具有表面或者形式上的普遍性，实际上代表的是资产者的利益。与黑格尔压制个人特殊性的共同体相反，马克思的"自由人联合体"并不支配个人，反而是个人实现自由的条件。与卢梭基于社会契约建构的共同体也有本质区别，因为契约并非一种历史活动而是一种理论虚构，而马克思基于个性充分实现的"自由人联合体"则是依据历史唯物主义的基本原理所得出的历史发展的必然。

马克思认为，个人只有在新型社会，即超越一切虚假共同体的真正的社会共同体中才有可能获得自我实现。对此，马克思曾有过经典论证："个人力量（关系）由于分工而转化为物的力量这一现象，不能靠人们从头脑里抛开关于这一现象的一般观念的办法来消灭，而是只能靠个人重新驾驭这些物的力量，靠消灭分工的办法来消灭。没有共同体，这是不可能实现的。只有在共同体中，个人才能获得全面发展其才能的手段，也就是说，只有在共同体中才可能有个人自由。"② 个人自由与社会共同体的自由取得了内在一致性：个人自由以共同体的自由为条件，同时共同体的自由又是由单个人的自由组成的。马克思认为，在未来人类社会超越性正义的图景中，"已经生成的社会，创造着具有人的本质的这种全部丰富性的人，创造着具有丰富的、全面而深刻的感觉的人作为这个社会的恒久的现实"③；"首

---

① 《马克思恩格斯全集》第1卷，人民出版社，1956，第324页。
② 《马克思恩格斯选集》第1卷，人民出版社，1995，第118~119页。
③ 《马克思恩格斯全集》第3卷，人民出版社，2002，第306页。

先应当避免重新把'社会'当作抽象的东西同个体对立起来。个体是社会存在物";个人的生命表现是"社会生活的表现和确证";人作为一个特殊的个体,又是"人的生命表现的总体"。① 正是在这样的意义上,马克思认为人的自由个性存在是与社会性存在相统一的,而不是像现代市民社会那样表现为二元对立。

与黑格尔把共同体看作社会的实体和把个人看作绝对理念的工具不同,马克思把每一个现实的有生命的个人看作社会的实体,赋予个人以本体论的优先性。按照美国学者古尔德的看法,在这点上,马克思十分接近于亚里士多德。对于他们来说,具体的个人都是一个特定如此这般的存在。亚里士多德把个别的事物看作第一实体,把抽象的种和属看作第二实体,而第一实体才是社会的本体。同样,对马克思来说,单个具体的以特定方式存在的个人才是社会实在的基本实体。但是,在个人特定的活动方式上,马克思与亚里士多德分道扬镳了。对亚里士多德而言,个人的本质是固定不变的、生来如此的;对马克思而言,个人的本质不是先验的,也不是固定不变的,而是在人的历史活动中逐渐生成的。在马克思看来,现实的个人是社会个人,或者说,个人的活动方式本身就是社会的,社会性是个人的存在方式,个人不可能抽象地孤立地存在。马克思对社会的理解大致说来有两层含义:"一方面,尽管处在特定的形式中,但是从本质上讲,人类在一切历史阶段上都是社会的;另一方面,马克思经常讲到第三阶段全面的社会的个人是历史的产物……在第二种用法当中,这种全面的普遍的社会的个人可能会被看作一个目的论的概念,像亚里士多德的现实性观念一样,即它是人类发展的全面实现形式或终极目的。"② 未来自由人联合体所体现的社会原则即古尔德这里所说的关于社会的"第二种用法",社会不再是个人的集合或总和,而是一个被建构起来多于各部分简单相加之和的总体。社会仅仅存在于个人的活动之中,单个人的活动本身就是社会的,而不是像资本主义社会那样仅仅以自私自利为目的,社会又反过来巩固了个人与个人之间的内在统一,人与人之间的关系从此不再是外在的关系而转变为内在的关系。

---

① 《马克思恩格斯全集》第 3 卷,人民出版社,2002,第 302 页。
② 〔美〕古尔德:《马克思的社会本体论:马克思社会实在理论中的个性和共同体》,王虎学译,北京师范大学出版社,2009,第 42 页。

通过批判自由主义市民社会正义的虚假的社会性指向，马克思立足于
"人类社会"真正地确立了正义的社会性向度，这需要一种不同于财产私有
制的新制度创制，即"自由的联合"，联合起来的个人共同占有和控制生产
资料。由于每一个生产者都是"自由人联合体"的平等成员，所以他们中
的每一个人都和生产条件处于同样的关系之中，不存在支配与被支配的关
系。生产资料的私有财产权之所以与正义是不相容的，就在于它否定了对
生产资料的平等使用权。在现代市民社会，私有财产具有明显的反社会性，
"对私有财产的积极的扬弃，作为对人的生命的占有，是对一切异化的积极
的扬弃，从而是人从宗教、家庭、国家等等向自己的人的存在即社会的存
在的复归"①。共同占有和共同控制财产的"自由人联合体"作为扬弃私有
财产的新制度创制，不能被理解为一个像古典共同体那样居于个人之上的
总体，而应该被理解为个人本身的自愿联合，在其中每一个人的自由个性
都能得到充分发展。由于私有财产的反社会性与强制性，要想治疗个人主
体性与社会共同体分裂的弊病，必须克服私有财产的物化逻辑。正如张盾
教授认为的那样，财富的生产和占有作为支配现代社会的最根本的规律几
乎像自然规律一样具有因果必然性，现代个人无不受建基于私有财产基础
上的物的逻辑的制约，然而人之为人的自由就在于，并不需要为摆脱物的
逻辑而放弃对物质财富的占有，从而转入主观的道德性。马克思的理论努
力是在物质财富生产这一基础之上开辟一条超越的道路，运用物质的力量
将人自身遵循的逻辑从自然必然性转向自由自主性，自由王国只有建立在
必然王国的基础上才能繁荣发展起来。②

自由主义的自由实质上是资本的自由、私有财产的自由，服从的是物
化逻辑，因而离真正的自由还有很远的距离。平等也是如此，仅仅具有形
式的特征，它的基本内涵是在物化逻辑的基础上，每一个人争取自己物质
收入的平等，这种平等离真正的平等也有很远的距离，它作为一种意识形
态掩盖了现实生活中的实际不平等，并且会加剧现实生活中的不平等，现
阶段两极收入差距越来越大就是最好的证明。个人为什么只有在自由人联
合体中才能获得真正的自我实现？按照马克思的设想，只有自由人联合体

---

① 《马克思恩格斯全集》第 3 卷，人民出版社，2002，第 298 页。
② 张盾：《马克思政治哲学中的个人原则与社会原则》，《中国社会科学》2013 年第 8 期。

才实现了对私有财产基础上的物化逻辑的超越：联合起来的个人对生产力和物质财富进行共同占有，物质财富成为所有人自我实现的客观条件，而不再是一小部分人压迫大多数人的私有财产。这些个人自由地联合，联合不再是出于对私有财产依赖的需要，而是出于主体自我发展的需要。自由人联合体中自由交往的丰富性不仅促进了人的内在个性的全面发展，而且促进了个人之间个性差异的全面发展。

自由人联合体这一新制度体现了马克思正义理论的社会原则与个人原则的内在统一，因而同时超越了古典正义理论的社会原则和自由主义正义理论的个人原则。自由人联合体是马克思设计的具有实质正义的政治创制，在这一创制中，个人不再是私有财产的所有者，人的物质性存在被悬置了，个人以全面的方式占有了自己全面的本质。物质财富像艺术一样作为人自己的作品而存在，物的逻辑不再支配人，物成为人本质和自由的体现，"共产主义所造成的存在状况，正是这样一种现实基础，它使一切不依赖于个人而存在的状况不可能发生"①。自由人联合体创造了使个人自由成为真实的而不是形式的自由的社会关系，这种真实的社会关系既不能以个人尚未分化的抽象的共同体为原则，也不能以原子式的抽象的个人为原则，必须超越古典与现代的两极对立，实现二者的统一，因为这两者都是片面的社会关系，个人在其中并没有获得真实的自由和平等。未来新型的社会关系一方面实现了个人的独立性、主体性，另一方面又使个人能够与他者共处一体。这种新型的社会关系意味着个人自由不是建立在与他者相互隔绝的基础上，也不是把他人看作实现自己自由的手段，而是把他们同样看作目的。他人不再是实现自由的外在限制，而是彼此互为实现自由的条件，个人存在与社会普遍存在的矛盾获得了真正的解决。正如古尔德所正确把握的那样："普遍性在这里并不是抽象的普遍性，也就是说，不是通过使一切人具有同一品质而规定的普遍性，而是在个人之间的具体差异充分实现的意义上的普遍性。那么，普遍性就是一个开放的总体概念，在这个总体中，类的潜在可能性通过每一个人的自由发展得到实现，在那里，每一个人多

---

① 《马克思恩格斯选集》第 1 卷，人民出版社，1995，第 122 页。

方面地自由发展，并且多方面地与他人联系。"①

马克思批判自由主义的正义，是以一个自由主义所缺乏的、不同于现在的未来视角来展开的，其原因就在于他提出了异质于市民社会的自由人联合体概念，他是从未来人类社会的界域来审视现代资本主义社会的个人原则的。马克思批判自由主义正义理论的个人原则，并不意味着他要消除个人在正义中的实体性意义，而是在超越市民社会界域之外的人类社会中重新思考个人与社会的关系。同样，马克思批判古典正义理论的社会原则，也不是为了取消社会这一人的本质属性，而是在个人充分发展的基础上重新思考个人与社会的内在统一性，不是以社会压制个人，而是认为个人的活动本身就是社会的。因此，立足于人类社会的超越性正义理论既重视个体价值，又有明确的社会指向，是二者的统一。

第二节　按劳分配：共产主义初级阶段的正义原则

马克思以按需分配原则为标准，批判了按劳分配的贡献原则的不彻底性。资本剥削是双倍的不正义，因为它同时违背了按劳分配原则和按需分配原则；而按劳分配原则是单倍的不正义，因为它仅仅违背了按需分配原则。下面，我们首先来看一下，马克思所设想的共产主义初级阶段的按劳分配的正义原则。

一　如何理解马克思设想的按劳分配

在《哥达纲领批判》中，马克思对按劳分配原则的弊端和特点进行了如下集中论述："虽然有这种进步，但这个平等的权利总还是被限制在一个资产阶级的框框里。生产者的权利是同他们提供的劳动成比例的；平等就在于以同一尺度——劳动——来计量。但是，一个人在体力或智力上胜过另一个人，因此在同一时间内提供较多的劳动，或者能够劳动较长的时间；而劳动，要当作尺度来用，就必须按照它的时间或强度来确定，不然它就不成其为尺度了。这种平等的权利，对不同等的劳动来说是不平等的权利。

---

① 〔美〕古尔德：《马克思的社会本体论：马克思社会实在理论中的个性和共同体》，王虎学译，北京师范大学出版社，2009，第34页。

它不承认任何阶级差别，因为每个人都像其他人一样只是劳动者；但是它默认，劳动者的不同等的个人天赋，从而不同等的工作能力，是天然特权。所以就它的内容来讲，它像一切权利一样是一种不平等的权利。权利，就它的本性来讲，只在于使用同一尺度；但是不同等的个人（而如果他们不是不同等的，他们就不成其为不同的个人）要用同一尺度去计量，就只有从同一个角度去看待他们，从一个特定的方面去对待他们，例如在现在所讲的这个场合，把他们只当作劳动者，再不把他们看作别的什么，把其他一切都撇开了。其次，一个劳动者已经结婚，另一个则没有；一个劳动者的子女较多，另一个的子女较少，如此等等。因此，在提供的劳动相同、从而由社会消费基金中分得的份额相同的条件下，某一个人事实上所得到的比另一个人多些，也就比另一个人富些，如此等等。要避免所有这些弊病，权利就不应当是平等的，而应当是不平等的。"①从这段话中我们可以看出，尽管贡献原则消除了因阶级差别和资本主义私有制所导致的资本家对剩余价值的无偿占有，但贡献原则这一分配标准仍然是不公平的。一是因为它把"不同等的个人天赋，从而不同等的工作能力"看作"天然特权"，借此可以获得较大份额的社会财富；二是因为它没有考虑到劳动者家庭负担的不同。劳动者不同等的"个人天赋"是由遗传等偶然因素造成的，并不是他们自己选择的，因而获得较多的社会财富是不应当的；劳动者家庭负担的不同也是由各种偶然因素造成的，也不是他们自己选择的结果，因而由此所导致的实际所得的不平等也是不应当的。所以，贡献原则主张的权利平等，即每一个人都用同一个尺度计量，只是在自由主义基础上的一种有限进展，它仍然是形式上的平等，还不是实质上的平等。按劳分配是一个资产阶级范围内的"平等权利"原则，因为所有人都被看作和其他人一样的劳动者，每一个人获得收入的合法凭证都是劳动贡献。但是这种"平等权利"原则只是收入平等的形式正义原则而不是实质正义原则，因为它默认了劳动者因天赋的不同和工作能力的差异所导致的实际报酬的不平等，默认了劳动者因家庭负担的不同所导致的实际所得的不平等。因此，当平等权利应用于不平等的个人时必会导致实质的不平等。在完整意义上的共产主义社会中，形式平等的权利被超越了。

---

① 《马克思恩格斯选集》第3卷，人民出版社，1995，第304~305页。

从以上分析我们可以看出，虽然按劳分配相对于资本主义的分配方式是一种正义的分配方式，但是它还有诸多缺陷。正如金里卡所认为的那样，这些缺陷将促使我们建立一个更正义的社会。在那里，每一个人都被看作具有不同个性的人，而不仅仅是一个劳动者；在那里，个人的天赋将不再是影响收入分配的重要因素，天赋较高的人也不会得到更多的偏爱；在那里，尽管每一个人的需要各异，但是他们能平等地得到满足。

按劳分配是在社会正常运行和扩大再生产进行必要的扣除后，等量劳动获得等量报酬的原则。从社会总产品中扣除的部分包括以下两个方面：为了扩大再生产所必须扣除的生产资料部分和为了满足社会性需要（如教育、医疗、为弱势群体设立的福利基金等）而扣除的部分。这些社会剩余不专属生产资料的私人所有者，不是作为资本用于资本家私人投资，而是作为社会福利以某种形式回报给劳动者。从社会总产品中扣除一部分基金是为了社会团结和生产的有序进行，从整体上满足生产者的利益，因而与按劳分配并不矛盾。"从一个处于私人地位的生产者身上扣除的一切，又会直接或间接地用来为处于社会成员地位的这个生产者谋利益。"① 由于废除了生产资料的私人所有制，共产主义初级阶段终结了阶级剥削和不对称的权力支配关系。这种支配关系是一种非交互性的，其中一个人通过控制另一个人的活动条件而控制他们的活动。社会剩余不再归属于拥有生产资料的私人所有者，而是归属于联合起来的劳动者，并且为了公共的需要而使用它们。也就是说，社会主义不承认任何阶级差别和阶级特权，每一个人都被一视同仁地看作劳动者，所有的劳动者都依据劳动贡献的大小获得收入。但由此却造成了这样一个后果：按劳分配忽略了马克思一贯强调的全面的人，只把人当作劳动者，也就是把人当作一个抽象的人、单向度的人、内容贫乏的人。因此，马克思把满足个性充分实现的需要原则看作共产主义高级阶段的指导原则。

按劳分配作为共产主义初级阶段的正义原则，具有如下几个基本特征。首先，按劳分配体现的是按贡献分配的原则。它根据劳动者的劳动数量和质量进行分配，一方面，否定了资本家凭借生产资料所有权对剩余价值的无偿占有；另一方面，否定了按照人头进行分配的平均主义这一粗陋的原

---

① 《马克思恩格斯选集》第 3 卷，人民出版社，1995，第 303 页。

始共产主义思想。在这种分配方式下，每一个人都凭借自己的劳动获得消费资料，多劳多得，少劳少得，体现了鲜明的激励原则，造成收入不平等的根据是劳动以及负担的大小的不同。由于实行了生产资料的公有制，一部分人凭借生产资料的所有权强迫另一部分人无偿劳动的现象被根除了。实行按劳分配的关键因素是如何计量劳动贡献的大小，对于这一问题，马克思也有自己的思考，但是笔者认为这种思考在现实生活中不具有现实操作性。马克思设想："每一个生产者，在作了各项扣除以后，从社会领回的，正好是他给予社会的。他给予社会的，就是他个人的劳动量。例如，社会劳动日是由全部个人劳动小时构成的；各个生产者的个人劳动时间就是社会劳动日中他所提供的部分，就是社会劳动日中他的一份。他从社会领得一张凭证，证明他提供了多少劳动（扣除他为公共基金而进行的劳动），他根据这张凭证从社会储存中领得一份耗费同等劳动量的消费资料。他以一种形式给予社会的劳动量，又以另一种形式领回来。"① 通过这段论述我们可以看出，对于如何计量劳动大小的问题，马克思有一个笼统的方案：个人劳动不再需要通过商品交换的方式直接就能转换为社会劳动，个人的劳动数量通过小时直接计量，社会根据劳动者劳动数量的多少给其发一张凭证，劳动者凭这张凭证从社会中直接领回耗费同等劳动量的消费资料。当然，这个凭证不是作为商品交换的一般等价物的货币，它不能流通，而是直接计量劳动时间的一种方法。

问题是，现实生活中的劳动是有差别的。马克思在对资本主义经济结构进行分析的过程中意识到了劳动的不可通约性。如果是这样的话，直接以劳动时间计量不同性质和内涵的劳动，就会挫伤人的劳动积极性，从而引起生产效率的降低和生产力的下滑，这显然与社会主义的基本精神是不符的。既然不同性质的劳动无法通过直接的劳动时间来计量，那么就无法直接实行按劳分配这一正义原则。马克思一方面说，个人劳动已经直接成为社会劳动，可以直接通过劳动时间的计量进行消费品的分配；另一方面又说，不同劳动具有性质和内涵的差异，不通过迂回曲折的过程就无法相对准确地计量，这显然是自相矛盾的。可以说，马克思对按劳分配原则的表述是确定的且内在一贯的，但是对按劳分配原则实现方式的表述缺乏一

---

① 《马克思恩格斯选集》第3卷，人民出版社，1995，第304页。

致性，这是马克思理论的不严密之处。我们应该清楚的是，马克思没有在社会主义国家进行生活的基本经验，他的按劳分配理论具有设想的性质在所难免，所以不能把马克思的这一设想生搬硬套地应用到现实生活中。①

其次，按劳分配分配的是个人的作为消费资料的劳动产品，而不是劳动产品的价值。因为共产主义初级阶段已经消灭了商品经济，实行计划经济，个人劳动已经直接是社会劳动，劳动产品也不再以价值的大小来进行衡量，因而按劳分配的对象直接是劳动产品，这与资本主义社会的"按劳分配"在性质上具有根本差异。社会不再以价值规律、供求关系、商品交换等经济规律和方法确定一切商品价值的大小，分配的直接标准是劳动时间的长短。换言之，如果劳动产品的价值仍然靠商品经济关系来确定，从而为分配消费品确定一个基本标准，那么这说明还不具备马克思所设想的按劳分配的社会经济条件。一定意义上说，资本主义社会也实行"按劳分配"，甚至可以说，自洛克提出劳动财产权理论以来，资本主义社会就确立了按劳分配这一正义分配原则。

根据洛克的劳动财产权观点来看，只要劳动者把自己的劳动加进一个自然物之中，该劳动者就获得了这一自然物的所有权，从而否定其他人对其拥有的权利。黑格尔更是把洛克的劳动财产权理论推到了哲学的高度："惟有意志是无限的，对其他一切东西说来是绝对的，至于其他东西就其本身说只是相对的。所以据为己有，归根到底无非是：表示我的意志对物的优越性，并显示出物不是自在自为地存在的，不是自身目的……当生物成为我所有的时候，我给它不同于它原有的灵魂，就是说，我把我的灵魂给它。"② 也就是说，人之所以拥有某物的所有权，就在于把自己的灵魂和意志赋予了它，从而使它烙上"我"的印记，并且我有无限的权利赋予任何事物以我的意志，从而拥有该物。根据洛克与黑格尔的劳动所有权理论，分配产品的基本法则理应是按劳分配，即根据劳动付出的多少来分配劳动产品。接下来的问题是，如何衡量劳动量的大小呢？这只能根据劳动和劳动产品价值的大小来衡量，而价值的大小又是如何来衡量的呢？按照马克

---

① 参见关柏春《马克思设想的按劳分配与现实生活中的按劳分配》，《学习与探索》2008 年第 4 期。

② 〔德〕黑格尔：《法哲学原理》，范扬等译，商务印书馆，1961，第 53 页。

思的观点,是根据生产这一商品的社会必要劳动时间来衡量的。劳动和劳动产品的价值在市场上的表现是工资和价格,工资和价格又受到供求规律的影响,所以有时候劳动者出卖自己的劳动力获得了高于价值的工资,有时候又获得了低于劳动力价值的工资;劳动者通过自己获得的工资购买消费品也遵循同样的规律。资本主义社会的按劳分配有深刻的理论基础,并且在现实经济活动中有外在的表现形式,但是资本主义的按劳分配与社会主义的按劳分配具有根本的差异:资本主义按劳分配的对象是劳动产品的价值,社会主义按劳分配的对象是劳动者直接生产的劳动产品。资本主义社会的按劳分配是在生产资料私有制和商品经济的条件下进行的;社会主义的按劳分配是在生产资料公有制和计划经济的条件下进行的。资本主义社会的按劳分配只是在形式上、表象上体现了正义原则,但是却被资产阶级学者标榜为最正义的体现了每一个人的自由和平等的制度,因为产品的价值是一个抽象的普遍性,它根本不考虑产品的个性和差异,一切产品还原为价值同时就意味着价值作为一个衡量任何产品大小的共性在形式上具有平等性。

马克思揭露了这一正义的虚假实质:"劳动力的买和卖是在流通领域或商品交换领域的界限以内进行的,这个领域确实是天赋人权的真正伊甸园。那里占统治地位的只是自由、平等、所有权和边沁。自由!因为商品例如劳动力的买者和卖者,只取决于自己的自由意志。他们是作为自由的、在法律上平等的人缔结契约的。契约是他们的意志借以得到共同的法律表现的最后结果。平等!因为他们彼此只是作为商品占有者发生关系,用等价物交换等价物。所有权!因为每一个人都只支配自己的东西。边沁!因为双方都只顾自己。使他们连在一起并发生关系的唯一力量,是他们的利己心,是他们的特殊利益,是他们的私人利益。正因为人人只顾自己,谁也不管别人,所以大家都是在事物的前定和谐下,或者说,在全能的神的保佑下,完成着互惠互利、共同有益、全体有利的事业。"① 资本主义的按劳分配通过商品交换实现,按劳分配和商品交换共同证明了资产阶级学者所标榜的正义具有虚假性质。

最后,马克思的按劳分配理论承认劳动者对拥有自己劳动力和消费品

———————————
① 〔德〕马克思:《资本论》第1卷,人民出版社,2004,第204~205页。

的个人所有权。劳动是共产主义初级阶段分配的唯一根据，除了自己的劳动外，没有人能够用其他手段获得收益。根据劳动量的大小，社会向劳动者分配消费品，多劳多得，少劳少得，不劳不得。在《哥达纲领批判》中，马克思承认劳动者具有不同的天赋，这暗示着劳动者劳动能力的大小是有差异的，因而在同一劳动时间内提供的劳动量也是有差异的，他并没有为我们说明在同一劳动时间内不同劳动之间是如何计量的这一问题，这也就默认了不同的劳动能力是劳动者的天然特权，从而凭借这种特权获得收益也是理所应当的。马克思站在无产阶级的立场上，肯定了劳动力以及与之对应的消费品的个人所有权。在资本主义生产中，工人的个人所有权被大大侵犯，他们的劳动以及劳动产品绝大多数都被资本无偿占有和剥夺了，从这点来看，资本主义生产关系是严重非正义的。可以说，马克思提出无产阶级的劳动所有权原则就是在对资本主义剥削的病理学分析中提出的。关于这一点柯亨的分析是深刻的，他认为："马克思主义者对资本主义的不正义所作的批判意味着工人是自己劳动时间的正当所有者：是他自己，而不是其他任何人，有权利决定如何使用自己的劳动时间。但是，如果工人没有权利决定如何使用自己的劳动能力——劳动力，那么他就不会拥有这种权利。"①

马克思所设想的按劳分配与我国现阶段的按劳分配还存在很大差异。为了不使马克思所设想的按劳分配与我国现阶段的按劳分配政策以及改革开放之前的按劳分配政策相混淆，我们有必要重温一下实现马克思按劳分配设想需要哪些特定的历史条件。

第一，实行生产资料的社会所有制。马克思所设想的生产资料的社会所有制不同于改革开放之后我国所实行的公有制，也不同于在高度集中的计划经济条件下所实行的公有制，而是联合起来的个人共同占有社会生产资料的个人所有制。人与人之间共同占有生产资料，也就是说人与人之间在对生产资料的关系方面已经没有任何差别，生产资料面向每一个人，每一个人同生产资料的关系与其他任何人同生产资料的关系是一样的。所有者就是劳动者，劳动者就是所有者，所有者与劳动者这两个不同的社会身

---

① 〔英〕G. A. 柯亨：《马克思与诺齐克之间——G. A. 柯亨文选》，吕增奎编，江苏人民出版社，2007，第159页。

份合二为一了。在联合起来的个人共同占有生产资料的情况下，任何人都不可能凭借生产资料的所有权来强迫他人出卖自己的劳动力，以无偿占有他人的劳动成果，获得消费品的唯一手段就是劳动，除了自己的劳动之外，没有任何人能够通过别的依据占有消费品。在资本主义生产资料私有制这种财产形式中，资本控制着工人活动的客观条件，工人为了获得生活资料和对象化所需的客观条件，不得不把自己的劳动能力置于资本的支配之下。为了避免有人通过生产资料占有他人的劳动成果，按劳分配的唯一对象是满足直接生活用途的消费品，而生产资料则实行共同占有。或者说，只有生产资料实行由联合起来的个人共同占有这一所有制形式，才可能实现消费品的按劳分配，因为生产资料的分配决定消费资料的分配。正如麦卡锡所言："用于个人消费的商品分配以及由此而来的理论分析，都不是抽象的社会法律或个人消费喜好的产物；在劳动的阶级划分当中，它们来自一个先天结构好的，并且预先定义了的关于生产工具和个人分配的分配。"①

第二，消灭了商品经济，实行计划经济。在共产主义这种形式中，劳动者不再是通过商品交换的方式而外在地发生联系，他们的关系变成了直接的、内在的相互关系。"共同生产，作为生产的基础的共同性是前提。单个人的劳动一开始就被设定为社会劳动。因此，不管他所创造的或协助创造的产品的特殊物质的形态如何，他用自己的劳动所购买的不是一定的特殊产品，而是共同生产中的一定份额。因此，他也不需要去交换特殊产品。他的产品不是交换价值。"② 交换价值已经丧失了历史必然性，生产的直接目的不再是交换价值，而是直接的劳动产品。社会经济形态从商品经济过渡到了计划经济，社会生产得到了有计划的控制，而不再表现为无序性，经济危机得到了根本克服。计划经济使人从不可掌控的异己的经济力量中解放出来，只要人类没有联合起来对社会经济进行自觉的控制和驾驭，被人类创造的经济力量始终会凌驾于人类之上。由于实行计划经济，社会根据人们的需要和现有资源制定计划，组织生产，因而不再需要商品交换和市场调节。不仅产品（消费资料和生产资料）不作为商品进行市场交换，

---

① 〔美〕麦卡锡：《马克思与古人——古典伦理学、社会正义和19世纪政治经济学》，王文扬译，华东师范大学出版社，2011，第122页。
② 《马克思恩格斯全集》第30卷，人民出版社，1995，第122页。

而且劳动力也不再被看作商品，因而通过市场进行分配的环境就被取消了。再加上生产力还不足够发达，人性尚未完善，还不能实现按需分配，只能采取按劳分配这一原则。

二　马克思的按劳分配设想与我国现阶段的按劳分配

以上我们已经分析了按劳分配的内涵、特征及其产生的历史条件。通过这种分析我们发现，我国现阶段的按劳分配与马克思设想的按劳分配还有很大的差异。这些差异决定我们不能照搬马克思的按劳分配理论，需要结合具体的社会环境作出创造性的发挥。

在马克思所设想的共产主义初级阶段中，个人劳动直接就是社会劳动，按劳分配是根据个人劳动时间进行直接分配的。马克思意识到了劳动之间的差异，但是对于如何在按劳分配的范围内衡量不同质的劳动，他并没有作出系统的说明。在当代中国，劳动是不同质的，仍然具有差异性，个人劳动还不是直接的社会劳动，因而分配方式也不是直接根据劳动者的劳动时间进行分配。劳动者付出劳动之后，社会不是以凭证而是以货币工资的形式回报劳动者，货币工资与凭证在性质上完全不同，货币工资是记录劳动量和质的间接形式。具体来看，一个人货币工资的高低是在价值规律、供求关系的作用下通过迂回曲折的方式确定的。马克思的按劳分配理论已经预设了不同劳动之间的差异，对于不同劳动之间如何计量的问题，他并没有在共产主义存在境况中给出说明，但是却在分析资本主义经济关系时明确提出了劳动的计量问题："虽然不同的劳动日的价值不等，价值还是可以用劳动时间来衡量的；但是要使用这种尺度，就需要有一个可以比较各种不同劳动日价值的尺度表；确定这种尺度表的就是竞争。你每小时的工作和我每小时的工作是不是等值？这是要由竞争来解决的问题。"[①] 马克思这里所说的通过竞争对劳动的间接计量与我们今天市场经济条件下对劳动的计量是一致的。

由于马克思没有在按劳分配条件下解决劳动的计量问题，我们理应在他对按劳分配本质内涵的理解上推进对这一问题的理论研究，把马克思的按劳分配设想直接简单地应用到现实生活中是不可能真正体现按劳分配的

---

① 《马克思恩格斯全集》第 4 卷，人民出版社，1965，第 96 页。

本质精神的，需要把马克思的按劳分配理论与具体实际结合起来，唯此，才可能找到一条实现按劳分配的有效途径。

马克思设想的按劳分配实现的历史条件包括：联合起来的个人共同占有生产资料的社会所有制和计划经济。这两个历史条件在今天都不具备，这也决定我们目前的按劳分配与马克思设想的按劳分配具有较大差异。但是，马克思的按劳分配原则仍然具有现实意义，这就是对劳动的尊重和强调。通过市场导向的经济体制改革，中国开始引进国外资本、发展国有资本和民营资本，借助资本这一整合社会资源最有效的生产方式创造了举世瞩目的经济神话。这一经济体制取代了政府计划，市场在资源配置中起着决定性的作用，劳动者与企业通过市场建立联系，劳动者工资的高低或者说劳动的计量问题通过市场竞争来确定，从而实现了按劳分配原则。工资是个人劳动价值的表现形式，它以劳动价值为基础，随着供求关系的变化，工资可能高于或低于劳动价值。在市场经济条件下，劳动差异的无限性导致无法直接通过按劳动时间计量的方法确定工资，只能通过市场来确定。可以说，存在两种按劳分配：一种是马克思设想的按劳分配；另一种是现实生活中的按劳分配，后者体现了前者的基本精神，是前者在新时期的表现形式。

对于马克思的按劳分配理论，学术界存在这样一种观点：在社会主义市场经济条件下，按劳分配只是一个理想，不具备实现的客观条件，因而根本无法实现。比如，有的学者认为马克思的按劳分配理论与市场经济存在诸多矛盾，如劳动衡量尺度存在差异，按劳分配与商品价值规律之间存在不相容性等。因此，"在社会主义的市场经济中，劳动者的劳动仅是众多起重要作用的因素之一，还不是决定劳动者货币收入的唯一依据。人们的劳动在经过了众多主、客观条件的制约后，还依然局限在价值创造的范畴，是构成价值及其增殖的因素．还远没有形成决定个人消费品分配的唯一标准"①。这是说，在市场经济条件下无法实行马克思所说的按劳分配，是有一定道理的，毕竟马克思的设想不可能照搬到当代社会现实中。但是，由此完全否定他的按劳分配与当代中国的分配制度具有一致性是不正确的，

---

① 宋则行等：《按劳分配原则与市场经济的内在矛盾分析》，《北京行政学院学报》2006 年第 6 期。

他们混淆了按劳分配的本质与表象。可以说，马克思关于按劳分配的基本构想是一个富有远见的政治创制，它的完全实现需要特定的经济条件。在这些条件还没有完全达到之前，简单照搬只能适得其反，但这并不意味着它仅仅是一个空想，或者像有的学者所说的那样仅仅是一个趋势。按劳分配的本质在不同的经济发展阶段上有不同的表现形式。比如，我们已经分析了计划经济条件下与市场经济条件下按劳分配的表现形式的差异。由于我们当前的经济制度与马克思的设想具有较大的差异，所以摆在理论工作者面前的重要任务是寻求一个适合社会主义初级阶段公有制经济条件下的按劳分配的实现方式，以充分体现对劳动的尊重。

第三节　按需分配：共产主义高级阶段的正义原则

尽管现代市民社会的权利正义原则和共产主义初级阶段的按劳分配正义原则都具有一定的历史正当性，但真正用来衡量社会正义的是基于每一个人自我实现的需要原则。当马克思敏锐地分析了贡献原则的"弊病"时，他预设了一种更高的正义原则：作为实质正义原则的需要原则。胡萨米认为，马克思用按劳分配原则和需要原则批判了资本主义社会的权利正义原则，又用需要原则批判了按劳分配原则的诸多缺陷。可见，马克思的需要原则并不是与权利正义原则和按劳分配正义原则并列的历史概念，而是基于人的本质全面实现的终极正义原则。与按劳分配的平等倾向不同，需要原则不是平等的标准而是一个"差别原则"，因为每一个人的个性和需要是不同的。正义在马克思那里是一个历史性的范畴，自我实现的理想深深植根于历史的土壤之中，也深深植根于现代市民社会之中，现代市民社会孕育了未来社会产生的一切可能性。在马克思那里，自我实现并不是市民社会原子式个人的孤立的、片面的自我实现，而是每一个人都能够获得全面的自我实现，并且每一个人的自我实现并不妨碍其他人的自我实现，反而互为实现的条件。

一　需要的内涵与性质

马克思提出了按需分配这一共产主义高级阶段的正义原则，如何理解这一正义原则与如何理解需要是密切相关的。他反对把需要理解为纯粹的经济学范畴，从经济学角度理解需要是黑格尔和古典政治经济学的共同立场，在他们那里，需要可以看作资本主义市场经济中稀缺性的表达，其内容由市场限定。经济上的需要是个人自身利益的反映，最终还原为私有财产，私有财产使我们变得如此愚蠢和偏狭，以至于一个东西，只有当我们把它作为一个财产拥有时，或者说以某种方式为我们所用时，它才仅仅是我们的。物质上的需要刺激人们获得私有财产的欲望，生活变成了进一步物质积累和拥有私有财产的手段，而不是人的潜能的自我实现。在马克思看来，物质上的需要只是全部需要的最低层次，远不是全部需要的真实表达，这仅仅是斯密、李嘉图所指向的需要。"人类是经济人——一种具有无限需求和欲望的动物。经济发展是具有价值的，因为它增加了物质财富、提供了更丰富的'生活的需求和便利'、使需求和欲望得到更大程度的满足，并且使人类得到了更多的幸福快乐。"① 假定人类具有无限需要和无限欲望的古典政治经济学理论描述了人性的一种特有形式，也表达了一种对待财富的态度，这种态度和人性形式也只是资本主义社会特有的，远不是人性的终极形式。在马克思看来，富有的人不是指物质上的富有，而是指各种各样的人性得到了充分实现和表达，在这样的人身上，自我实现作为一种内在必然性，作为一种需要而存在。"富有的人和富有的人的需要代替了国民经济学上的富有和贫困。富有的人同时就是需要有总体的人的生命表现的人，在这样的人的身上，他自己的实现作为内在的必然性、作为需要而存在。"② 尽管马克思非常强调物质财富的富足对实现按需分配的必要性，但是对他而言，物质财富不是为了满足人的自私心和占有欲望，而是为了满足人的潜能的自我实现和人性的充分发挥。《1844年经济学哲学手稿》中的"类存在"的自我实现，《资本论》中的"自由王国"的自我实现，成为理解马克思需要理论的关键。马克思根本不是在物质层面上谈论自我实现的需要，而是在道德和精神层面上谈论自我实现的需要。正如麦卡锡所言："共产主义的必然性在于个人在道德上必然要求发展更高层的精神性需求，而这在一个资本主义社会当中是无法实现的（甚至是无法言

---

① 〔英〕肖恩·塞耶斯：《马克思主义与人性》，冯颜利译，东方出版社，2008，第171页。
② 《马克思恩格斯全集》第3卷，人民出版社，2002，第308页。

明的）。"①

需要在马克思那里不仅具有多样性，而且具有历史性。在满足需要的劳动过程中，也不断地创造新的需要。人的能力、力量和本质在对象化、外在化、客体化的过程中，也会产生新的能力、力量和本质，而且在这个过程中，人性不断发展和成熟。"当他通过这种运动作用于他身外的自然并改变自然时，也就同时改变他自身的自然。"② 关于人性在劳动中不断变化的思想贯穿在马克思的整个著作中，这一观点继承于黑格尔关于人性不断变化发展的辩证法。马克思对黑格尔不无赞扬道："黑格尔把人的自我产生看作一个过程，把对象化看作非对象化，看作外化和这种外化的扬弃；可见，他抓住了劳动的本质，把对象性的人、现实的因而是真正的人理解为他自己的劳动的结果。"③ 由于人性和需要随着历史的发展而不断变化，对一代人来说是必需的东西对另一代人来说则可能是奢侈品。新的需要随着社会存在的发展不断地被生产出来，已经产生的需要又会反过来刺激人性的发展。关于人性的发展，马克思在下面这段话中表达了一种历史性观点："只有音乐才激起人的音乐感；对于没有音乐感的耳朵来说，最美的音乐毫无意义，不是对象，因为我的对象只能是我的一种本质力量的确证……因此，社会的人的感觉不同于非社会的人的感觉。只是由于人的本质客观地展开的丰富性，主体的、人的感性的丰富性，如有音乐感的耳朵、能感受形式美的眼睛，总之，那些能成为人的享受的感觉，即确证自己是人的本质力量的感觉，才一部分发展起来，一部分产生出来……五官感觉的形成是迄今为止全部世界历史的产物。"④ 马克思在这里描述了人性发展的特质，人性不仅是世界历史的产物，而且随着世界历史的演变而演变。人性的变化会带来需要的变化，因而那种把需要原则看作超历史的正义原则的观点是站不住脚的。由于人性的变化，自我实现的需要也会随之而不断改变。共产主义社会并不是一个静止的理想社会样态，这一社会本身也是不断变化的，马克思并没有把共产主义和与之相适应的需要原则看作一个终极的

---

① 〔美〕麦卡锡：《马克思与古人——古典伦理学、社会正义和19世纪政治经济学》，王文扬译，华东师范大学出版社，2011，第217~218页。
② 〔德〕马克思：《资本论》第1卷，人民出版社，2004，第208页。
③ 《马克思恩格斯全集》第3卷，人民出版社，2002，第320页。
④ 《马克思恩格斯全集》第3卷，人民出版社，2002，第305页。

价值标准。

古典政治经济学把人的复杂的需要化约为单纯的经济需要，对货币的需要成为由资本主义经济关系创造出来的唯一真正的需要。古典政治经济学把工人的需要简化为维持动物般的肉体生活的水准，把工人的活动简化为最抽象的机械式的运动。在它看来，人无论是在活动方面还是在享受方面都没有更高的需要，甚至宣称这样的生活就是人的真实生活和真实存在。这些需要忽视了人与人之间交往的真实基础，制造了人们病态的欲望。在需要被经济所侵蚀的社会中，需要仅仅意味着赚钱和积累财富，人之潜能实现的需要具有偶然性，不可能成为共同交往的社会基础。整个经济制度和经济关系牺牲了人的内在目的，把积累财富这一外在目的作为真实的目的充分地激发出来了。对资本逻辑和异化劳动的超越，将从总体上消除把交换价值作为衡量社会需要的根据，消除把劳动时间作为创造财富的标准的现象。对马克思而言，社会真正的财富是个人和个人发达的生产力，社会真实的需要是每一个人潜能的自我实现，人的不具有经济效益的潜能被保存了下来，而这一点在资本主义经济关系中是永远不可能的。随着对资本逻辑的超越，人的解放也将实现，最后达到这样一种状态：人的个性的自由发展。社会必要劳动时间的减少不是单纯带来剩余价值量的增加，而是导致社会必要劳动时间在总体上尽可能地缩短，从而为艺术、科学的发展提供足够多的自由时间。到那时，个人的自我实现以及个人自我实现的手段都得到了彻底解放。

对于如何自我实现，马克思也有自己的思考。作为一个社会存在者，个人在劳动过程中或者说在生产自身的过程中，完成了自我实现和自身的全面发展。在未来人类社会，外在化、对象化与客体化都不再具有异化的性质，个人在这些自由活动中获得了充分的自我实现。劳动不再是维持肉体生存的手段，人们不是在劳动中感到压抑和摧残，而是把劳动看作自由的有意识的劳动。在这一过程中，个人的创造性与潜能得以显现和发挥。人的本质力量在不同于私有财产的另一个平面上获得了充分实现，人性的丰富性不是表现在对财产的拥有感上，也不是表现在个人劳动能力的片面发展上，而是表现为才能在各个向度上的自由伸展。并且，每一个人才能的发挥不仅不影响另一个人才能的发挥，而且彼此互为自我实现的条件。自我实现成为未来人类社会的一条伦理原则，分配正是以此为立足点。社会正义与否的标准在于是否符合个性自我实现的差异性。社会之所以被建构起来不是要压制和异化个人，而是为了让个人充分实现其自由和潜能。对康德而言，人只有抛开自然法则，严格遵循道德法则，才能获得真正的自我实现，人的本质在于不沾染任何物质因素的纯粹的道德性；对黑格尔而言，人只有在通往绝对精神的环节中才能获得真正的自我实现，或者说人只能在绝对精神中寻求自我意识的显现和自身的同一性；对马克思而言，人是在自由自觉的劳动中获得真正自我实现的。

二 国外马克思主义者对需要原则的诘难

由于需要原则的理想性、超越性，再加上马克思对之论述过于简洁，这个著名的正义原则引起了许多争论和非议，并被赋予了多种解释。这些争论和非议针对的往往不是这个正义原则的合理性，而是这个原则在当下以及可预见的未来实现的可能性。如德沃金、阿尼森、埃尔斯特、杰拉斯都已经表明，奢侈需要的问题使按需分配成为一个渺无希望的乌托邦。布坎南甚至并未把需要原则看作正义原则，在他看来，正义原则只适用于稀缺条件下的社会生活，显然不适用于物质产品极大丰富的共产主义社会。在马克思那里，需要原则与贡献原则一样，都是历史性的正义原则，只有通过与之相匹配的社会历史条件才能说明它的可能性与合理性。埃尔斯特等人之所以把马克思的需要原则看作抽象的正义原则，根本原因在于没有理解他通过论证社会条件的历史性为需要原则进行辩护的特殊方式。在对贡献原则进行总体说明之后，马克思紧接着论证了需要原则产生的具体社会条件："在共产主义社会高级阶段，在迫使个人奴隶般地服从分工的情形已经消失，从而脑力劳动和体力劳动的对立也随之消失之后；在劳动已经不仅仅是谋生的手段，而且本身成了生活的第一需要之后；在随着个人的全面发展，他们的生产力也增长起来，而集体财富的一切源泉都充分涌流之后，——只有在那个时候，才能完全超出资产阶级权利的狭隘眼界，社会才能在自己的旗帜上写上：各尽所能，按需分配！"① 从这段话中，我们可以看出两点。一是马克思提供了共产主义高级阶段的超越性的正义原则，即按需分配原则，向我们表明了一种更加人道的产品分配模式。二是实现

---

① 《马克思恩格斯选集》第 3 卷，人民出版社，1995，第 305~306 页。

按需分配原则所具备的社会条件包括：①奴隶般的分工的消失；②劳动不再是谋生的手段，而是生活的第一需要；③个人的全面发展；④生产力的增长；⑤集体财富的充分涌流。可见，实现按需分配的社会条件不是一朝一夕就能达到的，而是一项长期的共产主义事业。由于认识到与按需分配原则相匹配的社会条件需要一个长期的历史过程才能达到，柯亨、罗默等分析马克思主义者认为应该充分研究社会主义的正义原则，并为之作出不懈的努力。他们在以规范理论重构和发展马克思主义正义理论的过程中，坚持对资本主义进行批判，并把平等看作社会正义的首要原则。

马克思并未对实现按需分配的这几个社会条件进行具体说明，只是笼统地提了出来。下面，我们来阐释一下这几个基本社会条件对实现需要原则的必要性。

只要分工还不是自愿的，而是社会强加于个人的，人就无法摆脱特定的活动范围，只能屈从于某一职业，人就只能是一个片面的人。按照马克思在《德意志意识形态》中的观点，分工带来了私有制，与分工同时出现的是产品的分配。而且是数量上和质量上极其不平等的分配。生产和消费、享受和劳动就可能由不同的个人来承担，所以不消灭分工要实现按需分配是完全不可能的。消灭了分工，脑力劳动和体力劳动的对立也随之消失，劳动不再是像资本主义社会和共产主义社会初级阶段那样仅仅是谋生的手段，而成了生活的需要。如果劳动还仅仅是赚钱的手段，人们就会受制于金钱逻辑，容易滋生自私心理和功利主义的行为方式，这样的话只能产生休谟式补救性的正义观。生产力的增长和集体财富的充分涌流可以说是实现按需分配的根本条件，如果物质财富没有实现极大丰富，那么就不可能满足所有人自我实现的需要，一定会产生这样一个非正义的后果：一部分人的自我实现建立在另一部分人自我不实现的基础上，这与马克思一生的理论宗旨和革命宗旨显然是相悖的。要想从根本上消灭分工，必须消灭生产资料的私有制，否则就会存在一部分人凭借生产资料的所有权占有另一部分人劳动产品的可能性，因而必须实行生产资料的社会所有制。从生产上进行根本的变革，实行共同生产，才可能在消费品上实行以每个人的自我实现为基准的按需分配，因为在生产与消费、需要、交换的关系中，生产处于根本地位，它的方式决定与其相适应的消费形态、需要形态、交换形态。在共产主义社会，生产资料属于联合起来的生产者，他们中的每一个人都是共同体的成员，同其他任何人与生产条件都处在同样的关系之中，而且都参与对社会经济活动的共同控制。因此人与人之间的关系是一个真正的平等的关系，每一个人都能平等地获得自我实现的条件，没有一个人会比其他任何人获得更多的自我实现的条件。私有财产与正义是不相容的，因为它否定了平等地使用生产资料的权利，对马克思而言，正义就是要求克服私有财产，克服阶级支配。在阶级社会中，一个阶级正是通过控制另一个阶级活动的客观条件而控制他们的自由活动和剥夺他们平等地自我实现的权利。

马克思的按需分配原则遭到了许多学者的误解。在埃尔斯特看来，富裕意味着在共产主义社会中，任何人对所有物品的需要都将得到满足，他将这视为渺无希望的乌托邦。在他看来，由于自然资源的稀缺性和人的需要的无限性，人类永远不可能实现物质财富的极大丰富，资源稀缺这一休谟式的正义环境将永远不会消除，因而按需分配只能是一个毫无吸引力的理想。埃尔斯特举例论证道："某些人自我实现的方式内在地比其他人更奢侈。写诗无须多少物质资源，而导演一部史诗般的电影则需要多得多的自然资源。如果给自我实现的需要的发展以更多的自由，并保证它能在与所有人同等程度的自我实现相一致的水平上得到满足，那么奢侈倾向就可能在它只能部分地满足他们的程度上实现。就像在安迪·沃霍尔所想象的未来社会中那样，每个人都可以导演一部 10 秒钟的史诗般的电影。"① 可见，在埃尔斯特看来，如果一个人自我实现的需要过于奢侈的话，在资源不可能无限丰富的情况下将无法获得完全满足，况且这种奢侈的需要势必会限制他人的自我实现。

阿尼森也基于资源的有限性对马克思的按需分配产生了质疑："思考一下这样两个人，他们都有艺术上的需求。其中一个人意识到了这种需求的费用，因此懂得如何通过较为便宜的手段（如用水彩、笔、墨作画）去满足自己的需求；而另一个人则没有费用意识，要发展他的天赋必须依赖昂贵的消费（如巨型大理石雕塑、深海摄影）。并不清楚的是，如何根据'按

---

① 〔美〕乔恩·埃尔斯特：《理解马克思》，何怀远等译，中国人民大学出版社，2008，第219页。

需分配'的原则在这些艺术家之间分配匮乏的资源。"① 阿尼森也是根据实现的可能性来质疑按需分配这一未来共产主义社会的正义原则。为了处理昂贵的选择，需要原则首先要确定什么样的需要才是合理的需要，否则社会不可能也不应该为所有昂贵的需要承担费用。按照他的说法，需要原则这样一种社会规范反映了马克思这一口号的模糊性，但无法动摇这一正义原则极具吸引力的道德力量。

埃尔斯特和阿尼森对马克思按需分配原则的质疑主要是从这一原则实现的可能性这一角度出发的。马克思当时正处在资本主义初级阶段，环境污染、能源危机、人口危机等社会问题还不突出，基本上处在萌芽阶段，他在物质财富创造方面确实有点乐观了。但是，我们应该清楚的是，马克思根本不是在物质财富层面谈论需要的满足的，物质上的满足只是需要的最低层次，需要被归结为物质上的需要恰恰是资本主义时代的特征，这种需要是由资本逻辑催逼出来的病态的需要，它服从于资本增殖的需要。在共产主义社会，人突破了对需要这一单向度的理解，人的需要随着人性的不断丰富而不断多样化，这种多样化的需要指向的是人的本质的全面发展，生产的直接目的不再仅仅是满足物质上的需要，而是证明人的需要的丰富性和人的创造天赋的绝对发挥。马克思指出："如果抛掉狭隘的资产阶级形式，那么，财富不就是在普遍交换中产生的个人的需要、才能、享用、生产力等等的普遍性吗？财富不就是人对自然力——既是通常所谓的'自然'力，又是人本身的自然力——的统治的充分发展吗？财富不就是人的创造天赋的绝对发挥吗？这种发挥，除了先前的历史发展之外没有任何其他前提，而先前的历史发展使这种全面的发展，即不以旧有的尺度来衡量的人类全部力量的全面发展成为目的本身。"② 从这点可以看出，财富生产的目的不再是满足人们对私有财产的拥有感，财富生产这一社会历史过程证明了人的需要、才能、享用的普遍性，也就是证明了人的全面发展成为历史的最终旨向。

埃尔斯特和阿尼森从资源的稀缺性对马克思按需分配原则的质疑，实质上也是在物质利益层面来探讨人的需要的满足的，或者说还是把人的需

---

① 转引自〔加〕威尔·金里卡《当代政治哲学》，刘莘译，上海译文出版社，2011，第 186 页。
② 《马克思恩格斯全集》第 30 卷，人民出版社，1995，第 479~480 页。

要定位在马克思所尖锐批判的资本主义社会所激发出来的病态需要上，这并未抓住马克思需要理论的核心。他们是以目前消费者的需要心理来思考共产主义社会的自我实现的需要，这实质上发生了时代错位，马克思与他们并不是在同一个层面上思考需要问题的。在资本主义时代，需要很大程度上是虚假的需要和错误的需要，是由异化的生活状况造成的。诸种需要并不是生活所必要的，并且需要和欲望的发展会导致短缺和痛苦的增长。正如马尔库塞所认为的那样："为了特定的社会利益而从外部强加在个人身上的那些需要，使艰辛、侵略、痛苦和非正义永恒化的需要，是'虚假的'需要……现行的大多数需要，诸如休息、娱乐、按广告宣传来处世和消费、爱和恨别人之所爱和所恨，都属于虚假的需要这一范畴。"① 埃尔斯特"导演一部史诗般的电影"和阿尼森"巨型大理石雕塑、深海摄影"的需要显然都属于马尔库塞所说的虚假的需要，这一需要恰恰以人性的不成熟为前提。而在马克思所设想的共产主义社会中，人性得到了充分发展，在道德境界上得到实质性提升，因而人们的需要都是理性的、正常的需要，或者说人们的需要主要不是物质需要，而主要集中在通过对象化劳动实现人的本质力量上。

与权利原则和贡献原则形式上的正义相比，需要原则的超越性突出地体现为它虽然在形式上是非正义的，但在实质上却是正义的，因为它立足于每一个人的自我实现。尽管马克思尖锐地批判了贡献原则所蕴含的权利平等的形式性，但是这种批判并没有使马克思抛弃所有形式的权利，他抛弃的只是资产阶级的权利而不是权利本身。马克思的需要原则隐含一种新型的权利：每一个人平等地获得自我实现的条件和途径的权利。由于每一个人的个性存在差异，所以自我实现的需要是不同的。马克思反对平均主义，因为有些人获得的报酬可能会少于他们自我实现所需要的。权利原则和贡献原则之所以在事实上是非正义的，原因在于没有考虑到每个人的个性特殊性，而需要原则并不是这种形式性的正义原则，因为它没有按照同一的标准衡量不同的个人，而是充分考虑到每一个人的特殊性。权利原则和贡献原则的一个共性就是它们简单地把人当作劳动者而忽略了人的其他

---

① 〔美〕赫伯特·马尔库塞：《单向度的人——发达工业社会意识形态研究》，刘继译，上海译文出版社，2006，第6页。

方面，从而把人视为一个抽象的、内容贫乏的、单向度的人。而需要原则的正义性恰恰体现在它顾及每一个人的个性，以每一个人的自我实现为价值目标。需要原则用真实的平等取代了虚假的平等，使每一个人都能平等地满足自我实现的需要。因而，需要原则超越了贡献原则和权利原则的形式性，是一个实质正义的原则。

布坎南和卢克斯都认为，共产主义社会消除了正义的环境[①]，以至于使正义原则成为不必要。布坎南指出："马克思相信共产主义社会将是一个休谟和罗尔斯所说的（分配）正义环境业已消失，或者已经减弱到在社会生活中不再发挥重要作用的社会。大致上说，分配正义的环境是那些稀缺的条件——且冲突是建立在稀有物品的争夺之上——使得运用分配正义的原则成为必要。马克思坚信，新的共产主义生产方式将减少稀缺和冲突的问题，以致分配正义原则不再成为必要。"[②] 在这里，布坎南把正义看作一种补救性的社会价值，其依据就在于，物质资源有限，而人们的目标又不一致，因此必然会有相互冲突的要求，此时正义作为一种社会价值就被确立起来以解决彼此之间的冲突。金里卡关于正义的康德式解读无疑具有深刻的启示："正义不只是一种补救道德。正义的确可以通过弥补某些缺陷而对社会起到协调作用，而这些缺陷又不可能被彻底消除；但正义也表达了对个人的尊重，把个人当作自身的目的而加以尊重，而不是把个人当作实现他人利益甚至实现共同利益的手段。"[③] 在这里，金里卡提供了关于正义的两种理解：补救性的正义与超越性的正义，为我们理解马克思的正义观念提供了一个切入点，但他并没有说明实现第二种正义观念的可能性方式。笔者反对把马克思的正义仅仅看作补救性的价值观念，尽管这一观念在古今自由主义正义理论中一直占据主流地位。从近代自由主义的休谟、斯密、密尔一直到罗尔斯、诺齐克，都假定正义的外部条件是存在的，他们都从各自的维度论证了社会补救的必要性和可能性。马克思之所以不接受补救性的正义观念，不是要否定正义观念本身，而是因为补救性正义观念本身的改良立场。补救性正义的实质是对资本主义社会的生产方式和分配原则

---

① 卢克斯和布坎南都是在休谟的理论基础上讨论正义的环境的，休谟主要从以下三个方面讨论正义的环境：资源的适度匮乏；人性的适度自私；人与人之间力量的大致均等。

② 〔美〕艾伦·布坎南：《马克思与正义》，林进平译，人民出版社，2013，第74页。

③ 〔加〕威尔·金里卡：《当代政治哲学》，刘莘译，上海译文出版社，2011，第186页。

的内在缺陷的社会改良，是在不触动资本主义制度下的小修小补。马克思坚决反对这种社会改良，因为资产阶级和无产阶级之间在根本利益上是对立的，具有无法调和的冲突，而不是休谟所假定的由资源适度稀缺和人性适度利己所导致的"内在冲突"。阶级冲突不可能通过社会改良的补救性方案加以调和解决，而必须诉诸革命，通过社会制度变革来解决，从而实现金里卡的"第二种正义观念"。正是从自由主义补救性的价值观念出发理解马克思的正义，使国内一些学者得出马克思否认正义观念的结论，其实质是没有分清自由主义与马克思政治哲学的界分。

人的自我实现的正义理想具有浓厚的形而上学倾向，传达出马克思对未来社会的展望。正是由于基于人的自我实现的需要原则的形而上学性，杰拉斯和埃尔斯特把它称为"超历史性"的正义，但事实并非如此，正义在马克思那里是一个历史性的范畴。与近代自由主义正义观建立在抽象的人性预设上（如休谟的利己心）不同，马克思的正义观建基于"现实的个人"，由他对人的本质的理解可知，他反对对正义的抽象建构，而主张把正义与具体的社会条件结合起来。马克思的正义具有现实性与理想性、经验性与超验性、批判性与超越性、实然与应然的双层结构，前者对应于资本主义社会的形式正义和共产主义初级阶段的按劳分配，后者对应于共产主义高级阶段的实质正义和按需分配，二者结合的纽带就是"现实的个人"的实践活动和历史活动。人的自我实现理想虽然具有浓厚的形而上学的倾向，但是却深深植根于社会历史的土壤之中。

第六章　马克思与正义：从西方
学者的观点看

正义问题是罗尔斯解读马克思的核心问题。罗尔斯对马克思正义理论的解读包括三个方面：一是通过劳动价值论批判了资本主义制度的非正义性，二是通过回应国际学术界关于马克思与正义问题的争论，提出了马克思预设的正义观，三是分析了共产主义社会作为超越正义的社会是否值得期许。罗尔斯对马克思正义理论的解读蕴含双重维度：政治经济学批判与政治哲学，因而他抓住了马克思正义理论的实质，但他对共产主义与正义的关系也存在根本性的误读。

第一节　马克思与正义：从罗尔斯的观点看

在现代学术语境中，作为新自由主义政治哲学家的罗尔斯和作为自由主义批评者的马克思分属不同的思想体系，具有不同的思维方式和理论目标，对现实社会问题采取了不同的态度。然而，罗尔斯在建构自己的正义理论体系过程中，多次谈到马克思的思想，并从中获得重要的思想资源。他批判性地吸收了马克思对自由主义批评的主要观点，并对马克思的政治经济学和政治社会学给予了高度评价。罗尔斯对马克思的解读集中在《政治哲学史讲义》《作为公平的正义——正义新论》等著作中，正义问题是其考察马克思的核心问题。罗尔斯对马克思正义理论的解读蕴含双重维度：政治经济学批判与政治哲学。从政治经济学批判的维度看，罗尔斯认为，马克思立足于劳动价值论对资本主义制度的非正义性进行了尖锐批判，这抓住了马克思正义理论的实质。从政治哲学的维度看，罗尔斯根据其正义是社会制度的首要美德的观点，对马克思的共产主义社会及其正义问题的阐释存在误读，同时也对马克思的自由主义批判观点进行了反驳性回应。

在政治哲学日益成为马克思哲学"显学"的今天，重温罗尔斯关于马克思正义理论的解读，有助于深化对马克思政治哲学的研究，也有助于在比较语境中开显马克思政治哲学广阔的思想空间，以及在解决公平正义问题时坚守马克思政治哲学的原则和方法。

一 劳动价值论与资本主义制度的非正义性

正是基于政治经济学批判，马克思揭露了资本主义制度尽管表面上是一种自由独立的制度，但在实质上却像之前一切阶级社会那样是一种不正义的剥削制度。《资本论》的政治经济学批判与古典政治经济学的一个根本区别在于，它揭露了资本主义社会是一个历史性存在，资本关系不具有永恒性，只是特定历史阶段中的生产关系。而古典政治经济学自从斯密以来，就将自然科学中的非批判的实证主义方法引入对经济事实的分析中，期望寻找现代社会发展的普遍规律。斯密的劳动价值论直接讨论的对象是工场手工业中的劳动形式，然而他把这种劳动形式看作人类学意义上的一般劳动。这一方面反映了斯密对劳动的理解达到了概念化的普遍层次，但另一方面也遮蔽了资本主义生产关系下劳动的历史性，使得政治经济学批判的诸多问题无法呈现出来。虽然劳动价值论不是马克思的发明，但作为《资本论》的理论基础，得到了创造性的阐释和运用。在政治经济学批判中，劳动价值论已不再仅仅是经济学理论，更重要的是作为剩余价值理论的基石，成为批判资本主义制度的科学依据。罗尔斯对马克思正义理论的解读建立在对《资本论》及其手稿的深刻把握的基础上。他认为，马克思对资本主义制度非正义性的批判建立在政治经济学批判的视域中，劳动价值论的主旨是"挖掘资本主义秩序之外在表象下的深层结构"[1]，这无疑显示出其深邃的理论洞见力。

劳动价值论与资本主义生产关系的批判关联了起来，成为剩余价值学说的理论基础。从劳动价值论的这一主旨来看，罗尔斯把马克思劳动价值论的要义概括为以下两点：一是，在一个商品生产成为占支配地位的生产方式的社会中，具体劳动创造使用价值，抽象劳动创造价值，增加的总体

---

① 〔美〕约翰·罗尔斯：《政治哲学史讲义》，杨通进等译，中国社会科学出版社，2011，第342页。

价值等同于耗费的总体劳动时间；二是，剩余价值等于未付酬的剩余劳动时间，剩余劳动的收益在资本主义社会不归劳动者所有。劳动价值论"使我们能够了解劳动时间的花费轨迹，并发现那些使得工人阶级的未付酬劳动或剩余劳动能够被剥夺以及剥夺多少的各种制度安排"①。在资本主义制度下，对剩余劳动时间的剥夺隐藏在我们视线之外，劳动价值论就是要凸显资本主义作为一种生产方式所具有的这一特征。然而，通过对人身独立制度和商品交换关系中平等地位的强调，这一特征被遮蔽起来了。而在奴隶制和封建制的社会里，对剩余劳动时间的剥夺和占有是公开透明的。佃农知道为自己劳动的天数和为地主劳动的天数，并能够算出剥削的比例是多少，因而是公之于众的。在资本主义社会中，资本通过工资的形式支付了工人劳动力的价值，这种劳动力被要求超时间地使用，以创造出比维系他自身生存与发展所需价值更大的价值。然而，工人无法算出他们的总劳动时间中有多少时间是创造剩余价值的时间，有多少是维持自身生存所需要的时间。因此，工人对剥削如何发生以及剥削的比率一无所知。

在前资本主义社会，人与人之间的关系表现为直接的支配与从属关系，在这些关系中处于从属地位的个人被主人通过直接可见的暴力、宗教、伦理、政治等力量控制在奴役关系之中。奴隶或农奴不被看作共同体的成员，而被当作生产的无机自然条件。"在奴隶制关系和农奴制关系中……社会的一部分被社会的另一部分当作只是自身再生产的无机自然条件来对待。"②所有社会成员都是不自由的，其身份、地位、义务、角色等都是由他们在社会总体结构中的位置直接规定的。"在这些条件下，要从小农身上为名义上的地主榨取剩余劳动，只能通过超经济的强制，而不管这种强制采取什么形式。"③ 与之相比，资本主义是一种人身独立的制度，工人对自己的劳动能力拥有支配权或所有权，作为独立的经济主体，他可以自由地选择资本家，也可以就工资高低与资本家讨价还价。"他的独立性这种假象是由雇主的经常更换以及契约的法律拟制来保持的。"④ 市场上的形式上平等的自

---

① 〔美〕约翰·罗尔斯：《政治哲学史讲义》，杨通进等译，中国社会科学出版社，2011，第342页。

② 《马克思恩格斯全集》第30卷，人民出版社，1995，第481页。

③ 《马克思恩格斯全集》第46卷，人民出版社，2003，第893~894页。

④ 《马克思恩格斯全集》第44卷，人民出版社，2001，第662页。

由权利制造了一种意识形态的幻觉，因为它造成了一种工人可以独立于所有资本关系而具有实际选择范围的表象。在马克思看来，植根于市场交换关系且由宪法规定的自由权利所表达和保护的只是公民之间的自私自利。作为自由主义者的罗尔斯则认为："在设计良好的财产所有的民主制度中，得到正确规定的这些权利和自由所表达和保护的是自由平等公民的高阶利益。"① 在对正义理论体系的建构中，罗尔斯列举了一系列的自由权利清单，其中具有价值优先性的第一个正义原则就是为了保证每一个人都能享有这些自由权利。马克思之所以批判自由主义的权利，就在于其作为一种意识形态支撑着资本主义的剥削制度。

由于在经济结构中的地位不平等，资本家无偿占有了劳动创造的剩余价值，资本家与工人之间发生了实质上的不正义。根据对《资本论》及其手稿的研究，罗尔斯也得出了这一结论：马克思把资本主义制度看作不正义的社会制度。"即使是一种非常正义的资本主义制度（一种根据它自身的标准和最适合它的正义观念而言都正义的制度），也是一种剥削的制度。"② 即便存在充分完善的市场，工人得到了自身劳动力的全部价值，自由协商签订的劳动契约也仍然是不正义的，因为工人并没有得到他创造的剩余劳动的等价物。工人的劳动力商品的价值以一定的劳动量表现出来，但这一劳动量少于他的劳动总量。资本主义制度的不正义就在于贡献与获得之间的不等价，就在于对劳动力的盗窃和侵占。不过，根据马克思的观点，由于技术升级所带来的产业后备军的扩大、货币贬值、生产周期的循环变动等，工人甚至没有获得自己的劳动力价值，这意味着贡献与获得之间的另一种严重的不正义。

罗尔斯抓住了马克思关于资本主义不正义观点的论证策略。这种策略可以概括为：在市场的交换领域，每一个经济主体都是自由和平等的，彼此交互性地交换数量相等的价值；与之相反，当穿过交换过程，进入资本主义深层生产过程，每个经济主体都是不自由和不平等的。"在现存的资产阶级社会的总体上，商品表现为价格以及商品的流通等等，只是表面的过程，而在这一过程的背后，在深处，进行的完全是不同的另一些过程，在这些过程中个

---

① 〔美〕约翰·罗尔斯：《作为公平的正义——正义新论》，姚大志译，中国社会科学出版社，2011，第213页。

② 〔美〕约翰·罗尔斯：《政治哲学史讲义》，杨通进等译，中国社会科学出版社，2011，第343页。

人之间这种表面上的平等和自由就消失了。"① 生产过程中资本与劳动之间那些深层关系具有与交换过程中的自由和平等相反的特征，二者形成了鲜明对比。通过交换，资本获得了劳动力这一特殊的商品，这种劳动力是资本的生产力和再生产力，它能够使资本得以保存和倍增。劳动力作为有生产能力的生命力，成为资本的一个要素，它对资本现存的生产资料发生作用。通过支付工资，资本占有了对劳动力一定时间内的支配权，与此同时，也获得了这段时间内劳动所创造的价值的所有权。罗尔斯总结道，正是通过这个劳动过程，同劳动相对立的由资本所占有的客观价值世界越来越强大，因而资本对工人的支配权力也越来越大，不正义的程度也越来越严重了。

在罗尔斯看来，马克思之所以认为作为社会制度的资本主义是不正义的，根本原因在于，资本家凭借生产资料的财产权占据了资本主义制度结构中的上端位置，因而可以侵吞别人的剩余劳动。罗尔斯对马克思的这一解读，可以说抓住了问题的核心。在马克思那里，生产资料的私人财产权成为获得工人创造的剩余价值的合法凭证。资本家和工人是资本主义社会体系中的两极，资本家控制了全部生产资料以及自然资源，唯一不拥有的生产要素是劳动力，它由工人本人各自拥有。资本家凭借经济结构中的地位，不仅在生产过程中，而且在整个社会，都行使一系列特权。这些特权的实质体现在 G—W—G′ 的循环运动上，这种运动是无止境的，尽管运动的起点和终点在质上没有变化，但在货币量上却是不同的，G<G′。资本循环运动是持续更新的，每个环节和阶段都蕴含进一步发展的必然性，因而不存在到达终点的可能性，这是一种黑格尔意义上的恶无限，根植于资本的内在本性。工人的角色和目的体现在 W—G—W′ 循环运动上，在其中商品 W 的价值通常等于 W′ 的价值。罗尔斯指出："从总体上看，工人终其一生都不能积累财富；他们的积累只是为了延迟的消费（例如为了他们的晚年而储蓄）。把所有的工人作为一个整体，那么，他们的净积累就是零：较为年轻的工人所积累下来的都被较为年长的工人花掉了。"② 增加的总体价值并不是由创造他们的人占有，而是由那些不劳动却拥有生产资料的人占有。

---

① 《马克思恩格斯全集》第 30 卷，人民出版社，1995，第 202 页。
② 〔美〕约翰·罗尔斯：《政治哲学史讲义》，杨通进等译，中国社会科学出版社，2011，第 341 页。

在《资本论》第三卷中，马克思详细论证了总体的剩余价值如何以利润、利息和地租等形式在不同的权益人那里进行再分配的。对于生产部门，它以利润的形式占有剩余价值；对于生息资本来说，它以利息的形式占有剩余价值；对于土地所有者来说，他以地租的形式占有剩余价值。罗尔斯正确地认识到这一问题："在马克思看来，恰恰是资本主义的社会制度，赋予了某些阶级以生产资料拥有者的关键地位，这使得他们可以要求以利润、利息和租金的形式表现出来的回报。"① 也就是说，是资本主义制度使利润、利息和地租等各种类型的回报显得天经地义。罗尔斯的这个看法在马克思对"三位一体"公式的分析中得到了印证。"这个公式也是符合统治阶级的利益的，因为它宣布统治阶级的收入源泉具有自然的必然性和永恒的合理性，并把这个观点推崇为教条。"② 罗尔斯根据马克思的劳动价值论，回应了马克思之后才得到实际发展的边际生产力理论可能带来的挑战。这一理论的基本观点是，资本、土地和劳动作为生产要素在社会总产品的生产过程中都作出了相应的贡献，根据贡献原则，资本和土地的贡献者应该与劳动力的贡献者一起参与分配社会总产品，这在其看来是正义的。而根据马克思的劳动价值论，劳动是社会生产中的一个特殊要素，社会生产总量应该归功于现在和以往的劳动，利润、利息和地租都是劳动创造的结果，劳动才是判断社会制度正义与否的根本要素。资本主义制度的表面现象掩盖了剩余价值转化为利润、利息和地租的过程，也就是掩盖了对剩余价值的剥削和占有。

二　在思想交锋中解读马克思正义理论

20 世纪 70 年代以来，英美马克思主义者围绕"马克思与正义"问题展开了一场持久的学术争论。这一争论可以划分为两个派别："反对派"和"赞同派"。反对派以塔克、伍德、布伦克特等为代表，主张马克思反对正义；赞同派以柯亨、杰拉斯、胡萨米、尼尔森等为代表，主张马克思赞同正义。围绕马克思是否持有某种正义理念，双方都从马克思的相关文本出发，却得出了截然不同的结论。争论双方所著的主要文本被翻译引进国内，

---

① 〔美〕约翰·罗尔斯：《政治哲学史讲义》，杨通进等译，中国社会科学出版社，2011，第361页。
② 《马克思恩格斯全集》第46卷，人民出版社，2003，第941页。

对国内学术界产生了重要影响，促进了国内马克思正义理论和马克思政治哲学的研究。罗尔斯也介入了这一争论，并声称同意赞同派的观点。罗尔斯分别对反对派与赞同派的观点进行了总结归纳和学术评论，并在这一基础上给出了自己对马克思正义理论的理解。马克思正义理论，尤其是其中关于财产权的观点，对罗尔斯产生了重要影响，但二者又有根本不同。

对于马克思与正义这一问题，罗尔斯首先总结了伍德等反对派的基本观点。这一基本观点包含以下几个方面：《资本论》中所描述的劳动力与资本的交换是一种等价交换，并不涉及对工人的不正义问题；《哥达纲领批判》对社会主义的公平或正义理念进行了尖锐批判；正义规范内在于特定的生产方式之中，是特定生产方式的要素，与特定的历史时期有关；正义属于社会上层建筑的一部分，当上层建筑随着生产方式的变化而变化时，正义也将随之改变；马克思的目标并不是从改良主义的角度实现分配正义，而是主张财产权关系的根本变革；马克思的主要工作不是提出各种各样的道德理想，而是揭示导致资本主义终结的历史力量；共产主义社会不存在正义的环境，即不存在资源稀缺和社会冲突，因而不再需要正义；马克思谴责资本主义，并不是因为它违背了正义，而是因为它违背了自由和自我实现的原则。[①] 罗尔斯的总结基本上涵盖了反对派的主要观点。

随后，罗尔斯对反对派关于马克思与正义的观点进行了评论，其评论的重点是生产方式与正义的关系。反对派伍德引用了《资本论》第三卷中描述正义与生产方式关系的著名段落，并得出这一结论："对马克思来说，行为或制度正义与否，不在于它是否体现了一种法权形式……而取决于受历史条件制约的生产方式所提出的具体要求。针对特定行为或制度之正义性的合理评价，是以它们在特定生产方式中的具体作用为基础的。"[②] 在伍德看来，每一种生产方式都有一种与之相适应的正义观念，当某种正义观念被调整以适应作为其基础的生产方式时，就会以一种有效与合理的方式促进生产方式的良性运行。资本主义生产方式与历史上其他一切生产方式一样，都有某种适合于它的正义观念。这种观念能够帮助资本主义生产方

---

① 〔美〕约翰·罗尔斯：《政治哲学史讲义》，杨通进等译，中国社会科学出版社，2011，第351页。

② 〔美〕艾伦·伍德：《马克思对正义的批判》，载李惠斌等编译《马克思与正义理论》，中国人民大学出版社，2010，第15页。

式有效地完成其资本积累的历史使命。根据这种观点，完成了资本积累这一历史使命的资本主义生产方式就是正义的，或者如罗尔斯对这一观点的阐释那样，"存在着一种适合于它的正义概念，并且，根据这种正义概念，只要它的规范被人们所遵循，资本主义就是正义的"①。也就是说，在反对派看来，与资本主义生产方式无关的正义观念也许能够适应过去的或未来的生产方式，但并不适应资本主义的历史境况。罗尔斯认为，在反对派那里，正义被视为随着生产方式的变化而变化，这陷入了道德相对主义的立场。

　　罗尔斯接着讨论了柯亨、胡萨米、杰拉斯等赞同派的基本观点。赞同派认为，马克思持有某种正义观念，并认为资本主义制度是不正义的。在罗尔斯看来，与反对派针锋相对，赞同派的主要观点表现如下：工资关系是资本主义生产方式的一部分，根本不是一种等价交换关系，实质上是资本家对未付酬劳动的剥削关系；马克思把资本主义剥削称为"偷窃"或"抢劫"，因而是不正义的；《哥达纲领批判》假设了按需分配这一非历史性的正义标准，历史上的一切生产方式都可以根据接近这一标准的程度而得到道德评价；正义社会制度的实现需要特定的物质环境，否则将陷入幻想；如果持有涵盖了财产权和其他基本物质权利的视野宽广的正义观念，那么对分配问题的关注就是值得期待的；道德批判在马克思的资本主义批判中占有一席之地，并伴随着对历史变革力量的分析，尽管这种分析是不充分的；权利和正义可以用来评判社会的基本结构和制度安排，而不应该只是归结为司法性概念；按需分配是一种理想性正义，要在国家消失以后才会出现，它的目标是每一个人都能够平等地获得自我实现；根据共产主义社会的按需分配原则，把正义原则和自我实现原则人为地区分开来，是完全武断的。② 罗尔斯对赞同派关于马克思正义观点的总结比较全面，但并未指出赞同派的这一核心论点：在马克思看来，正义包含两层决定因素，一是伍德等反对派所认为的，生产方式决定正义；二是阶级利益决定正义。在马克思那里，资产阶级有反映其阶级利益和地位的正义观念，无产阶级在从自在向自为过渡的过程中也形成了自己的正义观念。

---

① 〔美〕约翰·罗尔斯：《政治哲学史讲义》，杨通进等译，中国社会科学出版社，2011，第352页。
② 〔美〕约翰·罗尔斯：《政治哲学史讲义》，杨通进等译，中国社会科学出版社，2011，第356~357页。

随后罗尔斯对赞同派关于马克思与正义的观点进行了略微详细的评论。其评论的重点是，通过对交换过程与生产过程的区分，指出资本主义在实质上是非正义的。为了说明这一观点，罗尔斯首先引用了《资本论》第一卷中关于交换的表象形式与实质内容的一段话，其关键内容如下："劳动力的不断买卖是形式。其内容则是，资本家用他总是不付等价物而占有的他人的已经对象化的劳动的一部分，来不断再换取更大量的他人的活劳动。"[①]从表面现象看，工人签订劳动契约好像是自由协商同意的结果，这一过程是在遵循资本主义交换法则和财产权法则的前提下进行的，但正是在这些法则之下，资本家完成了对未付酬劳动的剥夺。赞同派指出，当马克思用"抢劫""盗窃"等诸如此类的说法指称资本家对剩余劳动的剥夺时，他就会自然得出资本主义制度是不正义的这一结论。马克思并不是在资本主义正义观念的前提下，认为资本主义制度是不正义的，这就必然蕴含马克思预设了一种普遍认同的正义观念。根据这一正义观念，包括资本主义在内的一切社会形态都能得到道德评判。在这个意义上，马克思的正义观念不是相对主义的。罗尔斯认同这一观点，那么在他看来，马克思秉持什么正义观念呢？

罗尔斯认为，根据马克思劳动价值论的相关观点，马克思预设了这样一种正义观念："劳动是生产的唯一相关因素，而且，所有社会成员都拥有获得和使用社会之生产资料和自然资源的平等权利。"[②] 这一正义观念实际上包含两个基本构成部分：一是劳动是创造价值的唯一来源，所有人类社会财富最终都归结为劳动的结果，因而不通过劳动获得的一切收入都是非正义的；二是每个人都具有平等地使用生产资料和自然资源的权利，资本主义生产资料的私有财产权制度侵犯了这种平等权利，因而是不正义的。从《1844年经济学哲学手稿》到《资本论》，马克思始终认为，在社会发展过程中，所有人都应该享受到财产权的收益，所有人的劳动和其他活动都应该摆脱外在经济规律的控制。在这个意义上，马克思认为，凭借生产资料和自然资源的私有财产权获得纯经济租金是不正义的，因为这实际上剥夺了每个社会成员平等使用生产资料和自然资源的权利。因而，罗尔斯

---

① 《马克思恩格斯全集》第44卷，人民出版社，2001，第673页。

② 〔美〕约翰·罗尔斯：《政治哲学史讲义》，杨通进等译，中国社会科学出版社，2011，第366页。

指出，马克思彻底解构了资产阶级的私有财产权，并指出任何结构性地设置纯经济租金的制度都是非正义的剥削制度，这也是马克思把资本家对剩余价值的占有称作"抢劫""盗窃"的根本原因。在罗尔斯看来，马克思所期望的正义就是要瓦解这一社会境况，即一个阶级凭借对生产资料财产权的垄断控制另一个阶级的生产活动所需要的一切生产条件。

罗尔斯对马克思正义观念的解读建立在对政治经济学批判深入研究的基础上，符合马克思的本意。在马克思不同时期的著作中，他多次表达了关于劳动和财产权的正义预设。比如，在《1844 年经济学哲学手稿》中提出用"真正人的和社会的财产"① 取代资本主义普遍的私有财产权。在《德意志意识形态》中提出"联合起来的个人对全部生产力的占有"、财产"归属于全体个人"。② 在《1857—1858 年经济学手稿》中提出"联合起来的个人对他们的总生产实行控制"③。在《资本论》中提出"用公共的生产资料进行劳动，并且自觉地把他们许多个人劳动力当作一个社会劳动力来使用"④。从马克思的这些论述中可以看出，理想的正义观念意味着联合起来的成员共同控制生产资料和组织劳动过程，因而能够共享社会生产的全部果实。每个人都是共产主义共同体的一名成员，和其他任何人一样拥有决定生产份额和消费份额的权利。马克思把资本主义政治领域的权利平等延伸到经济领域和社会领域，把平等扩展到对生产资料的使用上，每个人与生产资料的关系和其他人都是一样的。对马克思来说，生产资料的私有财产权和正义是不相容的，因为它否定了对其的平等使用权。

针对福利资本主义国家允许生产资料的财产权集中在少数人手中的弊端，罗尔斯继承了马克思生产资料财产权联合占有的观点，提出财产所有的民主制度，强调生产资料财产权的广泛分布对于实现社会正义的重要作用。"财产所有的民主之背景制度力图分散财富和资本的所有权，这样来防止社会的一小部分人控制整个经济，并从而间接地控制政治生活。"⑤ 财产

---

① 《马克思恩格斯全集》第 3 卷，人民出版社，2002，第 279 页。
② 《马克思恩格斯文集》第 1 卷，人民出版社，2009，第 581~582 页。
③ 《马克思恩格斯全集》第 30 卷，人民出版社，1995，第 108 页。
④ 《马克思恩格斯全集》第 44 卷，人民出版社，2001，第 96 页。
⑤ 〔美〕约翰·罗尔斯：《作为公平的正义——正义新论》，姚大志译，中国社会科学出版社，2011，第 169 页。

所有的民主制度强调生产资料所有权在每一时期开始时都要普遍分布，而不是在每一时期结束时通过再分配使社会收入照顾到弱势群体。也只有这样，每一位公民才能够成为社会合作中的平等成员，才能平等地行使政治权利和运用社会公共资源。需要指出的是，罗尔斯财产所有的民主制度并不像马克思那样主张废除生产资料的私有财产权制度和改变现存的社会秩序，而只是试图将生产资料的私人所有普遍化，以实现由两个正义原则所表达的政治价值。与罗尔斯将社会看作一个合作体系不同，马克思则把社会看作阶级关系支配的社会，主张消灭以生产资料的私有财产权为基础的阶级关系，建立一个以按需分配为正义原则的共产主义社会。

三　共产主义社会中的正义问题

对于马克思政治哲学中共产主义与正义观念的关系，罗尔斯给出了自己的批评。从罗尔斯的政治哲学立场来看，正义是社会制度的首要价值，正义理论的实质是根据正义原则对基本的政治法律制度和经济政策进行设计，以建立一个良序的正义社会。"一种公共的正义观构成了一个良序的人类联合体的基本宪章。"① 现实的社会环境的确需要正义原则进行调节，消灭正义或只是对正义的轻视都会带来严重的后果。在罗尔斯看来，苏联模式的社会主义之所以失败，其重要原因在于对正义和权利的忽视。现实的社会环境包括两个基本方面：一是生产资料和自然资源存在一定程度的匮乏，即"客观环境中的中等匮乏"；二是人与人之间存在利益冲突，即"主观环境中的利益冲突"。② 现实的正义环境在罗尔斯看来是不可能消失的，两个正义原则是必须的。共产主义社会实现了马克思预设的正义观念，即劳动是生产的唯一相关因素，每个社会成员都拥有平等使用生产资料和自然资源的权利，所有社会成员共同制订经济计划。因此，它是一个意识形态、异化、剥削和劳动分工消失的理想社会。这种理想社会无疑是一个正义的社会，但这种正义在罗尔斯看来是超越性的。在共产主义与正义的关系问题上，罗尔斯由于自己的政治哲学立场而存在对马克思的根本误解。

---

① 〔美〕约翰·罗尔斯：《正义论》（修订版），何怀宏等译，中国社会科学出版社，2009，第4页。

② 〔美〕约翰·罗尔斯：《正义论》（修订版），何怀宏等译，中国社会科学出版社，2009，第98页。

罗尔斯对马克思共产主义社会特征的把握是深刻的，其对共产主义社会的论述主要集中在完全的共产主义阶段。共产主义社会是一个生产者自由联合的社会，经济活动的开展是通过每一个社会成员都能参与且知晓理解的民主计划所引导的，因而不再像资本主义社会那样需要意识形态的说辞。罗尔斯认为，在马克思那里，意识形态包括两个类型：假象（illusion）与错觉（delusion）。对于假象，罗尔斯举了《资本论》中的这样一个例子：与封建制度下必要劳动与剩余劳动的比率是公之于众的截然相反，资本时代的工资体系掩盖了这一比率，它不会告诉工人工资中的哪一部分是针对必要劳动或剩余劳动的，因而呈现一种意识的假象。对于错觉，罗尔斯举例到，资本主义制度建立在社会需要和个人需要的基础之上，因为它积累了社会所需要的剩余价值，并满足了个人的需要，所以资本对剩余价值的"盗窃"和"抢劫"从人们的视线里隐匿不见了，因而呈现一种假象。在生产者自由联合的共产主义社会，社会成员都能知晓和理解社会的经济运行，原则和实践、表象和本质直接合二为一了，因而一切意识形态都将成为多余的。

接着，罗尔斯立足于《1844年经济学哲学手稿》，通过与资本主义社会异化劳动的四个特征相对比，指出共产主义社会是一个不存在异化的社会。由于生产资料的私有财产权制度，资本家获得了支配工人的权力，但这种权力是通过市场来行使的，并在人们日常生活的视线之外，也就是说，自由市场制度隐匿了资本家与工人之间的异化关系。资本主义剥削源于生产资料的私有财产权所拥有的各种特权，这些特权在罗尔斯看来有如下几种表现：一是通过社会契约和法律程序等过程，由工人劳动创造的全部社会剩余落入不从事劳动的资本家手中；二是生产资料的所有者有独裁权力决定劳动的方式、劳动分工的程度、新机械设备的引入等；三是生产资料的所有者决定社会剩余的使用，也就是决定投资的方向和投资资金的数量。"马克思认为，如果这些特权掌握在自由联合的生产者们的手中，并且通过一种公开而民主的经济计划（所有的人都理解该计划并参与了该计划的制定）来加以实施，那么，就不会存在剥削。意识形态意识或者异化也不会存在。"[1] 罗尔斯认为，在生产者自由联合的社会中，虽然存在用于公共支

---

① 〔美〕约翰·罗尔斯：《政治哲学史讲义》，杨通进等译，中国社会科学出版社，2011，第378页。

出的社会剩余，但是不存在未付酬的剩余劳动，也不存在凭借占有的剩余价值而从中获益的情况。

　　然而，在共产主义社会的第一阶段，虽然相对于资本主义社会有实质性进步，但这种进步仍伴随着缺陷。根据《哥达纲领批判》的相关描述，这种进步主要表现在两个方面：一方面，由于废除了生产资料的私有财产权制度，不存在非对称的权力关系，不存在阶级差别，每个人都被同等地作为劳动者来看待，每个人获得收入的唯一依据是劳动贡献，因而真正确立了权利平等原则；另一方面，终结了阶级剥削，联合起来的劳动者对生产资料和社会总产品实行一种集体的控制，其目的是满足共同的需要和社会集体福利，而不是由少数人以排他性的方式占有。这种进步的缺陷也表现在两个方面：一方面是它默认"劳动者的不同等的个人天赋，从而不同等的工作能力，是天然特权"；另一方面是"一个劳动者已经结婚，另一个则没有；一个劳动者的子女较多，另一个的子女较少，如此等等"①。从这里可以看出，人的自然天赋方面的不平等和家庭负担方面的不平等是共产主义初级阶段的核心特征。由于这两个特征的存在，共产主义初级阶段的权利平等只是形式平等，这种平等在社会经济生活中的运用会导致实质的不平等，而根据马克思的观点，这是不正义的。罗尔斯也认为自然天赋的差异所导致的收入上的不平等是不正义的，因为自然天赋并不是个人选择和努力的结果。一个正义的社会就在于消除自然天赋的差异所导致的收入上的不平等，罗尔斯的差别原则及其一系列的制度设计都是为了解决这一问题，以实现最大化的平等。他认为，马克思解决共产主义初级阶段不平等的路径是超越性的，即通过过渡到共产主义高级阶段，实行基于自我实现的按需分配原则。

　　根据罗尔斯对正义的理解，共产主义社会是一个超越了正义的社会，因为它不再需要正义原则对社会和个人进行规范调节，关于正义的任何争论都将成为多余。按需分配"不是一条正义的原则，它也不是一条正当的原则。只是一个描述性的概念或原理，可以准确地描述共产主义高级阶段的社会变革以及社会的运行机制"②。从这里可以看出，按需分配成为共产

①　《马克思恩格斯全集》第25卷，人民出版社，2001，第19页。
②　〔美〕约翰·罗尔斯：《政治哲学史讲义》，杨通进等译，中国社会科学出版社，2011，第384页。

主义社会的一个事实性描述方法，它不是一个价值理念和道德规范。按需分配描述的是在罗尔斯意义上的正义环境已经消失的情况下社会存在的状况，而不是解决社会分配的规范原则。由于受自身政治哲学立场的限制，罗尔斯对马克思正义的这种理解是一种偏见。他把正义理解为一种补救性正义，强调在资本主义制度的框架内通过正义原则的实施就可以建立一个公平正义的社会，既不主张消除生产资料的私有制，也不主张改变现存的社会秩序。而当共产主义社会消灭了正义的环境时，他就自然会得出不需要正义原则和规范的结论。而事实上，马克思是在异质于自由主义政治哲学的更高位阶的思维平面上谈论按需分配这一正义原则的。按需分配不是针对社会产品的分配，而是针对每一个人的自我实现，因而反对以同一标准对待所有不同的个人。按需分配不是一个形式正义原则，而是一个实质正义原则，它充分尊重每一个人的个性，强调每一个人在自我实现上的差异性。按需分配并不是强调每个人都有权利享受同样的善品，而是强调每个人都同等地有权获得自我实现的条件。

在罗尔斯看来，马克思描述的共产主义社会无疑是一个理想的社会，但不值得追求，在实践中也是无法实现的，其根本原因在于它是一个超越正义的社会。罗尔斯认为，共产主义社会吸引人的特征之一在于，它的成员不是依据正义原则采取行动，也不具有能够被正义原则打动的倾向，也就是说，它根本不需要人们的正义感。对正义原则的讨论和具体正义问题的解决根本不是它日常生活的一个组成部分。从自然资源的有限性和人的占有欲望的无限性来批评马克思的按需分配原则是容易的，但更深层的原因在于"对正义的关注的缺失之所以是不值得欲求的，乃是由于，具有某种正义感以及具有与正义感相关的各种理念是人类生活的一部分，是理解其他人、承认其他人的权益的一个组成部分"①。站在罗尔斯政治哲学的立场上，没有正义感，正义制度将无从建立，而正义感需要在人性适度自私和资源适度匮乏的社会环境中才能逐渐塑造起来。罗尔斯把共产主义看作一个完美且静止的社会状态，但在马克思那里，共产主义社会的另一层更为深刻的含义是一场现实的运动，是一种没有止境的理想性追求。共产主

---

① 〔美〕约翰·罗尔斯：《政治哲学史讲义》，杨通进等译，中国社会科学出版社，2011，第385页。

义需要正义原则和正义感，只不过不再是自由主义式的正义原则和正义感。

概而言之，罗尔斯对马克思正义理论的解读包括上述三个方面。对于前两个方面，罗尔斯深入马克思政治经济学批判的逻辑中，即使不完全赞同，也抱有充分了解和同情的态度，并多次强调马克思思想的深刻性，申明自己的正义理论吸纳了马克思自由主义批判的诸多观点。但是对于第三个方面，则提出了根本性批评，其原因在于其政治哲学的基本立场。也就是说，罗尔斯对马克思正义理论的解读坚持了两个向度：一是马克思的政治经济学批判向度，通过对《资本论》及其手稿的解读，罗尔斯抓住了经济学理论在马克思正义理论中的关键地位；二是自己的政治哲学向度，在资本主义制度的框架内思考正义问题，使罗尔斯误解了马克思共产主义社会中的正义观念。分析罗尔斯对马克思正义理论的解读，给我们的启示是，政治经济学批判是马克思阐发正义问题的理论视域，只有在这一视域中，我们才能把握马克思正义理论的基本特质；不能用自由主义政治哲学的正义范式解读马克思的正义观念，否则会遮蔽和误解马克思正义理论。

第二节　马克思与剥削：从分析马克思主义的观点看

从表面来看，当今资本主义在经济上遭受的剥削似乎在逐渐弱化，其不正义的程度好像也并未达到马克思所尖锐批判的程度，工人的工作环境、收入状况、劳动时间随着西方国家社会福利政策的推行逐渐改善。然而，从全球视野来看，西方发达国家工人的高收入和高福利在很大程度上是通过资本的跨国转移剥削其他落后国家的工人来维持的，是建立在落后国家工人贫困的基础上的。当然，这并不是说发达国家的工人剥削了落后国家的工人，而是说资本通过在落后国家的高剥削率所获得的高额财富能够使其在国内维持较低的剥削程度。资本主义生产体系及其自私本性不可能也不愿意负担全球工人的高收入和高福利，也就是说，根本无法消除全球资本主义剥削的非正义性，甚至连这一剥削的非正义程度也不可能减弱，因为这是资本制度的结构性矛盾。正如黑格尔主义的马克思主义的重要代表人物梅扎罗斯所认为的那样，资本"通过开拓新领域，赢得殖民帝国的保护，或者开辟'新资本主义'与'新殖民主义道路'……并没有消除资本的结构性局限与矛盾"①。罗尔斯也曾正确地指出，在马克思看来，剥削之所以产生，其根本原因在于资本主义制度本身是一种不正义的社会制度。可见，资本剥削及其非正义性不可能通过资本主义自身消除，社会主义作为对抗资本的力量为超越资本提供了一条可能道路。

一 柯亨对马克思剥削理论的辩护②

柯亨是分析马克思主义的开创者和领军者。在柯亨看来，资本主义剥削是不公正的，这主要基于他前后两个时期的不同理由：20世纪70年代，他认为剥削不公正是因为工人被迫为资本家劳动；80年代，他认为剥削不公正是因为侵犯了工人的自我所有权。我们先来看工人的被迫劳动所导致的剥削的非正义性。传统马克思主义认为，资本主义不正义的最重要原因是剥削，为了论证剥削的非正义性，马克思在劳动价值论的基础上提出了剩余价值论。根据马克思的劳动价值论，工人创造了全部价值，但他只得到了其中弥补劳动力价值的那一部分，剩余部分被资本家无偿占有。而柯亨的论证表明劳动价值论和剥削是互不相关的，当然，马克思在劳动价值论的基础上论证剥削非正义的步骤是非常复杂的，后来的马克思主义者进行了简化，柯亨总结如下：

    （1）劳动且只有劳动创造了价值；

    （2）工人获得的是其劳动力的价值；

    （3）劳动产品的价值大于工人劳动力的价值；

∴ （4）工人获得的价值小于他创造的价值；

    （5）资本家获得了剩下的价值；

∴ （6）工人受到了资本家的剥削。③

柯亨认为，传统马克思主义对资本主义剥削的上述解释是有问题的，

---

① 〔英〕I. 梅扎罗斯：《超越资本——关于一种过渡理论》（下），郑一明等译，中国人民大学出版社，2003，第594页。

② 这一部分受到了姚大志教授专著《当代西方政治哲学》第七章的启发，在此表示感谢。

③ 〔英〕G. A. 柯亨：《马克思与诺齐克之间——G. A. 柯亨文选》，吕增奎编，江苏人民出版社，2007，第21页。

因为劳动价值论是错误的；再者，这种解释没有揭示剥削的根本特征，即工人是被迫为资本家劳动的。关于劳动价值论的错误，柯亨提出了如下几个理由。第一，根据劳动价值论，一切产品的价值是由它的劳动时间决定的，也就是说劳动时间越长产品价值越大。如果是这样的话，对同一个产品，如果生产该产品的企业生产效率越高，那么他生产的产品的价值就越小；反之，产品价值越大。第二，为了避免这种明显的不合理，马克思主义者认为衡量产品价值大小的不是个别劳动时间，而是社会必要劳动时间，但是产品的社会必要劳动时间是一个动态的概念，它只能在某个特定阶段才是确定的。同样，对于同一个产品，由于生产的时期不同，它的价值是不确定的。或者某些东西如干净的水或新鲜的空气根本就不是劳动创造的而是自然界直接提供的，它们是有价值的，但它们不是劳动创造的。第三，产品在市场上进行交换的时候，其价值体现为价格。在激烈的市场竞争中，决定商品价格的因素与其说是该商品的劳动时间，不如说是供求关系。在某个时期，产品的价值和价格可能不一致，但是从一个较为长远的时期看，一件产品的价格和价值是一致的，所以决定商品价值的不是劳动而是供求关系。第四，自然界直接提供的自然资源是有价值的，它们是资本主义生产必需的，但它们不是劳动创造的。[①]

接下来的问题是，如果劳动价值论是有问题的甚至是错误的，该如何证明资本主义剥削的非正义性呢？柯亨认为工人没有创造价值，他创造的只是有价值的产品，这两种观点极易混淆，却又完全不同。柯亨论证如下："然而，很明显，工人确实创造了某种东西。他们创造了产品。虽然他们没有创造价值，但创造了拥有价值的东西。这一措辞上的细微差别包含巨大的观念差别。之所以能对剥削进行批判，并不在于资本家得到了工人创造的一部分价值，而在于资本家得到了工人生产的产品的一部分价值。无论工人是否创造了价值，他们都生产了拥有价值的产品。"[②] 只有工人，或者更严谨地说，劳动者生产了拥有价值的东西，资本家虽然提供了资本，但他在这种意义上不是劳动者。资本主义是一种不正义的剥削制度，并不是

①　参见姚大志《当代西方政治哲学》，北京大学出版社，2011，第208~210页。
②　〔英〕G. A. 柯亨：《马克思与诺齐克之间——G. A. 柯亨文选》，吕增奎编，江苏人民出版社，2007，第29页。

由于得到了工人创造的部分价值，而是由于得到了工人创造的部分有价值的东西。一个资本所有者就其能力而言可能履行了重要的生产职责，比如作出投资决定、进行风险投资等，但是这并不意味着资本所有者生产了某种东西。柯亨举例道："你没有刀就进行切割；但由此不可能得出结论说，如果你没有刀，而我借给了你一把刀，从而使你能够进行切割，那么我就是切割者或者其他任何类型的生产者。"[1] 一个人的行为要成为生产行为，必须满足的条件是有助于一件物品被生产出来，但这并不必然意味着他必然参与了这一物品的具体生产。所以资本所有者可能履行了重要的生产职责，他的行为能够成为生产行为，但并不意味着他在直接从事生产，他的活动只能算是"生产性的活动（productive activities）"，而不能算作"进行生产的活动（producing activities）"，后者这种活动是由工人承担的。[2] 根据以上分析，柯亨总结了论证资本主义剥削的公式以区别于传统马克思主义：

  （1）只有工人生产了拥有价值的产品；

  （2）资本家获得了产品的一部分价值；

∴（3）工人获得的价值少于他所生产产品的价值，并且

  （4）资本家获得了工人所生产产品的一部分价值；

∴（5）工人受到了资本家的剥削。[3]

  柯亨也意识到了劳动创造价值与劳动创造有价值的东西之间区分的模糊性，他假设有人会提出这样一个反对意见：劳动创造了拥有价值的东西就意味着劳动创造价值。柯亨认为这个反对意见不成立，劳动创造拥有价值的东西不可能直接得出劳动创造价值的结论。"劳动创造了拥有价值的东西是一个事实。但是，如何能够从这个事实中得出如下结论：劳动产品的

① 〔英〕G. A. 柯亨：《马克思与诺齐克之间——G. A. 柯亨文选》，吕增奎编，江苏人民出版社，2007，第30页。
② 〔英〕G. A. 柯亨：《马克思与诺齐克之间——G. A. 柯亨文选》，吕增奎编，江苏人民出版社，2007，第30页。
③ 〔英〕G. A. 柯亨：《马克思与诺齐克之间——G. A. 柯亨文选》，吕增奎编，江苏人民出版社，2007，第31页。

价值量始终与所耗费的劳动量成正比呢？"① 劳动创造有价值的东西与劳动创造价值并不是一回事，根据传统劳动价值论，产品的价值量是由所耗费的劳动力决定的，但劳动创造有价值的东西并没有具体说明该东西的价值量有多少。

在柯亨看来，资本主义剥削是非正义的，不仅在于资本所有者无偿获得了工人创造的一部分拥有价值的东西，而且在于工人为资本家的劳动是被迫的。如果工人的劳动是完全自愿的，那就无法证明资本主义的剥削是非正义的，资本主义制度就像会古典政治经济学家所证明的那样成为一个合理的制度。根据马克思的观点，由于工人没有任何生产资料，所以他为了自己及其家人的生存被迫出卖自己的劳动力给资本家，否则就会被饿死。在自由主义者看来，工人通过契约的形式出卖自己的劳动力给资本家，这个契约是双方自愿达成的，其中没有一方是被迫的。因此自由主义者认为工人是自由的，在契约自由的基础上建立的劳资关系以及对剩余价值的剥削都是正义的。② 双方的争论归结到这样一个关键点：工人是被迫出卖自己的劳动力的吗？柯亨通过类比手法举了这样一个例子说明工人是被迫的："有 10 个人被关在一间屋子里，唯一的出口是一扇紧锁而沉重的大门。在与每个人距离不等的地方上，有一把沉重的钥匙。从体力上来看，每个人花费不同程度的努力都能够拿起它。凡是拿起这把钥匙来到房门前的人，在相当努力之后，都会找到打开房门而后离开屋子的方法。但是，如果一个人这样做，那么将只有他能够离开屋子。看守安装了监视器，使房门打开到仅够他一个人离开。然后，房门就会关闭，并且留在屋子里的人谁也无法再次打开房门。"③ 据此，我们断定至少有 9 人必须留在屋子里，只有一人可以逃离。从表面上看，每一个人都是自由的，都可以逃离这个屋子，但是作为结果逃离屋子的有且只有一人。这里要注意自由的条件性，每个人之所以被看作自由的，不仅因为其他人没有获取钥匙的意图，而且因为其他人确实没有获得钥匙，也就是说某个人的自由是以其他 9 个人的不自由

① 〔英〕G. A. 柯亨：《马克思与诺齐克之间——G. A. 柯亨文选》，吕增奎编，江苏人民出版社，2007，第 33 页。
② 参见姚大志《当代西方政治哲学》，北京大学出版社，2011，第 209 页。
③ 〔英〕G. A. 柯亨：《马克思与诺齐克之间——G. A. 柯亨文选》，吕增奎编，江苏人民出版社，2007，第 55 页。

为前提的。柯亨通过这个例子来映射无产阶级的不自由。尽管单个工人有自由脱离无产阶级成为资产阶级的一员，但是通往资产阶级的道路很狭窄，堵住了大多数人逃离被迫环境的可能性。因此，无产阶级是作为一个整体被迫出卖劳动力的，表现出集体的不自由，尽管任何一个工人都没有被迫把自己的劳动力出卖给特定的资本家，这在意识形态上具有欺骗性。与前资本主义社会超经济强制的剥削相比，在柯亨看来，资本主义的剥削需要的是无产阶级整体的不自由，而不需要具体个人的不自由。

下面，我们分析柯亨论证剥削不正义的第二个理由，即资本主义的剥削侵犯了工人的自我所有权。"马克思主义有关资本家剥削工人的论断必须依靠这一命题：人都是他们自己的能力的合法所有者。这一命题就是自我所有论，我认为它是马克思关于资本主义关系本质上是剥削关系的论断的基础。其中包含的基本观点是，人们在使用自己的能力方面应该自主。他不应该像奴隶一样在别人的指挥下使用自己的能力并让自己的部分产品或全部产品被别人无偿拿走。"① 自我所有原则是洛克在论证劳动财产权理论时提出的，在诺齐克那里得到极致的发挥。柯亨从诺齐克那里继承了这一概念，但是却得出了相反的结论。自我所有原则说的是每一个人都是自己人身和劳动能力的完全所有者，因而从道德上看，每个人都拥有由于自己身体和能力的使用而创造的一切产品。根据自我所有原则，工人拥有自己的劳动能力，由于劳动能力的使用而创造的任何产品都应归工人所有，但事实情况是，工人只是得到了自己的劳动能力创造的一部分产品，其余则被资本家占有，这违背了自我所有原则，因而资本主义剥削是不正义的。

诺齐克的自我所有概念是自明的和清晰有力的，反驳这一概念几乎是不可能的。在诺齐克的语境中，自我所有概念是为资本主义不平等进行辩护的，诺齐克用它来捍卫在激烈的市场竞争中所产生的不可避免的不平等现象。从自我所有推出不平等是正当的，这一点需要马克思主义者坚决反驳，因为平等是马克思主义者的基本价值。在诺齐克看来，根据自我所有原则，每个人都能够根据自己的自由意志自行其是，但是由于天赋、运气、才能的差异，其结果必然产生不平等。他反对通过征税等手段调节收入差

---

① 〔英〕G. A. 柯亨：《自我所有、自由和平等》，李朝晖译，东方出版社，2008，第167页。

距，因为向富人征税资助穷人是对富人自我所有权的侵犯，并把征税这种
义务看作非契约义务。这种向富人征税的强加做法会使人丧失自主性，会
把人仅仅看作手段而非目的，从而使人处于奴隶地位。柯亨对诺齐克的这
一论证进行了反驳：强行征税这一非契约义务并没有使人等同于奴隶，很
多其他非契约义务，如赡养老人，我们在不得不履行这一义务的过程中并
没有觉得自己是奴隶。我们知道，关于自我所有这一原则，柯亨与诺齐克
发生了激烈争论，关于争论的其他具体细节不是本书的主题，在此不再
赘述。

二　埃尔斯特对马克思剥削理论的辩护

分析马克思主义的另一位杰出代表埃尔斯特也认为资本主义剥削是非
正义的，他详细分析了剥削的本质和原因，探讨了工人在资本主义社会究
竟是不是被迫劳动的，以及资本主义剥削为什么是不正义的。埃尔斯特首
先对剥削在马克思主义中的意义进行了总结，它表现在两个方面："首先，
在一个社会中，剥削的存在为外部观察者进行规范的批判提供了一个基础。
剥削是错误的；剥削者在道德上应该受到谴责；一个容忍或产生剥削的社
会应该被废除。其次，剥削可能为被剥削者采取反对这一制度的个人行动
或集体行动提供基础，因而引发了对这种行动的解释。"① 可见，剥削在马
克思那里是至关重要的，它为批判资本主义社会的非道德性和反对资本主
义制度提供了一个基础。下面，我们看一下埃尔斯特是如何为马克思剥削
理论进行辩护的。

埃尔斯特把剥削区分为两种形式：非市场剥削和市场剥削，二者的共
同特征是对剩余劳动的榨取，二者的区别在于是否直接从生产者身上榨取
剩余劳动。非市场剥削是前资本主义社会的剥削形式，它是通过非市场的
直接强制手段来榨取剩余劳动。在《资本论》第3卷中，马克思对这种超
经济的直接强制作了重要论述："在直接劳动者仍然是他自己的生存资料生
产所必需的生产资料和劳动条件的'占有者'的一切形式内，财产关系必
然同时表现为直接的统治和从属的关系……要从小农身上为名义上的地主

---

① 〔美〕乔恩·埃尔斯特：《理解马克思》，何怀远等译，中国人民大学出版社，2008，第
162页。

榨取剩余劳动，只能通过超经济的强制，而不管这种强制采取什么形式。使这种小农和奴隶经济或种植园经济区别开来的是，奴隶要用别人的生产条件从事劳动，并且不是独立的。所以这里必须有人身的依附关系，必须有不管什么程度的人身不自由和人身作为土地的附属物对土地的依附，必须有本来意义的依附制度。"[1] 埃尔斯特根据马克思的这段论述得出了这样一个结论：马克思区分了奴隶与封建农奴或农民在生产资料占有关系上的差异，封建农奴或农民部分地拥有自己的劳动力和生产资料并能够支配它们，而奴隶则根本不拥有自己的劳动力和任何生产资料。在这种情况下，要想从封建农奴或农民身上榨取剩余劳动，必须通过人身依附制度，使他们丧失自由。

资本主义的经济形式是市场经济，因而其剥削形式在埃尔斯特看来属于市场剥削，它以这样一个事实为基础，即劳动力成为一种可以在市场上自由买卖的商品。资本主义剥削率是通过剩余劳动时间/必要劳动时间这一公式计算得出的，资本家总是力图把工资降低到工人生理上所容许的最低限度，把劳动时间延长到工人生理上所容许的最高限度，工人则在相反的方向上反抗资本家。在这一对抗过程中，起决定作用的是双方力量的对比，最终在平等权利的外观下，力量起决定作用，因而资本取得了绝对胜利。在埃尔斯特看来，马克思对资本主义剥削率的这种博弈论研究还远远不够，他认为影响剥削率的因素可以归结为以下六点：①劳动强度；②劳动市场中的供求关系；③"组织起来的工人和组织起来的资本家之间的集团交易"；④通过技术进一步降低进入工人消费品序列的那些商品的价值来提高剥削率；⑤国家干涉，它或者代表"社会"，或者代表资产阶级；⑥政治联盟的形成对资本家造成的压力。[2]

资本主义经济是自由经济，市场剥削在埃尔斯特看来依赖于自由而非强迫的交换，但马克思在另一个更重要的意义上论证了工人是被迫出卖其劳动力的。工人究竟是否被迫出卖劳动力至关重要，它决定我们究竟如何评价剥削。倘若工人是自愿出卖劳动力的，批判剥削的力度就会大大降低，

---

① 〔德〕马克思：《资本论》第3卷，人民出版社，2004，第893~894页。

② 〔美〕乔恩·埃尔斯特：《理解马克思》，何怀远等译，中国人民大学出版社，2008，第188页。

甚至可以说剥削是正义的；倘若工人是被迫出卖劳动力的，建立其上的剥削就是不正义的，因而应该受到谴责。工人在资本主义社会拥有广泛的自由，这种自由主要包括以下几个方面。第一，相比于前资本主义社会的人身依附关系，工人工资的支付方式和范围扩大了。消费自由是资本主义社会的一个永恒特征，他们可以购买任何一个他们想要的商品，在工厂大门之外，没有人告诉工人要做什么。"工人可以不为自己的子女买肉和面包，而把工资买白酒喝掉，这是在实物支付制度下做不到的。这样一来，他的个人自由就扩大了，也就是说，白酒的支配作用有了更大的活动余地。"① 工人作为货币所有者可以用自己的工资购买任何商品，但是工人的生存条件决定他必须把有限的货币花在十分有限的生活资料上，当他作为自由人这样消费时，必须付出一定的代价：子女就要挨饿。资产阶级的自由平等交换造成了资本主义制度是超历史的正义假象，而马克思要批判的正是这一纯粹的假象。

第二，工人可以自由地更换自己的雇主。如果工人对自己现有的雇主不满意，他可以自由地更换另一个。尽管工人不依赖于任何一个特定的资本家，拥有形式上广阔的自由选择余地，工人和资本家之间形式上的关系是一般交换者之间的自由平等的关系，但是工人不得不依赖于资本，不得不依赖于由单个资本家组成的资本家阶级。尽管资本家在范围上可以有无限数量可供工人选择，但是工人的生存状况决定他不得不选择其中的一个资本家，从而被迫接受他的雇佣和剥削。"劳动力必须不断地作为价值增殖的手段并入资本，不能脱离资本，它对资本的从属关系只是由于它时而卖给这个资本家，时而卖给那个资本家才被掩盖起来，所以，劳动力的再生产实际上是资本本身再生产的一个因素。"② 这种自由在埃尔斯特看来给人造成了一种意识形态的幻觉，它是从这样一种事实中推出来的，即从一个工人独立于特定资本家的自由，推出他摆脱了所有资本家。

第三，工人通过自己的努力、运气和才能，拥有成为资本家的自由。这种自由是从这样一种事实中推导出来的，即任何一个工人都有可能成为资本家，于是得出了所有工人都可能在现实生活中成为资本家的结论。"在

---

① 《马克思恩格斯全集》第10卷，人民出版社，1998，第646页。
② 〔德〕马克思：《资本论》第1卷，人民出版社，2004，第708~709页。

这种资产阶级社会里，确实会有这样的情况，即只要一个工人绝顶聪明，善于投机钻营，天生具有资产阶级的本能，而运气又非常好，那他自己就能变成他人劳动的剥削者。"① 在埃尔斯特看来，马克思暗示的工人这种有限的流动性，在双重方面有利于资本主义：一方面是其意识形态价值，另一方面是其对资产阶级的强化效果。个人如果不消灭该阶级存在的社会关系，他就不可能克服这一阶级，尽管个别人能够克服这一阶级，但是他们中的大多数都不能。也就是说，"只有那些'绝顶聪明的'工人才能够实现成为资本家阶级的自由。在有形式的自由做到这一点的意义上，任何一个工人都'可能'这样做，但只有少数人能真正做到这一点"②。在自由的这三种意义上，工人拥有的是最不重要的自由——消费者的自由和变换雇主的自由，他能够实际地享用的只有这种自由。相反，对于成为资本家的自由这种最重要的自由形式对工人来说，只具有一种微弱的意义且有很多限制，即一个工人必须绝顶聪明才可能成为资本家，这在实际中并非易事。如果混淆了变换雇主的自由和成为雇主的自由，就会产生这样一种幻觉：工人处于无产阶级之中是他自由选择的结果。

通过以上论证，埃尔斯特捍卫了马克思的这一观点：工人是被迫出卖劳动力的，自由只是意识形态的幻觉。埃尔斯特认为可以从两个方面理解被迫的方式："首先，既然面临各种限制，工人就只有两种选择：饿死或出卖其劳动力。其次，当工人不出卖其劳动力而能够生存时，他也只能生活在如此之差的条件下，以至唯一可接受的行动过程就是出卖其劳动力以实现最优化。"③ 马克思是在第二种意义上理解被迫的，即便工人无须出卖劳动力就可以生存下去，如通过政府救济或抢劫，但由于生存条件如此之差（如救济）或者成本过高（如抢劫），他们唯一可能的选择是出卖劳动力。

既然工人是被迫出卖劳动力的，那么工人遭受的剥削就带有道德不当或不正义的意蕴。马克思在《资本论》及其手稿中对资本主义剥削进行了详尽的论述，但是却不倾向于直接用不正义来批判资本主义的剥削。埃尔

---

① 《马克思恩格斯全集》第 49 卷，人民出版社，1982，第 136 页。
② 〔美〕乔恩·埃尔斯特：《理解马克思》，何怀远等译，中国人民大学出版社，2008，第 201 页。
③ 〔美〕乔恩·埃尔斯特：《理解马克思》，何怀远等译，中国人民大学出版社，2008，第 203 页。

斯特总结了马克思不使用正义的两个原因：第一，诉诸正义是资产阶级意识形态的一种手段，它与自由、平等、权利一样，其目的都是掩盖资本主义不公正的社会现实；第二，共产主义社会实现了物质财富的极大丰富和人性的完善，实现了按需分配，消除了正义产生的社会环境，正义成为多余。埃尔斯特认为，尽管马克思不倾向于谈论作为资产阶级意识形态的正义概念，但是《资本论》中的剥削理论和《哥达纲领批判》中的共产主义设想都体现了正义的原则。

在埃尔斯特看来，尽管马克思没有明说资本主义剥削是不正义的，但是通过他把资本家对工人的剥削说成"盗窃""抢劫""偷盗"等可以看出，马克思相信资本主义剥削是一种非正义的制度。首先，埃尔斯特根据马克思的文本解读了资本家对工人进行盗窃的几种情况，例如，在资本的原始积累时期，当代资本家的财产之所以是非正义的，是因为早期资本家的暴力占有；现今资本家财富的基础是不支付等价物而盗窃他人的劳动时间，柯亨也曾尖锐地指出了这一点——一种以盗窃为基础的制度就是一种以非正义为基础的制度。其次，在这一讨论的基础上，埃尔斯特考察了剩余价值的占有非正义的两个理由以及可能存在的两种反对意见。我们先来看第一种理由：一个资本家拥有资本，但是他自己不从事经营，而是雇用一个经理为他剥削工人，这种做法是非正义的，因为资本家不劳而获，他的利润违反了按贡献分配的原则。第二种理由：纯资本主义企业家没有资本，依靠其管理能力剥削工人，通过把那些能力互补的工人组织起来，他使工人创造了比他们在孤立的时候所能创造的生产力大得多的生产力，这种情况的不正义在于这个企业家没有权利得到他通过把技能互补的工人集合起来而可能得到的全部利润。①

与这两个极端理由相对应的是两种反对意见，这两种反对意见是任何想要捍卫马克思剥削理论的人都必须认真对待的。第一种反对意见涉及资本积累的道路，如果某些工人选择了节约和投资而非消费，如果这些工人通过给其他工人提供较高工资诱使他们为其工作，那么我们就没有理由反对这些行为。第二种反对意见涉及激励问题，资本家获得超额利润是激励

---

① 〔美〕乔恩·埃尔斯特：《理解马克思》，何怀远等译，中国人民大学出版社，2008，第214~215页。

的结果。如果反对这种形式的剥削，不仅意味着资本家的境况会变得更坏，而且工人的境况也会变得更坏；如果资本家提高利润的同时能够使工人的境况得到改善，这样的剥削行为就不能说是不正义的。埃尔斯特承认这两种反对意见都很难反驳，第一种反对意见使我们处于两难境地："要么不应该把消费品形式中耗费的劳动和得到的劳动之间的差异称为剥削（因为它在道德上是无可置疑的），要么我们就必须承认在道德上难以反驳的剥削形式的存在。"① 第二种反对意见即激励问题在剥削框架内很难解决，因为资本家是凭借优越的管理能力获得高于工人工资收入的，付给经过训练的管理者以报酬，我们很难说这是非正义的。基于以上理由，尽管埃尔斯特承认剥削是非正义的，但他主张淡化剥削概念的重要性，认为它不是深入研究道德理论的一个工具。埃尔斯特根据马克思在《哥达纲领批判》中对按劳分配和按需分配原则的论述，批判了资本主义剥削的非正义性，并提出了一个对国内学者影响很大的马克思正义等级的理论："根据这一理论，贡献原则提供了一种需要原则在历史还不适用时的一个次优标准。资本家的剥削是双倍的非正义，因为它违背了两个原则。共产主义第一阶段的'平等权利'也是非正义的（比资本主义略轻），因为它只违背了需要原则。"②

埃尔斯特区分了市场剥削和非市场剥削，并对之作出了详尽阐述，在一定程度上发展了马克思的剥削理论，他直接断言资本主义剥削是非正义的，这一点也符合马克思的本意。另外，埃尔斯特也看到了马克思的劳动价值论在当代社会遇到的困难，各种异质的劳动无法比较，如何确定劳动回报以及异质回报之间收入差距的合理性将是一个非常重要的难题。他试图用方法论个人主义、博弈论发展马克思的政治经济学也具有一定的参考价值。但是马克思的剥削理论和剩余价值理论是建立在劳动价值论基础之上的，如果舍弃劳动价值论，剩余价值论也是无法成立的。另外，他对于国外学术界争论非常激烈的"马克思与正义"问题并没有给出正面回应，没有对马克思文本中关于正义问题的争议给出清晰有力的解释，他只是断言资本主义剥削是非正义的，并没有为这种非正义性提供切实有力的证据。

---

① 〔美〕乔恩·埃尔斯特：《理解马克思》，何怀远等译，中国人民大学出版社，2008，第216页。

② 〔美〕乔恩·埃尔斯特：《理解马克思》，何怀远等译，中国人民大学出版社，2008，第217页。

附录　马克思主义政治哲学
学术体系的当代建构

　　学术体系是由一系列概念、命题按照一定线索建构起来的具有逻辑自洽性的理论系统，任何一门学科的存在属性、具体内涵、社会意义都集中体现在其学术体系上。学术体系的系统性、专业性、原创性、前沿性、现实性、思想性是衡量某一学科发展层次和实力水平的重要根据。学术体系的重要性不言而喻，立足当代现实，构建具有中国风格的马克思主义哲学学术体系已成为许多哲学工作者的使命与担当。① 近些年来，马克思主义政治哲学研究成为学术界的一个热门领域，国内学者进行了富有成效的探索，其研究成果集中表现在以下两个方面：一是马克思政治哲学的理论内涵和当代建构；二是当代中国马克思主义政治哲学的思想前提、基础问题、重要特质、理论路径等。围绕这些问题，国内学者取得了丰硕的学术成果，推进了马克思主义哲学研究。然而，马克思主义政治哲学学术体系的当代建构这一命题鲜有提及，这显然与政治哲学在马克思主义哲学中的学术地位和学术影响不相匹配。立足当代现实，自觉建构马克思主义政治哲学学术体系，使其具有更深厚的学术基础、更明确的现实问题意识、更系统的存在形态，变得尤为重要和迫切。基于这一学术目的，笔者在学术界已有成果的基础上，从如何在差异性社会中建构良好的共同生活秩序这一政治哲学的一般界定出发，从学术资源、思维方式、现实导向和存在形态四个方面初步探讨马克思主义政治哲学学术体系的当代建构。

---

　　① 参见孙正聿《构建当代中国马克思主义哲学学术体系》，《哲学研究》2019 年第 4 期；王海锋《中国马克思主义哲学的思想格局及其学术体系构建》，《天津社会科学》2023 年第 1 期；李慧娟《"术语的革命"与当代中国马克思主义哲学学术体系的构建》，《贵州师范大学学报》（社会科学版）2022 年第 2 期。

一　马克思主义政治哲学学术体系的学术资源

对于什么是政治哲学？政治哲学的功能和目标是什么？政治哲学家的界定不尽相同。政治哲学家列奥·施特劳斯指出："政治哲学是一种尝试，旨在真正了解政治事物的本性以及正当的或好的政治秩序。"① 在他看来，政治哲学的目标是实现一种好的社会或好的生活，而这能够使所有人超越可怜的自我。约翰·罗尔斯认为，政治哲学作为公共政治文化的一部分，为根本性的政治原则、政治价值和政治理想做出系统的、连贯的、合理的论证和说明。在他看来，政治哲学具有四个功能：一是实践功能，探讨社会分歧背后的政治和道德共识基础，以使社会合作得以维持；二是导向功能，使国家的政治和社会制度成为一个整体，把个人的目标当作社会的目标；三是和解功能，从哲学上理解社会制度，力图抚慰个人对社会的失望和愤怒；四是探讨政治的可能性极限，即仅在具有历史可能性的条件下，实现一种合宜的政治秩序。② 斯密什指出，"最佳政制的问题总是指引着政治哲学"③，政治哲学的目的是，在一个需要批判的不完美的社会中探讨什么样的政制才能实现正义社会或美好社会。尽管这些具有代表性的政治哲学家在立场或方法上存在差异，但是他们共同关注一个基本的主题，即追问和探讨使人类共同生活得以实现的良好政治秩序。或者说，在差异性的社会中，对普遍性的共在社会政治秩序赖以成立的前提进行反思和追问成为政治哲学关注的中心。

在现代差异性社会的语境中，如何在价值或目标的相互冲突中确立公共政治秩序，既使个人自由权利能够充分实现，又使社会共同生活变得有序和稳定的这一问题，使政治哲学的存在具有了必然性。对于如何实现个人权利与社会政治秩序、差异性与统一性、特殊性与普遍性之间矛盾关系的和解，存在两种相互对立的思路：一是片面强调个人的价值，造成社会或共同体的价值的边缘化，使社会生活的整体性陷入分裂；二是片面强调社会性或普遍性的价值，导致抽象共同体或实体化的社会对个人的抽象统

① 〔美〕列奥·施特劳斯：《什么是政治哲学》，李世祥等译，华夏出版社，2014，第3页。
② 〔美〕约翰·罗尔斯：《政治哲学史讲义》，杨通进等译，中国社会科学出版社，2011，第9~10页。
③ 〔美〕史蒂芬·B·斯密什：《政治哲学》，贺晴川译，北京联合出版公司，2015，第9页。

治，从而使个人权利无从实现。这一基本矛盾构成了当代自由主义和共同体主义等政治哲学流派共同的问题意识和价值关怀，他们之间的争论在很大程度上也是围绕这一矛盾的产生和解决来展开的。马克思主义政治哲学在其产生之初就表达了对这一矛盾的深切关注。恩格斯在《英国状况。十八世纪》中对这一矛盾作过一个经典阐释："英国人没有普遍利益，他们不触及矛盾这一痛处就无法谈普遍利益；他们对普遍利益不抱希望，他们只有单个利益。这种绝对的主体性——把普遍分裂为许多单一……英国的活动则是独立的、彼此并立的个人的活动，是无联系的原子的运动，这些原子很少作为一个整体共同行动，而且即使作为整体行动的时候也是从个人利益出发。"① 根据恩格斯的观点，尽管市民社会作为一种社会形式，实现了社会关系的组合，但是其成员是原子化的和独立化的，他们以个人利益和个人活动为中心的生活方式不可能导向社会性的普遍利益。马克思也有过类似的论述："每个人都互相妨碍别人利益的实现，这种一切人反对一切人的战争所造成的结果，不是普遍的肯定，而是普遍的否定。"② 马克思清楚地看到，每个人在市民社会中若都以自己的私人利益为中心，并不会像斯密等自由主义经济学家所认为的那样，会实现社会性的普遍利益，而只能导向追求私利的个人性和对普遍利益的全面否定。

在马克思恩格斯那里，个人性与社会性、特殊性与普遍性之间的矛盾是其政治哲学直面的核心问题，他们对这一矛盾的批判性分析和解决成为建构马克思主义政治哲学学术体系最重要的思想资源。一方面，马克思政治哲学并不把个人当作抽象的自由权利主体，而是把人的本质界定为一切社会关系的总和。个人权利和价值只有在个人与他人互依性的社会关系中才能获得充分实现，或者说，个人的权利和价值是被普遍性的社会秩序所规定的全体成员的共同诉求。而根据马克思对市民社会的批判性诊断，个人权利不仅没有得到实现，反而作为意识形态支撑着资本无限积累的物化逻辑。另一方面，马克思政治哲学并不把社会看作排斥个人权利和自由意识的抽象的实体化存在，而是致力于新型社会的建构，它遵循的是人之自由的存在逻辑。这一新型社会"是一种既实现共同规划又支持每个人各有

① 《马克思恩格斯文集》第 1 卷，人民出版社，2009，第 92 页。
② 《马克思恩格斯文集》第 8 卷，人民出版社，2009，第 50 页。

差异的规划的社会合作模式"①，它超越了人与人之间互为工具的原子化市民社会。在马克思政治哲学中，个人权利和价值是其致思的起点和归宿，个人生活是"社会生活的表现和确证"②，个人存在直接是社会存在物。在社会生活中，人与人之间彼此互为目的而存在，社会不是一个居于个人之上的总体，而是互依性社会关系中的个人本身。

政治哲学对个人权利与社会政治秩序、特殊性与普遍性之间矛盾的自觉，既是人的生存方式的哲学表征，也是政治哲学的价值关怀和思想任务在当代现实语境中的重新设定。马克思主义政治哲学学术体系的当代建构不是无所依据的抽象玄思，而必然是以现代性社会的深层矛盾和困境为导向，整合与激活中哲、西哲和马哲的学术资源。建构马克思主义政治哲学学术体系，一方面，要吸收马克思恩格斯的学术资源，他们提供了基本观点、基本立场和思维方式，指明了学科方向；另一方面，要吸收西方政治哲学传统和中国政治哲学传统的学术资源。马克思主义政治哲学学术体系之所以具有马克思主义的学科属性，关键是因为从马克思主义的基本立场和思维方式出发对现代差异性社会的深层矛盾和困境这一重大时代命题作出了政治哲学反思。具体来说，就是建构了一种新型的社会公共秩序，它在保护和促进个体权利的同时，又促进了个体之间的自觉联合。面对现代差异化社会的深层矛盾，中国政治哲学传统和西方政治哲学传统都拥有丰厚的学术资源。建构马克思主义政治哲学学术体系理应与二者展开批判性对话，发现它们的理论困境和积极意义，实现三者之间在重大理论问题和现实问题上的内在对接，将它们作为自身发展的一个环节。

从西方政治哲学史来看，发源于希腊特定城邦制度的古典政治哲学是一个具有奠基性意义的政治哲学流派。在古典政治哲学中，正义是最重要的德性，其宗旨是维护城邦的秩序，以使每个成员过上一种共同生活。"对雅典城邦哲学家来说，正当（right）或正义（justice）就是建构或组织公民的某种共同生活，而法律的目的就是确定每个人在城邦的整个生活中应有的地位、职位和作用。"③ 每个公民都以参与城邦和谐的共同生活为最大乐

① 〔美〕古尔德：《马克思的社会本体论：马克思社会实在理论中的个性和共同体》，王虎学译，北京师范大学出版社，2009，第143页。
② 《马克思恩格斯文集》第1卷，人民出版社，2009，第188页。
③ 〔美〕乔治·萨拜因：《政治学说史》上卷，邓正来译，上海人民出版社，2008，第45页。

事，城邦作为一个共同体允许尽可能多的公民参与公共活动，每个公民都能够在其中找到自然的、愉快的展示平台。古典政治哲学致力于建构和实现作为生活形式、活动方式、国家形式和道德品格的最佳政制，这种政制使和谐的共同生活理想成为可能。为了形成相互依赖的共同感和过上一种共同生活，城邦共同体必然倡导强制性的且被所有人共同认可的价值规范，个人最重要的德性是献身于这样一个合于"自然本性"的共同体。可见，在古典政治哲学中，个人与共同体、个人权利与社会公共秩序之间的关系根本就不是问题，因为古希腊城邦共同体中没有独立的个人，共同体价值具有绝对优先性，每个人都是作为共同体成员而存在的。古典政治哲学为马克思主义政治哲学诊断和救治现代社会个人性与社会性、特殊性与普遍性之间的矛盾提供了重要启示。和古典政治哲学一样，马克思极其重视共同体和社会的价值，强调个人只有在真正共同体中才能实现自由，个人只有在人与人之间互依性的社会关系中才能获得完整的存在和实现全面的发展。

作为一种政治哲学传统，近现代西方政治哲学是在资本主义市民社会的基础上建构并发展起来的。相对于传统共同体社会，资本主义市民社会是由商品生产和商品交换、劳动和需要等构成的形式普遍性的体系。在这个体系中，政治哲学的首要任务不在于如何建构一种共同生活的设想，而在于确证以财产权为核心的个人权利的合法性以及维护权利的社会公共秩序。"个人的生活和福利以及他的权利的定在，都同众人的生活、福利和权利交织在一起，它们只能建立在这种制度的基础上，同时也只有在这种联系中才是现实的和可靠的。这种制度首先可以看成外部的国家，即需要和理智的国家。"① 国家及其制度的根本职能不是促进或创造以义务为本位的德性生活，而是要保护和支持每个人的自然权利。以个人权利为本位的现代市民社会势必使差异性、多样性和特殊性前所未有地凸显出来。在这一现代性语境中，政治哲学的主题和使命是建构一种包含重叠共识和共同认可的社会公共秩序，以使异质性社会的冲突保持在合理且有序的范围内。卢梭、康德、罗尔斯、麦金泰尔、哈贝马斯、霍耐特等哲学家对个人权利、公意、公共理性、重叠共识、共同体、交往理性、承认的研究，为克服现

---

① 〔德〕黑格尔：《法哲学原理》，范扬、张企泰译，商务印书馆，1961，第 198 页。

代社会的深层矛盾、创建在思想原则和价值立场上充分关切社会现实的马克思主义政治哲学学术体系提供了重要的学术资源。

构建具有主体性和原创性的马克思主义政治哲学学术体系，不仅需要世界性的理论视野和思想格局，而且要自觉地吸取中国传统政治哲学的思维方式和精神品格。中国传统政治哲学及其蕴含的哲学精神深层地表征着中华民族对政治生活和人性的生命体验与理性思辨。这种独特的体验和思辨已经渗透到中国人的日常生活之中，至今仍然影响着人们的行为方式和社会认知。中国传统政治哲学强调道法自然、和而不同的价值理念，尊重天地万物的多样性。"和而不同就是强调世界的多样性、多元性，不是以一方面的意志去改变其他，而是要与其他并存，尊重自然的多样性。"① 面对社会生活中的冲突和矛盾，中国传统政治哲学强调用多元的、包容的和相互尊重的理念去处理。从这个角度看，中国传统政治哲学包含对社会性、公共性、整体性、他者性的自觉认识，从而为克服现代差异性社会的个人主义危机提供了深刻的思想智慧。然而，中国传统政治哲学植根于传统小农经济和宗族社会，没有经历过现代性洗礼，因而缺少个人主体性和个人权利意识。这使它在作为马克思主义政治哲学学术体系的学术资源时，需要立足于现实生活世界，剥离掉等级化的和排他性的内涵，通过现代转化环节，呈现与马克思主义政治哲学相通的思想视域。

二 马克思主义政治哲学学术体系的思维方式

"理论思维的起点决定着理论创新的结果。"② 建构马克思主义政治哲学学术体系首先需要变革素朴实在论的表象思维方式、科学主义的工具理性思维方式、机械决定论的线性因果思维方式、形而上学本体论的本质还原思维方式等，确立以社会实践和现实问题为导向的思维方式，不断提升分析、阐释、解决时代性问题的洞察力、概括力、思辨力和想象力，形成具有时代性内涵的新命题、新观念和新思想，从而在思维方式上确立起建构马克思主义政治哲学学术体系的概念框架和核心理念。哲学的思维方式是看待世界和人生的方式，集中表征了时代发展的内在要求和本质趋向。表

---

① 楼宇烈:《中华文化的感悟》，商务印书馆，2021，第60页。
② 《习近平谈治国理政》第2卷，外文出版社，2017，第342页。

征时代精神的哲学思维方式不是对自己时代的思维方式的无批判认同或系统证明，而是以价值性和理想性的尺度引导文明的发展方向。时代的转变和文明形态的变迁，不仅需要经历哲学思维方式的变革，而且只有变革不合理的哲学思维方式，才能彻底改变人们的世界观、价值态度和人生理想，进而实现整个社会生活和存在方式的深刻变革。

马克思主义哲学之所以在人类思想史上实现了一场真正的哲学革命，关键在于找到了突破西方传统哲学框架的新哲学观和新思维方式，即作为感性活动的实践。马克思主义哲学的实质就是用实践观点这一思维方式去分析和解决现实社会中的矛盾和问题，从而不断丰富马克思主义哲学的思想内容。从实践观点理解现实、感性，揭示了一切观念、意识、思想产生的现实根源和存在的范围界限，终止了绝对真理和永恒正义的哲学幻象。作为感性活动的实践是社会性、历史性的活动，以之为基础的马克思主义哲学不再致力于建构具有绝对确定性的学术体系，终结了本体论、还原论的思维方式。马克思主义哲学的真理性和确定性只能在社会实践活动中才能证明自己的现实性和力量。"实践是具体的、历史的、有限的感性活动，参与实践的理论和理性也是有限的、可错的，实践的理论和哲学是内在于实践的可能性探索。"[1] 马克思主义哲学是以实践观点为思维方式的有限的、具体的、探索性的哲学形态，它在对现代差异性社会的矛盾、困境和问题的理解中保持开放的理论视野。实践观点为建构马克思主义政治哲学学术体系提供了新型的哲学观和思维方式，它要求我们坚持有限理性的信念和开放的思想视野。具有至上的、自足的精神本体地位的政治哲学必然会被马克思主义哲学的实践观点彻底否定，政治哲学的学术命题和学术体系植根于现实的感性实践活动，并在开放和包容的视野中不断地引领时代精神的发展。

根据马克思主义哲学的基本精神，实践活动是个人与社会、人与自然、感性与理性、现实与理想等矛盾关系的辩证统一，既蕴含客观物质世界对人的限制性，又蕴含实践主体本质力量的主动性和创造性；既蕴含对个人自我意识和自由权利的尊重，又蕴含对社会关系和公共秩序的自觉。正是基于对实践活动辩证本性的自觉揭示，马克思主义哲学确立了辩证思维方

---

[1] 孙利天：《让马克思主义哲学说中国话》，武汉大学出版社，2010，第 13 页。

式，或者说，实践观点的思维方式即辩证思维方式。现代社会两极对立的知性思维方式或控制论思维方式把辩证的实践活动分裂为彼此对立的两极。"它一方面导致从极端的主体性原则出发去认识、征服和改造自然……另一方面要认识利用自然，又必须按照自然对象的物理性质去规划安排人的活动乃至人的欲求和目的，从而又造成极端客体性原则的有效性，造成人必须适应的一个物理的机械的世界，这又导致人性丰富性的丧失和人的物化。"① 主客对立的知性思维方式必然导致把包括自然和他人在内的"他者"当作客体进行征服和控制，人与人的关系只能是工具性和对象性的关系，这使社会生活处于分裂状态。只有马克思主义哲学的以实践观点为核心的辩证思维方式才能摆脱知性思维方式非此即彼的限制，克服个人与他人、主体与客体的分裂意识；才能抗拒资本文明的高度同化能力，同时又保持人类思维和精神的批判性向度；才能扬弃现代性的极端主体性原则，同时又避免抽象实体化共同体对个人的强制。马克思主义政治哲学学术体系需要一种综合的思维方式来作为精神基础，需要辩证思维方式来克服知性思维方式带来的困扰。马克思主义政治哲学学术体系的建构必然面临事实与规范、现实与理想、手段与目的、个人与他人、个人与社会等无限多的矛盾和冲突，社会发展不能归结为单一的价值，也不可能具有单一的明晰性和确定性。辩证思维方式不可能直接用来解决政治哲学中的具体矛盾，但却为解决这些矛盾提供了价值态度和意识取向。

　　人的实践活动是与社会关系的性质内在相关的，实践活动的状态、程度、品性都受到特定社会关系的制约。因此，要使人的实践活动能够合理、有序地开展起来，要使人能够在实践活动中展现人的自由本质和创造真正属人的意义世界，就必须改变与人的自我生成和自我创造不相适应的社会关系。"人的本质不是单个人所固有的抽象物，在其现实性上，它是一切社会关系的总和"②，"社会本身，即处于社会关系中的人本身"③。以上熟知的论述经常遭到人们的误解，或者在常识的意义上把社会关系理解为人际关系，或者在经验科学或实证科学的意义上把社会关系网络看作人的存在

---

① 孙利天：《论辩证法的思维方式》，吉林人民出版社，2006，第 168 页。
② 《马克思恩格斯文集》第 1 卷，人民出版社，2009，第 505 页。
③ 《马克思恩格斯文集》第 8 卷，人民出版社，2009，第 204 页。

方式，其深刻的哲学内涵被遮蔽起来。马克思的这些论断标志着在理解自
我和理解世界这一问题上思维方式的重大突破，确立了关系性思维，而这
一思维根植于感性实践活动。关系性思维强调，每个人的自我实现都不是
孤立的个体性活动，只有在共在的社会关系中才会变得可能。人的个性实
现、主体性意识的确立与社会关系的变革和重建之间，存在内在的一致性。
关系性思维既反对把个人当作脱离与他人关系的抽象实体，因而是封闭的；
又反对把共同体当作排斥个人自由的抽象实体，因而是专制的。超越个人
或共同体中心主义的关系性思维以人与人之间的自由结合和相互团结为价
值目标，推动社会公共秩序的创建和现代社会深层矛盾的解决，这是马克
思主义哲学的理论自觉。

　　马克思从感性的实践活动出发，把人看作类存在物，把人的本质看作
类本质。"通过实践创造对象世界，改造无机界，人证明自己是有意识的类
存在物，就是说是这样一种存在物，它把类看做自己的本质，或者说把自
身看做类存在物。"[①] 这里的类并不是消除个性和差异性的抽象普遍性，也
不是人类的经验性加总，而是个人自由自觉的实践活动所体现的具体普遍
性。当马克思使用类存在物表达人的本质属性的时候，他实际上提供了一
种思考人类命运和现实社会的新的思维方式，即类思维。蕴含在感性实践
活动中的类思维是对知性思维或工具理性思维的克服，后者把人视为工具
性或对象性存在，必然导致伦理性的社会秩序和价值信念的瓦解，人与人
之间变得冷漠或分裂，很难和谐地共处在一个社会中，从而使社会生活的
统一性变得不可能。"'类思维'是一种把人的'个性'与'社会性'内在
统一起来的思维。"[②] 根据类思维的基本观点，人的个性的自由发展或权利
的充分实现与社会公共秩序的统一性或人和人之间的社会化一体关系是双
向建构的辩证统一关系。单个人的个性发展和权利实现，同时是其社会性
的确证；在实践活动中生成的人与人之间的社会化一体关系又为自由个性
的实现提供机会或条件。立足于类存在和类思维思考当代中国的哲学走向，
自由个性和权利意识仍是值得欲求的价值存在，仍需要整个社会的持续培
养和塑造，但是这并不意味着个人之间不再需要共同的价值信念和伦理秩

---

① 《马克思恩格斯全集》第3卷，人民出版社，2002，第273页。
② 贺来：《马克思哲学的"类"概念与"人类命运共同体"》，《哲学研究》2016年第8期。

序，社会生活的共同感和统一性仍是每一个人生活的必要环节。具有公民身份和自由权利的个体是现代经济关系和法律关系的主体，在差异化和多元化的时代寻求普遍性的社会公共秩序，以使每个人的权利都能得到保障和实现，同时又使社会共同生活得以可能，这是建构马克思主义政治哲学学术体系的理论任务和时代使命，马克思主义哲学中的类思维无疑为其提供了哲学基础和思想视野。

三 马克思主义政治哲学学术体系的现实导向

改革开放以来，市场经济体制改革和中国式现代化建设取得了举世瞩目的成就，思考、捕捉和总结具有历史必然性的社会现实，进而在思想上引领改革开放的实践方向，是中国马克思主义哲学最根本的时代任务。社会现实并不是感觉经验或实证科学所直接把握到的事实之集合，而是哲学思辨地捕捉到的具有必然性和普遍性的本质性存在。绝不是任何实际存在的东西都无条件地具有必然的现实性，"现实性这种属性仅仅属于那同时是必然的东西"①。根据历史唯物主义的基本观点，现实不是理念或精神自我运动的派生物，而直接就是以实践为核心的感性生活过程，并在这一过程中生成自己的本质性的存在。以马克思主义历史辩证法的批判性思维和人的自由个性实现的价值目标去捕捉社会生活中的具有历史必然性的社会现实，既要洞察到在市场经济释放出的巨大生产力所创造的物质性财富中有哪些是确证人的自由本质和促进人的自由个性实现的肯定性存在，并以哲学范畴的形式概括进中国马克思主义哲学的学术体系之中；也要以批判的精神和解放的旨趣洞察到限制人的本质力量发挥和背离人的自由个性实现的否定性存在，并以实践的精神和革命的态度实际地改变世界。中国马克思主义哲学是内在于中国式现代化实践过程中的思想力量，如何保持哲学在急剧变化的经验中捕捉到本质性社会现实的绝对维度，如何保持在多元价值观的冲突和不同利益的诉求中捕捉到具体普遍性的实践意志的形上真理追求，这构成了当代中国哲学的最大挑战。

中国马克思主义哲学对中国特色社会主义事业的理论前提、内在逻辑和价值导向的阐释，要同时从宏观和微观两个维度进行思辨地分析。从宏

---

① 《马克思恩格斯文集》第4卷，人民出版社，2009，第268页。

观维度看，党和国家的宏观政策与战略规划或理性的发展计划从根本上改变了中国特色社会主义事业的制度条件、发展机会和社会场域，为每一个人自我意识的发挥和行为的展开提供了多样的自由选择机会和广阔的流动空间，从而成为社会经济发展的根本支撑和强大动力。从微观维度看，中国特色社会主义事业的任何一项具体成就都是由每一位劳动者的劳动创造的，只有通过每一个人的主体性和自由意识的发挥，社会主义市场经济才能释放出更高的生产率。中国式现代化既是党和国家主导的伟大实践，又是广大人民群众在历史提供的先验前提下的理性选择。马克思主义政治哲学的兴起和发展与市场经济的建设是内在关联的。或者说，与市场经济相伴的现代化生产方式、利益分配方式和交往方式使一切政治哲学成为必要，而计划经济时代的高度计划性特征使马克思主义政治理论压缩为关于历史发展规律的事实性描述，缺少政治哲学产生的可能空间。市场经济的广泛而深入的实践，使社会结构、交往关系、权利意识、思维观念等都发生了根本性变迁，形成了一个重要的马克思主义政治哲学问题域。在当代中国视域中建构马克思主义政治哲学学术体系，理应在政治哲学的思维框架和基本立场中把握社会生活中具有必然性的现实问题。每一个人自我创造、自由生成和自我发展的主体性哲学及其所蕴含的权利意识支撑着市场经济体制。在这一时代境况中，如何平等地保护和实现个人权利，如何化解个人利益冲突，如何在差异性社会中建构公共生活秩序以使人们能够共同存在，成为马克思主义政治哲学学术体系最为根本的现实问题。

市场经济是一个具有高效率的发达经济形态，在这一广阔的平台上，个人作为市场主体可以自由且独立地追求自己的特殊利益，从而确认市场主体在经济关系中的平等权利，从而打破了地域、阶层、民族等各种因素的限制。也正是由于市场主体能够不受他人干涉和社会束缚地行使包括财产权在内的自由权利，才使竞争机制、资源配置机制、价格机制、供求机制等各种市场机制的形成成为可能，因此市场经济才释放出巨大的效率。市场经济的这一本质属性在政治上的表现是国家必须维护每一个人所享有的平等权利，这也是市场经济存在和繁荣的基本前提。市场经济孕育出来的自由权利首先是由启蒙运动以来的自由主义政治哲学提出并加以系统化论证的，这同时也是马克思主义政治哲学通过政治制度和普遍规范，加以确认和维护的。"社会主义市场经济与资本主义市场经济的差异之处并不在于是否肯定以权利为核心的正义原则和与之相关的政治制度，而在于是否承认它们只是历史性的正义原则和政治制度。"① 在当下推进中国式现代化的过程中，建构以自由权利为核心的正义原则和普遍规范，对社会共同生活进行调节和整合，并在维护每一个人的自由权利的前提下，通过有效的政治机制和经济机制设计，把贫富分化限制在合理的范围内，是中国马克思主义政治哲学面临的具有历史必然性的社会现实。

改革开放以来，马克思主义哲学研究出现了认识论范式、价值论范式、实践观点范式、中国化范式、历史唯物主义范式等，这些不同范式推进了哲学观念的变革和自身的思想解放，丰富和拓展了马克思主义哲学的内涵与外延，并以哲学特有的方式参与和推动了中国式现代化的伟大实践。回顾和反思马克思主义哲学研究的不同范式，我们发现其中有一个共同点：为了适应市场经济建设和发展的需要，都在强调个人主体性在不同向度的发挥，注重拓展个人主体性的内涵，最终把人民群众确立为改革开放的实践主体、认识主体、价值主体和历史主体。马克思主义哲学确立了人民主体性思想，充分认识到人民群众的实践活动是中国式现代化事业的根本动力，人民群众的根本利益和生活需要是社会主义改革的目标和依据，这一哲学理念在政治生活中的表现是"永远把人民对美好生活的向往作为奋斗目标"②。这要求马克思主义政治哲学应将人民主体性思想和美好生活的现实需要融入自身，在改革开放所奠定的历史条件基础上，探究实现美好生活的基本正义原则和规范，并运用这一原则和规范反思现实社会，推动现实社会向依据这一原则和规范建构起来的更好社会过渡。现实社会和共同生活是由全体人民共同创造的，每个人都可以充分发挥自己的主体性，创造自己向往的美好生活，因而现实生活会呈现无限丰富的价值。建构马克思主义政治哲学学术体系需要确立和论证美好生活所需要的原则和规范，但这并不等于将其视为普遍必然的绝对命令，使每一个人的美好生活呈现单一化色彩，毋宁说，马克思主义政治哲学是作为介入社会生活的调节性规范而发挥作用的。

---

① 陈晏清、王新生：《当前我国马克思主义政治哲学研究的几个问题》，《哲学研究》2010 年第 7 期。
② 《十九大以来重要文献选编》（上），中央文献出版社，2019，第 1 页。

从广义的批判理论传统看，当代西方政治哲学为把握美好生活的规定、原则和规范提供了重要启示。比如，罗尔斯在《正义论》中指出："正义是社会制度的首要德性……某些法律和制度，不管它们如何有效率和安排有序，只要它们不正义，就必须加以改造或废除。每个人都拥有一种基于正义的不可侵犯性，这种不可侵犯性即使以整个社会的福利之名也不能逾越。"① 罗尔斯凸显了正义作为社会基本制度的首要价值，这与马克思主义政治哲学关于制度正义的看法是接近的，可以说当下实现美好生活的基本前提即基本制度的正义，尽管二者对基本制度的规定是不同的。借用霍耐特关于承认价值的一些提法，我们可以合理推断，在存在制度性、体制性的歧视时，在存在不能给予每个人以平等的制度承认时，不可能有美好生活。在社会与个人的关系上，其反对把社会看作超越个人的独立实体，因为在那种社会中，个人成为被动的手段和工具，成为一个"偶性"存在，为了社会的目的和价值，个人的利益和价值可以随时被牺牲。新时代美好生活的实践推进，必须抛弃那种压制个人主体性的实体化社会观，反对把实体化的普遍性价值原则凌驾于个人生命之上。

四　马克思主义政治哲学学术体系的存在形态

建构具有中国特色的马克思主义政治哲学学术体系是中华民族政治哲学理论发展的根本任务。我们目前只能就其学术资源、思维方式、现实导向进行粗略的讨论，尚不能系统地论述这一学术体系成熟的存在形态。马克思主义政治哲学学术体系的存在形态是由一系列富有时代内涵的理念、范畴和命题构成的。这些具有历史必然性的理念、范畴和命题的提出和建构，可能需要中国特色和中国风格的哲学社会科学的充分发展，以及哲学社会科学概念的中介作用。中国特色的政治学、哲学、经济学、社会学等学术体系的确立和充分发展，是中国马克思主义政治哲学学术体系取得成熟形态的一个必要前提。我们可以乐观地展望中国马克思主义政治哲学的未来，因为改革开放以来的中国经验和中国道路正在日益显现和沉淀出具有必然性的社会现实。社会主义市场经济的发展充分释放了个人主体性和

---

① 〔美〕约翰·罗尔斯：《正义论》（修订版），何怀宏等译，中国社会科学出版社，2009，第1页。

自由权利意识，但同时也造成了生活方式、组织方式、思维方式和价值观念的多样化。人民内部的利益差异以及这种差异所引起的社会矛盾，不是局部的、暂时的、偶然的现象，而是具有必然性的社会现实，是贯穿于中国式现代化过程中的普遍的、长期的、必然的存在。这构成了中国马克思主义政治哲学必须把握的社会现实，其成熟的存在形态必然是在回应和解决这一现实问题的基础上建构起来的。

首先，马克思主义政治哲学学术体系的存在形态具有宏观和微观两个向度。马克思主义政治哲学以宏伟的范畴框架揭示了资本逻辑的宏观结构，阐述了人类社会的变革和革命的基本原理，为实现人类解放提供了历史辩证法的思想指引。生产力、生产关系、经济基础、上层建筑等社会存在，成为每代人创造社会现实的既定前提，它们是所有人必须面对的既定的先验社会架构和制度框架。"人对自然以及个人之间历史地形成的关系，都遇到前一代传给后一代的大量生产力、资金和环境，尽管一方面这些生产力、资金和环境为新的一代所改变，但另一方面，它们也预先规定新的一代本身的生活条件，使它得到一定的发展和具有特殊的性质。"① 人们的实践、认识、价值态度和生活偏好等都是被自己所属的先验性的社会结构和社会存在所影响和塑造的。历史唯物主义对建构当代形态的马克思主义政治哲学学术体系的重要贡献在于，它为从宏观上理解社会存在、把握资本主义生产关系、确立无产阶级政治解放和社会解放的理论主题提供了思想范畴的指引。然而，这种宏观结构的政治或经济分析被视作"宏大叙事"，并遭到了诸多后现代主义者的批评。但我们认为，在今天它仍具有不可超越的理论意义和实践价值。当下的现实生活状况、存在方式和思维观念等，只有通过对宏观的政治结构和经济结构及其运行机制的分析，才能得到透彻的理解，美好生活的实现和个人权利的实践同样需要社会基本政治经济制度的正义性。从马克思主义政治哲学的宏观向度看，其学术体系的建构必然包含对良政善治的向往，以及对形式主义、官僚主义对国家治理体系现代化的侵蚀的警惕。

马克思主义政治哲学对个人权利的尊重和维护，对个人美好生活的价值关切，以及对人的异化的存在方式的批判，必然蕴含微观政治哲学的向

---

① 《马克思恩格斯文集》第 1 卷，人民出版社，2009，第 544~545 页。

度。以福柯、阿甘本、哈特和奈格里等为代表的微观政治哲学家，充分认识到微观权力形态或微观政治现象在社会结构中的重要作用。他们对这一政治哲学形态的建构，契合了差异化、多元化和非中心化的日常生活世界，因而产生了重要的学术影响。① 当代西方左翼微观政治哲学的兴起和发展，为建构马克思主义政治哲学学术体系的存在形态提供了一个重要向度。从微观政治的角度切入马克思主义政治哲学，我们发现在马克思的诸多文本中都蕴含微观政治的理论潜能。比如，马克思在《1844 年经济学哲学手稿》中提出的异化劳动理论，揭示了劳动的非人性和强制性、对生命的摧残性和压榨性，成为当代西方左翼批判理论的思想渊源。近年来，有的学者在思想史的视域中阐释了马克思主义政治哲学中的生存权问题，这实际上凸显了马克思主义政治哲学关注人的生存和发展的微观视角。"我们提出当前政治哲学研究介入生存权及相关问题的主张，目标并不满足于为政治哲学的进一步发展提供一个新视角和新基点，同时还在于申明如下观点……只有坚实地立足于'人'并紧贴'以人民为中心'这一朴实而伟大的理念，才能够构建起既具有现实解释力，又具有思想引导性的当代中国马克思主义政治哲学。"② 通过以上分析，我们发现马克思主义政治哲学同时蕴含宏观和微观两个向度，二者都具有不可替代的理论价值。建构宏观和微观相结合的马克思主义政治哲学学术体系的存在形态，一方面，需要自觉地开辟符合现代差异化社会基本特征的微观政治哲学领域，吸收当代西方左翼微观政治哲学的学术资源；另一方面，要警惕这一思想流派由于对微观政治价值的过度强调所导致的对宏观政治价值的忽视。

其次，我们还可以从黑格尔语境中的客观精神和主观精神来把握马克思主义政治哲学学术体系的存在形态。在黑格尔那里，客观精神作为制度化和客观化的必然性存在，以思辨的形式表达了资本主义市民社会的普遍本质和基本特征。按照马克思的说法，具有客观性和持久性的客观精神是人的普遍本质的对象化存在，这种普遍本质最根本地体现在生产实践之中。"工业的历史和工业的已经生成的对象性的存在，是一本打开了的关于人的

① 陈飞：《资本的两种无限性及其哲学启示——基于〈逻辑学〉解读〈资本论〉的一条路径》，《中国地质大学学报》（社会科学版）2022 年第 1 期。
② 李佃来：《马克思主义政治哲学视域中的生存权问题》，《探索与争鸣》2020 年第 4 期。

本质力量的书，是感性地摆在我们面前的人的心理学；对这种心理学人们至今还没有从它同人的本质的联系，而总是仅仅从外在的有用性这种关系来理解。"① 由此看来，现代工业及其导致的生产关系变化是最根本的、具有历史必然性内容的客观精神。黑格尔所批判的个人自由、主观道德、功利主义等主观精神，体现了马克思"以物的依赖性为基础的人的独立性"②的时代判断，这种主观精神及其对象化存在同样是社会自我发展的必要环节。主观精神和客观精神为建构当代形态的马克思主义政治哲学学术体系提供了思想指引。从主观精神向度看，新时代人民群众对美好生活的向往和追求、主体性的发挥和自由权利意识的觉醒是社会发展的重要力量，这一过程中所出现的存在性焦虑、本体安全、利己主义的价值倾向等主观精神问题同样是不容忽视的一个本质性侧面。从客观精神向度看，在现代化的发展过程中，社会主义基本政治经济制度充分保障了人民群众主观精神创造力的发挥和运用，为人民群众提供了广阔的活动空间。构建主观精神和客观精神相结合的马克思主义政治哲学学术体系的存在形态，要坚持主客统一的辩证法，具有历史必然性的客观精神为主观精神的现实化提供了历史前提，同时它又是人的主观精神力量的对象化存在。

最后，马克思主义政治哲学学术体系的存在形态蕴含事实性与规范性的统一。建构当代形态的马克思主义政治哲学的根本宗旨，绝不是建构一个在理论层面具有逻辑自洽性的思辨演绎系统，而是在于建构一个既能反映具有历史必然性的社会现实，又具有规范引领力的学术体系。马克思主义政治哲学对共同生活和社会公共秩序的哲学反思和理性建构具有指引现实的理想性倾向，是一种规范科学，它内在地要求经验的感性生活服从社会公共秩序的规范性。根据一定的价值规范对现实生活进行批判反思，从而实现对感性经验世界的改变，是马克思主义政治哲学最基本的实践功能。马克思主义政治哲学又将科学性、历史性、事实性等融入自身，它所确立的社会公共生活的理想图景或规范性的价值目标不是建立在先验主义基础上的脱离社会现实的乌托邦，而是在现实社会条件的基础上所生成的一种未来可能性社会。"只有从真正的事实性中，才可能引申出真正的规范性，

① 《马克思恩格斯文集》第 1 卷，人民出版社，2009，第 192 页。
② 《马克思恩格斯文集》第 8 卷，人民出版社，2009，第 52 页。

或者，只有以研究真正的事实性为前提，才能够对规范性作出真正有深度的探析。"① 在马克思主义政治哲学中，既不存在纯粹的事实性，也不存在纯粹的规范性，二者是内在一体的。建构什么形态的马克思主义政治哲学学术体系不是由纯粹的理论兴趣或学术传统决定的，而是由具有历史必然性的重大社会问题决定的。建构当代形态的中国马克思主义政治哲学学术体系应坚持唯物史观的方法论原则，深入把握改革开放 40 多年来所沉淀的具有历史必然性的"事情本身"，以之为立足点，确立社会生活的规范理想。

建构马克思主义政治哲学学术体系的当代形态是一项富有挑战性的学术课题，其中包括两项最为重要的学术工作。一是不能满足于在具体经验层面直接把握事实性，而是要深入本质向度，捕捉到具有中国特色的历史必然性的社会现实问题，并把这些问题升华为政治哲学的基本范畴和基本理念；二是使这些哲学范畴和哲学理念以逻辑必然性的形式关联起来，进而呈现表述相应理论内容的概念框架体系。在中国特色社会主义的伟大实践中建构中国马克思主义政治哲学学术体系，需要树立明确的现实导向，在急剧的经验变化中提炼具有普遍性的政治哲学理念，在差异化的多元社会中把握普遍的社会实践意志和共同的利益诉求。马克思主义哲学的实践观点和辩证法的思维方式，为把握社会现实和建构概念化的学术体系提供了重要的方法论启示。中国传统政治哲学、西方政治哲学和马克思政治哲学，为建构当代形态的中国马克思主义政治哲学学术体系提供了重要的学术资源。准确把握当代中国的真实问题，面向"事情本身"，推进三者的对话、互动和沟通是提炼政治哲学命题、建构政治哲学学术体系的重要学术基础。

---

① 李佃来：《建构整全意义上的当代中国马克思主义政治哲学》，《求索》2019 年第 3 期。

参考文献

一 经典著作

《马克思恩格斯选集》第 1~4 卷，人民出版社，1995。

《马克思恩格斯全集》第 1 卷，人民出版社，1995。

《马克思恩格斯全集》第 3 卷，人民出版社，2002。

《马克思恩格斯全集》第 3 卷，人民出版社，1960。

《马克思恩格斯全集》第 30 卷，人民出版社，1995。

《马克思恩格斯全集》第 31 卷，人民出版社，1998。

《马克思恩格斯全集》第 33 卷，人民出版社，2004。

《马克思恩格斯全集》第 47 卷，人民出版社，1979。

《马克思恩格斯全集》第 19 卷，人民出版社，1965。

《马克思恩格斯文集》第 1~9 卷，人民出版社，2009。

《马克思恩格斯全集》第 2 卷，人民出版社，1957。

《马克思恩格斯全集》第 40 卷，人民出版社，1982。

《马克思恩格斯全集》第 4 卷，人民出版社，1965。

《马克思恩格斯全集》第 32 卷，人民出版社，1975。

〔德〕马克思：《1844 年经济学哲学手稿》，人民出版社，2000。

〔德〕马克思：《资本论》第 1~3 卷，人民出版社，2004。

〔德〕马克思、恩格斯：《德意志意识形态》（节选本），人民出版社，
2003。

《毛泽东选集》第 4 卷，人民出版社，1991。

《邓小平文选》第 3 卷，人民出版社，1993。

《江泽民文选》第 3 卷，人民出版社，2006。

二 中文译著

〔英〕特里·伊格尔顿：《马克思为什么是对的》，李杨等译，新星出版社，2011。

〔法〕汤姆·洛克曼：《马克思主义之后的马克思——卡尔·马克思的哲学》，杨学功等译，东方出版社，2008。

〔英〕G.A.柯亨：《自我所有、自由和平等》，李朝晖译，东方出版社，2008。

〔英〕G.A.科恩：《卡尔·马克思的历史理论——一种辩护》，段忠桥译，高等教育出版社，2008。

〔英〕G.A.科恩：《拯救正义与平等》，陈伟译，复旦大学出版社，2014。

〔英〕柯亨：《马克思与诺齐克之间——G·A.柯亨文选》，吕增奎编，江苏人民出版社，2007。

〔意〕理查德·贝洛菲尔等主编《重读马克思——历史考证版之后的新视野》，徐素华译，东方出版社，2010。

〔英〕肖恩·塞耶斯：《马克思主义与人性》，冯颜利译，东方出版社，2008。

〔法〕雅克·阿塔利：《卡尔·马克思》，刘成富等译，上海人民出版社，2010。

〔英〕戴维·麦克莱伦：《马克思传》（第4版），王珍译，中国人民大学出版社，2008。

〔美〕戴维·麦克莱伦：《马克思思想导论》（第3版），郑一明等译，中国人民大学出版社，2008。

〔美〕乔恩·埃尔斯特：《理解马克思》，何怀远等译，中国人民大学出版社，2008。

〔意〕马塞罗·默斯托：《马克思的〈大纲〉——〈政治经济学批判大纲〉150年》，闫月梅等译，中国人民大学出版社，2011。

〔法〕德里达：《马克思的幽灵——债务国家、哀悼活动和新国际》，何一译，中国人民大学出版社，1999。

〔美〕艾伦·布坎南：《马克思与正义》，林进平译，人民出版社，2013。

〔英〕伯尔基:《马克思主义的起源》,伍庆等译,华东师范出版社,2007。

〔英〕莱姆克等:《马克思与福柯》,陈元等译,华东师范大学出版社,2007。

〔美〕维塞尔:《马克思与浪漫派的反讽》,陈开华译,华东师范大学出版社,2008。

〔美〕麦卡锡:《马克思与古人——古典伦理学、社会正义和 19 世纪政治经济学》,王文扬译,华东师范大学出版社,2011。

〔美〕维塞尔:《普罗米修斯的束缚——马克思科学思想的神话结构》,李昀等译,华东师范大学出版社,2014。

〔美〕麦卡锡选编《马克思与亚里士多德》,郝亿春等译,华东师范大学出版社,2015。

〔法〕亨利·列斐伏尔:《马克思的社会学》,谢永康等译,北京师范大学出版社,2013。

〔美〕奥尔曼:《异化:马克思论资本主义社会中人的概念》,王贵贤译,北京师范大学出版社,2011。

〔美〕莱文:《不同的路径:马克思主义与恩格斯主义中的黑格尔》,臧峰宇译,北京师范大学出版社,2009。

〔美〕古尔德:《马克思的社会本体论:马克思社会实在理论中的个性和共同体》,王虎学译,北京师范大学出版社,2009。

〔德〕伊林·费彻尔:《马克思:思想传记》,黄文前译,北京师范大学出版社,2013。

〔德〕伊林·费彻尔:《马克思与马克思主义:从经济学批判到世界观》,赵玉兰译,北京师范大学出版社,2009。

〔美〕沃伦·布雷克曼:《废黜自我:马克思、青年黑格尔派及激进社会理论的起源》,李佃来译,北京师范大学出版社,2013。

〔法〕吕贝尔:《吕贝尔马克思学文集》(上),郑吉伟等译,北京师范大学出版社,2009。

〔英〕克拉克:《经济危机理论:马克思的视角》,杨健生译,北京师范大学出版社,2011。

〔日〕望月清司:《马克思历史理论的研究》,韩立新译,北京师范大学出版社，2009。

〔日〕山之内靖：《受苦者的目光：早期马克思的复兴》，彭曦等译，北京师范大学出版社，2011。

〔日〕内田弘：《新版〈政治经济学批判大纲〉的研究》，王青等译，北京师范大学出版社，2011。

〔日〕岩佐茂等编著《〈德意志意识形态〉的世界》，梁海峰等译，北京师范大学出版社，2014。

〔日〕柄谷行人：《跨越性批判——康德与马克思》，赵京华译，中央编译出版社，2011。

〔美〕R.W.米勒：《分析马克思——道德、权力和历史》，张伟译，高等教育出版社，2009。

〔美〕R.G.佩弗：《马克思主义、道德与社会正义》，吕梁山等译，高等教育出版社，2010。

〔英〕史蒂文·卢克斯：《马克思主义与道德》，袁聚录译，田世锭校，高等教育出版社，2009。

〔英〕乔纳森·沃尔夫：《当今为什么还要研读马克思》，段忠桥译，高等教育出版社，2006。

〔加拿大〕凯·尼尔森：《马克思主义与道德观念》，李义天译，人民出版社，2014。

〔英〕埃里克·霍布斯鲍姆：《如何改变世界：马克思和马克思主义的传奇》，吕增奎译，中央编译出版社，2014。

〔英〕安东尼·吉登斯：《资本主义与现代社会理论——对马克思、涂尔干和韦伯著作的分析》，郭忠花等译，上海译文出版社，2013。

〔英〕罗伯特·阿尔布里坦：《经济转型：马克思还是对的》，李国亮等译，新华出版社，2013。

〔英〕S.H.里格比：《马克思主义与历史学：一种批判性的研究》，吴英译，译林出版社，2012。

〔美〕汉娜·阿伦特：《马克思与西方政治思想传统》，孙传钊译，江苏人民出版社，2007。

〔美〕赫伯特·马尔库塞：《理性和革命——黑格尔和社会理论的兴起》，程志民等译，上海人民出版社，2007。

〔美〕威廉姆·肖：《马克思的历史理论》，阮仁慧等译，重庆出版社，1989。

〔法〕路易·阿尔都塞：《保卫马克思》，顾良译，商务印书馆，2006。

〔法〕路易·阿尔都塞、史蒂安·巴里巴尔：《读〈资本论〉》，李其庆等译，中央编译出版社，2008。

〔美〕大卫·哈维：《跟大卫·哈维读〈资本论〉》，刘英译，上海译文出版社，2014。

〔美〕弗雷德里克·詹姆逊：《重读〈资本论〉》，胡志国等译，中国人民大学出版社，2013。

〔日〕宫川彰：《解读〈资本论〉》第1卷，刘锋译，中央编译出版社，2011。

〔加拿大〕迈克尔·A·莱博维奇：《超越〈资本论〉——马克思的工人阶级政治经济学》，崔秀红译，张苏等校，经济科学出版社，2007。

〔澳〕伊安·亨特：《分析的和辩证的马克思主义》，徐长福等译，重庆出版社，2010。

〔美〕马歇尔·伯曼：《一切坚固的东西都烟消云散了——现代性体验》，徐大建等译，商务印书馆，2003。

〔英〕霍布斯：《利维坦》，黎思复等译，商务印书馆，1985。

〔英〕洛克：《政府论·下篇》，叶启芳等译，商务印书馆，1964。

〔英〕休谟：《人性论》下册，关文运译，商务印书馆，1980。

〔英〕休谟：《休谟政治论文选》，张若衡译，商务印书馆，2010。

〔英〕休谟：《道德原则研究》，曾晓平译，商务印书馆，2001。

〔英〕亚当·斯密：《道德情操论》，蒋自强等译，商务印书馆，1997。

〔英〕亚当·斯密：《国民财富的性质和原因的研究》上卷，郭大力等译，商务印书馆，1972。

〔英〕亚当·斯密：《国民财富的性质和原因的研究》下卷，郭大力等译，商务印书馆，1974。

〔英〕大卫·李嘉图：《李嘉图著作和通信集》第四卷，蔡受百译，商务印书馆，1980。

〔英〕边沁：《政府片论》，沈叔平等译，商务印书馆，1995。

〔德〕康德：《法的形而上学原理——权利的科学》，沈叔平译，林荣远校，商务印书馆，1991。

〔德〕黑格尔：《法哲学原理》，范扬等译，商务印书馆，1961。

〔英〕密尔：《代议制政府》，汪瑄译，商务印书馆，1982。

〔英〕密尔：《论自由》，许宝骙译，商务印书馆，1959。

〔法〕卢梭：《社会契约论》，何兆武译，商务印书馆，2003。

〔法〕卢梭：《论人与人之间不平等的起因和基础》，李平沤译，商务印书馆，2007。

〔匈〕卢卡奇：《历史与阶级意识》，杜章智等译，商务印书馆，1999。

〔德〕霍克海默、阿道尔诺：《启蒙辩证法——哲学断片》，渠敬东等译，上海人民出版社，2006。

〔英〕唐纳德·温奇：《亚当·斯密的政治学》，褚平译，译林出版社，2010。

〔加〕查尔斯·泰勒：《黑格尔》，张国清等译，译林出版社，2002。

〔加〕查尔斯·泰勒：《现代社会想象》，林曼红译，译林出版社，2014。

〔英〕琼·罗宾逊：《经济哲学》，安佳译，商务印书馆，2011。

〔德〕西美尔：《货币哲学》，陈戎女等译，华夏出版社，2002。

〔英〕亚历山大·布罗迪编《苏格兰启蒙运动》，贾宁译，浙江大学出版社，2010。

〔英〕哈耶克：《通往奴役之路》，王明毅等译，中国社会科学出版社，1997。

〔美〕罗伯特·诺齐克：《无政府、国家和乌托邦》，姚大志译，中国社会科学出版社，2008。

〔美〕桑德尔：《自由主义与正义的局限》，万俊人等译，译林出版社，2001。

〔美〕约翰·罗尔斯：《正义论》，何怀宏等译，中国社会科学出版社，1988。

〔美〕约翰·罗尔斯：《政治哲学史讲义》，杨通进等译，中国社会科学出版社，2011。

〔美〕约翰·罗尔斯：《道德哲学史讲义》，顾肃等译，中国社会科学出版社，2012。

〔美〕塞缪尔·弗莱施哈克尔：《分配正义简史》，吴万伟译，译林出版社，2010。

〔美〕阿拉斯代尔·麦金太尔：《伦理学简史》，龚群译，商务印书馆，2003。

〔美〕列奥·施特劳斯等主编《政治哲学史（第三版）》，李洪润等译，法律出版社，2009。

〔美〕乔治·萨拜因：《政治学说史》上卷，邓正来译，上海人民出版社，2008。

〔美〕乔治·萨拜因：《政治学说史》下卷，邓正来译，上海人民出版社，2010。

〔德〕卡尔·洛维特：《从黑格尔到尼采》，李秋零译，生活·读书·新知三联书店，2014。

〔美〕波考克：《德行、商业和历史：18世纪政治思想与历史论辑》，冯克利译，生活·读书·新知三联书店，2012。

〔澳〕斯蒂芬·巴克勒：《自然法与财产权理论——从格劳秀斯到休谟》，周清林译，法律出版社，2014。

〔美〕列奥·施特劳斯：《自然权利与历史》，彭刚译，生活·读书·新知三联书店，2003。

〔加〕威尔·金里卡：《当代政治哲学》，刘莘译，上海译文出版社，2011。

〔美〕罗伯特.L.海尔布隆纳：《资本主义的本质与逻辑》，马林梅译，东方出版社，2013。

〔英〕I.梅扎罗斯：《超越资本——关于一种过渡理论》上、下卷，郑一明等译，中国人民大学出版社，2003。

〔英〕安东尼·吉登斯：《现代性的后果》，田禾译，黄平校，译林出版社，2011。

〔英〕布莱恩·巴里：《正义诸理论》，孙晓春等译，吉林人民出版社，2004。

〔英〕霍布豪斯：《自由主义》，朱曾汶译，商务印书馆，1996。

〔德〕E.卡西勒：《启蒙哲学》，顾伟铭等译，山东人民出版社，1988。

〔美〕列奥·施特劳斯：《古今自由主义》，马志娟译，江苏人民出版社，2012。

〔德〕阿尔布莱希特·韦尔默：《后形而上学现代性》，应奇等编译，上海译文出版社，2007。

〔英〕厄奈斯特·巴克：《希腊政治理论——柏拉图及其前人》，卢华萍译，吉林人民出版社，2003。

李惠斌等编译《马克思与正义理论》，中国人民大学出版社，2010。

三　中文著作

陈先达：《走向历史的深处——马克思历史观研究》，中国人民大学出版社，2010。

孙正聿：《思想中的时代——当代哲学的理论自觉》，北京师范大学出版社，2004。

姚大志：《何谓正义：当代西方政治哲学研究》，人民出版社，2007。

姚大志：《当代西方政治哲学》，北京大学出版社，2011。

顾肃：《自由主义基本理念》（修订版），译林出版社，2013。

段忠桥：《重释历史唯物主义》，江苏人民出版社，2009。

张一兵：《马克思历史辩证法的主体向度》（第3版），武汉大学出版社，2010。

张一兵：《回到马克思——经济学语境中的哲学话语》，江苏人民出版社，2009。

杨耕：《马克思主义历史观研究》，北京师范大学出版社，2012。

吴晓明：《哲学之思与社会现实——马克思主义哲学的当代意义》，武汉大学出版社，2010。

丰子义：《发展的反思与探索：马克思社会发展理论的当代阐释》，中国人民大学出版社，2006。

鲁品越：《社会主义对资本力量：驾驭与导控》，重庆出版社，2008。

张曙光：《人的世界与世界的人：马克思的思想历程追踪》，北京师范大学出版社，2009。

王南湜：《追寻哲学的精神——走向实践哲学之路》，北京师范大学出版社，2006。

阎孟伟：《在马克思实践哲学的视野中》，武汉大学出版社，2011。

汪信砚：《全球化、现代化与马克思主义哲学中国化》，武汉大学出版社，2010。

孙利天：《让马克思主义哲学说中国话》，武汉大学出版社，2010。

邹诗鹏：《激进政治的兴起：马克思早期政治与法哲学批判手稿的当代解读》，复旦大学出版社，2012。

贺来：《"主体性"的当代哲学视域》，北京师范大学出版社，2013。

聂锦芳：《清理与超越：重读马克思文本的意旨、基础与方法》，北京大学出版社，2005。

吴向东：《重构现代性——当代社会主义价值观研究》，北京师范大学出版社，2004。

杨学功：《超越哲学同质性神话——马克思哲学革命的当代解读》，北京大学出版社，2010。

仰海峰：《形而上学批判：马克思哲学的理论前提及当代效应》，江苏人民出版社，2006。

郗戈：《超越资本主义现代性——马克思现代性思想与当代社会发展》，中国人民大学出版社，2014。

彭富明：《马克思恩格斯正义批判理论研究》，中央编译出版社，2013。

王广：《正义之后——马克思恩格斯正义观研究》，江苏人民出版社，2010。

四　中文论文

〔美〕艾伦·伍德：《马克思反对从正义出发批判资本主义——对段忠桥教授的回应》，李义天译，《中国社会科学》2018年第6期。

段忠桥：《当前中国的贫富差距为什么是不正义的？——基于马克思〈哥达纲领批判〉的相关论述》，《中国人民大学学报》2013年第1期。

段忠桥：《马克思正义观的三个根本性问题》，《马克思主义与现实》2013年第5期。

段忠桥：《〈莱茵报〉时期使马克思苦恼的"疑问"是什么》，《学术研究》2008年第6期。

陈学明：《论中国道路对马克思主义阶级斗争理论的继承与发展》，《马克思主义研究》2015年第5期。

陈学明：《马克思的公平观与社会主义市场经济》，《马克思主义研究》

2011 年第 1 期。

鲁品越等：《资本与现代性的生成》，《中国社会科学》2005 年第 3 期。

孙承叔：《资本与历史唯物主义——〈马克思恩格斯全集〉中文第二版第 30、31 卷的当代解读》，《西南大学学报》（社会科学版）2013 年第 1 期。

丰子义：《历史唯物主义与马克思主义哲学主题》，《中国社会科学》2012 年第 3 期。

任平：《资本全球化与马克思——马克思哲学的出场语境与本真意义》，《哲学研究》2002 年第 12 期。

李佃来：《马克思主义正义理论研究的三个前提性问题》，《光明日报》2014 年 12 月 17 日。

李佃来：《论马克思正义观的特质》，《中国人民大学学报》2013 年第 1 期。

李佃来：《马克思正义思想的三重意蕴》，《中国社会科学》2014 年第 3 期。

李佃来：《考论马克思正义思想的当代意义》，《吉林大学社会科学学报》2014 年第 4 期。

汪行福：《超越正义的正义论：反思"马克思与正义"关系之争》，《江海学刊》2011 年第 3 期。

张文喜：《马克思对"伦理的正义"概念的批判》，《中国社会科学》2014 年第 3 期。

张文喜：《马克思的理性主义国家观及其法的正义批判》，《教学与研究》2013 年第 10 期。

韩立新：《劳动所有权与正义——以马克思的"领有规律的转变"理论为核心》，《马克思主义与现实》2015 年第 2 期。

魏小萍：《雇佣劳动关系中的公平与正义问题——由马克思对巴师夏批判引起的思考》，《马克思主义与现实》2015 年第 2 期。

贺来：《现代社会价值规范基础的反省与重建——马克思哲学现代性批判的核心课题》，《哲学研究》2014 年第 3 期。

邹诗鹏：《马克思对古典自由主义的批判及其思想史效应》，《哲学研究》2013 年第 10 期。

邹诗鹏：《现时代精神生活的物化处境及其批判》，《中国社会科学》

2007 年第 5 期。

阎孟伟：《马克思与欧洲自由主义运动》，《哲学研究》2010 年第 6 期。

李淑梅：《马克思〈莱茵报〉时期的政治哲学思想》，《哲学研究》2009 年第 6 期。

李淑梅：《探求社会平等及其实现路径——〈神圣家族〉对蒲鲁东平等思想和埃德加的思辨歪曲的评判》，《南开学报》（哲学社会科学版）2013 年第 5 期。

唐正东：《马克思公正观的历史唯物主义方法论基础》，《武汉大学学报》（人文科学版）2013 年第 6 期。

唐正东：《对蒲鲁东的批判给马克思带来了什么？——〈哲学的贫困〉的思想史地位辨析》，《江苏社会科学》2010 年第 2 期。

张盾：《马克思与近代政治个人主义》，《学习与探索》2013 年第 9 期。

张盾：《从当代财富问题看马克思对蒲鲁东的批判》，《吉林大学社会科学学报》2011 年第 5 期。

张盾：《"道德政治"的奠基与古典自然法》，《中国人民大学学报》2013 年第 4 期。

张盾：《马克思政治哲学中的个人原则与社会原则》，《中国社会科学》2013 年第 8 期。

王南湜：《马克思的正义理论：一种可能的建构》，《哲学研究》2018 年第 5 期。

王新生：《马克思是怎样讨论正义问题的？》，《中国人民大学学报》2010 年第 5 期。

王新生：《马克思正义理论的四重辩护》，《中国社会科学》2014 年第 4 期。

刘森林：《资本与虚无：马克思论虚无主义的塑造与超越》，《吉林大学社会科学学报》2012 年第 5 期。

姚大志：《正义的张力：马克思和罗尔斯之比较》，《文史哲》2009 年第 4 期。

姚大志：《分配正义：从弱势群体的观点看》，《哲学研究》2011 年第 3 期。

马俊峰：《马克思主义公正观的基本向度及方法论原则》，《中国社会科学》2010 年第 6 期。

刘荣军:《马克思财富思想的历史本原与现代社会》,《哲学研究》2010年第 12 期。

汪盛玉:《马克思社会公正观的基本内涵》,《教学与研究》2010 年第 5 期。

龙静云等:《从马克思主义视角看哈耶克的正义理论》,《哲学研究》2010 年第 12 期。

熊建生等:《马克思的分配正义观及其现实启示》,《马克思主义研究》2014 年第 5 期。

林进平:《正义在马克思思想历程中的遭遇》,《哲学研究》2009 年第 6 期。

林进平:《马克思博士论文中的正义思想探析》,《华南师范大学学报》(社会科学版)2007 年第 2 期。

林进平:《马克思对近代自然法正义观的批判——从〈黑格尔法哲学批判〉到〈德意志意识形态〉》,《马克思主义与现实》2008 年第 6 期。

关柏春:《马克思设想的按劳分配与现实生活中的按劳分配》,《学习与探索》2008 年第 4 期。

白刚:《作为"正义论"的〈资本论〉》,《文史哲》2014 年第 6 期。

曲红梅:《历史唯物主义与道德——对马克思道德理论研究理路的探寻》,《吉林大学社会科学学报》2009 年第 2 期。

郗戈:《自由、平等与所有权:〈资本论〉与近代政治哲学传统》,《马克思主义与现实》2015 年第 1 期。

五 英文著作

Paul Guyer, *Kant's System of Nature and Freedom*, Oxford: Clarendon Press, 2005.

Roberta Clewis, *The Kantian Sublime and the Revelation of Freedom*, New York: Cambridge University Press, 2009.

Victor J. Seidler, *Kant, Respect and Injustice: The Limits of Liberal Moral Theory*, oxon: Routledge, 2010.

Hannah Arendt, *Lectutres on KANT'S Political Philosophy*, Chicago: The University of Chicago Press, 1992.

Alan Patten, *Hegel's Idea of Freedom*, New York: Oxford University Press, 1999.

Timothy C. Luther, *Hegel's Critique of Modernity*, Lanham: Lexington Books, 2009.

Hegel, *The Philosophy of Right*, Kitchener: Batoche Books, 2001.

David Leopold, *The Young Karl Marx*, New York: Cambridge University Press, 2009.

Allen W. Wood, *Karl Marx*, New York: Routledge, 2004.

Jonathan Wolff, *Why Read Marx Today?* New York: Oxford University Press, 2002.

Terry Eagleton, *Why Marx Was Right*, New Haven: Yale University Press, 2011.

John Rawls, *Lectures on the History of Political Philosophy*, Cambridge: The Belknap Press of Harvard University Press, 2007.

Charles Taylor, *Modern Social Imaginaries*, Durham, London: Duke University Press, 2004.

Carol C. Could, *Marx's Social Ontology*, Cambridge: The MIT Press, 1978.

R. G. Peffer, *Marxism, Morality, and Social Justice*, Princeton, New Jersey: Princeton University Press, 1990.

Hume, *Moral Philosophy*, Hackett Publishing Company, 2006.

Hume, *A Treatise of Human Nature*, The Floating Press, 2009.

后　记

本书是在我的教育部哲学社会科学研究后期资助项目最终结项成果的基础上略作修改而成，出版时仅作了小部分的修改和补充。

可能我与多数刚毕业的博士有同样的困惑，不知如何在申报项目时确定自己的选题，从而往往呈现"盲从"的心理特征。在 2014 年，我第一次申报重庆市社会科学规划项目，在朋友和老师的指导下确立了马克思主义公平正义理论研究的申报主题。这一选择的原因，一是选题指南上有类似的选题，二是这一主题与我的博士学位论文选题有相似之处。在获得立项后，我即开始阅读相关经典著作和国内外相关研究性的著作及论文，并尝试进行相关论文的写作。这一课题很快完成，并顺利结项。在学习和研究这一主题的过程中，我无意中契合了国内马克思主义学术界的热点问题，即马克思正义理论及其当代价值研究，发现有很大的值得探讨的学术空间和很多有意义的相关学术选题。

2015 年 6 月，我开始在已发表论文的基础上进行本书的写作，一直到 10 月份完成初稿。从 11 月份开始，我从书中选取部分章节进行修改和整理，提炼出 10 余篇论文，这个工作一直持续了三四年，整理出来的成果先后发表在《马克思主义研究》《道德与文明》《社会科学研究》《现代哲学》《江西社会科学》《贵州社会科学》《内蒙古社会科学》《求索》《中南大学学报（社会科学版）》《中国社会科学报》等学术期刊和报纸上。在此，我真诚地感谢以上学术期刊和编辑老师的提携与帮助，使本书的阶段性成果得以发表。在这一书稿的基础上，我于 2019 年申报了教育部哲学社会科学研究后期资助项目，并获得立项。

在阅读和写作的过程中，我抱有两个目的：一是立足于政治经济学批判，深入资本主义生产关系的内部，揭露资本主义非正义的秘密，建构马克思正义理论的当代形态；二是回到西方政治哲学传统中，透视古典正义理论的衰落和自由主义正义兴起的过程，在西方正义思想的发展脉络中合理确定马克思正义理论的位置。在本书付梓之际，我深感自己学识和洞察力的不足，并未完全实现这两个目的。尽管如期结项，却难免带有遗憾，而这为我进一步思考和研究这一问题留下了空间。尤其是对古典政治经济学的正义理论和当代西方自由主义的正义理论的研究，我还未进行过多涉猎，这使我的马克思正义理论研究缺少一个有效的比较视域。

本书从开始写作到出版历经 10 年，在这一过程中，我又从事了马克思货币哲学、马克思公共性思想、政治经济学批判微观权力思想的研究，学术兴趣逐渐发生转移。因此，2016 年之后，我对马克思正义理论的思考已开始变得碎片化。尽管具体的学术主题发生转移，但其中存在内在的学术联系，或者说后来的学术研究都是建基于马克思正义理论这一主题之上的。未来几年，我将暂时搁置这一主题，一是因为我需要进行持续的文献积累和思想积累，以进一步拓宽学术视野，唯此才能跳出原来的思维方式和学术框架，从而避免重复性研究；二是我希望通过对不同学术主题的比较，为思考这一主题提供一个可能的思路和方案。

本书的出版得到教育部哲学社会科学研究后期资助项目"马克思正义理论研究"的资助，在此表示感谢。

陈 飞

2024 年 8 月

图书在版编目（CIP）数据

马克思正义理论研究 / 陈飞著. -- 北京：社会科
学文献出版社，2024.11. -- ISBN 978-7-5228-4185-4

Ⅰ. A811.64

中国国家版本馆 CIP 数据核字第 20249QZ300 号

马克思正义理论研究

著　　者 / 陈　飞

出　版　人 / 冀祥德
责任编辑 / 吕霞云
文稿编辑 / 茹佳宁
责任印制 / 王京美

出　　版 / 社会科学文献出版社·马克思主义分社（010）59367126
　　　　　　地址：北京市北三环中路甲 29 号院华龙大厦　邮编：100029
　　　　　　网址：www.ssap.com.cn
发　　行 / 社会科学文献出版社（010）59367028
印　　装 / 三河市尚艺印装有限公司

规　　格 / 开　本：787mm × 1092mm　1/16
　　　　　　印　张：19.5　字　数：318 千字
版　　次 / 2024 年 11 月第 1 版　2024 年 11 月第 1 次印刷
书　　号 / ISBN 978-7-5228-4185-4
定　　价 / 98.00 元